Beiträge zum Kartellrecht

herausgegeben von

Michael Kling und Stefan Thomas

27

Eva Westmark

Die gerichtliche Zuständigkeit in bürgerlich-rechtlichen Kartellstreitigkeiten

Eine Untersuchung zur Auslegung und
Reformbedürftigkeit des § 87 GWB, insbesondere
unter dem Aspekt kartellrechtlicher Vorfragen

Mohr Siebeck

Eva Westmark, geboren 1993, Studium der Rechtswissenschaften an der Universität Münster und der Università degli Studi Roma Tre; 2018 Erste Juristische Staatsprüfung am OLG Hamm; Wissenschaftliche Geschäftsführerin der Forschungsstelle für Versicherungswesen der Universität Münster; 2023 Promotion; Wissenschaftliche Mitarbeiterin am OLG Hamm; 2023 Zweite Juristische Staatsprüfung beim Landesjustizprüfungsamt NRW.

ISBN 978-3-16-163278-5 / eISBN 978-3-16-163279-2
DOI 10.1628/978-3-16-163279-2

ISSN 2126-773X / eISSN 2626-7748 (Beiträge zum Kartellrecht)

Die Deutsche Nationalbibliothek verzeichnet diese Publikation in der Deutschen Nationalbibliographie; detaillierte bibliographische Daten sind im Internet über *https://dnb.dnb.de* abrufbar. Zugl. Münster (Westf.), Univ., Diss. der Rechtswissenschaftlichen Fakultät, 2022. D6

© 2024 Mohr Siebeck Tübingen. www.mohrsiebeck.com

Das Werk einschließlich aller seiner Teile ist urheberrechtlich geschützt. Jede Verwertung außerhalb der engen Grenzen des Urheberrechtsgesetzes ist ohne Zustimmung des Verlags unzulässig und strafbar. Das gilt insbesondere für die Verbreitung, Vervielfältigung, Übersetzung und die Einspeicherung und Verarbeitung in elektronischen Systemen.

Gedruckt auf alterungsbeständiges Werkdruckpapier.

Printed in Germany.

Vorwort

Diese Arbeit wurde im Wintersemester 2022/23 von der Juristischen Fakultät der Universität Münster als Dissertation angenommen. Das Manuskript wurde im Oktober 2021 fertiggestellt. Rechtsprechung und Literatur konnten für die Drucklegung bis einschließlich August 2023 berücksichtigt werden. Mein herzlicher Dank gilt an erster Stelle meiner Doktormutter Prof. Dr. Pohlmann, die mich nicht nur bei der Themenwahl inspiriert, sondern mir auch während meiner Promotionszeit die bestmögliche Unterstützung geboten hat. Danken möchte ich auch Prof. Dr. Kindl für die rasche Erstellung des Zweitgutachtens. Besonderen Dank möchte ich auch an PD Dr. Schäfers richten, der mir ebenfalls hilfreiche Anregungen bei der Themensuche sowie der späteren Umsetzung der Arbeit gegeben hat. Dem Institut für Internationales Wirtschaftsrecht, Abt. IV, sowie dem Kartellrechtsforum Frankfurt am Main e.V. danke ich vielmals für die Gewährung eines Druckkostenzuschusses. Prof. Dr. Kling und Prof. Dr. Thomas danke ich für die Aufnahme meiner Arbeit in die Schriftenreihe „Beiträge zum Kartellrecht".

Die Arbeit entstand während meiner Tätigkeit als wissenschaftliche Geschäftsführerin der Forschungsstelle für Versicherungswesen, die mir wie meine Zeit als studentische Hilfskraft am Institut für Internationales Wirtschaftsrecht stets in bester Erinnerung bleiben wird. In dieser Zeit sind wertvolle Freundschaften entstanden. Namentlich hervorheben möchte ich Johannes Alberts, Merle Bock (mit Hündin Gigi), Lukas Hein, Nicole Strack, Dr. Stefan Schmidt, Johannes Scholz und Dr. Clara Schulze Velmede. Für ihre liebevolle Unterstützung möchte ich mich auch bei meinen Freundinnen Leonie Heymann, Judith Hoffmann, Laura Pick, Pia Lommetz und Annabelle Wolf bedanken.

Von ganzem Herzen danke ich Dr. Thomas Lebe, der mir nicht nur während der Promotion durch seine Korrekturen, sondern in allen Lebenslagen eine unerschütterliche Stütze war und ist.

Der größte Dank gilt meinen Eltern, Angelika Westmark und Dr. Klaus Brondics, sowie meinem Bruder Lennart Westmark, auf deren bedingungslosen Rückhalt ich immer vertrauen kann. Ihnen widme ich diese Arbeit.

Münster, im November 2023   Eva Westmark

Inhaltsübersicht

Vorwort	V
Inhaltsverzeichnis	VII
Abkürzungsverzeichnis	XV

Kapitel 1: Einleitung 1

§ 1	Anlass und Hintergrund der Untersuchung	1
§ 2	Gegenstand und Ziel der Untersuchung	4
§ 3	Gang der Untersuchung	5

Kapitel 2: Grundlagen 7

§ 4	Überblick über die Regelungen der §§ 87–95 GWB	7
§ 5	Aufbau der deutschen Kartelljustiz	8
§ 6	Rechtspolitischer Hintergrund des § 87 GWB: Das *private enforcement*	14
§ 7	Sinn und Zweck des § 87 GWB	19
§ 8	Fazit	23

Kapitel 3: Einordnung des § 87 GWB im System der sachlichen Zuständigkeit 25

§ 9	Begriff und Bedeutung der sachlichen Zuständigkeit	25
§ 10	Allgemeine Eingangszuständigkeit nach Streitwerthöhe	27
§ 11	Streitwertunabhängige Sonderzuständigkeit der Landgerichte	28
§ 12	Grundsatz der Gesamtzuständigkeit und Vorfragenkompetenz	30
§ 13	Fazit	35

Kapitel 4: Aussetzungszwang nach § 96 Abs. 2 GWB a. F. 37

§ 14	Entstehungsgeschichte des § 96 Abs. 2 GWB a. F.	37
§ 15	Aussetzungszwang in der gerichtlichen Praxis	39
§ 16	Nachteile des Aussetzungszwangs	43
§ 17	Vorteile des Aussetzungszwangs	48
§ 18	Beurteilung der Abschaffung des Aussetzungszwangs	50

Kapitel 5: Gegenwärtige Regelung in § 87 GWB 53

§ 19 Tatbestand des § 87 GWB 53
§ 20 Rechtsfolgen des § 87 GWB 100
§ 21 Ausgewählte prozessuale Fragen 143
§ 22 Gesamtbewertung der gegenwärtigen Regelung.................... 189

Kapitel 6: Vorschläge zur Verbesserung der Zuständigkeitskonzentration bei bürgerlich-rechtlichen Kartellstreitigkeiten 195

§ 23 Reformvorschlag zu § 87 S. 1 GWB 195
§ 24 Reformvorschlag zu § 87 S. 2 GWB 196
§ 25 Reduzierung der Anzahl von Kartellgerichten 204

Kapitel 7: Wesentliche Ergebnisse der Untersuchung in Thesen 213

Anhang 215
Literaturverzeichnis 219
Sachregister 229

Inhaltsverzeichnis

Vorwort V
Inhaltsübersicht VII
Abkürzungsverzeichnis XV

Kapitel 1: Einleitung 1

§ 1 *Anlass und Hintergrund der Untersuchung* 1
§ 2 *Gegenstand und Ziel der Untersuchung* 4
§ 3 *Gang der Untersuchung* 5

Kapitel 2: Grundlagen 7

§ 4 *Überblick über die Regelungen der §§ 87–95 GWB* 7
§ 5 *Aufbau der deutschen Kartelljustiz* 8
  A. Kartell-Landgerichte 8
  B. Kartell-Oberlandesgerichte 9
  C. Kartellsenat des Bundesgerichtshofs 12
  D. Rechtsvergleichender Überblick 12
§ 6 *Rechtspolitischer Hintergrund des § 87 GWB:*
     Das private enforcement 14
§ 7 *Sinn und Zweck des § 87 GWB* 19
§ 8 *Fazit* 23

Kapitel 3: Einordnung des § 87 GWB
im System der sachlichen Zuständigkeit 25

§ 9 *Begriff und Bedeutung der sachlichen Zuständigkeit* 25
§ 10 *Allgemeine Eingangszuständigkeit nach Streitwerthöhe* ... 27
§ 11 *Streitwertunabhängige Sonderzuständigkeit der Landgerichte* 28

A.	Sonderzuständigkeit der Landgerichte nach § 71 Abs. 2 und 3 GVG	28
B.	Weitere einzelgesetzliche Sonderzuständigkeiten	28

§ 12 Grundsatz der Gesamtzuständigkeit und Vorfragenkompetenz ... 30

§ 13 Fazit ... 35

Kapitel 4: Aussetzungszwang nach § 96 Abs. 2 GWB a. F. ... 37

§ 14 Entstehungsgeschichte des § 96 Abs. 2 GWB a. F. ... 37

§ 15 Aussetzungszwang in der gerichtlichen Praxis ... 39

§ 16 Nachteile des Aussetzungszwangs ... 43

§ 17 Vorteile des Aussetzungszwangs ... 48

§ 18 Beurteilung der Abschaffung des Aussetzungszwangs ... 50

Kapitel 5: Gegenwärtige Regelung in § 87 GWB ... 53

§ 19 Tatbestand des § 87 GWB ... 53

- A. Vorüberlegungen ... 53
  - I. Zu den Begriffen der kartellrechtlichen Haupt- und Vorfrage ... 53
  - II. Bedeutung der Unterscheidung zwischen Haupt- und Vorfrage ... 55
  - III. Relevanz für die Berufungszuständigkeit nach § 91 S. 2 GWB ... 57
- B. Tatbestand des § 87 S. 1 GWB ... 57
  - I. Bürgerliche Rechtsstreitigkeit ... 58
  - II. Kartellrechtliche Hauptfrage ... 60
    - 1. Genannte Vorschriften ... 61
      - a) Nationale Vorschriften ... 61
      - b) Regelungen des Europäischen Kartellrechts ... 63
      - c) Analoge Anwendung des § 87 S. 1 GWB auf nicht genannte Vorschriften? ... 63
    - 2. „Anwendung betreffen" ... 64
      - a) Kartell-Leistungsklagen ... 64
        - aa) Kartellrechtliche Anspruchsgrundlagen ... 64
          - (1) Allgemeines ... 64
          - (2) Insbesondere: Offensive private Kartellrechtsdurchsetzung ... 66
          - (3) Beispiele für kartellrechtliche Anspruchsgrundlagen ... 67
        - bb) Nicht-kartellrechtliche Anspruchsgrundlagen ... 69
          - (1) Anspruchskonkurrenz ... 69
          - (2) Vertragliche Ansprüche ... 70
          - (3) Keine Einbeziehung von Klagen aus (freigestellten) Kartellvereinbarungen und -beschlüssen ... 71
          - (4) Dingliche und deliktische Ansprüche ... 75

		(5) Bereicherungsrechtliche Ansprüche	75
		b) Kartell-Feststellungsklagen	77
		c) Kartell-Gestaltungsklagen	79
		d) Ergebnis	79
C.	Tatbestand des § 87 S. 2 GWB	80
	I.	(Bürgerlicher) Rechtsstreit	80
	II.	Entscheidung	81
	III.	Kartellrechtliche Vorfrage	82
		1. Abgrenzung von der kartellrechtlichen Hauptfrage	82
		a) „Nach diesem Gesetz": Weiter als § 87 S. 1 GWB?	83
		b) Analoge Anwendung des § 87 S. 2 GWB bei nicht genannten Vorschriften?	83
		c) Defensive private Kartellrechtsdurchsetzung	84
		d) Offensive kartellrechtliche Vorfragen	85
		e) Fazit	86
		2. Beispiele für kartellrechtliche Vorfragen	86
		a) Beispiele für kartellrechtliche Einwendungen	86
		b) Beispiele für offensive kartellrechtliche Vorfragen	89
		c) Heranziehung kartellrechtlicher Wertungen	89
		3. Beschränkung durch Anwendung der acte-clair-Doktrin?	90
		a) Meinungsstand	90
		b) Stellungnahme	92
		4. Ergebnis	96
	IV.	Entscheidungserheblichkeit der Vorfrage	96
		1. Zum Begriff der Entscheidungserheblichkeit	96
		2. Keine Spruchreife	97
D.	Bewertung des Tatbestands	99

§ 20 Rechtsfolgen des § 87 GWB 100

A.	Ausschließliche sachliche Zuständigkeit nach § 87 GWB	100
B.	Eröffnung des Rechtswegs nach § 87 GWB?	101
	I.	Allgemein zum Rechtsweg	102
	II.	Problemaufriss: Verhältnis von § 87 GWB und § 13 GVG	103
		1. Vorliegen einer bürgerlichen Rechtsstreitigkeit	104
		2. Praktische Auswirkungen der rechtssystematischen Einordnung . .	105
		3. Unterschiede zwischen Rechtsweg und sachlicher Zuständigkeit .	106
		4. Fazit	108
	III.	Meinungsstand	108
	IV.	Stellungnahme	109
		1. Wortlautauslegung	109
		2. Systematische Auslegung	110
		3. Historische und teleologische Auslegung	112
		a) Gesetzgeberische Abweichung von der herkömmlichen Ordnung der Rechtswege?	112

　　　　b) Übertragung der rechtswegübergreifenden Anwendung des
　　　　　 Aussetzungszwangs nach § 96 Abs. 2 GWB a. F. 113
　　　　c) Widerspruch zu § 17 Abs. 2 S. 1 GVG 115
　　　　d) Zwischenfazit 116
　　V. Ergebnis 116
C. Exkurs: Klageverbindung nach § 88 GWB 117
　　I. Allgemein 117
　　II. Verbindung mit rechtswegfremden Klagen? 119
D. Konkurrenz mit weiteren Sonderzuständigkeiten 120
　　I. Vorrangige Zuständigkeit der Kartellgerichte? 121
　　II. Praxisvorschlag zur Vermeidung des Verlusts der Expertise
　　　　anderweitiger Spezialgerichte 123
　　III. Konflikt mit erstinstanzlicher Zuständigkeit der Oberlandesgerichte . 126
　　　　1. Vorrang der Zuständigkeit der Oberlandesgerichte 127
　　　　2. Zuständigkeit der Kartellsenate (analog) §§ 91 S. 2, 95 GWB 128
　　　　3. Zwischenergebnis 131
　　IV. Fazit 131
E. Zuständigkeitsverteilung zwischen den Zivilkammern und den
　　Kammern für Handelssachen 131
　　I. Grundsatz der Zuständigkeitsverteilung 132
　　II. Ausnahme bei kartellrechtlichen Auskunfts- und
　　　　Schadenersatzansprüchen 133
　　III. Beurteilung der Zuständigkeitsverteilung *de lege lata* 136
　　IV. Verbesserungsvorschlag *de lege ferenda* 137
　　　　1. Streichung des Ausnahmetatbestands 138
　　　　2. Verzicht auf Wahlmöglichkeit 138
　　V. Ergebnis 139
F. Kartellrechtliche Vorfragen im einstweiligen Rechtsschutz 139
　　I. Meinungsstand 139
　　II. Stellungnahme 140
　　III. Ergebnis 141
G. Bewertung der Rechtsfolgen 141

§ 21 Ausgewählte prozessuale Fragen 143

A. Übertragung der Entscheidungserheblichkeit von § 96 Abs. 2 GWB a. F.
　　in § 87 S. 2 GWB 143
　　I. Überblick zum Vorrang der Zulässigkeitsprüfung 143
　　　　1. Allgemein zum Vorrang der Zulässigkeitsprüfung 143
　　　　2. Legitimation der vorrangigen Zulässigkeitsprüfung 146
　　　　3. Fazit 149
　　II. Widerspruch zwischen Entscheidungserheblichkeit und Vorrang der
　　　　Zulässigkeitsprüfung 150
　　III. Auflösung des Widerspruchs durch die *Lehre von den
　　　　doppelrelevanten Tatsachen*? 150

1. Lehre von den doppelrelevanten Tatsachen 151
2. Entscheidungserheblichkeit als doppelrelevante Tatsache? 153
3. Zwischenfazit 155
IV. Beweiserhebung zur Feststellung der Entscheidungserheblichkeit? ... 155
    1. Filterfunktion der Entscheidungserheblichkeit 155
    2. Prüfung der Entscheidungserheblichkeit durch
       Nicht-Kartellgerichte................................... 156
    3. Prüfung der Entscheidungserheblichkeit durch Kartellgerichte ... 159
    4. Zwischenergebnis und Bewertung 160
V. Vorschlag *de lege ferenda* 161
B. Überprüfung von Verweisungsbeschlüssen von Nicht-Kartellgerichten
   aufgrund von § 87 S. 2 GWB.................................... 162
   I. Allgemein zur Bindungswirkung von Verweisungsbeschlüssen 162
    1. Grundsatz der Bindungswirkung von Verweisungsbeschlüssen
       nach § 281 Abs. 2 S. 4 ZPO 162
    2. Ausnahme bei objektiv willkürlichen Verweisungsbeschlüssen ... 164
   II. Missbräuchliche Verweisungspraxis zu § 87 S. 2 GWB:
      Theoretisches oder praktisches Problem? 166
   III. Beurteilung *de lege lata* 169
   IV. Verbesserungsvorschläge *de lege ferenda* 171
    1. Schaffung einer Kontrollmöglichkeit für Kartellgerichte? 171
    2. Rückkehr zum Aussetzungsverfahren? 172
   V. Ergebnis 173
C. Kartellrechtliche Einwendungen der Beklagten 173
   I. Bestandsaufnahme: Prozesstaktische Erhebung kartellrechtlicher
      Einwendungen? 173
   II. Prozessuale Faktoren 175
    1. Heranziehung des Beklagtenvortrags im Rahmen von § 87
       S. 2 GWB... 175
    2. Ausnahme vom Grundsatz der *perpetuatio fori*? 177
       a) Hintergrund der *perpetuatio fori* 177
       b) Anfängliche kartellrechtliche Vorfrage 178
       c) Nachträgliche kartellrechtliche Vorfrage 179
       d) Zwischenergebnis 182
    3. Schlüssigkeitsprüfung kartellrechtlicher Vorfragen durch ein
       Nicht-Kartellgericht?................................... 183
   III. Ergebnis 185
D. Folgeproblem: Verteilung der Verweisungskosten 186
E. Bewertung der prozessualen Aspekte 188

§ 22 Gesamtbewertung der gegenwärtigen Regelung 189

A. Redaktionelle Anpassungen der Tatbestandsvoraussetzungen 189
B. Klarstellende Anordung der sachlichen Zuständigkeit
   in § 87 S. 1 GWB... 191

C. Umgestaltung der Rechtsfolgen des § 87 S. 2 GWB:
   Gesamtzuständigkeit oder Aussetzungsverfahren? 192
D. Fazit 194

Kapitel 6: Vorschläge zur Verbesserung der Zuständigkeitskonzentration bei bürgerlich-rechtlichen Kartellstreitigkeiten 195

§ 23 Reformvorschlag zu § 87 S. 1 GWB 195

§ 24 Reformvorschlag zu § 87 S. 2 GWB 196

A. Allgemeine Vorüberlegungen zum *modifizierten* Aussetzungsverfahren .. 196
   I. Aufnahme der *acte-clair*-Doktrin 196
   II. Ausnahme für einstweiligen Rechtsschutz? 197
   III. Möglichkeit der unmittelbaren Anrufung des Kartellgerichts 197
   IV. Zwischenergebnis 198
B. Partieller Aussetzungszwang: Gemischte Anwendung von
   Aussetzungszwang und Gesamtzuständigkeit 198
C. Komprimierter Aussetzungszwang: Oberlandesgericht als
   Eingangsinstanz 199
D. Umwandlung in ein Vorlageverfahren 200
E. Ergebnis 202

§ 25 Reduzierung der Anzahl von Kartellgerichten 204

A. Reduzierung der Anzahl von Kartell-Landgerichten 204
B. Reduzierung der Anzahl von Kartell-Oberlandesgerichten 207
C. Errichtung eines Bundeskartellgerichts? 209
D. Ergebnis 211

Kapitel 7: Wesentliche Ergebnisse der Untersuchung in Thesen 213

Anhang 215

Übersicht 1: Kartell-Landgerichte (Bundesländer mit Verordnungen) 215
Übersicht 2: Kartell-Landgerichte (Bundesländer ohne Verordnungen) 216
Übersicht 3: Kartell-Oberlandesgerichte (Bundesländer mit Verordnungen) ... 217
Übersicht 4: Kartell-Oberlandesgerichte (Bundesländer ohne Verordnungen) . 217

Literaturverzeichnis 219

Sachregister 229

Abkürzungsverzeichnis

Für die Bedeutung von Abkürzungen wird verwiesen auf:

Duden – die deutsche Rechtschreibung, 28. Aufl., Berlin 2020.
Kirchner, Hildebert/Böttcher, Eike, Abkürzungsverzeichnis der Rechtssprache, 10. Aufl., München 2021.

Kapitel 1

Einleitung

§ 1 Anlass und Hintergrund der Untersuchung

Vor den Gerichten stellt sich in der Praxis kaum eine prozessrechtliche Frage so häufig wie die der (sachlichen) Zuständigkeit. Anknüpfungspunkt zur Bestimmung der sachlichen Zuständigkeit ist im Rahmen der ordentlichen Gerichtsbarkeit grundsätzlich gemäß §§ 23 Nr. 1, 71 Abs. 1 Gerichtsverfassungsgesetz (GVG) die Streitwerthöhe. Der Gesetzgeber hat jedoch in einigen juristischen Sondergebieten – wie etwa dem hier untersuchten Kartellrecht – abweichende Zuständigkeitsregelungen geschaffen. In Spezialgesetzen normierte Rechtsmaterien haben die Eigenart, sowohl rechtliche als auch tatsächliche Besonderheiten aufzuweisen. Mit den Sonderzuständigkeiten strebt der Gesetzgeber eine einheitliche und qualitativ hochwertige Rechtsprechung durch besonders spezialisierte Gerichte in den jeweiligen „Randgebieten" an.[1] Entscheiden Richterinnen[2] häufig über eine bestimmte Rechtsmaterie, entwickeln sie eine besondere Expertise. Allerdings hat sich der Gesetzgeber durch die Anordnung spezieller Zuständigkeiten in ein Spannungsverhältnis begeben. Je mehr Sondervorschriften der Gesetzgeber vorsieht, desto höher fallen zwar das Sonderwissen und die Erfahrung der einzelnen Richterinnen aus. Zugleich verkompliziert sich aber aufgrund von Abgrenzungsschwierigkeiten zwischen den verschiedenen Regelungen die Bestimmung der gerichtlichen Zuständigkeit. Hierdurch können Verzögerungen und Verteuerungen verursacht werden – sowohl auf Seiten der Justiz als auch für die Parteien.

Bei der Schaffung des Gesetzes gegen Wettbewerbsbeschränkungen (GWB) im Jahr 1958 wagte der Gesetzgeber für das vergleichsweise neue Rechtsgebiet des Kartellrechts einen solchen Balanceakt. Er erkannte, dass die Anwendung und Auslegung kartellrechtlicher Vorschriften neben speziellen juristischen Kenntnissen auch ökonomische Expertise erfordert.[3] Kartellsachen sollen daher nur von wenigen, besonders spezialisierten Gerichten entschieden werden. Um dieses Ziel zu erreichen, wählte der Gesetzgeber zunächst ein differenzierendes Zuständigkeitsregime. Für Streitigkeiten mit kartellrechtlicher Hauptfrage – etwa Kartellschadenersatzklagen – sah § 87 Abs. 1 GWB a. F.

---

[1] Vgl. für die hier untersuchte Sonderzuständigkeit in § 87 GWB BT-Drs. 2/1158, S. 59.
[2] Die Arbeit ist im generischen Femininum verfasst.
[3] Hierzu unten ausführlich Kapitel 2: § 7 (S. 19 ff.).

(heute § 87 S. 1 GWB[4]) die ausschließliche Zuständigkeit der Landgerichte vor. Ergab sich eine kartellrechtliche Vorfrage – etwa aus einer Einwendung der Beklagten – ordnete § 96 Abs. 2 GWB a. F. die Aussetzung des nicht-kartellrechtlichen Hauptverfahrens an.[5] Anschließend entschieden die Kartellgerichte in einem separaten Verfahren über die jeweilige kartellrechtliche Vorfrage. Aufgrund der umständlichen, zeit- und kostenintensiven Verfahrensverdopplung schaffte der Gesetzgeber den Aussetzungszwang nach 40 Jahren ab. Stattdessen bestimmte er vor nunmehr gut 20 Jahren, dass die Kartellgerichte gemäß § 87 GWB sowohl für kartellrechtliche Hauptfragen als auch Vorfragen gesamtzuständig sind.

In den vergangenen Jahren war § 87 GWB wiederholt Gegenstand von Gerichtsentscheidungen, die Anlass zur vertieften Auseinandersetzung mit der Sonderzuständigkeit geben.[6] An wohl prominentester Stelle[7] ist die Entscheidung des Bundesarbeitsgerichts[8] zum sog. *Schienenkartell* zu nennen. Das Bundeskartellamt hatte gegen das Stahlhandelsunternehmen thyssenkrupp AG Bußgelder in Höhe von insgesamt 191 Millionen Euro verhängt.[9] Das Unternehmen versuchte daraufhin, einen ehemaligen Arbeitnehmer im Wege des Schadensersatzes in Regress zu nehmen, da dieser durch sein Handeln die Bußgelder (mit-) herbeigeführt habe.[10] Für den einzelnen Arbeitnehmer kommt eine solche Haftung einer Existenzvernichtung gleich. Diesen Umstand hat das GWB berücksichtigt, indem die Bußgeldhaftung für natürliche Personen gemäß § 81c Abs. 1 S. 1 GWB auf eine Million Euro begrenzt ist. Für Unternehmen orientiert sich die Bußgeldhöhe hingegen gemäß § 81c Abs. 2 GWB am Gesamtumsatz. Das Bundesarbeitsgericht sah sich mit der Frage konfrontiert, ob die genannten kartellrechtlichen Wertungen einem Regressanspruch des Unternehmens gegen den Arbeitnehmer entgegenstehen.[11] Die Frage nach der Ersatzfähigkeit des Schadens qualifizierte das Bundesarbeitsgericht als kartellrechtliche Vorfrage

---

[4] Fassung aufgrund des Neunten Gesetzes zur Änderung des Gesetzes gegen Wettbewerbsbeschränkungen v. 1.6.2017 (BGBl. I, S. 1416).

[5] Ausführlich zum Aussetzungsverfahren nach § 96 Abs. 2 GWB a. F. unten Kapitel 4: (S. 37 ff.).

[6] Vgl. etwa BGH, Urt. v. 29.10.2019 – KZR 60/18, in: NZKart 2020, 35; BAG, Beschl. v. 28.3.2019 – 8 AZR 366/16, in: BAGE, 251–268; Brandenburgisches OLG, Urt. v. 13.8.2019 – 6 U 102/19, in: WuW 2019, 645; OLG Frankfurt, Beschl. v. 14.3.2019 – 26 Sch 10/18, in: WuW 2020, 38; OLG Düsseldorf, Urt. v. 9.5.2018 – VI U (Kart) 1/18, in: NZKart 2018, 278; zu weiteren Entscheidungen sogleich.

[7] Vgl. zur umfangreichen Besprechung der Entscheidung im Schrifttum *Ackermann*, NZKart 2018, 1; *Baur/Holle*, ZIP 2018, 459; *Braun*, ArbRB 2019, 271; *Bunte*, NJW 2018, 123; *Bunte*, EWiR 2017, 735; *Fritz*, BB Die erste Seite 2018, Nr. 4; *Heyers/Lotze*, NZKart 2018, 29; *Ramm*, GWR 2018, 64; *Tiedemann*, jurisPR-Compl 1/2018, Anm. 1; *Windeln*, ArbRB 2018, 5.

[8] BAG, Urt. v. 29.6.2017 – 8 AZR 189/15, in: NJW 2018, 184.

[9] Vgl. hierzu Fallberichte des Bundeskartellamts v. 14.12.2012 (Aktenzeichen B12 – 11/11) sowie v. 6.9.2013 (Aktenzeichen B12 – 16/12, B12 – 19/12).

[10] BAG, Urt. v. 29.6.2017 – 8 AZR 189/15, in: NJW 2018, 184.

[11] BAG, Urt. v. 29.6.2017 – 8 AZR 189/15, in: NJW 2018, 184 (187).

§ 1 Anlass und Hintergrund der Untersuchung

im Sinne des § 87 S. 2 GWB.[12] Nach Ansicht des Bundesarbeitsgerichts handelt es sich bei der Vorschrift des § 87 S. 2 GWB um eine Regelung des Rechtswegs, sodass es die Unzuständigkeit der Arbeitsgerichte feststellte.[13] Das Landgericht Düsseldorf verwies den Rechtsstreit anschließend an das Kartell-Landgericht Dortmund.[14] Ein weiteres Beispiel für Verzögerungen aufgrund von § 87 GWB stellen die im Schrifttum als „Rheinisches Ping Pong"[15] bezeichneten Verweisungen zwischen dem Oberlandesgericht Köln als allgemeinem Berufungsgericht und dem Kartell-Oberlandesgericht Düsseldorf[16] dar.[17] Es ist vor diesem Hintergrund kritisch zu hinterfragen, ob sich die Umwandlung des Aussetzungsverfahrens nach § 96 Abs. 2 GWB a. F. in eine Gesamtzuständigkeit der Kartellgerichte nach § 87 GWB in der Praxis bewährt hat. Mehr als 60 Jahre nach Inkrafttreten des GWB und rund 20 Jahre nach Abschaffung des Aussetzungsverfahrens ist es an der Zeit für eine umfassende Untersuchung der gegenwärtigen Vorschrift in § 87 GWB.

Aufgrund der stetig wachsenden Bedeutung der privaten Kartellrechtsdurchsetzung[18] hat sich die Rechtswissenschaft vermehrt mit zivilprozessualen Fragen im kartellrechtlichen Kontext auseinandergesetzt.[19] Die Regelung des § 87 GWB blieb – trotz ihrer praktischen Relevanz – im wissenschaftlichen Diskurs bisher weitestgehend unbeachtet.[20] Die Norm wirft jedoch sowohl auf Tatbestands- als auch auf Rechtsfolgenseite bisher ungeklärte Fragen auf: Wann liegt eine kartellrechtliche Hauptfrage vor, wann eine Vorfrage? Regelt § 87 GWB (nur) die sachliche Zuständigkeit oder darüber hinaus auch den Rechtsweg zu den ordentlichen Gerichten? Ferner ergeben sich prozessua-

---

[12] BAG, Urt. v. 29.6.2017 – 8 AZR 189/15, in: NJW 2018, 184 (187); siehe ausführlich hierzu unten Kapitel 5: § 19 C. III. 2. c) (S. 89 f.).
[13] BAG, Urt. v. 29.6.2017 – 8 AZR 189/15, in: NJW 2018, 184 (185).
[14] LAG Düsseldorf, Beschl. v. 29.1.2018 – 14 Sa 591/17, in: WuW 2018, 332; eine Entscheidung des Landgerichts Dortmund über den Regressanspruch erfolgte letztlich aufgrund eines Vergleichsabschlusses.
[15] Siehe Überschrift zu OLG Köln, Beschl. v. 18.5.2018 – 8 AR 17/18, in: WuW 2019, 274; siehe auch *Meyer-Lindemann*, in: FK-KartellR, § 87 GWB Rn. 58; *Schmidt*, in: Immenga/Mestmäcker, Wettbewerbsrecht II, § 91 GWB Rn. 17.
[16] In Nordrhein-Westfalen ist das Oberlandesgericht Düsseldorf das einzige Kartell-Oberlandesgericht. Ausführlich zum Aufbau der deutschen Kartelljustiz unten Kapitel 2: § 5 (S. 8 ff.) sowie Übersichten in der Anlage.
[17] Aufgrund der materiellen Anknüpfung in § 91 S. 2 GWB wirkt sich die Zuständigkeitsregelung des § 87 GWB auch in der Berufungsinstanz aus, hierzu unten ausführlich Kapitel 5: § 19 A. III. (S. 57).
[18] Hierzu unten ausführlich Kapitel 2: § 6 (S. 14 ff.).
[19] Vgl. etwa *Jüntgen*, Die prozessuale Durchsetzung privater Ansprüche im Kartellrecht, S. 7 ff.; *Lahme*, Die Eignung des Zivilverfahrens zur Durchsetzung des Kartellrechts, S. 17 ff.; *Pohlmann*, NZKart 2020, 55.
[20] Als Ausnahmen sind die Überlegungen von *Klein*, NJW 2003, 16 zum Einfluss kartellrechtlich begründeter Einwendungen auf die Zuständigkeit von Gerichten sowie die Ausführungen zur rechtssystematischen Einordnung der Norm bei *Pohlmann/Schäfers*, in: Fuchs/Weitbrecht, Handbuch Private Kartellrechtsdurchsetzung, § 12 Rn. 11 ff. hervorzuheben.

le Bedenken: Ist es gerechtfertigt, dass im Rahmen von § 87 S. 2 GWB ausnahmsweise der Beklagtenvortrag zur Zuständigkeitsbestimmung herangezogen wird? Welchen Einfluss hat es auf die gerichtliche Zuständigkeit, wenn sich kartellrechtliche Vorfragen erst im Laufe des Verfahrens ergeben? Und welche Anforderungen sind an die gerichtliche Prüfung der Entscheidungserheblichkeit im Sinne des § 87 S. 2 GWB zu stellen? Die Beantwortung der aufgeworfenen Fragen erfordert eine nähere Auseinandersetzung mit grundlegenden Prinzipien des Zivilprozessrechts. Hierzu zählen der Vorrang der Zulässigkeitsprüfung, die *Lehre von den doppelrelevanten Tatsachen* sowie der Grundsatz der *perpetuatio fori*.

§ 2 Gegenstand und Ziel der Untersuchung

Gegenstand der vorliegenden Arbeit ist die Untersuchung des Regelungskonzepts von § 87 GWB sowie die Fortentwicklung gegenüber den Vorgängernormen § 87 Abs. 1 S. 1 GWB a. F. und § 96 Abs. 2 GWB a. F. Im Fokus steht die rechtspolitische Frage, ob die Ausgestaltung der gerichtlichen Zuständigkeit bei bürgerlichen Kartellrechtsstreitigkeiten im Hinblick auf ihren Sinn und Zweck – Sicherstellung der Einheitlichkeit und Qualität der Rechtsprechung – verbessert werden kann. Die der Untersuchung zugrundeliegende These lautet: § 87 GWB ist in seiner derzeit geltenden Form reformbedürftig. Zur Beantwortung der aufgeworfenen Fragen an der Schnittstelle von Kartell- und Zivilprozessrecht wird insbesondere ein Vergleich mit der rechtsähnlichen Bestimmung in § 102 Energiewirtschaftsgesetz (EnWG) vorgenommen, deren Wortlaut sich an § 87 GWB orientiert.[21] Ferner erfolgt ein Vergleich mit weiteren Sonderzuständigkeiten, etwa § 143 Patentgesetz (PatG). Die Berufungszuständigkeit der Kartell-Oberlandesgerichte ist nicht Gegenstand dieser Arbeit. Sie wird nur besprochen, soweit sie sich auf die vorliegende Fragestellung auswirkt oder sich Parallelschlüsse aufdrängen. Dasselbe gilt für die Zuständigkeit des Kartellsenats beim Bundesgerichtshof. Der Schwerpunkt der Untersuchung liegt auf der Zuständigkeit bei kartellrechtlichen Vorfragen im Sinne des § 87 S. 2 GWB. Ziel der Arbeit ist es, einen Vorschlag zur Reform des § 87 GWB zu unterbreiten, soweit sich die Ausgestaltung der *lex lata* als ungeeignet erweist. Hiermit möchte die Arbeit einen Beitrag zur Stärkung der deutschen Kartelljustiz leisten.

---

[21] BT-Drs. 15/3917, S. 75.

§ 3 Gang der Untersuchung

Die Untersuchung gliedert sich in sieben Kapitel. Ihr ist im zweiten Kapitel ein Grundlagenteil vorangestellt. Dieser enthält einen Überblick über die Regelungen in §§ 87–95 GWB und schildert den Aufbau der deutschen Kartelljustiz. Sodann nimmt die Arbeit den rechtspolitischen Hintergrund sowie den Sinn und Zweck des § 87 GWB in den Blick. Im dritten Kapitel ermittelt die Arbeit im Wege einer abstrakten Vorbetrachtung die Stellung des § 87 GWB im System der sachlichen Zuständigkeit. Anschließend konzentriert sie sich auf die Untersuchung der konkreten Normausgestaltung. Hierzu blickt die Arbeit im vierten Kapitel auf den 40 Jahre lang geltenden Aussetzungszwang des § 96 Abs. 2 GWB a. F. zurück und beleuchtet die Hintergründe seiner Abschaffung im Rahmen der 6. GWB-Novelle (1998). Im fünften Kapitel erfolgt eine kritische Analyse der seit über 20 Jahren geltenden gegenwärtigen Regelung des § 87 GWB. Hierzu setzt sich die Arbeit mit Tatbestand und Rechtsfolgen der Norm sowie ausgewählten prozessualen Fragen auseinander. Auf dieser Grundlage identifiziert sie Vor- und Nachteile der *lex lata* und nimmt eine umfassende Beurteilung vor. Ausgehend von dieser Bewertung werden im sechsten Kapitel verschiedene Lösungsansätze zur Verbesserung der Norm untersucht. Im Ergebnis wird ein eigener Reformvorschlag entwickelt. Die Untersuchung schließt im siebten Kapitel mit einer Zusammenfassung der wichtigsten Thesen.

Kapitel 2

Grundlagen

§ 4 Überblick über die Regelungen der §§ 87–95 GWB

Das GWB regelt drei unterschiedliche Konsequenzen bei Kartellverstößen. Kartellbehörden können sowohl Verfügungen erlassen (§§ 32–32e, 34 GWB) als auch Bußgelder verhängen (§§ 81 ff. GWB). Daneben sieht das GWB zivilrechtliche Folgen vor. Hierzu zählt unter anderem der Schadenersatzanspruch aus § 33a Abs. 1 GWB. Der dritte Teil des GWB (§§ 54–95 GWB) beinhaltet für jede der drei Folgen eigene Verfahrensvorschriften. Die Regelungen zu Verwaltungssachen ergeben sich aus §§ 54–80 GWB, die Vorschriften für das Bußgeldverfahren aus §§ 81–86 GWB. Der in dieser Arbeit untersuchte § 87 GWB befindet sich im Abschnitt zu den bürgerlichen Rechtsstreitigkeiten (§§ 87–89e GWB). Das letzte Kapitel des dritten Teils enthält in §§ 90–95 GWB gemeinsame – sozusagen „hinter die Klammer gezogene"[1] – Bestimmungen für alle drei Verfahren. Hierzu zählt etwa die in § 90 GWB vorgesehene Einbeziehung von Kartellbehörden in gerichtliche Verfahren.

In prozessualer Hinsicht gelten für bürgerliche Rechtsstreitigkeiten grundsätzlich die Verfahrensvorschriften der Zivilprozessordnung (ZPO) und des GVG. Die §§ 87–95 GWB enthalten Vorgaben, die von diesen allgemeinen Vorschriften abweichen und/oder diese ergänzen. Die Regelungen betreffen in erster Linie die Zuständigkeit der Gerichte und Spruchkörper.[2] Die zentrale Grundnorm bildet hierbei § 87 GWB, der zwischen zwei Konstellationen unterscheidet. Gemäß § 87 S. 1 GWB sind für bürgerliche Rechtsstreitigkeiten, die die Anwendung von Vorschriften des 1. Teils des GWB, der Art. 101 f. des Vertrags über die Arbeitsweise der Europäischen Union (AEUV) oder Art. 53 f. des Abkommens über den Europäischen Wirtschaftsraum (EW-Abkommen) betreffen, ohne Rücksicht auf den Streitwert die Landgerichte ausschließlich zuständig. Diese Fälle werden als Kartellsachen kraft kartellrechtlicher Hauptfrage bezeichnet.[3] Nach § 87 S. 2 GWB wird die ausschließliche Zuständigkeit

---
[1] *Pohlmann/Schäfers*, in: Fuchs/Weitbrecht, Handbuch Private Kartellrechtsdurchsetzung, § 12 Rn. 1.
[2] Neben den hier in den Fokus genommenen Zuständigkeitsvorschriften beinhaltet beispielsweise § 89a GWB eine Sondervorschrift zur Streitwertanpassung und § 89d GWB zu Beweisregeln.
[3] *Pohlmann/Schäfers*, in: Fuchs/Weitbrecht, Handbuch Private Kartellrechtsdurchsetzung, § 12 Rn. 44.

der Landgerichte erweitert, wenn die Entscheidung eines Rechtsstreits ganz oder teilweise von einer sog. kartellrechtlichen Vorfrage abhängt.[4] Auch für die Rechtsmittelinstanzen stehen in den §§ 91 ff. GWB besondere Regelungen bereit.

§ 5 Aufbau der deutschen Kartelljustiz

Im Folgenden erläutert die Arbeit den Aufbau der deutschen Kartelljustiz. In Kartellzivilverfahren sind drei Instanzen vorgesehen. In erster Instanz entscheiden die Kartell-Landgerichte[5] (A.). Für Berufungssachen sind die Kartell-Oberlandesgerichte (B.) zuständig. Als Revisionsinstanz entscheidet der Kartellsenat des Bundesgerichtshofs (C.). Sodann wirft die Arbeit einen kurzen Blick auf die Kartelljustiz in anderen Staaten (D.). Ergänzend sei auf die Übersichten in der Anlage verwiesen, die eine ausführliche Aufschlüsselung aller deutschen Kartellgerichte enthalten.

A. Kartell-Landgerichte

Seit Inkrafttreten des GWB am 1. Januar 1958 bestimmt § 87 GWB die ausschließliche Eingangszuständigkeit der Landgerichte.[6] Die Landesregierungen können ebenfalls seit Einführung des GWB gemäß § 89 Abs. 1 GWB die gerichtliche Sonderzuständigkeit durch Rechtsverordnung einem einzigen Landgericht zuweisen.[7] Einige Bundesländer haben von der Ermächtigung umgehend Gebrauch gemacht.[8] Heute haben insgesamt elf Bundesländer entsprechende Verordnungen erlassen.[9] In Nordrhein-Westfalen ist etwa das Landgericht Düsseldorf für den Oberlandesgerichtsbezirk Düsseldorf, das Landgericht Dortmund für den Oberlandesgerichtsbezirk Hamm und das Landgericht Köln für den Oberlandesgerichtsbezirk Köln zuständig.[10] Von einer entsprechenden Rechts-

---

[4] *Pohlmann/Schäfers*, in: Fuchs/Weitbrecht, Handbuch Private Kartellrechtsdurchsetzung, § 12 Rn. 44; näher hierzu unten Kapitel 5: § 19 C. III. (S. 82 ff.).

[5] Sofern die Arbeit im Folgenden den Begriff Kartellgerichte verwendet, sind hiermit die Kartell-Landgerichte im Sinne des § 87 GWB gemeint.

[6] Die GWB-Ursprungsfassung enthielt bereits eine § 87 GWB entsprechende Regelung, vgl. BGBl. I, S. 1081 (1097).

[7] In der Ursprungsfassung enthielt § 89 Abs. 1 S. 1 GWB a. F. bereits eine entsprechende Regelung, vgl. BGBl. I, S. 1081 (1097).

[8] Bayern, Niedersachsen, Nordrhein-Westfalen und Schleswig-Holstein, vgl. ausführlich hierzu *Tiffert*, in: Müller-Henneberg/Schwartz[1], § 89 GWB Rn. 5.

[9] Vgl. Übersicht 1 in der Anlage.

[10] § 1 Verordnung über die Bildung gemeinsamer Kartellgerichte und über die gerichtliche Zuständigkeit in bürgerlichen Rechtsstreitigkeiten nach dem Energiewirtschaftsgesetz v. 30.8.2011 (GV. NRW, S. 469); zuletzt geändert durch Verordnung v. 24.8.2023 (GV. NRW, S. 1113).

verordnung haben die Bundesländer Berlin, Bremen, Hamburg, Saarland und Thüringen abgesehen.[11] Hierbei ist anzumerken, dass es in Berlin, Bremen, Hamburg und im Saarland jeweils nur ein Landgericht gibt. Eine weitergehende Konzentration ist in diesen Bundesländern nicht möglich. Einzig in Thüringen richtet sich die Zuständigkeitsverteilung in Kartellzivilsachen zwischen den vier Landgerichten Erfurt, Gera, Meinigen und Mühlhausen nach den allgemeinen Vorschriften.[12] Möglicherweise hat die thüringische Landesregierung aufgrund der geringen Anzahl von Kartellzivilsachen bisher keinen Handlungsbedarf gesehen. Im Jahr 2021 war nur eine der insgesamt 6.024 in Thüringen in erster Instanz erledigten Zivilprozesssachen Kartellsache.[13] Im Vergleich dazu fielen im gleichen Zeitraum in Nordrhein-Westfalen 150 Kartellsachen bei insgesamt 71.091 Zivilprozesssachen an.[14] Die Arbeit wird untersuchen, ob im Fall von Thüringen oder sogar bundesweit in Anbetracht der wenigen Kartellzivilverfahren eine Reduzierung der Anzahl von Kartellgerichten sinnvoll ist.[15] An dieser Stelle ist festzuhalten, dass von den insgesamt 115 in Deutschland bestehenden Landgerichten nur 24 Kartellgerichte sind.[16] Aufgrund der Geschäftsverteilungspläne erfolgt regelmäßig innerhalb der Kartellgerichte eine weitergehende Konzentration, indem bestimmte Zivilkammern als Kartellspruchkörper festgelegt werden.[17]

B. Kartell-Oberlandesgerichte

Als Rechtsmittel gegen eine landgerichtliche Entscheidung steht den Parteien die Berufung oder Beschwerde nach §§ 511 ff., 567 ff. ZPO offen. Die Berufungszuständigkeit der Oberlandesgerichte für Kartellberufungssachen ergibt sich aus § 119 Abs. 1 Nr. 2 GVG.[18] Ergänzend ist auf § 91 S. 2 GWB zu ver-

---

[11] Eine Übersicht zu den Landgerichten in Bundesländern ohne entsprechende Verordnung ist in der Übersicht 2 der Anlage zu finden.
[12] *Meyer-Lindemann*, in: FK-KartellR, § 89 GWB Rn. 8 f.
[13] Auch in den vorherigen Jahren fielen in Thüringen wenige Kartellsachen an: 2020: 6.050 Zivilprozesssachen, davon 7 Kartellsachen; 2019: 5.922, davon 4; 2018: 5.188, davon 19; 2017: 5.165, davon 11; 2016: 5.508, davon 12; 2015: 5.839, davon 12; die Zahlen sind der Reihe 2.1 der Fachserie 10 des Statistischen Bundesamts der jeweiligen Jahrgänge entnommen. Die Zahlen für 2021 stammen aus *Statistisches Bundesamt*, Fachserie 10, Reihe 2.1, 2021, S. 51.
[14] *Statistisches Bundesamt*, Fachserie 10, Reihe 2.1, 2021, S. 50.
[15] Zur Reduzierung der Anzahl von Kartellgerichten ausführlich unter Kapitel 6: § 25 (S. 204 ff.).
[16] Vgl. Übersicht 5 in der Anlage.
[17] Vgl. etwa Geschäftsverteilungsplan des Landgerichts Düsseldorf für das Geschäftsjahr 2023, online abrufbar unter https://www.lg-duesseldorf.nrw.de/aufgaben/geschaeftsverteilung/gvp-_rd_2021.pdf, zuletzt geprüft am: 31.10.2023; ausführlich zur Zuständigkeitsverteilung der Zivilkammern und Kammern für Handelssachen nach § 95 Abs. 2 Nr. 1 GVG unten Kapitel 5: § 20 E. (S. 131 ff.).
[18] *Schmidt*, in: Immenga/Mestmäcker, Wettbewerbsrecht II, § 91 GWB Rn. 6.

weisen, der die funktionelle Zuständigkeit der Kartellsenate regelt, insoweit aber die Berufungszuständigkeit der Oberlandesgerichte voraussetzt.[19] Gemäß § 91 S. 1 GWB ist bei den Oberlandesgerichten ein Kartellsenat zu bilden. Die Kartellsenate bei den Oberlandesgerichten stellen kein besonderes Gericht im Sinne von §§ 13, 14 GVG dar, sondern sind Spezialspruchkörper.[20] Besonderheit der Kartell-Oberlandesgerichte ist, dass ihre Zuständigkeit – anders als bei den nach § 87 GWB zuständigen Kartell-Landgerichten – nicht auf Kartellzivilverfahren beschränkt ist. Bei den Kartellsenaten der Oberlandesgerichte fließen alle kartellrechtlichen Zuständigkeiten zusammen. Das Bundeskartellamt und die Landeskartellbehörden sind Verwaltungsbehörden, sodass man als Rechtsmittel gegen ihre Entscheidungen einen Einspruch oder eine Klage bei den Verwaltungsgerichten erwarten würde.[21] In Abweichung zu § 40 Abs. 1 S. 1 Hs. 1 Verwaltungsgerichtsordnung (VwGO) enthält § 91 S. 2 GWB jedoch eine abdrängende Sonderzuweisung zu den ordentlichen Gerichten.[22] Der Gesetzgeber hat bereits bei der Schaffung des GWB alle kartellrechtlichen Zuständigkeiten der ordentlichen Gerichtsbarkeit zugewiesen.[23] In Zivilsachen entscheiden die Kartellsenate als Berufungsinstanz, bei Kartellverwaltungssachen als „Quasi-Verwaltungsgerichte"[24] beziehungsweise bei Kartellbußgeldsachen als „Strafgerichte"[25] in erster Instanz. Dies erklärt, weshalb die Regelung des § 91 GWB im Abschnitt zu den gemeinsamen Bestimmungen steht. Nach §§ 91 S. 2, 73 Abs. 4 GWB entscheiden die Kartellsenate etwa erstinstanzlich über Beschwerden gegen kartellbehördliche Verfügungen. Hierbei ist jeweils das Oberlandesgericht am Sitz der betreffenden Kartellbehörde zuständig. Bei Beschwerden gegen Verfügungen des Bundeskartellamts mit Sitz in Bonn ist stets das Oberlandesgericht Düsseldorf zuständig.[26] Infolgedessen hat der Kartellsenat am Oberlandesgericht Düsseldorf eine besondere Stellung innerhalb der deutschen Kartelljustiz. Dies spiegeln auch die Verfahrenszahlen wider: Von den 1.094 Gerichtsverfahren zu Beschwerden gegen verwaltungsbehördliche Verfügungen im Jahr 2021, für die ein Kartellsenat zuständig war,

---

[19] *Pohlmann/Schäfers*, in: Fuchs/Weitbrecht, Handbuch Private Kartellrechtsdurchsetzung, § 12 Rn. 76 und 80; *Schäfers*, ZZP 132 (2019), 231 (248).
[20] Besondere Gerichte im Sinne von §§ 13, 14 GVG sind hingegen das Bundespatentgericht sowie Schifffahrtsgerichte, vgl. ausführlich hierzu *Mayer*, in: Kissel/Mayer, § 14 GVG Rn. 1 ff.; *Rosenberg/Schwab/Gottwald*, ZPR, § 12 Rn. 1 ff.
[21] So der Gesetzgeber selbst, vgl. BT-Drs. 2/1158, S. 28.
[22] *Horstkotte*, in: Kamann/Ohlhoff/Völcker, Kartellverfahren und Kartellprozess, § 17 Rn. 166; *Klose*, in: Wiedemann, Handbuch des Kartellrechts, § 54 Rn. 1; *Rombach*, in: BeckOK KartellR, § 73 GWB Rn. 1.
[23] BT-Drs. 2/1158, S. 28 f.; siehe auch *Blomeyer*, MDR 1953, 129 (130).
[24] *Baur*, ZZP 72 (1959), 3 (5).
[25] *Baur*, ZZP 72 (1959), 3 (5).
[26] In Nordrhein-Westfalen ist das Oberlandesgericht Düsseldorf das einzige Kartell-Oberlandesgericht, hierzu sogleich ausführlich. Siehe auch Übersicht 3 in der Anlage.

entfielen 1.079 – also fast 99 Prozent – auf das Oberlandesgericht Düsseldorf.[27] Im Rechtsmittelverfahren gegen kartellbehördliche Bußgeldbescheide im Sinne des § 81 GWB sind die Kartellsenate der Oberlandesgerichte in erster Instanz gemäß §§ 91 S. 2, 83 GWB zuständig. Nach § 83 Abs. 1 S. 1 Hs. 1 GWB entscheidet hier ebenfalls das Oberlandesgericht, in dessen Bezirk die zuständige Kartellbehörde ihren Sitz hat.

Besteht in einem Bundesland nur ein Oberlandesgericht, so ist dieses für die zweitinstanzlichen Kartellzivilsachen gemäß der generellen Vorschrift des § 119 Abs. 1 Nr. 2 GVG zuständig. Dies trifft auf elf Bundesländer zu.[28] Bestehen hingegen mehrere Oberlandesgerichte, so ermächtigen die §§ 92 Abs. 1 S. 1, 93 GWB – als „funktionales Äquivalent"[29] zu § 89 Abs. 1 GWB[30] – die Landesregierungen, einem Oberlandesgericht die Zuständigkeit für mehrere Gerichtsbezirke zu übertragen. Bisher haben drei Bundesländer entsprechende Rechtsverordnungen erlassen.[31] In Nordrhein-Westfalen ist das Oberlandesgericht Düsseldorf[32] für alle kartellrechtlichen Berufungssachen zuständig, in Niedersachsen das Oberlandesgericht Celle[33]. In Bayern entscheidet der Kartellsenat des Oberlandesgerichts München für den Oberlandesgerichtsbezirk München, während der Kartellsenat des Oberlandesgerichts Nürnberg für die Oberlandesgerichtsbezirke Nürnberg und Bamberg zuständig ist.[34] In Rheinland-Pfalz und Baden-Württemberg bestehen zwar jeweils zwei Oberlandesgerichte. Die Bundesländer haben aber vom Erlass einer Konzentrationsverordnung bisher abgesehen.[35] Zusammengefasst entscheiden in Deutschland 19 der insgesamt 24 Oberlandesgerichte über Kartellzivilsachen.[36] Die Arbeit wird auch im Hinblick auf die Oberlandesgerichte untersuchen, ob eine Reduzierung der Spruchkörper geboten ist.[37]

---

[27] *Statistisches Bundesamt,* Fachserie 10, Reihe 2.1, 2021, S. 90 ff.
[28] Vgl. Übersicht 4 in der Anlage.
[29] *Pohlmann/Schäfers,* in: Fuchs/Weitbrecht, Handbuch Private Kartellrechtsdurchsetzung, § 12 Rn. 2.
[30] Zur Ermächtigung nach § 89 Abs. 1 GWB bereits oben unter Kapitel 2: § 5 A (S. 8 f.).
[31] Siehe ergänzend Übersicht 3 in der Anlage.
[32] § 2 Verordnung über die Bildung gemeinsamer Kartellgerichte und über die gerichtliche Zuständigkeit in bürgerlichen Rechtsstreitigkeiten nach dem Energiewirtschaftsgesetz v. 30.8.2011 (GV. NRW, S. 469); zuletzt geändert durch Verordnung v. 24.8.2023 (GV. NRW, S. 1113).
[33] § 8 Abs. 2 Verordnung zur Regelung von Zuständigkeiten in der Gerichtsbarkeit und der Justizverwaltung (ZustVO-Justiz) v. 8.6.2023 (Nds. GVBl., S. 94).
[34] § 33 Abs. 2 Verordnung über gerichtliche Zuständigkeiten im Bereich des Staatsministeriums der Justiz (Gerichtliche Zuständigkeitsverordnung Justiz – GZVJu) v. 11.6.2012 (GVBl., S. 295, BayRS 300-3-1-J); zuletzt geändert durch Verordnung 13.12.2022 (GVBl., S. 727).
[35] Vgl. Übersicht 5 in der Anlage.
[36] Vgl. Übersicht 1 in der Anlage.
[37] Zur Reduzierung der Anzahl von Kartellgerichten ausführlich unter Kapitel 6: § 25 (S. 204 ff.).

C. Kartellsenat des Bundesgerichtshofs

Gemäß § 94 Abs. 1 Hs. 1 GWB ist auch beim Bundesgerichtshof ein Kartellsenat zu bilden.[38] Dieser entscheidet gemäß § 94 Abs. 1 Nr. 3 GWB über Revisionen und Rechtsbeschwerden in bürgerlichen Rechtsstreitigkeiten nach § 87 GWB.[39] Der Kartellsenat des Bundesgerichtshofs bildet somit in Kartellzivilverfahren die dritte Instanz. Ferner entscheidet der Kartellsenat gemäß § 94 Abs. 1 Nr. 1 GWB in Verwaltungssachen über die Rechtsbeschwerde gegen Entscheidungen der Oberlandesgerichte (§§ 77, 79, 80 GWB) und über die Nichtzulassungsbeschwerde (§ 78 GWB). In Bußgeldverfahren entscheidet er zudem nach § 94 Abs. 1 Nr. 2 GWB über die Rechtsbeschwerde gegen Entscheidungen der Oberlandesgerichte (§ 84 GWB). Bei § 94 GWB handelt es sich ebenfalls um eine Spruchkörperzuständigkeit.[40] Gemäß § 94 Abs. 2 GWB gilt der Kartellsenat in Bußgeldsachen als Strafsenat, in allen übrigen Sachen als Zivilsenat. Seit der 10. GWB-Novelle (2021) sieht § 73 Abs. 5 GWB[41] den Bundesgerichtshof ausnahmsweise als Beschwerdegericht im ersten und letzten Rechtszug über Streitigkeiten gegen bestimmte Verfügungen des Bundeskartellamts vor. Erfasst sind insbesondere Verfügungen nach – dem ebenfalls neu eingeführten – § 19a GWB[42] bei missbräuchlichem Verhalten von Unternehmen mit überragender marktübergreifender Bedeutung für den Wettbewerb.

D. Rechtsvergleichender Überblick

Neben Deutschland haben auch andere Länder spezielle Zuständigkeitsvorschriften für Kartellrechtsstreitigkeiten geschaffen. So besteht in Großbritannien seit 2003 ein auf Kartellverfahren spezialisiertes Gericht, das *Competition*

---

[38] Zum 1.9.2019 wurde am Bundesgerichtshof ein neuer Kartellsenat als ständiger Senat geschaffen. Es handelt sich um einen – weitgehend personenidentisch besetzten – Doppelsenat mit dem XIII. Zivilsenat, vgl. hierzu *Podszun/Pohlmann*, WuW 2020, 174.

[39] Ab 13.10.2023 entscheidet der Kartellsenat des Bundesgerichtshofs im ersten und letzten Rechtszug gemäß § 94 Abs. 1 Nr. 4 GWB n. F. auch über Revisionen und Rechtsbeschwerden in Verbandsklageverfahren nach dem Verbraucherrechtedurchsetzungsgesetz, die Ansprüche und Rechtsverhältnisse in den in § 87 GWB aufgeführten bürgerlichen Rechtsstreitigkeiten betreffen, eingeführt durch Art. 22 Nr. 4 lit. b des Gesetzes zur Umsetzung der Richtlinie (EU) 2020/1828 über Verbandsklagen zum Schutz der Kollektivinteressen der Verbraucher und zur Aufhebung der Richtlinie 2009/22/EG sowie zur Änderung des Kapitalanleger-Musterverfahrensgesetzes (Verbandsklagerichtlinienumsetzungsgesetz – VRUG) v. 8.10.2023, BGBl. 2023 I Nr. 272, S. 35.

[40] *Schmidt*, in: Immenga/Mestmäcker, Wettbewerbsrecht II, § 94 GWB Rn. 3.

[41] Eingeführt durch Gesetz zur Änderung des Gesetzes gegen Wettbewerbsbeschränkungen für ein fokussiertes, proaktives und digitales Wettbewerbsrecht 4.0 und anderer Bestimmungen (GWB-Digitalisierungsgesetz) v. 18.1.2021 (BGBl. I, S. 2).

[42] Eingeführt durch Gesetz zur Änderung des Gesetzes gegen Wettbewerbsbeschränkungen für ein fokussiertes, proaktives und digitales Wettbewerbsrecht 4.0 und anderer Bestimmungen (GWB-Digitalisierungsgesetz) v. 18.1.2021 (BGBl. I, S. 2).

Appeal Tribunal.[43] Im US-Rechtssystem gibt es hingegen keine Gerichte, die speziell für Kartellrechtsstreitigkeiten zuständig sind.[44] Es handelt sich bei Kartellrecht um eine *federal question*, sodass die US District Courts, die die erste Instanz im Gerichtssystem des Bundes darstellen, zuständig sind.[45] Ähnlichkeiten zum Aufbau der deutschen Kartelljustiz weisen hingegen die schweizerischen Regelungen auf. Ähnlich den §§ 87, 89 S. 1 GWB ist gemäß Art. 5 Abs. 1 lit. b der Schweizerischen Zivilprozessordnung in jedem Kanton nur ein einziges Gericht für kartellrechtliche Streitigkeiten zuständig.[46] Im Jahr 2004 erschien die von der Europäischen Kommission in Auftrag gegebene europaweite Untersuchung zu privaten Kartellschadenersatzklagen, die sog. Ashurst-Studie.[47] Die Studie hat verschiedene Wege identifiziert, auf denen Mitgliedstaaten versuchen, eine gerichtliche Spezialisierung in Kartellsachen herbeizuführen. Teilweise setzen sie auf eine höhere Eingangszuständigkeit.[48] Ferner reduzieren manche Mitgliedstaaten die Anzahl von Gerichten, die sich mit Kartellzivilverfahren befassen.[49] Dieses Vorgehen war 2004 neben dem deutschen etwa auch im slowenischen und litauischen Rechtssystem zu finden.[50] Außerdem weisen Mitgliedstaaten – etwa auch Deutschland – Kartellzivilverfahren verstärkt solchen Kammern zu, die bereits eine handelsrechtliche Spezialisierung aufweisen.[51] Inzwischen ist die Entwicklung fortgeschritten. Am 14. Dezember 2020 veröffentlichte die Europäische Kommission einen Bericht zur Umsetzung der Kartellschadenersatzrichtlinie 2014/104/EU[52] in den Mitgliedstaaten.[53] Aus dem Bericht geht hervor, dass mittlerweile viele Mitgliedstaaten kartellrechtliche Schadensersatzklagen bestimmten Richterinnen zugewiesen haben, obwohl die Kartellschadenersatzrichtlinie sie hierzu nicht verpflich-

---

[43] Vgl. Homepage des *Competition Appeal Tribunal*, online abrufbar unter https://www.catribunal.org.uk/about, zuletzt geprüft am: 31.10.2023.
[44] *Fiebig*, in: Fuchs/Weitbrecht, Handbuch Private Kartellrechtsdurchsetzung, § 24 Rn. 28.
[45] Vgl. § 4 des sog. *Clayton Act* von 1914; *Fiebig*, in: Fuchs/Weitbrecht, Handbuch Private Kartellrechtsdurchsetzung, § 24 Rn. 28.
[46] Siehe hierzu *Heinemann*, in: Fuchs/Weitbrecht, Handbuch Private Kartellrechtsdurchsetzung, § 23 Rn. 76.
[47] *Ashurst-Studie,* Comparative Report, S. 1 ff.
[48] *Ashurst-Studie,* Comparative Report, S. 31.
[49] *Ashurst-Studie,* Comparative Report, S. 31 f.
[50] Für das französische System bereits vorgesehen, aber laut Bericht im Jahr 2004 noch nicht umgesetzt, vgl. *Ashurst-Studie,* Comparative Report, S. 31 f. und 35.
[51] *Ashurst-Studie,* Comparative Report, S. 32 und 35; ausführlich zur Zuständigkeitsverteilung zwischen Zivilkammern und Kammern für Handelssachen nach § 95 Abs. 2 Nr. 1 GVG siehe unten Kapitel 5: § 20 E (S. 131 ff.).
[52] Richtlinie 2014/104/EU des Europäischen Parlaments und des Rates v. 26.11.2014 über bestimmte Vorschriften für Schadensersatzklagen nach nationalem Recht wegen Zuwiderhandlungen gegen wettbewerbsrechtliche Bestimmungen der Mitgliedstaaten und der Europäischen Union, ABl. 2014 L 349, S. 1.
[53] *Europäische Kommission,* Bericht über Umsetzung der Schadensersatzrichtlinie, SWD(2020) 338 final, S. 1 ff.

tet.[54] In Belgien, Deutschland, Griechenland, Spanien, Frankreich, Italien, Portugal, Schweden und der Slowakei werden kartellrechtliche Schadenersatzklagen von spezialisierten Kammern innerhalb der ordentlichen Zivilgerichte verhandelt.[55] In Dänemark, Kroatien, Litauen, Lettland und Rumänien bestehen sogar Fachgerichte.[56] Während Deutschland aus der 2004 erschienen Ashurst-Studie noch als Vorreiter[57] in Sachen Kartellziviljustiz hervorging, lässt der Bericht von 2020 einen solchen Rückschluss nicht mehr zu. Vielmehr legt der Bericht offen, dass während der vergangenen Jahre einige Mitgliedstaaten in Sachen Spezialisierung aufgeholt – wenn nicht sogar überholt – haben.

§ 6 Rechtspolitischer Hintergrund des § 87 GWB: Das *private enforcement*

Bevor die Arbeit in die nähere Untersuchung von § 87 GWB einsteigt, bietet es sich an, zunächst den rechtspolitischen Hintergrund der Norm zu betrachten. Die materiellen Kartell-Vorschriften des Unionsrechts und des GWB dienen in erster Linie der Aufrechterhaltung des unverfälschten, funktionsfähigen Wettbewerbs als Institution.[58] Dieses Ziel wird auf zwei Wegen verfolgt. Zum einen können die Europäische Kommission sowie die nationalen Kartellbehörden bei Zuwiderhandlungen Verfügungen erlassen und Bußgelder verhängen. Verstöße gegen kartellrechtliche Vorschriften können etwa Kartellabsprachen, abgestimmte Verhaltensweisen, vertikale Beschränkungen sowie der Missbrauch einer marktbeherrschenden Stellung sein. Gleichzeitig liegt die Durchsetzung kartellrechtlicher Vorschriften in den Händen von Privaten. Denn die beschriebenen Kartellverstöße verursachen Schäden, beispielsweise durch künstlich überhöhte Preise oder entgangenen Gewinn. Betroffene haben die Möglichkeit, ihre Kartellschadensersatzansprüche sowie ihre Ansprüche auf Beseitigung oder Unterlassung gerichtlich geltend zu machen.[59] In Anlehnung an die US-amerikanischen Begrifflichkeiten werden die beiden Durchsetzungsformen als behördliche beziehungsweise öffentliche Kartellrechtsdurchsetzung (*public enforcement*) und private Kartellrechtsdurchsetzung (*private enforcement*) be-

---

[54] *Europäische Kommission,* Bericht über Umsetzung der Schadensersatzrichtlinie, SWD (2020) 338 final, S. 6.
[55] *Europäische Kommission,* Bericht über Umsetzung der Schadensersatzrichtlinie, SWD (2020) 338 final, S. 6.
[56] *Europäische Kommission,* Bericht über Umsetzung der Schadensersatzrichtlinie, SWD (2020) 338 final, S. 6.
[57] In der Ashurst-Studie stellte Deutschland den einzigen Staat dar, der sowohl eine limitierte Anzahl von Kartellgerichten als auch spezialisierte Kammern aufweist und zudem Kammern für Handelssachen einbezog, vgl. *Ashurst-Studie,* Comparative Report, S. 35.
[58] *Fuchs,* in: Fuchs/Weitbrecht, Handbuch Private Kartellrechtsdurchsetzung, § 1 Rn. 16.
[59] In Deutschland ist die Anspruchsgrundlage etwa in § 33a Abs. 1 GWB normiert.

zeichnet. Wie bereits erläutert,[60] fließen die Zuständigkeiten für Verwaltungs-, Bußgeld- und Zivilsachen bei den Kartellsenaten der Oberlandesgerichte zusammen. Die gerichtliche Zuständigkeit in § 87 GWB bezieht sich hingegen allein auf Kartellzivilsachen.[61] Die Regelung ist dem Bereich der privaten Kartellrechtsdurchsetzung zuzuordnen.

Die private Kartellrechtsdurchsetzung dient in erster Linie dem Individualrechtsschutz jener, die durch ein kartellrechtswidriges Verhalten betroffen sind.[62] Indem Einzelne ihre zivilrechtlichen Ansprüche wegen Kartellverstößen geltend machen, fördern sie zugleich die Erhaltung eines funktionsfähigen Wettbewerbs im Interesse der Allgemeinheit.[63] Wenn Unternehmen bei Kartellverstößen Schadenersatzklagen von Privaten drohen, kann dies Abschreckungswirkung haben.[64] Insofern fördert die private Kartellrechtsdurchsetzung zumindest mittelbar auch die Funktion des Institutionsschutzes.[65] Darüber hinaus führt die Eigeninitiative Privater zu einer Entlastung der Kartellbehörden. Tragendes Prinzip des Kartellverwaltungsverfahrens ist das *Opportunitätsprinzip*.[66] Danach können die Kartellbehörden nach pflichtgemäßen Ermessen entscheiden, ob sie ein Verfahren einleiten oder nicht. So können sie ihre knappen Ressourcen auf Fälle von besonderer Bedeutung für die Allgemeinheit fokussieren.[67] Der Einsatz von Privaten als Wettbewerbshüter trägt zu einem Ausgleich der Defizite der öffentlichen Kartellrechtsdurchsetzung bei.[68] In der Vergangenheit hat das Schrifttum jedoch immer wieder die Eignung des Zivilprozesses zur Kartellrechtsdurchsetzung kritisch diskutiert.[69] Zu den besonde-

---

[60] Vgl. hierzu bereits oben unter Kapitel 2: § 5 B (S. 9 f.).
[61] Ob § 87 S. 2 GWB auch eine Rechtswegregelung enthält, wird unten Kapitel 5: § 20 B (S. 101 ff.) geklärt.
[62] *Fuchs*, in: Fuchs/Weitbrecht, Handbuch Private Kartellrechtsdurchsetzung, § 1 Rn. 15; siehe auch *Lahme*, Die Eignung des Zivilverfahrens zur Durchsetzung des Kartellrechts, S. 3.
[63] *Fuchs*, in: Fuchs/Weitbrecht, Handbuch Private Kartellrechtsdurchsetzung, § 1 Rn. 16; *Wiegandt*, Bindungswirkung kartellbehördlicher Entscheidungen im Zivilprozess, S. 40.
[64] BT-Drs. 15/3640, S. 35; *Fuchs*, in: Fuchs/Weitbrecht, Handbuch Private Kartellrechtsdurchsetzung, § 1 Rn. 16 f.; *Franck*, in: Immenga/Mestmäcker, Wettbewerbsrecht II, § 33a GWB Rn. 3 f.; *Lettl*, Kartellrecht, § 11 Rn. 2.
[65] *Fuchs*, in: Fuchs/Weitbrecht, Handbuch Private Kartellrechtsdurchsetzung, § 1 Rn. 16.
[66] *Lettl*, Kartellrecht, § 11 Rn. 21.
[67] Zur Entlastungsfunktion der privaten Kartellrechtsdurchsetzung Bundeskartellamt, Diskussionspapier Private Kartellrechtsdurchsetzung, S. 3; siehe auch *Fuchs*, in: Fuchs/Weitbrecht, Handbuch Private Kartellrechtsdurchsetzung, § 1 Rn. 18 und 22; *Kamann*, in: Kamann/Ohlhoff/Völcker, Kartellverfahren und Kartellprozess, § 2 Rn. 19.
[68] *Mundt/Meeßen*, Private Kartellrechtsdurchsetzung, in: Oberender, Private und öffentliche Kartellrechtsdurchsetzung, S. 44; siehe auch *Fuchs*, in: Fuchs/Weitbrecht, Handbuch Private Kartellrechtsdurchsetzung, § 1 Rn. 22; *Emmerich/Lange*, KartellR, § 7 Rn. 6.
[69] *Hempel*, Privater Rechtsschutz im Kartellrecht, S. 250 ff.; *Möschel*, WuW 2007, 483 (489 ff.); *Scholz*, Wirtschaftsaufsicht und subjektiver Konkurrentenschutz, S. 96 ff.; *Soell*, Beiladung und Konkurrentenschutz im Verwaltungsverfahren des Kartellgesetzes, in: FS Wahl, S. 439 (S. 444 ff.); *Wagner-von Papp*, Privatrechtliche oder strafrechtliche Durchsetzung des Kartellrechts?, in: Möschel/Bien, Kartellrechtsdurchsetzung durch private Schadensersatzkla-

ren Schwierigkeiten von Kartellzivilverfahren zählt, dass es für die Klägerin regelmäßig kaum möglich ist, den tatsächlichen Nachweis eines Kartellrechtsverstoßes zu erbringen.[70] Die zentralen Beweismittel befinden sich zumeist in der Sphäre der Beklagten und werden geheim gehalten.[71] Die private Kartellrechtsdurchsetzung ist geprägt von der Informationsasymmetrie zwischen den Parteien.[72] Insofern erweist sich der vom Beibringungsgrundsatz geprägte Zivilprozess gegenüber dem kartellbehördlichen Verfahren, das den Wettbewerbsbehörden weitreichende Ermittlungsbefugnisse an die Hand gibt, als strukturell unterlegen.[73] Etwa können Private keine Geschäftsräume durchsuchen lassen. Das Bundeskartellamt hat hingegen allein 2019 fünf Durchsuchungsaktionen bei insgesamt 32 Unternehmen durchgeführt.[74] Überdies besteht in der Regel ein Missverhältnis zwischen dem Prozessrisiko der Klägerin und der möglichen Entschädigung.[75] Gleichwohl führt das Nebeneinander von privater und öffentlicher Durchsetzung zu einer breiteren Sanktionierung von Kartellverstößen. Das zweigleisige System ist trotz aller Kritikpunkte zu befürworten. Diese Ansicht überwiegt heute auch im Schrifttum.[76]

Die private Kartellrechtsdurchsetzung hat in den vergangenen Jahren in Deutschland an Zuspruch und Bedeutung gewonnen, stellt aber kein neues Phänomen dar. Bereits die anlässlich der Wirtschaftskrise im Jahr 1923 erlassene Verordnung gegen Missbrauch wirtschaftlicher Machtstellungen[77] kannte mit dem in § 8 geregelten Kündigungsrecht aus wichtigem Grund für Kartell-

---

gen?, S. 269 ff. und 300; *Witthuhn*, Die Ausgestaltung der privaten Klage im Wirtschaftsrecht, S. 139 ff.

[70] *Europäische Kommission*, Weißbuch, COM(2008) 165 final, S. 2; Europäische Kommission, Grünbuch, Schadensersatzklagen wegen Verletzung des EU-Wettbewerbsrechts, COM(2005) 672 final, S. 6.

[71] Vgl. *Bach*, in: Immenga/Mestmäcker, Wettbewerbsrecht II, § 33g GWB Rn. 3.

[72] Siehe hierzu etwa Erwägungsgrund 15 der Richtlinie 2014/104/EU des Europäischen Parlaments und des Rates v. 26.11.2014 über bestimmte Vorschriften für Schadensersatzklagen nach nationalem Recht wegen Zuwiderhandlungen gegen wettbewerbsrechtliche Bestimmungen der Mitgliedstaaten und der Europäischen Union, ABl. 2014 L 349, S. 3.

[73] *Wiegandt*, Bindungswirkung kartellbehördlicher Entscheidungen im Zivilprozess, S. 2.

[74] Pressemitteilung des Bundeskartellamts zum Jahresrückblick 2019 abrufbar unter https://www.bundeskartellamt.de/SharedDocs/Publikation/DE/Pressemitteilungen/2019/27_12_2019_Jahresr%C3%BCckblick.pdf;jsessionid=05F8DA1BC07FA2F64A3552C0E833BD3E.2_cid387?__blob=publicationFile&v=4, zuletzt abgerufen am 17.10.2021; siehe auch zur „Überlegenheit der behördlichen Durchsetzung" *Weitbrecht*, in: Fuchs/Weitbrecht, Handbuch Private Kartellrechtsdurchsetzung, § 15 Rn. 2 f.

[75] Vgl. *Europäische Kommission*, Weißbuch, COM(2008) 165 final, S. 2.

[76] Vgl. etwa *Jüntgen*, Die prozessuale Durchsetzung privater Ansprüche im Kartellrecht, S. 193 ff.; *Lahme*, Die Eignung des Zivilverfahrens zur Durchsetzung des Kartellrechts, S. 306 ff.; *Lettl*, Kartellrecht, § 11 Rn. 2; *Mundt/Meeßen*, Private Kartellrechtsdurchsetzung, in: Oberender, Private und öffentliche Kartellrechtsdurchsetzung, S. 52; *Schmidt*, Kartellverfahrensrecht, S. 609 ff.; *Schmidt*, DRiZ 1977, 97 (102).

[77] Verordnung gegen Missbrauch wirtschaftlicher Machtstellungen v. 2.11.1923, RGBl. I, S. 1067.

mitglieder ein spezielles privatrechtliches Instrument.[78] Die Ursprungsfassung des GWB hielt mit der zivilrechtlichen Anspruchsnorm in § 35 GWB a. F. (heute §§ 33, 33a GWB) ausdrücklich an der privaten Kartellrechtsdurchsetzung fest. Die bereits erwähnte Ashurst-Studie aus dem Jahr 2004 kritisierte, dass die Landschaft der privaten Kartellrechtsdurchsetzung in den Mitgliedstaaten durch „erstaunliche Vielfalt und völlige Unterentwicklung"[79] gekennzeichnet sei. Tatsächlich verlief die Entwicklung in Deutschland und den weiteren europäischen Mitgliedstaaten im Vergleich zu den USA wesentlich langsamer.[80] Großen Einfluss auf die Stärkung der privaten Kartellrechtsdurchsetzung hatte jedoch das im Jahr 2001 ergangene grundlegende *Courage*-Urteil des EuGH.[81] Erstmals leitete der EuGH das Recht Geschädigter auf Kartellschadenersatz unmittelbar aus dem unionsrechtlichen Kartellverbot des Art. 81 EGV a. F. (heute Art. 101 AEUV) ab.[82] In einer Reihe von späteren Urteilen stellte der EuGH klar, dass dieser Grundsatz auch für Zuwiderhandlungen gegen das Missbrauchsverbot in Art. 102 AEUV gilt.[83] Im Jahr 2005 veröffentlichte die Europäische Kommission ein Grünbuch, in dem sie verschiedene Optionen zur zukünftigen Stärkung der privaten Rechtsdurchsetzung auflistete.[84] Im Jahr 2008 erschien ein Weißbuch zu privaten Schadenersatzklagen.[85] Auf diesen Vorarbeiten aufbauend erließ die Europäische Union 2014 die Kartellschadenersatzrichtlinie 2014/104/EU. Die Richtlinie hat neue Vorgaben für die erleichterte Geltendmachung von Schadenersatzansprüchen durch Geschädigte gesetzt.[86] Ihre Umsetzung bildete einen Schwerpunkt der 9. GWB-Novelle (2017).[87] Die beschriebenen Entwicklungen lassen den Willen zur Stärkung des *private enforcement* erkennen. Dessen wachsende Bedeutung lässt sich nicht – wie die des

---

[78] Vgl. hierzu *Goldbaum,* Kartellrecht und Kartellgericht, S. 11; *Isay,* Kartellverordnung, S. 193 ff.
[79] *Ashurst-Studie,* Comparative Report, S. 1.
[80] In den USA ist schon 1890 mit Section 7 des Sherman Antitrust Act ein privater Schadenersatzanspruch eingeführt worden; vgl. auch *Fuchs,* in: Fuchs/Weitbrecht, Handbuch Private Kartellrechtsdurchsetzung, § 1 Rn. 28; *Jones,* Private enforcement of antitrust law in the EU, UK, and USA, S. 14 ff.; *Keßler,* WRP 2006, 1061 (1061); *Mäsch,* EuR 2003, 825 (828).
[81] EuGH, Urt. v. 20.9.2001, C-453/99, EU:C:2001:465 – *Courage und Crehan,* Rn. 26.
[82] EuGH, Urt. v. 20.9.2001, C-453/99, EU:C:2001:465 – *Courage und Crehan,* Rn. 26.
[83] EuGH, Urt. v. 28.3.2019, C-637/17, EU:C:2019:263 – *Cogeco Communications,* Rn. 39 f.; EuGH, Urt. v. 5.5.2014, C-557/12, EU:C:2014:1317 – *Kone u. a.,* Rn. 21; EuGH, Urt. v. 6.6.2013, C-536/11, EU:C:2013:366 – *Donau Chemie u. a.,* Rn. 21; EuGH, Urt. v. 6.11.2012, C-199/11, EU:C:2012:684 – *Otis u. a.,* Rn. 41; EuGH, Urt. v. 14.6.2011, C-360/09, EU:C:2011:389 – *Pfleiderer,* Rn. 28; EuGH, Urt. v. 13.7.2006, C-295/04, EU:C:2006:461 – *Manfredi,* Rn. 60.
[84] Europäische Kommission, Grünbuch, Schadenersatzklagen wegen Verletzung des EU-Wettbewerbsrechts, COM(2005) 672 final, S. 1 ff.
[85] *Europäische Kommission,* Weißbuch, COM(2008) 165 final, S. 1 ff.
[86] Vgl. *Fuchs,* in: Fuchs/Weitbrecht, Handbuch Private Kartellrechtsdurchsetzung, § 1 Rn. 30.
[87] Neuntes Gesetz zur Änderung des Gesetzes gegen Wettbewerbsbeschränkungen v. 1.6.2017, BGBl. I, 1416; vgl. ausführlich *Kersting/Podszun,* Die 9. GWB-Novelle.

public enforcement – anhand von Tätigkeitsberichten verfolgen oder messen.[88] Zwar wird das Bundeskartellamt gemäß § 90 GWB über alle zivilgerichtlichen Entscheidungen, in denen deutsches oder europäisches Kartellrecht Relevanz erlangt, benachrichtigt. Es existiert aber keine vergleichbare Aufbereitung statistischer Daten.[89] Eine solche Analyse hätte vermutlich auch keine überragende Aussagekraft, da anzunehmen ist, dass sich die Parteien in einigen Fällen vergleichen. Das Bundeskartellamt stufte die private Kartellrechtsdurchsetzung in Deutschland aber bereits 2005 in einem Diskussionspapier als weit verbreitet ein.[90] Es stützte sich exemplarisch auf das Jahr 2004, in dem das Bundeskartellamt 240 entsprechende zivilgerichtliche Entscheidungen erfasst hatte.[91] Ferner wurden dem Bundeskartellamt im Zeitraum von 2004 bis 2012 nicht weniger als 2.055 neue Kartellzivilverfahren bekannt gegeben, darunter 480 kartellrechtliche Schadenersatzklagen allein für Deutschland.[92] Auch im Schrifttum lässt sich die wachsende Bedeutung des *private enforcement* erkennen. Es ist eine steigende Anzahl von Veröffentlichungen mit Bezug zur privaten Kartellrechtsdurchsetzung zu verzeichnen.[93] Zuletzt hat der Bericht der Europäischen Kommission zur Umsetzung der Kartellschadensersatz-Richtlinie aus dem Jahr 2020 diese Entwicklung bestätigt.[94] Die Europäische Kommission schlussfolgerte darin, dass alle Mitgliedstaaten die Rechte der Geschädigten erheblich gestärkt hätten.[95] Sie betonte zugleich, dass die Wirksamkeit der Umsetzungsmaßnahmen in hohem Maße von ihrer tatsächlichen Anwendung durch die einzelstaat-

---

[88] Vgl. etwa Tätigkeitsberichte des Bundeskartellamts, die die Arbeit des Bundeskartellamts sowie die Lage und Entwicklung seiner Aufgabengebiete erläutern, online abrufbar unter https://www.bundeskartellamt.de/DE/UeberUns/Publikationen/Taetigkeitsberichte/taetigkeitsberichte_node.html, zuletzt geprüft am: 31.10.2023.
[89] Vgl. *Lahme*, Die Eignung des Zivilverfahrens zur Durchsetzung des Kartellrechts, S. 38.
[90] *Bundeskartellamt*, Diskussionspapier Private Kartellrechtsdurchsetzung, S. 4; ebenso die Einschätzung im Jahr 2012 von *Mundt/Meeßen*, Private Kartellrechtsdurchsetzung, in: Oberender, Private und öffentliche Kartellrechtsdurchsetzung, S. 40 f.; neuere Auswertungen des Bundeskartellamts sind bisher nicht veröffentlicht.
[91] *Bundeskartellamt*, Diskussionspapier Private Kartellrechtsdurchsetzung, S. 4.
[92] *Mundt/Meeßen*, Private Kartellrechtsdurchsetzung, in: Oberender, Private und öffentliche Kartellrechtsdurchsetzung, S. 40.
[93] Im Jahr 2019 erschien erstmals das von *Fuchs/Weitbrecht* herausgegebene „Handbuch Private Kartellrechtsdurchsetzung". Ebenfalls 2019 erschien das „Handbuch des Kartellrechts" von *Wiedemann* in der bereits 2. Auflage, die sich umfassender als die 1. Auflage mit Fragen der privaten Kartellrechtsdurchsetzung auseinandersetzt. 2018 veröffentlichen *Stancke/Weidenbach/Lahme* das Handbuch „Kartellrechtliche Schadensersatzklagen" und weisen in ihrem Vorwort auf die wachsende Bedeutung der Thematik für die Beratungspraxis hin. Bereits 2017 erschien das Handbuch „Kartellverfahren und Kartellprozess" von *Kamann/Ohlhoff/Völcker*.
[94] *Europäische Kommission*, Bericht über Umsetzung der Schadensersatzrichtlinie, SWD(2020) 338 final, S. 5.
[95] *Europäische Kommission*, Bericht über Umsetzung der Schadensersatzrichtlinie, SWD(2020) 338 final, S. 17.

lichen Gerichte abhänge.[96] Tatsächlich sind neben Inhalt und Umfang der materiellen Ansprüche die prozessualen Durchsetzungsmöglichkeiten entscheidend für die Effektivität eines zivilrechtlichen Sanktionssystems.[97] Drohen keine langwierigen und kostspieligen Gerichtsverfahren, so werden Private eher Eigeninitiative ergreifen und – auch im Interesse der Allgemeinheit – Kartellverbote privatrechtlich durchsetzen.[98] Die gerichtliche Zuständigkeitsverteilung in den Einzelstaaten bildet hierfür die Rahmenbedingungen. Deren effektive Ausgestaltung leistet also einen Beitrag zur privaten Kartellrechtsdurchsetzung. Mithin darf die folgende Untersuchung von § 87 GWB nicht losgelöst von der wachsenden rechtspolitischen Bedeutung des *private enforcement* erfolgen.

§ 7 Sinn und Zweck des § 87 GWB

Sinn und Zweck des § 87 GWB ergeben sich nicht unmittelbar aus dem Wortlaut der Norm. Die Regelung weist den Landgerichten die streitwertunabhängige Eingangszuständigkeit für bürgerlich-rechtliche Kartellstreitigkeiten zu. Das bedeutet zunächst nur, dass die Amtsgerichte – auch wenn der Streitwert unter 5.000 Euro liegt[99] – von Kartellzivilverfahren ausgeschlossen sind.[100] Das Telos erschließt sich erst aus einer Gesamtschau der §§ 87–95 GWB. Der Gesetzgeber bezweckt mit den Vorschriften, Einheitlichkeit und Qualität der Rechtsprechung in Kartellzivilsachen zu gewährleisten.[101] Indem kartellrechtliche Streitigkeiten von wenigen Gerichten entschieden werden, sollen insbesondere widersprüchliche Gerichtsentscheidungen verhindert werden.[102] Bei der Schaffung des GWB hat der historische Gesetzgeber sogar erwogen, ein dem Bundespatentgericht vergleichbares Kartellgericht zu errichten.[103] Hiervon sah er unter anderem ab, um den Parteiverkehr – insbesondere bei Sachen geringerer Bedeutung – nicht zu behindern.[104] Inwiefern die Zuständigkeit eines besonderen Kartellgerichts den Parteiverkehr in der Praxis erschweren würde, führte der

---

[96] *Europäische Kommission*, Bericht über Umsetzung der Schadensersatzrichtlinie, SWD(2020) 338 final, S. 17.
[97] *Jüntgen*, Die prozessuale Durchsetzung privater Ansprüche im Kartellrecht, S. 3.
[98] *Jüntgen*, Die prozessuale Durchsetzung privater Ansprüche im Kartellrecht, S. 3.
[99] Vgl. § 23 Nr. 1 GVG.
[100] *Bornkamm/Tolkmitt*, in: Bunte, Kartellrecht I, Vorb. zu §§ 87 ff. Rn. 2; *Pohlmann/Schäfers*, in: Fuchs/Weitbrecht, Handbuch Private Kartellrechtsdurchsetzung, § 12 Rn. 41.
[101] Vgl. BT-Drs. 15/3640, S. 68; BT-Drs. 2/1158, S. 29; BAG, Urt. v. 29.6.2017 – 8 AZR 189/15, in: NJW 2018, 184 (186); *Dicks*, in: LMRKM, § 87 GWB Rn. 1; *Pohlmann/Schäfers*, in: Fuchs/Weitbrecht, Handbuch Private Kartellrechtsdurchsetzung, § 12 Rn. 2; *Schmidt*, in: Immenga/Mestmäcker, Wettbewerbsrecht II, § 87 GWB Rn. 1.
[102] Vgl. BT-Drs. 2/1158, S. 28 f.; siehe auch *Claßen*, Ausschließliche Zuständigkeit der Kartellgerichte, S. 3.
[103] BT-Drs. 2/1158, S. 29.
[104] BT-Drs. 2/1158, S. 29.

Gesetzgeber nicht weiter aus.[105] Dennoch veranschaulicht diese Überlegung, welche Bedeutung der Gesetzgeber der Zuständigkeitskonzentration für die Rechtspflege in bürgerlichen Kartellrechtsstreitigkeiten beigemessen hat.[106] Die geschaffenen Regelungen kommen einem besonderen Kartellrechtsweg in der Sache nahe.[107] Wie bereits beschrieben,[108] fließen alle Zuständigkeiten bei den Oberlandesgerichten zusammen. Gemäß § 89 Abs. 1 S. 1 GWB sind die Landesregierungen ermächtigt, die Zuständigkeit nach § 87 GWB auf bestimmte Landgerichte zu konzentrieren. Ergänzt wird die Konzentrationswirkung durch die Einrichtung von Kartellsenaten bei den Oberlandesgerichten gemäß § 91 S. 1 GWB und des Kartellsenats des Bundesgerichtshofs nach § 94 GWB. Der Gesetzgeber wollte zudem verhindern, dass nicht zur Entscheidung in Kartellsachen berufene Gerichte bei der Beurteilung von Vorfragen unter Umständen bedeutsame Ausführungen zum Kartellrecht vornehmen.[109] Unabhängig davon, ob kartellrechtliche Fragen als Haupt- oder Vorfragen vorliegen, sollte die Zuständigkeit der Kartellgerichte sichergestellt sein. Denn ein Verstoß gegen kartellrechtliche Verbotsnormen hat unmittelbare zivilrechtliche Folgen. Gemäß Art. 101 Abs. 2 AEUV beziehungsweise § 1 GWB i. V. m. § 134 BGB sind Vereinbarungen oder Beschlüsse, die gegen das Kartellverbot verstoßen, nichtig. Den „klassischen" Fall einer kartellrechtlichen Vorfrage bildet die Prüfung der kartellrechtlichen Wirksamkeit einer vertraglichen Vereinbarung aufgrund einer Einwendung der Beklagten.[110] Dies kann in den unterschiedlichsten vertraglichen Konstellationen – von Franchiseverträgen über Mietverträge bis hin zum Versicherungsvertrag – nötig werden. Zur Sicherstellung einheitlicher Rechtsprechung hat der Gesetzgeber mit § 87 S. 2 GWB die Zuständigkeit der Kartellgerichte sogar auf nicht-kartellrechtliche Streitigkeiten ausgeweitet, in denen sich eine kartellrechtliche Vorfrage stellt.

Gleichzeitig fördert die Norm die Qualität der Entscheidung, da nur wenige besonders sachkundige Gerichte über Kartellsachen entscheiden.[111] Es liegt auf der Hand, dass Richterinnen, die sich regelmäßig mit Kartellstreitigkeiten auseinandersetzen, über eine breitere Beurteilungsbasis, mehr praktische Souveränität und fachliche Expertise verfügen.[112] Kartellrechtliche Streitigkeiten sind mit tatsächlichen und rechtlichen Fragen verbunden, deren Beantwortung fun-

---

[105] Zu Vor- und Nachteilen eines Bundeskartellgerichts siehe unten unter Kapitel 6: § 25 C. (S. 209 ff.).
[106] *Schäfers*, ZZP 132 (2019), 231 (247).
[107] So auch Gesetzgeber BT-Drs. 2/1158, S. 29; siehe auch *Schmidt*, in: Immenga/Mestmäcker, Wettbewerbsrecht II, § 94 GWB Rn. 3.
[108] Siehe oben Kapitel 2: § 5 B (S. 9 ff.).
[109] BT-Drs. 2/1158, S. 55 und 85.
[110] Ausführlich zur kartellrechtlichen Vorfrage unten Kapitel 5: § 19 C. III. (S. 82 ff.).
[111] Vgl. *Ollerdißen*, in: Wiedemann, Handbuch des Kartellrechts, § 59 Rn. 30.
[112] Vgl. BT-Drs. 15/3640, S. 68; BT-Drs. 2/1158, S. 29; *Pohlmann/Schäfers*, in: Fuchs/Weitbrecht, Handbuch Private Kartellrechtsdurchsetzung, § 12 Rn. 2; *Voß*, in: Busche/Röhling, Kölner Kommentar, § 87 GWB Rn. 7.

§ 7 Sinn und Zweck des § 87 GWB

dierte juristische Kenntnisse sowie besonderen Einblick in ökonomische Zusammenhänge erfordert.[113] Die Richterinnen müssen tatbestandlich zum Teil recht unbestimmte Normen auf komplexe wirtschaftliche Sachverhalte anwenden. Als Beispiel kann die im Rahmen von Art. 102 Abs. 1 AEUV beziehungsweise § 18 GWB erforderliche Abgrenzung des relevanten Marktes dienen. Die Abgrenzung stellt die Rechts- und Wirtschaftswissenschaften gleichermaßen vor ungewöhnliche Schwierigkeiten.[114] So haben Wirtschaftswissenschaftlerinnen verschiedene Konzepte zur Marktabgrenzung entwickelt, bei denen zunehmend ökonometrische Verfahren Bedeutung erlangen.[115] Auch bei der Schadensberechnung im Rahmen von kartellrechtlichen Schadenersatzansprüchen sind ökonomische Fachkenntnisse erforderlich.[116] Das Kartellrecht ist zudem von der Eigenart geprägt, dass Fragen des Zivilrechts, des Rechts der Ordnungswidrigkeiten und des Verwaltungsrechts eng ineinandergreifen.[117] Bereits der historische Gesetzgeber stufte aus diesen Gründen Rechtsfragen, die sich aus dem GWB ergeben, als besonders schwierig ein.[118] Diese Einschätzung ist auch heute noch unbestritten. Das Erfordernis ökonomischer Expertise hat sich im Hinblick auf den von der Europäischen Kommission verfolgten *more economic approach*, also die stärkere Ökonomisierung der Kartellrechtsanwendung, weiter erhöht.[119] Die Kommission beabsichtigt, dass der traditionelle Ansatz, der an typisierte und abstrakt generelle Regeln sowie formelle Kriterien anknüpft, nur noch auf die sog. *hard core Kartelle* angewendet wird.[120] Hierzu zählen etwa Preisabsprachen, Produktionsbeschränkungen und Marktaufteilungen. In allen übrigen Fällen kartellrechtlicher Beurteilungen fordert die Kommission eine detaillierte – und somit aufwendigere – ökonomische Wirkungs-

---

[113] Vgl. BT-Drs. 2/1158, S. 29; *Pohlmann/Schäfers*, in: Fuchs/Weitbrecht, Handbuch Private Kartellrechtsdurchsetzung, § 12 Rn. 2.

[114] *Emmerich/Lange*, KartellR, § 4 Rn. 55.

[115] Zum Beispiel sog. SSNIP-Test (Small but Significant Non-transitory Increase in Price); ausführlich zu Verfahren zur Feststellung von Marktmacht *Kerber/Schwalbe*, in: MüKo Wettbewerbsrecht I, 1. Teil Grundlagen Rn. 226 ff.

[116] Vgl. ausführlich zur Quantifizierung von Schäden bei Wettbewerbsverstößen *Inderst/Maier-Rigaud/Schwalbe*, in: Fuchs/Weitbrecht, Handbuch Private Kartellrechtsdurchsetzung, § 7 Rn. 1 ff.

[117] BT-Drs. 2/1158, S. 29.

[118] BT-Drs. 2/1158, S. 29.

[119] Ausführlich zum *more economic approach Zalewska-Głogowska*, The more economic approach under Article 102 TFEU, S. 16 ff.; siehe auch *Fuchs*, in: Immenga/Mestmäcker, Wettbewerbsrecht I, Art. 102 AEUV Rn. 8 ff.; *Basedow*, EuZW 2006, 97; *Behrens*, Probleme einer Ökonomisierung der Kartellrechtsanwendung, in: FS Schäfer, S. 457; *Immenga*, ZWeR 2006, 346 (348 ff.); *Röller*, Der ökonomische Ansatz in der europäischen Wettbewerbspolitik, in: Monopolkommission, Zukunftsperspektiven der Wettbewerbspolitik, S. 37 (37 ff.); *Schmidtchen*, Der „more economic approach" in der europäischen Wettbewerbspolitik, in: FS Schäfer, S. 473; *Schmidtchen*, WuW 2006, 6 (6 ff.); *Schmidtchen*, WuW 2006, 707.

[120] *Behrens*, Probleme einer Ökonomisierung der Kartellrechtsanwendung, in: FS Schäfer, S. 457 (458); siehe auch *Brömmelmeyer*, in: FK-AEUV III, Art. 101 AEUV Rn. 14.

analyse im Einzelfall.[121] Darüber hinaus stellt das Kartellrecht eine dynamische Materie dar, die vom Zusammenspiel zwischen Unionsrecht und nationalem Recht geprägt wird. Die Richterinnen werden mit einer meist unübersichtlichen Vermischung von EU-Primärrecht, EU-Sekundärrecht, nationalem Zivil- und Prozessrecht sowie einer ausufernden nationalen und europäischen Rechtsprechung respektive Behördenpraxis konfrontiert.

Es kommt hinzu, dass die Kartellzivilverfahren nicht nur hochkomplex, sondern regelmäßig auch sehr umfangreich sind. Allein in einem Verfahren über Schadenersatzforderungen gegen Daimler vor dem Landgericht München umfasste die Klageschrift 650.000 Seiten.[122] Richter am Bundesgerichtshofs und Mitglied des Kartellsenats, *Dr. Jan Tolkmitt*, wird wie folgt zitiert: „Da rollen LKW-Ladungen mit LKW-Fällen an."[123] Dies spiegelt sich häufig in der Verfahrenslänge wider. Aufgrund der Komplexität der Fälle haben Gerichte zum Teil erhebliche Probleme mit der Bewältigung kartellrechtlicher Schadenersatzprozesse in angemessener Zeit.[124] So erging etwa die erstinstanzliche Entscheidung des Landgerichts Düsseldorf im sog. *Zementkartell*[125] erst mehr als acht Jahre nach Klageerhebung.[126] Hierbei ist zu berücksichtigen, dass Kartellzivilverfahren in der gerichtlichen Praxis vergleichsweise selten sind. In Deutschland wurden vor den Landgerichten im Jahr 2021 in erster Instanz insgesamt 340.741 Zivilprozesssachen erledigt.[127] Davon waren nur 775 Verfahren – also rund 0,2 Prozent – Kartellsachen.[128] In den vorangegangenen Jahre war dies nicht anders.[129] Es ist zu berücksichtigen, dass das Statistische Bundesamt unter

---

[121] *Behrens*, Probleme einer Ökonomisierung der Kartellrechtsanwendung, in: FS Schäfer, S. 457 (458).
[122] Vgl. „Die juristische Presseschau" von Legal Tribune Online vom 22. bis 24.6.2019 online abrufbar unter https://www.lto.de/recht/presseschau/p/2019-06-24-grundrechteverwirkung-vermoegensabschoepfung-mini-bots/, zuletzt geprüft am: 17.10.2021.
[123] *Podszun/Pohlmann*, WuW 2020, 174 (177); ebenda berichtet Richterin am Bundesgerichtshofs und Mitglied des Kartellsenats, *Dr. Patricia Rombach*, über einen Hauptband, der bereits ohne die Anlagebände 2.000 Seiten umfasste.
[124] *Fuchs*, in: Fuchs/Weitbrecht, Handbuch Private Kartellrechtsdurchsetzung, § 1 Rn. 7.
[125] LG Düsseldorf, Urt. v. 17.12.2013 – 37 O 200/09 (Kart), in: WuW 2014, 183.
[126] *Bernhard*, EWiR 2014, 263 (264); *Makatsch/Bäuerle*, WuW 2016, 341 (Fn. 6 auf 342).
[127] *Statistisches Bundesamt*, Fachserie 10, Reihe 2.1, 2021, S. 48.
[128] Die Zahl setzt sich zusammen aus 345 Kartellsachen vor den Zivilkammern und 430 vor den Handelskammern, *Statistisches Bundesamt*, Fachserie 10, Reihe 2.1, 2021, S. 48.
[129] 2020: 340.527 Zivilprozesssachen, davon 653 Kartellsachen; 2019: 341.481, davon 565; 2018: 303.993, davon 353; 2017: 308.026, davon 426; 2016: 322.371, davon 427; 2015: 332.085, davon 410; 2014: 334.499, davon 434; 2013: 348.651, davon 739; 2012: 356.445, davon 824; 2011: 370.603, davon 850; 2010: 369.089, davon 1.878; die Zahlen sind der Reihe 2.1 der Fachserie 10 des Statistischen Bundesamts der jeweiligen Jahrgänge entnommen. Die Zahlen für Kartellsachen werden erst seit 2010 erfasst. Nach der Umstellung des Sachgebietskatalogs zum 1.1.2010 kann eine fehlerhaft überhöhte Erfassung für einzelne Gerichte nicht ausgeschlossen werden, vgl. hierzu *Statistisches Bundesamt*, Fachserie 10, Reihe 2.1, 2010, S. 42.

dem Sachgebiet Kartellsachen auch Verfahren nach § 102 EnWG erfasst.[130] Die tatsächliche Verfahrenszahl fällt somit vermutlich noch geringer aus. Im Vergleich hierzu gab es im Jahr 2021 45.198 Kaufsachen, 25.358 Verkehrsunfallsachen und 8.861 Arzthaftungssachen.[131] Die hier untersuchte Zuständigkeitsregelung in § 87 GWB dient mittelbar der Entlastung der Justiz. Zugleich kommt der Gesetzgeber dem Interesse von Wirtschaft und Betroffenen nach, zeitintensive Verfahren vor spezialisierten Gerichten austragen zu können.

§ 8 Fazit

Der wachsende rechtspolitische Wille des europäischen und deutschen Gesetzgebers zur Stärkung des *private enforcement* ist bei der folgenden Untersuchung des § 87 GWB zu berücksichtigen. Insbesondere die Regelung des § 87 S. 2 GWB, die seit 1999 gilt, hat der Gesetzgeber zeitlich vor wesentlichen Entwicklungsschritten der privaten Kartellrechtsdurchsetzung – etwa der Kartellschadenersatzrichtlinie 2014/104/EU – geschaffen. Bereits unter diesem Gesichtspunkt bietet sich eine Analyse des § 87 GWB im Hinblick auf möglichen Reformbedarf an. Maßstab ist stets der sachgerechte Wille des Gesetzgebers, Einheitlichkeit und Qualität der Rechtsprechung sicherzustellen.

---

[130] *Statistisches Bundesamt,* Fachserie 10, Reihe 2.1, 2021, S. 116.
[131] *Statistisches Bundesamt,* Fachserie 10, Reihe 2.1, 2021, S. 48.

Kapitel 3

Einordnung des § 87 GWB im System der sachlichen Zuständigkeit

In diesem Kapitel wird die Regelung des § 87 GWB im Rahmen einer abstrakten Vorbetrachtung in die Systematik der sachlichen Zuständigkeit eingeordnet. Hierzu setzt sich die Arbeit zunächst mit dem Begriff und der Bedeutung der sachlichen Zuständigkeit (§ 9) auseinander. Sodann identifiziert sie Kriterien, die der Gesetzgeber bei der Zuordnung der sachlichen Zuständigkeit gewählt hat. Zu diesem Zweck vergleicht die Arbeit die allgemeine Eingangszuständigkeit der Landgerichte (§ 10) mit speziellen Sonderzuständigkeiten (§ 11). Hierauf aufbauend erörtert die Untersuchung das Verhältnis von Gesamtzuständigkeit und Vorfragenkompetenz (§ 12).

§ 9 Begriff und Bedeutung der sachlichen Zuständigkeit

Gemäß Art. 101 Abs. 1 S. 2 GG darf niemand seinem gesetzlichen Richter entzogen werden. Ziel der Verfassungsgarantie ist es, der Gefahr einer möglichen Einflussnahme auf eine Gerichtsentscheidung vorzubeugen, die durch eine auf den Einzelfall bezogene Richterinnenauswahl eintreten könnte.[1] Das Vertrauen der Rechtsuchenden und der Öffentlichkeit in die Unparteilichkeit sowie Sachlichkeit der Gerichte soll gesichert werden.[2] Aus Art. 101 Abs. 1 S. 2 GG ergibt sich die Pflicht des Gesetzgebers, eine klare und abstrakt-generelle Zuständigkeitsordnung zu schaffen.[3] Nach Auffassung des Bundesverfassungsgerichts bedeutet das, dass die einzelne Sache „blindlings" aufgrund allgemeiner, vorab

---

[1] BVerfG, Beschl. v. 2.6.2005 – 2 BvR 625/01, in: NJW 2005, 3410 (3411); BVerfG, Beschl. v. 8.4.1997 – 1 PBvU 1/95, in: BVerfGE 95, 322 (327); BVerfG, Beschl. v. 10.7.1990 – 1 BvR 984/87, in: BVerfGE 82, 286 (296); BVerfG, Beschl. v. 9.5.1978 – 2 BvR 952/75, in: BVerfGE 48, 246 (254); BVerfG, Beschl. v. 24.3.1964 – 2 BvR 42/63, in: BVerfGE 17, 294 (299); *Classen*, in: vM/K/S, Art. 101 GG Rn. 18; *Schulze-Fielitz*, in: Dreier, Art. 101 GG Rn. 43.
[2] BVerfG, Beschl. v. 8.4.1997 – 1 PBvU 1/95, in: BVerfGE 95, 322 (327); BVerfG, Urt. v. 10.1.1992 – 2 BvR 347/91, in: NJW 1992, 2075; BVerfG, Urt. v. 20.3.1956 – 1 BvR 479/55, in: BVerfGE 4, 412 (416).
[3] BVerfG, Beschl. v. 2.6.2005 – 2 BvR 625/01, in: NJW 2005, 3410 (3411); *Schultzky*, in: Zöller, § 1 ZPO Rn. 2.

festgelegter Merkmale an den entscheidenden Richter gelangen muss.[4] *Gravenhorst* hat diesen Vorgang bildhaft beschrieben: „Jeder Rechtsfall darf gewissermaßen nur oben in den Apparat eines Verteilungssystems hineingeworfen werden, um dann automatisch bei dem genau vorherbestimmten Richter anzugelangen."[5] Die Zuständigkeitsvorschriften dienen folglich der Wahrung der Rechtsstaatlichkeit im Sinne des Art. 20 Abs. 3 GG.[6]

In der ersten Fassung des GVG, die am 1. Oktober 1879 als Teil der Reichsjustizgesetze in Kraft trat, bestimmte der Gesetzgeber einen viergliedrigen Aufbau der ordentlichen Gerichtsbarkeit mit zwei Eingangsgerichten, dem Amtsgericht und dem Landgericht.[7] Dies hatte zur Folge, dass der Gesetzgeber Regelungen zur Bestimmung des Eingangsgerichtes schaffen musste. Die Abgrenzung, ob in erster Instanz das Amts- oder Landgericht zuständig ist, wird als *sachliche Zuständigkeit* bezeichnet.[8] Diese ist entsprechend der Verweisung in § 1 ZPO weitgehend im GVG geregelt, dessen Bestimmungen durch die §§ 1–9 ZPO sowie § 11 ZPO ergänzt werden.[9] Die Aufteilung zwischen Amtsgericht und Landgericht beruht auf dem Gedanken, dass der Amtsrichterin als Einzelrichterin Streitigkeiten mit geringfügiger Bedeutung übertragen werden sollen.[10] Mit der Einführung des Einzelrichterprinzips in § 348 ZPO (originärer Einzelrichter) und § 348a ZPO (obligatorischer Einzelrichter) durch das Zivilprozessreformgesetz von 2001[11] hat dieser Gedanke allerdings an Überzeugungskraft verloren.[12] Gemäß § 348 Abs. 1 S. 1 ZPO entscheidet die Zivilkammer grundsätzlich durch eines ihrer Mitglieder als Einzelrichter. Liegt kein Fall des § 348 Abs. 1 ZPO vor, so kann die Zivilkammer die Sache dennoch nach § 348a Abs. 1 ZPO durch Beschluss einem ihrer Mitglieder als Einzelrichter zur Entscheidung übertragen. Heute ergeben sich für die Parteien im Wesentlichen nur noch Unterschiede für den Anwaltszwang, der gemäß § 78 Abs. 1 S. 1 ZPO vor den Landgerichten gilt. Ferner wirkt sich die Eingangs-

---

[4] BVerfG, Beschl. v. 8.4.1997 – 1 PBvU 1/95, in: BVerfGE 95, 322 (329).
[5] *Gravenhorst*, Die Aufspaltung der Gerichtszuständigkeit nach Anspruchsgrundlagen, S. 14.
[6] *Wendtland*, in: BeckOK ZPO, § 1 ZPO Rn. 1.
[7] *Heinrich*, in: Musielak/Voit, § 1 ZPO Rn. 3.
[8] *Roth*, in: Stein/Jonas ZPO I, § 1 ZPO Rn. 1; *Schultzky*, in: Zöller, § 1 ZPO Rn. 5; *Wöstmann*, in: MüKo ZPO I, § 1 ZPO Rn. 8; *Pohlmann*, ZPR, Rn. 213; *Rosenberg/Schwab/Gottwald*, ZPR, § 32 Rn. 2; ausführlich zur Entwicklung des Rechts der sachlichen Zuständigkeit *Heinrich*, in: Musielak/Voit, § 1 ZPO Rn. 3 ff.
[9] Die Verweisungsnorm in § 1 ZPO hat allerdings kaum praktische Bedeutung, da § 2 EGGVG bereits die Anwendung der Vorschriften des GVG auf die ordentliche Gerichtsbarkeit und deren Ausübung bestimmt, vgl. *Roth*, in: Stein/Jonas ZPO I, § 1 ZPO Rn. 1.
[10] Vgl. *Hahn*, Materialien zum GVG, S. 29 f.; siehe auch *Mayer*, in: Kissel/Mayer, § 23 GVG Rn. 2; *Niesler*, in: BeckOK GVG, § 23 GVG Rn. 2; *Pabst*, in: MüKo ZPO III, § 23 GVG Rn. 1.
[11] Gesetz zur Reform des Zivilprozesses (Zivilprozessreformgesetz, ZPO-RG) v. 27.7.2001 (BGBl. I, S. 1887); siehe auch BT-Drs. 14/4722, S. 87 ff.
[12] *Niesler*, in: BeckOK GVG, § 23 GVG Rn. 2; *Pabst*, in: MüKo ZPO III, § 23 GVG Rn. 1.

§ 10 Allgemeine Eingangszuständigkeit nach Streitwerthöhe

zuständigkeit auf den Instanzenzug aus, der sich entweder nach § 72 GVG oder § 119 GVG richtet.[13]

§ 10 Allgemeine Eingangszuständigkeit nach Streitwerthöhe

Die allgemeine Eingangszuständigkeit in der ordentlichen Gerichtsbarkeit richtet sich nach der Höhe des Streitwerts. Gemäß §§ 23 Nr. 1, 71 Abs. 1 GVG sind die Amtsgerichte bis zur Streitwertgrenze von 5.000 Euro zuständig, bei darüber liegenden Streitwerten die Landgerichte. Die überschaubare wirtschaftliche Bedeutung von Streitigkeiten mit einem Streitwert von bis zu 5.000 Euro lässt in der Regel auf einen niedrigen Verfahrensaufwand schließen, sodass der Gesetzgeber die Verfahren den Amtsgerichten zugewiesen hat.[14] Eine Zusammenschau von § 23 GVG und § 71 GVG ergibt, dass im Regelfall das Landgericht die Eingangszuständigkeit der ordentlichen Gerichtsbarkeit innehaben soll.[15] Die Regelung des § 71 GVG stellt somit keine Auffangzuständigkeit dar.[16] Die Vorschriften der § 23 und § 23a GVG weisen einzelne Bereiche aus der generellen Zuständigkeit der Landgerichte den Amtsgerichten zu.[17] Die in § 23 Nr. 2 lit. a–d und g GVG normierten Zuweisungen beruhen auf der Überlegung, dass die Amtsgerichte über eine genauere Kenntnis lokaler Gegebenheiten als die Landgerichte verfügen.[18] In der Praxis verteilen sich weitaus mehr Verfahren auf die Amtsgerichte. Im Jahr 2021 entfielen auf die Amtsgerichte 753.926[19] Neuzugänge in Zivilsachen, auf die Landgerichte hingegen nur 330.219.[20]

---

[13] Gemäß § 72 Abs. 1 S. 1 GVG sind die Landgerichte grundsätzlich die Berufungs- und Beschwerdegerichte in den vor den Amtsgerichten verhandelten bürgerlichen Rechtsstreitkeiten. Für die erstinstanzlich vor den Landgerichten verhandelten Zivilsachen sind gemäß § 119 Abs. 1 Nr. 2 GVG die Oberlandesgerichte zuständig.

[14] *Jacobs*, in: Stein/Jonas, ZPO IX, § 23 GVG Rn. 3; *Stein/Juncker*, Grundriß des Zivilprozeßrechts und des Konkursrechts, S. 105; in der Ursprungsfassung des GVG lag der Grenzwert bei 300 Mark, vgl. *Hahn*, Materialien zum GVG, S. 29.

[15] *Jacobs*, in: Stein/Jonas, ZPO IX, § 71 GVG Rn. 1; *Niesler*, in: BeckOK GVG, § 23 GVG Rn. 1; *Mayer*, in: Kissel/Mayer, § 23 GVG Rn. 1; *Wittschier*, in: Musielak/Voit, § 71 GVG Rn. 1; *Pabst*, in: MüKo ZPO III, § 23 GVG Rn. 1; *Stein/Juncker*, Grundriß des Zivilprozeßrechts und des Konkursrechts, S. 105.

[16] *Jacobs*, in: Stein/Jonas, ZPO IX, § 71 GVG Rn. 1: „Grundsatzzuständigkeit"; a. A. *Feldmann*, in: BeckOK GVG, § 71 GVG Rn. 2; *Wittschier*, in: Musielak/Voit, § 71 GVG Rn. 2; *Pabst*, in: MüKo ZPO III, § 71 GVG Rn. 1.

[17] *Pabst*, in: MüKo ZPO III, § 23 GVG Rn. 1.

[18] Etwa bei Mietsachen im Sinne des § 23 Nr. 2 lit. a GVG; vgl. zur heutigen Norm *Jacobs*, in: Stein/Jonas, ZPO IX, § 23 GVG Rn. 4; vgl. auch zur Ursprungsfassung des GVG *Hahn*, Materialien zum GVG, S. 29.

[19] *Statistisches Bundesamt*, Fachserie 10, Reihe 2.1, 2021, S. 14.

[20] *Statistisches Bundesamt*, Fachserie 10, Reihe 2.1, 2021, S. 44.

§ 11 Streitwertunabhängige Sonderzuständigkeit der Landgerichte

Neben der allgemeinen Eingangsregelung nach der Streitwerthöhe bestehen auch streitwertunabhängige Sonderzuständigkeiten der Landgerichte.

A. Sonderzuständigkeit der Landgerichte nach § 71 Abs. 2 und 3 GVG

Zunächst enthält § 71 Abs. 2 GVG eine Aufzählung von ausschließlichen sachlichen Sonderzuständigkeiten der Landgerichte.[21] Hintergrund dieser Sonderzuweisungen ist, dass der Gesetzgeber die aufgezählten Streitigkeiten als so bedeutsam eingestuft hat, dass sie in allen Instanzen von Kollegialgerichten entschieden werden sollen.[22] Wie bereits erwähnt,[23] hat diese Intention mit der Einführung des Einzelrichterprinzips an Bedeutung verloren. Ferner bleibt es der Landesgesetzgebung nach § 71 Abs. 3 GVG überlassen, Ansprüche gegen den Staat oder eine Körperschaft des öffentlichen Rechts wegen Verfügungen der Verwaltungsbehörden sowie Ansprüche wegen öffentlicher Abgaben streitwertunabhängig ausschließlich den Landgerichten zuzuweisen.[24]

B. Weitere einzelgesetzliche Sonderzuständigkeiten

Die sachliche Zuständigkeit der Landgerichte ist nicht abschließend in § 71 GVG geregelt.[25] In einer Vielzahl von bundesrechtlichen Vorschriften bestehen weitere streitwertunabhängige Zuweisungen.[26] Der in dieser Arbeit untersuchte § 87 GWB stellt eine solche Sonderzuständigkeit dar. Im Rahmen der Neuregelung des Energiewirtschaftsrechts im Jahr 2005 hat der Gesetzgeber mit § 102 EnWG eine § 87 GWB nachgebildete Zuständigkeitsregelung geschaffen.[27] Diese dient wie die kartellrechtliche Parallelbestimmung der Vereinheit-

---

[21] Vgl. hierzu statt vieler *Jacobs*, in: Stein/Jonas, ZPO IX, § 71 GVG Rn. 4 ff.

[22] *Hahn*, Materialien zum GVG, S. 29 f.; siehe auch *Jacobs*, in: Stein/Jonas, ZPO IX, § 71 GVG Rn. 4; *Mayer*, in: Kissel/Mayer, § 71 GVG Rn. 6.

[23] Vgl. oben im Kapitel 3: § 9 (S. 25 ff.).

[24] Von der in § 71 Abs. 3 GVG enthaltenen Ermächtigung hat Bayern etwa in Art. 9 Gesetz zur Ausführung des Gerichtsverfassungsgesetzes und von Verfahrensgesetzen des Bundes (AGGVG) v. 23.6.1981 (BayRS IV, S. 483) Gebrauch gemacht. Für weitere Beispiele siehe *Feldmann*, in: BeckOK GVG, § 71 GVG Rn. 11.1.

[25] *Jacobs*, in: Stein/Jonas, ZPO IX, § 71 GVG Rn. 3; *Wittschier*, in: Musielak/Voit, § 71 GVG Rn. 12.

[26] Im Rahmen dieser Arbeit kann innerhalb der abstrakten Vorbetrachtung nur ein verkürzter Überblick zu den einzelgesetzlichen Sonderzuständigkeiten der Landgerichte gegeben werden. Ausführliche Auflistungen sind zu finden bei *Hunke*, in: Baumbach, et al., § 71 GVG Rn. 25; *Lückemann*, in: Zöller, § 71 GVG Rn. 7; *Rosenberg/Schwab/Gottwald*, ZPR, § 32 Rn. 22.

[27] BT-Drs. 15/3917, S. 75; BGBl. I, S. 1970; vgl. zum Verhältnis von §§ 87, 89 GWB und 102, 103 EnWG auch *Schreiber*, RdE 2015, 236, der die Übernahme der kartellrechtlichen Vorschrift als unreflektiert kritisiert.

lichung der Rechtspflege durch Konzentration der zivilprozessualen energiewirtschaftsrechtlichen Streitigkeiten.[28] Weitere Sondervorschriften finden sich auf dem Gebiet des Gewerblichen Rechtsschutzes. So regelt etwa § 143 PatG eine Sonderzuständigkeit der Landgerichte für das technisch geprägte Patentrecht.[29] Wie die Streitigkeiten im Sinne des § 87 GWB sind auch Streitigkeiten zum Gewerblichen Rechtsschutz in der gerichtlichen Praxis eher selten. Von den 340.741 in erster Instanz vor deutschen Landgerichten erledigten Zivilprozesssachen waren im Jahr 2021 nur 813 (circa 0,24 Prozent) dem Sachgebiet technische Schutzrechte zuzuordnen.[30]

Es lässt sich folgendes gesetzgeberisches Muster erkennen: Die einzelgesetzlichen streitwertunabhängigen Sonderzuständigkeiten beziehen sich auf spezielle Rechtsmaterien, die aufgrund ihrer geringen Fallzahlen als juristische Randgebiete bezeichnet werden können, aber zugleich eine gewisse Spezialisierung der Richterinnen erfordern. Der Gesetzgeber hat die Vorschriften regelmäßig mit Ermächtigungen der Landesregierungen versehen, sodass die Zuständigkeit auf bestimmte Landgerichte konzentriert werden kann.[31] Eine solche Ermächtigung sieht der bereits erwähnte § 89 Abs. 1 GWB für Kartellzivilsachen vor. Für Patentstreitsachen findet sich eine entsprechende Vorschrift in § 143 Abs. 2 PatG und für Energiestreitsachen in § 103 Abs. 1 S. 1 EnWG.[32] Überdies hat der Gesetzgeber die Zuständigkeiten als ausschließliche ausgestaltet.[33] Infolgedessen können die Parteien gemäß § 40 Abs. 2 S. 1 Nr. 2 ZPO nicht durch Prorogation von der Zuständigkeitsregelung abweichen. Zudem kann die Zuständigkeit wegen § 40 Abs. 2 S. 2 ZPO nicht durch rügeloses Verhandeln zur Hauptsache begründet werden. Dies verdeutlicht den Willen des Gesetzgebers, eine Umgehung der Sonderzuständigkeiten zu verhindern.[34]

---

[28] *Theobald/Werk*, in: Theobald/Kühling, Energierecht, § 102 EnWG Rn. 1.
[29] Weitere Sonderzuständigkeiten des Gewerblichen Rechtsschutzes sind in § 140 Abs. 1 Markengesetz, § 52 Abs. 1 Designgesetz, § 27 Abs. 1 Gebrauchsmustergesetz, § 11 Abs. 2 Halbleiterschutzgesetz i. V. m. § 27 Abs. 1 Gebrauchsmustergesetz und § 38 Abs. 1 Sortenschutzgesetz geregelt.
[30] Das Sachgebiet technische Schutzrechte wird separat vom Gewerblichen Rechtsschutz geführt. Es erfasst Streitigkeiten über Patentrechte, Gebrauchsmusterrechte, Arbeitnehmererfindungen und Topografieschutzrechte, vgl. *Statistisches Bundesamt*, Fachserie 10, Reihe 2.1, 2021, S. 48 und 118.
[31] Im Übrigen besteht gemäß § 13a Abs. 1 S. 1 GVG eine allgemeine Ermächtigung der Landesregierungen zur Zuständigkeitskonzentration, sofern dies für die sachdienliche Förderung oder schnellere Erledigung von Verfahren zweckmäßig ist.
[32] Weitere Landesermächtigungen sind etwa in § 105 Abs. 1 Urheberrechtsgesetz, § 140 Abs. 2 S. 1 Markengesetz und § 6 Abs. 2 S. 1 Unterlassungsklagengesetz geregelt.
[33] Vgl. § 71 Abs. 2 GVG, § 143 PatG, § 27 Abs. 1 Gebrauchsmustergesetz, § 140 Markengesetz und §§ 87, 95 GWB; vgl. auch *Mayer*, in: Kissel/Mayer, § 71 GVG Rn. 19.
[34] Vgl. etwa zur GWB-Ursprungsfassung BT-Drs. 2/1158, S. 55.

§ 12 Grundsatz der Gesamtzuständigkeit und Vorfragenkompetenz

Im Folgenden wird erörtert, inwiefern die sachliche Zuständigkeit auch die Vorfragenkompetenz erfasst. Hierzu ist zunächst zu klären, was unter einer Vorfrage zu verstehen ist.[35] Der Begriff ist im Gesetz weder definiert noch näher erläutert. Der Vorfrage steht der Begriff der Hauptfrage gegenüber.[36] Im Allgemeinen versteht man unter einer Vorfrage eine solche, die – im Gegensatz zur Hauptfrage – nicht den Kern eines Rechtsstreits bildet, sondern nur eine unter mehreren Rechtsfragen darstellt.[37] Um über die Hauptfrage entscheiden zu können, muss ein Gericht zunächst eine oder mehrere Vorfragen beurteilen. Hierbei kann sich die juristische Brisanz eines Falls durchaus erst aufgrund einer Vorfrage ergeben. Verwendung findet der Begriff vor allem im Internationalen Privatrecht.[38] Dort kann sich eine Vorfrage im Rahmen einer kollisionsrechtlichen Anknüpfung stellen (sog. Erstfrage).[39] So setzt etwa die Anknüpfung der persönlichen Ehewirkungen nach Art. 14 EGBGB (Hauptfrage) das Bestehen einer wirksamen Ehe (Vorfrage beziehungsweise Erstfrage) voraus.[40] Ferner kann sich eine Vorfrage erst nach vollzogener kollisionsrechtlicher Anknüpfung der Hauptfrage, nämlich bei der Anwendung der aus nationaler Sicht maßgebenden ausländischen Sachnormen stellen (sog. Vorfrage im engeren Sinne).[41] Beispielsweise kann die Vorschrift des ausländischen materiellen Erbrechts, die ein gesetzliches Erbrecht der Kinder des Erblassers (Hauptfrage) normiert, die Frage nach der Abstammung (Vorfrage im engeren Sinne) aufwerfen.[42] Für die vorliegende Untersuchung ist jedoch die Begriffsbedeutung im Rahmen der Rechtswegeröffnung und sachlichen Zuständigkeit von Relevanz. Die Vorschrift des § 17 Abs. 2 S. 1 GVG kann Aufschluss darüber geben, was in diesem Kontext unter einer Vorfrage zu verstehen ist. Danach hat das Gericht des zulässigen Rechtswegs den Rechtsstreit unter allen in Betracht kommenden rechtlichen Gesichtspunkten zu beurteilen. Kommen etwa neben zivilrechtlichen Anspruchsgrundlagen auch öffentlich-rechtliche in Betracht, so müssen

---
[35] Ausführlich zu den Begriffen der kartellrechtlichen Haupt- und Vorfrage im Kontext von § 87 GWB siehe unten Kapitel 5: § 19 A. I. (S. 53 ff.).
[36] *Mittenzwei*, Aussetzung des Prozesses zur Klärung von Vorfragen, S. 25.
[37] Vgl. *Claßen*, Ausschließliche Zuständigkeit der Kartellgerichte, S. 85 f.
[38] So verweist das Rechtswörterbuch Weber unter dem Stichwort Vorfrage auf den Beitrag zum Internationalen Privatrecht, vgl. *Groh*, in: Weber, Rechtswörterbuch, Vorfrage.
[39] *Hausmann*, in: Hausmann/Odersky, § 3 Rn. 30.
[40] *Hausmann*, in: Hausmann/Odersky, § 3 Rn. 30; vgl. zu weiteren Beispielen für Erstfragen *Hein*, in: MüKo BGB XII, Einl. zum Internationalen Privatrecht Rn. 160.
[41] *Hausmann*, in: Hausmann/Odersky, § 3 Rn. 31; *Hein*, in: MüKo BGB XII, Einl. zum Internationalen Privatrecht Rn. 161 ff.
[42] Vgl. zu weiteren Beispielen für Vorfragen im engeren Sinne *Hausmann*, in: Hausmann/Odersky, § 3 Rn. 31; *Hein*, in: MüKo BGB XII, Einl. zum Internationalen Privatrecht Rn. 161.

die Zivilgerichte auch über letztere entscheiden.[43] Die Regelung des § 17 Abs. 2 S. 1 GVG beruht auf der gesetzgeberischen Vorstellung von der *Gleichwertigkeit aller Rechtswege*.[44] Ziel der Norm ist der Abbau von Rechtswegstreitigkeiten und der damit verbundenen Verzögerungen und Kosten.[45] Eine Ausnahme gilt nur im Fall einer Rechtswegerschleichung, das heißt, wenn die Vorfrage in Wahrheit die Hauptfrage darstellt.[46] Nach allgemeinem Verständnis resultiert aus § 17 Abs. 2 S. 1 GVG auch, dass das Gericht des zulässigen Rechtswegs über rechtswegfremde, entscheidungserhebliche Vorfragen entscheidet, sog. *Vorfragenkompetenz*.[47] Somit kann die Vorfrage als Unterfall „aller in Betracht kommenden rechtlichen Gesichtspunkte" im Sinne des § 17 Abs. 2 S. 1 GVG verstanden werden.

Im Gegensatz zur Vorfrage umschreibt der Begriff der Hauptfrage die maßgebliche Beurteilungsgrundlage für den Rechtsweg, also das *Klagebegehren*.[48] Wie dargestellt, begründet die Regelung des § 17 Abs. 2 S. 1 GVG eine rechtswegüberschreitende Entscheidungs- und Sachkompetenz der Gerichte.[49] Das bedeutet, „dass das angerufene Gericht den Rechtsstreit umfassend entscheidet, sofern der zu ihm beschrittene Rechtsweg für einen Klagegrund zulässig ist"[50]. Sind etwa die Arbeitsgerichte für die Hauptfrage zuständig, so dürfen sie auch über Eigentumsfragen entscheiden, wenn sich diese im Zusammenhang mit einem Arbeitsverhältnis ergeben.[51] Somit gilt im Grundsatz, dass die Vorfragenkompetenz aus der Zuständigkeit für die Hauptfrage resultiert. Oder anders formuliert: Die Zuständigkeit für die Hauptfrage umfasst die Zuständigkeit für die Vorfrage. Dies kann als *Grundsatz der Gesamtzuständigkeit* bezeichnet werden.[52] Grafisch lässt sich dies wie folgt abbilden:

---

[43] Etwa über einen öffentlich-rechtlichen Folgenbeseitigungsanspruch; vgl. weitere Beispielsfälle bei *Lückemann*, in: Zöller, § 13 GVG Rn. 31; *Wittschier*, in: Musielak/Voit, § 17 GVG Rn. 8; *Pohlmann*, ZPR, Rn. 207.
[44] BT-Drs. 11/7030, S. 36; *Jacobs*, in: Stein/Jonas, ZPO IX, § 17 GVG Rn. 20; *Mayer*, in: Kissel/Mayer, § 17 GVG Rn. 2.
[45] *Zimmermann*, in: MüKo ZPO III, § 17 GVG Rn. 1.
[46] *Mayer*, in: Kissel/Mayer, § 13 GVG Rn. 42 f.
[47] BVerfG, Beschl. v. 29.7.2010 – 1 BvR 1634/04, in: NVwZ 2010, 1482 (1484); BAG, Urt. v. 29.6.2017 – 8 AZR 189/15, in: NJW 2018, 184 (186); BGH, Urt. v. 12.3.1991 – KZR 26/89, in: BGHZ 114, 218 (224 f.); *Jacobs*, in: Stein/Jonas, ZPO IX, § 13 GVG Rn. 23; *Mayer*, in: Kissel/Mayer, § 13 GVG Rn. 21; *Jacoby*, ZPR, Kap. 5 Rn. 21 f.; vgl. auch zur Intention des Gesetzgebers BT-Drs. 11/7030, S. 36 f.
[48] Vgl. *Jacobs*, in: Stein/Jonas, ZPO IX, § 13 GVG Rn. 19; *Mayer*, in: Kissel/Mayer, § 13 GVG Rn. 22; *Pabst*, in: MüKo ZPO III, § 13 GVG Rn. 12 ff.
[49] BGH, Urt. v. 12.3.2020 – I ZR 126/18, in: BGHZ 225, 59 (67); *Jacobs*, in: Stein/Jonas, ZPO IX, § 17 GVG Rn. 15; *Lückemann*, in: Zöller, § 17 GVG Rn. 5; *Wittschier*, in: Musielak/Voit, § 17 GVG Rn. 1.
[50] BT-Drs. 11/7030, S. 37; vgl. auch BGH, Urt. v. 28.2.1991 – III ZR 53/90, in: BGHZ 114, 1 (2).
[51] Vgl. *Pabst*, in: MüKo ZPO III, § 13 GVG Rn. 14.
[52] Den Begriff der Gesamtzuständigkeit verwendet auch *Zimmermann*, in: MüKo ZPO III, § 17 GVG Rn. 12.

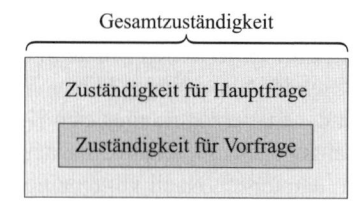

Abbildung 1: Grundsatz der Gesamtzuständigkeit (Quelle: Eigene Darstellung)

Allerdings erfasst die Regelung des § 17 Abs. 2 S. 1 GVG nur die Rechtswegzuständigkeit.[53] Es stellt sich die Frage, ob der Grundsatz der Gesamtzuständigkeit auch innerhalb der Rechtswege – also für die sachliche Zuständigkeit – gilt. Die Konkurrenz zweier ausschließlicher sachlicher Zuständigkeiten ist nicht bloß ein theoretisches Gedankenspiel.[54] In Anbetracht der zahlreichen streitwertunabhängigen sachlichen Sonderzuständigkeiten sind Überschneidungen kaum vermeidbar. In der Praxis fallen etwa patentrechtliche und kartellrechtliche Anspruchsgrundlagen durchaus zusammen.[55] Die Vorschriften in § 83 VwGO, § 48 Abs. 1 Arbeitsgerichtsgesetz (ArbGG), § 70 Finanzgerichtsordnung (FGO) und § 98 Sozialgerichtsgesetz (SGG) sehen für die sachliche Zuständigkeit innerhalb der anderen Rechtswege ausdrücklich eine Verweisung auf die Vorschriften der §§ 17 bis 17b GVG vor.[56] Allerdings enthält die ZPO keine solche Verweisungsnorm. Der Grundsatz der Gesamtzuständigkeit muss aber erst recht innerhalb des ordentlichen Rechtswegs gelten: Wenn die Zivilgerichte über rechtswegfremde Fragen entscheiden dürfen, dann erst recht über solche, die bei isolierter Betrachtung der sachlichen Zuständigkeit eines anderen Gerichts innerhalb desselben Rechtswegs unterfallen. Es besteht kein sachlicher Grund, den Rechtsgedanken des § 17 Abs. 2 S. 1 GVG mangels ausdrücklicher Verweisung nicht heranzuziehen. Vielmehr ist die Verweisungsnorm des § 1 ZPO entsprechend weit auszulegen. Es gehört zu den allgemein anerkannten Grundsätzen des Verfahrensrechts, dass die Zivilgerichte berechtigt sind, alle auftauchenden Vorfragen selbständig zu entscheiden, gleichgültig, aus welchen Rechtsgebieten sie stammen.[57] Der Grundsatz der Gesamtzuständigkeit kann ferner im Umkehrschluss aus den gesetzlich normierten Ausnahmen gefolgert werden. In beson-

---

[53] *Kissel/Mayer,* Rn. 6.
[54] *Gravenhorst,* Die Aufspaltung der Gerichtszuständigkeit nach Anspruchsgrundlagen, S. 109.
[55] *Gravenhorst,* Die Aufspaltung der Gerichtszuständigkeit nach Anspruchsgrundlagen, S. 109, der als Beispiel die Entscheidung BGH, Urt. v. 9.11.1967 – KZR 10/66, in: BGHZ 49, 33 nennt. Nach herrschender Ansicht haben die Kartellgerichte Vorrang gegenüber anderweitigen sachlichen Zuständigkeiten, hierzu unten Kapitel 5: § 20 D. I. (S. 121 ff.).
[56] Vgl. *Mayerhofer,* NJW 1992, 1602 (1602); siehe zum Geltungsbereich der §§ 17 GVG ff. auch *Mayer,* in: Kissel/Mayer, § 17 GVG Rn. 6.
[57] *Mittenzwei,* Aussetzung des Prozesses zur Klärung von Vorfragen, S. 151 m. w. N.; vgl. auch BGH, Urt. v. 12.3.1991 – KZR 26/89, in: BGHZ 114, 218 (224).

deren Fällen hat der Gesetzgeber dem eigentlich (gesamt-) zuständigen Gericht die Vorfragenkompetenz entzogen.[58] Dies erfolgt zumeist im Wege eines Aussetzungsverfahrens.[59] Das für die Hauptfrage zuständige Gericht setzt sein Verfahren aus, bis ein spezielles Gericht über die Vorfrage entschieden hat. Zum Teil ist die Aussetzung für das Gericht verpflichtend,[60] in anderen Fällen liegt sie in seinem Ermessen[61]. Hervorzuheben ist, dass sich in den Aussetzungsfällen die Zuständigkeit im Ausgangspunkt weiterhin nach der Hauptfrage richtet. Dem Gericht wird einzig die Kompetenz zur Entscheidung einer bestimmten Vorfrage entzogen. Es wird – bildlich ausgedrückt – aus der Zuständigkeit des Gerichts ein Teil herausgebrochen. Grafisch lässt sich dies wie folgt darstellen:

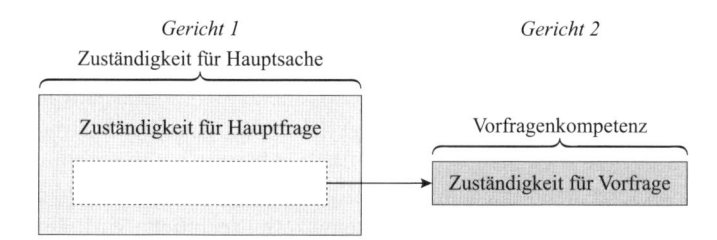

Abbildung 2: Heraustrennung der Vorfragenkompetenz in Aussetzungsverfahren
(Quelle: Eigene Darstellung)

Die infolge einer Aussetzung eintretende Verfahrensverzögerung hat der Gesetzgeber bei besonderen Rechtsfragen bewusst in Kauf genommen.[62] Dies gilt vor allem für verfassungs- und unionsrechtliche Fragen.[63] So muss ein letztinstanzliches Gericht eines Mitgliedstaates bei Zweifeln über Gültigkeit und Auslegung einer Bestimmung des Unionsrechts gemäß Art. 267 Abs. 3 AEUV die Frage dem Gerichtshof der Europäischen Union (EuGH) zur Entscheidung vorlegen. Die Vorlagepflicht soll insbesondere verhindern, dass sich in den Mitgliedstaaten eine uneinheitliche Rechtsprechung herausbildet.[64] Ferner muss

---

[58] *Gravenhorst*, Die Aufspaltung der Gerichtszuständigkeit nach Anspruchsgrundlagen, S. 9; *Mittenzwei*, Aussetzung des Prozesses zur Klärung von Vorfragen, S. 14.
[59] Auflistungen von Aussetzungstatbeständen sind zu finden bei *Fritsche*, in: MüKo ZPO I, § 148 ZPO Rn. 1; *Wendtland*, in: BeckOK ZPO, § 148 ZPO Rn. 4 f.; siehe zu weiteren Beispielen sogleich.
[60] Beispiele für verpflichtende Aussetzungen sind etwa Art. 100 GG, § 60 BVerfGG, §§ 152, 153 ZPO, §§ 97 Abs. 5 S. 1, 98 Abs. 6 S. 1 ArbGG, § 108 Abs. 2 S. 1 SGB VII; vgl. hierzu auch *Mittenzwei*, Aussetzung des Prozesses zur Klärung von Vorfragen, S. 14.
[61] Beispiele für Aussetzungen nach Ermessen finden sich in § 94 VwGO, § 114 SGG, § 74 FGO, § 4a Abs. 2 Unterlassungsklagengesetz, § 140 S. 1 PatG; vgl. hierzu auch *Mittenzwei*, Aussetzung des Prozesses zur Klärung von Vorfragen, S. 14.
[62] BAG, Urt. v. 29.6.2017 – 8 AZR 189/15, in: NJW 2018, 184 (186).
[63] BAG, Urt. v. 29.6.2017 – 8 AZR 189/15, in: NJW 2018, 184 (186).
[64] *Pechstein/Görlitz*, in: FK-AEUV IV, Art. 267 AEUV Rn. 56; vgl. auch EuGH, Urt. v. 4.11.1997, C-337/95, EU:C:1997:517 – *Parfums Christian Dior/Evora*, Rn. 25 m.w.N.

ein Gericht, das ein Gesetz, auf dessen Gültigkeit es bei der Entscheidung ankommt, für verfassungswidrig hält, gemäß Art. 100 Abs. 1 S. 1 GG eine konkrete Normenkontrolle anstrengen. Nur die Verfassungsgerichte der Länder und das Bundesverfassungsgericht verfügen über eine Normverwerfungskompetenz. Aussetzungen sieht der Gesetzgeber auch aus Gründen der Prozessökonomie und Entscheidungseinheitlichkeit vor, wie etwa die allgemeine Aussetzungsvorschrift des Zivilprozessrechts in § 148 ZPO zeigt. Die Norm verhindert, dass sich zwei Gerichte in verschiedenen Verfahren mit derselben Rechtsfrage befassen.[65] Sie ermöglicht Gerichten die Aussetzung eines Rechtsstreits, wenn die Entscheidung ganz oder zum Teil vom Bestehen oder Nichtbestehen eines Rechtsverhältnisses abhängt, das bereits Gegenstand eines anderen Verfahrens ist. Eine weitere Ausnahme vom *Grundsatz der Gesamtzuständigkeit* sah § 96 Abs. 2 GWB a.F. bei kartellrechtlichen Vorfragen vor.[66] Der Gesetzgeber hat die Vorschrift im Rahmen der 6. GWB-Novelle (1998) abgeschafft und durch eine Gesamtzuständigkeit der Kartellgerichte für Kartellrechtsfragen nach § 87 GWB ersetzt.[67] Gemäß § 87 S. 2 GWB erstreckt sich die streitwertunabhängige Sonderzuständigkeit der Kartellgerichte auch auf Streitigkeiten, die keine kartellrechtliche Hauptfrage, aber eine kartellrechtliche Vorfrage beinhalten. Die Norm nimmt dem nach dem GWB für Kartellrechtsfragen unzuständigen Gericht nicht nur die Vorfragenkompetenz, sondern darüber hinaus auch die Hauptsachekompetenz.[68] Zur Begründung der Gesamtzuständigkeit stellt § 87 Abs. 2 GWB nicht auf die Hauptfrage ab, sondern ausnahmsweise auf die Vorfrage.[69] Das bedeutet, dass im Rahmen von § 87 S. 2 GWB die Zuständigkeit für die Vorfrage die Kompetenz zur Entscheidung über die Hauptfrage nach sich zieht. Vor dem Hintergrund der soeben erörterten Systematik – *Grundsatz der Gesamtzuständigkeit* und Aussetzung als Ausnahme – bildet die Vorschrift des § 87 S. 2 GWB eine prozessrechtliche Besonderheit.[70] Dies lässt sich grafisch wie folgt zusammenfassen:

---

[65] *Roth*, in: Stein/Jonas, ZPO III, § 148 ZPO Rn. 1; *Stadler*, in: Musielak/Voit, § 148 ZPO Rn. 1; siehe auch OLG Dresden, Beschl. v. 2.6.1993 – 5 W 243/93, in: NJW 1994, 139.
[66] Der Bundesgerichtshof stufte den Aussetzungszwang nach § 96 Abs. 2 GWB a.F. als Ausnahme von diesem Grundsatz ein, BGH, Urt. v. 12.3.1991 – KZR 26/89, in: BGHZ 114, 218 (224).
[67] Ausführlich zu den Gründen der Abschaffung unten Kapitel 4: § 16 (S. 43 ff.).
[68] BAG, Urt. v. 29.6.2017 – 8 AZR 189/15, in: NJW 2018, 184 (186); BGH, Urt. v. 12.3.1991 – KZR 26/89, in: BGHZ 114, 218 (224 ff.); LG Stuttgart, Beschl. v. 27.1.2020 – 31 O 25/18, in: AG 2021, 36 (38).
[69] Vgl. insofern auch BT-Drs. 13/9720, S. 69: „Der bisherige § 96 Abs. 2 wird gestrichen mit der Folge, dass nach § 87 die Kartellgerichte eine ausschließliche Gesamtzuständigkeit für kartellrechtliche Haupt- und Vorfragen erhalten."
[70] Vgl. LG Stuttgart, Beschl. v. 27.1.2020 – 31 O 25/18, in: AG 2021, 36 (38); *Schmidt*, in: Immenga/Mestmäcker, Wettbewerbsrecht II, § 87 GWB Rn. 21.

```
        Grundsatz                          Ausnahme
   Gesamtzuständigkeit              Gesamtzuständigkeit
   ┌─────────────────┐              ┌─────────────────┐
   │ Hauptfrage ─────┼──┐        ┌──┼──→ Vorfrage     │
   │                 │  │        │  │                 │
   │ Vorfrage ───────┼──┘        └──┼──→ Hauptfrage   │
   └─────────────────┘              └─────────────────┘
```

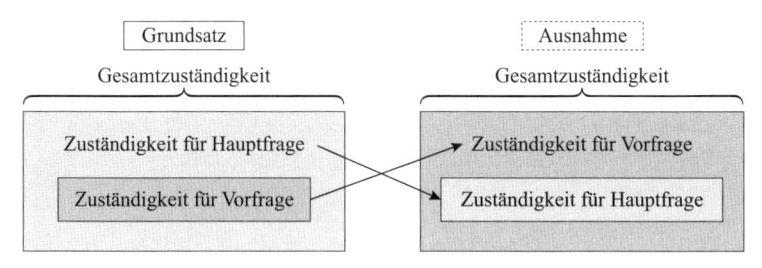

Abbildung 3: Grundsatz der Gesamtzuständigkeit und Aussetzung als Ausnahmefall
(Quelle: Eigene Darstellung)

Neben § 87 S. 2 GWB und § 102 Abs. 1 S. 2 EnWG ist einzig § 66 Abs. 1 S. 2 Wertpapiererwerbs- und Übernahmegesetz (WpÜG)[71] als weitere Zuständigkeitsregelung ersichtlich, die an eine Vorfrage anknüpft. Im Gesetzesentwurf zum WpÜG bezog sich der Gesetzgeber allerdings – anders als bei § 102 EnWG[72] – nicht auf § 87 GWB als Vorlage.[73] Es ist daher nicht von einem einheitlichen Auslegungsverständnis auszugehen.[74] Der Vollständigkeit halber ist die Regelung an dieser Stelle dennoch aufzuführen.

§ 13 Fazit

Die Einordnung des § 87 GWB in die Systematik der sachlichen Zuständigkeit hat zwei Besonderheiten offengelegt. Erstens handelt es sich bei § 87 GWB um eine von der allgemeinen Eingangszuständigkeit nach Streitwerthöhe abweichende ausschließliche Sonderzuständigkeit der Landgerichte. Zweitens stellt § 87 S. 2 GWB insofern eine atypische Zuständigkeitsregelung dar, als die Zuständigkeit aufgrund einer Vorfrage begründet wird. Wenn der Aussetzungszwang des § 96 Abs. 2 GWB a. F. als „befremdliche Sonderregel"[75] eingestuft wurde, so muss dies erst recht für die heutige Regelung in § 87 S. 2 GWB gelten. Inwieweit sich hieraus prozessrechtliche Schwierigkeiten ergeben, wird im weiteren Verlauf der Arbeit untersucht.[76]

---

[71] Wertpapiererwerbs- und Übernahmegesetz (WpÜG) v. 20.12.2001 (BGBl. I, S. 3822), zuletzt geändert durch Gesetz zur Aktualisierung der Strukturreform des Gebührenrechts des Bundes v. 18.7.2016 (BGBl. I, S. 1666).
[72] BT-Drs. 15/3917, S. 75.
[73] Vgl. BT-Drs. 14/7034, S. 69 f.
[74] *Könen*, ZZP 133 (2020), 231 (235).
[75] *Schmidt*, ZWeR 2007, 394 (404).
[76] Siehe zu ausgewählten prozessualen Fragen unten Kapitel 5: § 21 (S. 143 ff.).

Kapitel 4

Aussetzungszwang nach § 96 Abs. 2 GWB a. F.

Im folgenden Abschnitt nimmt die Arbeit den bis 1998 gemäß § 96 Abs. 2 GWB a. F. geltenden Aussetzungszwang in den Blick. Zunächst werden die Entstehungsgeschichte (§ 14) sowie die gerichtliche Aussetzungspraxis (§ 15) untersucht. Sodann werden die Nachteile (§ 16) und Vorteile (§ 17) der Regelung identifiziert, um im Anschluss die Abschaffung des Aussetzungszwangs aus rechtspolitischer Sicht bewerten zu können (§ 18).

§ 14 Entstehungsgeschichte des § 96 Abs. 2 GWB a. F.

Gemäß § 96 Abs. 2 GWB a. F. galt von Inkrafttreten des GWB am 1. Januar 1958 bis zur Abschaffung der Regelung im Zuge der 6. GWB-Novelle (1998) – also für insgesamt 40 Jahre – der sog. Aussetzungszwang. Die Norm hatte den folgenden Wortlaut:

„Hängt die Entscheidung eines Rechtsstreits ganz oder teilweise von einer Entscheidung ab, die nach diesem Gesetz zu treffen ist, so hat das Gericht das Verfahren bis zur Entscheidung durch die nach diesem Gesetz zuständigen Behörden und Gerichte auszusetzen. Wer an einem solchen Rechtsstreit beteiligt ist, kann die von dem Gericht für erforderlich erachteten Entscheidungen bei den dafür zuständigen Stellen beantragen."[1]

Sofern sich § 96 Abs. 2 GWB a. F. auch auf eine Aussetzung wegen Behördenentscheidungen bezog, ist dies nicht Gegenstand der vorliegenden Arbeit.[2] Rechtshistorisch ist zunächst anzumerken, dass die Norm einen Vorläufer in § 12 Abs. 3 der Verordnung gegen den Missbrauch wirtschaftlicher Machtstellungen von 1923[3] hatte. Die dortige Regelung lautete:

„Hängt die Entscheidung eines Rechtsstreits ganz oder zum Teil von einer Feststellung ab, für welche das Kartellgericht zuständig ist, so hat das Gericht die Verhandlung bis zur Entscheidung des Kartellgerichts auszusetzen. Die an einem solchen Rechtsstreit Beteiligten haben das Recht des selbstständigen Antrags an das Kartellgericht, wenn es

---

[1] BGBl. I, S. 1081 (1098).
[2] Vgl. hierzu *Bechtold*, in: Bechtold[1], § 96 GWB Rn. 4; *Leo*, GRUR 1959, 463 (466 f.).
[3] Verordnung gegen Missbrauch wirtschaftlicher Machtstellungen v. 2.11.1923, RGBl. I, S. 1067; ausführlich zu der Vorschrift *Goldbaum*, Kartellrecht und Kartellgericht, S. 178 ff.; *Isay*, Kartellverordnung, S. 366 ff.

Kapitel 4: Aussetzungszwang nach § 96 Abs. 2 GWB a. F.

der Reichswirtschaftsminister abgelehnt hat, einen solchen Antrag zu stellen oder binnen zwei Wochen nach Eingang eines entsprechenden Gesuchs den Antrag nicht gestellt hat."[4]

Es handelte sich bei § 96 Abs. 2 GWB a. f. also nicht um eine Neuerfindung des nachkonstitutionellen Gesetzgebers. Die Regelung des Aussetzungszwangs war bereits im Regierungsentwurf des GWB enthalten.[5] Der Bundesrat hat in seiner 123. Sitzung am 21. Mai 1954 hierzu Stellung genommen.[6] Er stufte die Aussetzungsregelung für kartellrechtliche Vorfragen – ohne genauere Ausführungen – als überflüssig ein und forderte ihre Streichung.[7] Allerdings wollte die Bundesregierung ausdrücklich verhindern, dass Nicht-Kartellgerichte über kartellrechtliche (Vor-) Fragen mitentscheiden.[8] Als überflüssig konnte der Entwurf also nur verstanden werden, wenn die Zuständigkeit der Kartellgerichte gemäß § 87 Abs. 1 GWB a. F. (dem heutigen § 87 S. 1 GWB) bereits kartellrechtliche Vorfragen erfasst hätte.[9] Die Bundesregierung schien den Anwendungsbereich des § 87 Abs. 1 GWB a. F. als nicht so weitreichend aufzufassen. Vielmehr ging sie davon aus, dass die Streichung der Vorschrift zur Folge hätte, dass kartellrechtliche Vorfragen in einem Prozess vor einem Nicht-Kartellgericht geltend gemacht werden könnten.[10] Nicht-Kartellgerichte hätten infolgedessen die Möglichkeit gehabt, bei der Entscheidung über Vorfragen bedeutsame Ausführungen zum Kartellrecht vorzunehmen.[11] Vor diesem Hintergrund hielt die Bundesregierung die Regelung nicht für entbehrlich und widersprach dem Vorschlag des Bundesrates, den Aussetzungszwang zu streichen.[12] Letztlich wurde die im Entwurf enthaltene Bestimmung unverändert als § 96 Abs. 2 GWB a. F. ins Gesetz übernommen.

---

[4] Verordnung gegen Missbrauch wirtschaftlicher Machtstellungen v. 2.11.1923, RGBl. I, S. 1067.
[5] Als § 71 Abs. 2 des Entwurfs, vgl. BT-Drs. 2/1158, S. 17.
[6] BT-Drs. 2/1158, S. 59 ff.
[7] BT-Drs. 2/1158, S. 76.
[8] BT-Drs. 2/1158, S. 55.
[9] *Claßen*, WuW 1966, 586 (593); *Claßen*, Ausschließliche Zuständigkeit der Kartellgerichte, S. 77 f.
[10] BT-Drs. 2/1158, S. 55 und S. 85.
[11] BT-Drs. 2/1158, S. 85.
[12] Im Rechtsausschuss des Bundestages erklärte der Vertreter des Bundesjustizministeriums auf die Frage des Vorsitzenden, ob jemand für die Streichung des § 71 Abs. 2 der Regierungsvorlage gemäß dem Vorschlag des Bundesrats sei: „Wir hatten uns für [die] Beibehaltung ausgesprochen, um den Zwang klar zum Ausdruck zu bringen.", Deutscher Bundestag, 2. Wahlperiode 1953, 16. Ausschuss, Protokoll Nr. 219 v. 31.5.1957, S. 81; vgl. auch BT-Drs. 2/1158, S. 85.

§ 15 Aussetzungszwang in der gerichtlichen Praxis

Die Aussetzungszwang nach § 96 Abs. 2 GWB a. F. hatte keine Auswirkungen auf die originäre Zuständigkeit der Nicht-Kartellgerichte.[13] Das bedeutet, dass die Erhebung einer Klage mit kartellrechtlicher Vorfrage vor einem Nicht-Kartellgericht unter der früheren Rechtslage zulässig war.[14] Die Regelung des § 96 Abs. 2 GWB a. F. setzte sogar voraus, dass in der Hauptsache ein Nicht-Kartellgericht zuständig war.[15] Ob in der Hauptsache eine Leistungsklage, eine Feststellungsklage oder eine Gestaltungsklage vorlag, hatte hingegen keine Folgen.[16] Das angerufene Nicht-Kartellgericht musste aber nach § 96 Abs. 2 S. 1 GWB a. F. sein eigenes Verfahren durch Beschluss aussetzen, bis ein Kartellgericht über die kartellrechtliche Vorfrage entschieden hatte.[17] Gemäß § 249 Abs. 1 ZPO hatte die Aussetzung zur Folge, dass das Verfahren für die Dauer der Aussetzung nicht weiterbetrieben wurde, keine Fristen liefen und Prozesshandlungen ohne rechtliche Wirkung blieben.[18] Das Nicht-Kartellgericht konnte die Aussetzung nicht verhindern, indem es den gesamten Rechtsstreit an ein Kartellgericht verwies oder diesem die kartellrechtliche Vorfrage vorlegte.[19] Denn § 96 Abs. 2 GWB a. F. schrieb die Aussetzung zwingend vor („hat […] auszusetzen").[20] Der Aussetzungszwang musste in jeder Lage des Verfahrens von Amts wegen beachtet werden, sodass er auch im Rechtsmittelverfahren zu berücksichtigen war.[21] Anders als beispielsweise die Aussetzungsvorschrift des § 148 ZPO stellte § 96 Abs. 2 GWB a. F. die Aussetzung nicht in das Ermessen des Gerichts.[22] Diese allgemeine Bestimmung schien dem Ge-

---

[13] *Meyer-Lindemann*, in: FK-KartellR, § 87 GWB Rn. 44; *Jungbluth*, DRiZ 1960, 139.
[14] *Schmidt*, in: Immenga/Mestmäcker³, § 87 GWB Rn. 18.
[15] *Schmidt*, in: Immenga/Mestmäcker¹, § 96 GWB Rn. 9.
[16] *Schmidt*, in: Immenga/Mestmäcker², § 96 GWB Rn. 10.
[17] *Schmidt*, in: Immenga/Mestmäcker¹, § 96 GWB Rn. 28; *Tiffert*, in: Müller-Henneberg/Schwartz, Gemeinschaftskommentar², § 96 GWB Rn. 11.
[18] *Bechtold*, in: Bechtold¹, § 96 GWB Rn. 5.
[19] Vgl. BGH, Beschl. v. 9.7.1958 – KAR 1/58, in: GRUR 1958, 617 (620); *Müller/Gries*, in: Müller/Gries, § 96 GWB Rn. 3; *Leo*, GRUR 1959, 463 (465); *Winterfeld*, NJW 1985, 1816 (1818).
[20] BGH, Beschl. v. 9.7.1958 – KAR 1/58, in: GRUR 1958, 617 (619); OLG Frankfurt, Urt. v. 17.7.1958 – 6 U (Kart) 17/58, in: NJW 1958, 1637 (1639); *Renthe*, in: Müller-Henneberg/Schwartz, Gemeinschaftskommentar², § 96 GWB Rn. 17; *Tiffert*, in: Müller-Henneberg/Schwartz¹, § 96 GWB Rn. 7; *Kellermann*, WuW 1958, 516 (517).
[21] Vgl. etwa BGH, Beschl. v. 10.7.1959 – I ZR 8/58, in: GRUR 1959, 613 (615); BGH, Beschl. v. 9.7.1958 – KAR 1/58, in: GRUR 1958, 617 (618); siehe auch *Schmidt*, in: Immenga/Mestmäcker², § 96 GWB Rn. 34.
[22] BGH, Beschl. v. 9.7.1958 – KAR 1/58, in: GRUR 1958, 617 (619); OLG Frankfurt, Urt. v. 17.7.1958 – 6 U (Kart) 17/58, in: NJW 1958, 1637 (1639); *Renthe*, in: Müller-Henneberg/Schwartz, Gemeinschaftskommentar³, § 96 GWB Rn. 17; *Tiffert*, in: Müller-Henneberg/Schwartz¹, § 96 GWB Rn. 7; *Kellermann*, WuW 1958, 516 (517).

setzgeber im Rahmen des GWB nicht auszureichen.[23] Der Gesetzgeber wollte eine Umgehung der Kartellgerichte in jedem Fall verhindern.[24] Die Regelungen in § 96 Abs. 2 GWB a. F. und § 148 ZPO sind insofern streng voneinander abzugrenzen.[25] Die Vorschrift des § 96 Abs. 2 GWB a. F. enthielt im Verhältnis zu § 148 ZPO eine Spezialregelung.[26] Eine Ausnahme vom Aussetzungszwang ergab sich nach Auffassung der Rechtsprechung und Literatur allerdings, wenn das angerufene Gericht bereits ein Kartellgericht war.[27] Ansonsten wäre es zu dem „sinnwidrigen Verfahren"[28] gekommen, dass das Kartellgericht sein eigenes Verfahren hätte aussetzen müssen, um anschließend im Rahmen eines zweiten Verfahrens über die Vorfrage zu entscheiden. Von der Aussetzungspflicht hat die Rechtsprechung zudem im Verfahren des einstweiligen Rechtsschutzes abgesehen, da sich eine Aussetzung mit der Eilbedürftigkeit des Verfahrens nicht habe vereinbaren lassen.[29]

Die Entscheidung über die Aussetzung lag allerdings allein in den Händen des angerufenen Nicht-Kartellgerichts. Beantragte eine Partei die Aussetzung des Verfahrens, so stellte dies lediglich eine Anregung dar.[30] Die Ablehnung einer Aussetzung konnten die Parteien aber mit einer sofortigen Beschwerde gemäß § 252 ZPO angreifen.[31] Entschied das Gericht über die Aussetzung nicht durch Beschluss, sondern im Urteil, so galten die allgemeinen Rechtsmittel in Form von Berufung und Revision.[32]

Hatte das Nicht-Kartellgericht eine Aussetzung vorgenommen, hing die Fortsetzung des Verfahrens von der Initiative einer Partei ab. Es war den Par-

---

[23] *Kellermann*, WuW 1958, 516 (517).
[24] Vgl. BT-Drs. 2/1158, S. 55.
[25] *Schmidt*, in: Immenga/Mestmäcker¹, § 96 GWB Rn. 5.
[26] *Tiffert*, in: Müller-Henneberg/Schwartz¹, § 96 GWB § 3.
[27] BGH, Urt. v. 11.11.1959 – KZR 1/59, in: BGHZ 31, 162 (166); *Renthe*, in: Müller-Henneberg/Schwartz, Gemeinschaftskommentar³, § 96 GWB Rn. 15; *Schmidt*, in: Immenga/Mestmäcker¹, § 96 GWB Rn. 7; *Schmidt*, NJW 1977, 10 (12); offenlassend BGH, Beschl. v. 9.7.1958 – KAR 1/58, in: GRUR 1958, 617 (620); kritisch *Claßen*, Ausschließliche Zuständigkeit der Kartellgerichte, S. 60 ff.
[28] BGH, Urt. v. 11.11.1959 – KZR 1/59, in: BGHZ 31, 162 (165).
[29] OLG Hamm, Urt. v. 30.5.1995 – 7 U 30/95, juris, Rn. 9; OLG München, Urt. v. 26.2.1981 – 24 U 545/80, in: MDR 1982, 62; KG Berlin, Urt. v. 7.11.1980 – 5 U 3757/80, in: WRP 1981, 275 (276); siehe auch LG Mosbach, Urt. v. 13.7.1982 – KfH O 35/82, in: GRUR 1983, 70 (70 f.); ausführlich hierzu *Wildanger*, WuW 1960, 685 (685 ff.); siehe auch *Bechtold*, in: Bechtold¹, § 96 GWB Rn. 2; *Schmidt*, in: Immenga/Mestmäcker², § 96 GWB Rn. 7; siehe zur umstrittenen Anwendung des heutigen § 87 GWB im einstweiligen Rechtsschutz unten Kapitel 5: § 20 F. (S. 139 ff.).
[30] *Schmidt*, in: Immenga/Mestmäcker¹, § 96 GWB Rn. 26.
[31] *Renthe*, in: Müller-Henneberg/Schwartz, Gemeinschaftskommentar³, § 96 GWB Rn. 20; *Schmidt*, in: Immenga/Mestmäcker², § 96 GWB Rn. 31; *Tiffert*, in: Müller-Henneberg/Schwartz, Gemeinschaftskommentar², § 96 GWB Rn. 11; *Westrick/Franke*, BB 1970, 1078 (1080).
[32] *Renthe*, in: Müller-Henneberg/Schwartz, Gemeinschaftskommentar³, § 96 GWB Rn. 20; *Schmidt*, in: Immenga/Mestmäcker², § 96 GWB Rn. 32 f.; *Westrick/Franke*, BB 1970, 1078 (1080).

§ 15 Aussetzungszwang in der gerichtlichen Praxis

teien überlassen, die Klärung der Vorfrage in einem „Zwischenstreit vor dem Kartellgericht"[33] herbeizuführen. Das Antragsrecht der Parteien nach § 96 Abs. 2 S. 2 GWB a. F. stellte keinen Antragszwang dar.[34] Veranlassten die Parteien keine Klärung der Vorfrage durch das Kartellgericht, so begründete dies nicht die Zuständigkeit des Nicht-Kartellgerichts.[35] Im Regelfall erhob daher die an der Klärung der kartellrechtlichen Vorfrage interessierte Partei Klage vor dem Kartellgericht.[36] Die Klage musste in erster Instanz vor dem zuständigen Kartell-Landgericht anhängig gemacht werden.[37] Anschließend galten die üblichen Rechtsmittel.[38] Unter Umständen konnte das Verfahren drei Instanzen – vom Kartell-Landgericht bis zum Kartellsenat des Bundesgerichtshofs – durchlaufen.[39] Nach herrschender Meinung in Rechtsprechung und Schrifttum handelte es sich um eine Feststellungsklage im Sinne des § 256 ZPO.[40] Wesentliches Merkmal einer Feststellungsklage ist, dass das Bestehen oder Nichtbestehen eines Rechtsverhältnisses – nicht eine abstrakte Rechtsfrage – geprüft wird.[41] Vor diesem Hintergrund lehnte *Claßen* es ab, eine aufgrund von § 96 Abs. 2 GWB a. F. angestrebte Klage mit einer Feststellungsklage gleichzusetzen.[42] Dieser Ansicht ist entgegenzuhalten, dass keine andere Klageart – weder eine Leistungsklage noch eine Gestaltungsklage – zur Klärung einer kartellrechtlichen Vorfrage in Betracht kam.[43] Aufgrund der Aussetzung nach § 96 Abs. 2 GWB a. F. wurde die Vorfrage automatisch zu einem im Feststellungsverfahren zu klärenden Rechtsverhältnis.[44] Das Feststellungsinteresse gemäß § 256 Abs. 1 ZPO ergab sich bereits aufgrund der erfolgten Aussetzung durch das Nicht-Kartellgericht.[45] Im Ergebnis ist der herrschenden Meinung zu-

---

[33] *Bornkamm/Tolkmitt*, in: Bunte, Kartellrecht I, Vorb. zu §§ 87 ff. Rn. 5.
[34] Ausführlich hierzu *Claßen,* Ausschließliche Zuständigkeit der Kartellgerichte, S. 19 ff.
[35] OLG Karlsruhe, Beschl. v. 18.1.1985 – 15 U 192/83, in: WuW/E OLG, 3478; a. A. OLG Hamm, Urt. v. 10.10.1980 – 19 U 121/79, in: WuW/E OLG, 2461 (2462).
[36] *Bechtold*, in: Bechtold[1], § 96 GWB Rn. 6.
[37] BT-Drs. 13/9720, S. 46.
[38] BT-Drs. 13/9720, S. 46; *Schmidt*, in: Immenga/Mestmäcker[1], § 96 GWB Rn. 38.
[39] *Schmidt*, in: Immenga/Mestmäcker[1], § 96 GWB Rn. 38.
[40] Vgl. BGH, Urt. v. 29.10.1985 – KZR 3/85, in: WuW/E BGH, 2209 (2210); BGH, Urt. v. 15.1.1985 – KZR 17/83, in: GRUR, 986 (987); BGH, Urt. v. 10.4.1984 – KZR 6/83, in: GRUR, 610; BGH, Urt. v. 19.6.1975 – KZR 10/74, in: NJW, 2065 (2066); siehe auch *Bechtold*, in: Bechtold[1], § 96 GWB Rn. 6; *Renthe*, in: Müller-Henneberg/Schwartz, Gemeinschaftskommentar[3], § 96 GWB Rn. 18; *Schmidt*, in: Immenga/Mestmäcker[1], § 96 GWB Rn. 37; *Jungbluth*, DRiZ 1960, 139 (143); *Westrick/Franke*, BB 1970, 1078; *Leo*, GRUR 1959, 463 (464).
[41] *Schmidt*, in: Immenga/Mestmäcker[2], § 96 GWB Rn. 37.
[42] *Claßen,* Ausschließliche Zuständigkeit der Kartellgerichte, S. 22.
[43] Vgl. *Claßen*, Ausschließliche Zuständigkeit der Kartellgerichte, S. 21.
[44] *Schmidt*, in: Immenga/Mestmäcker[1], § 96 GWB Rn. 36; *Bechtold*, in: Bechtold[1], § 96 GWB Rn. 6; vgl. auch *Schmidt*, JZ 1976, 304 (306).
[45] OLG Karlsruhe, Urt. v. 9.1.1980 – 6 U 5/79 (Kart), in: GRUR 1980, 323 (325); *Bechtold*, in: Bechtold[1], § 96 GWB Rn. 6; *Renthe*, in: Müller-Henneberg/Schwartz, Gemeinschaftskommentar[3], § 96 GWB Rn. 18; *Schmidt*, in: Immenga/Mestmäcker[1], § 96 GWB Rn. 41.

zustimmen, dass es sich um eine Feststellungsklage gemäß § 256 ZPO handelte.[46]

Der Aussetzungszwang fand in allen Rechtswegen Anwendung.[47] Die Kartellgerichte konnten also rechtswegübergreifend über kartellrechtliche Vorfragen entscheiden, ohne sich mit rechtswegfremden Fragen befassen zu müssen.[48] Bei der Entscheidung über die kartellrechtliche Vorfrage war das Kartellgericht an die bisherigen Beurteilungen des Nicht-Kartellgerichts zur – etwa im Hinblick auf das dem Rechtsstreit zugrundeliegende Vertragsverhältnis – gebunden.[49] Das bedeutet, dass das Kartellgericht nicht befugt war, die Rechtsauffassung des aussetzenden Gerichts in Bezug auf die Entscheidungserheblichkeit der Vorfrage zu überprüfen oder zu ihr Stellung zunehmen.[50] Im Verhältnis zum aussetzenden Gericht war das Kartellgericht nicht Rechtsmittelinstanz, sondern gleichgeordnet.[51] Die Aussetzung endete, sobald das Kartellgericht rechtskräftig über die Vorfrage entschieden hatte.[52] Die Wiederaufnahme des ausgesetzten Verfahrens erfolgte entsprechend § 250 ZPO durch Zustellung eines bei Gericht einzureichenden Schriftsatzes.[53] Im Hauptverfahren war das Nicht-Kartellgericht nun an die Entscheidung des Kartellgerichts gebunden.[54] Dies war zwar nicht ausdrücklich geregelt, ergab sich aber aus der materiellen Rechtskraft des Feststellungsurteils beziehungsweise des die Klage abweisenden Urteils.[55] Auch der Sinn und Zweck des § 96 Abs. 2 GWB a. F. legt eine solche Bindungswirkung nahe.

---

[46] *Bechtold*, in: Bechtold[1], § 96 GWB Rn. 6; *Renthe*, in: Müller-Henneberg/Schwartz, Gemeinschaftskommentar[3], § 96 GWB Rn. 18; *Schmidt*, in: Immenga/Mestmäcker[2], § 96 GWB Rn. 37; *Tiffert*, in: Müller-Henneberg/Schwartz, Gemeinschaftskommentar[2], § 96 GWB Rn. 7.

[47] *Schmidt*, in: Immenga/Mestmäcker[1], § 96 GWB Rn. 7; eine Aussetzung nach § 96 Abs. 2 GWB a. F. prüfte etwa BAG, Urt. v. 27.6.1989 – 1 AZR 404/88, in: BAGE 62, 171 (183).

[48] *Pohlmann/Schäfers*, in: Fuchs/Weitbrecht, Handbuch Private Kartellrechtsdurchsetzung, § 12 Rn. 53.

[49] BGH, Urt. v. 22.11.1983 – KZR 22/82, in: BGHZ 89, 88 (91); *Claßen*, Ausschließliche Zuständigkeit der Kartellgerichte, S. 24.

[50] *Claßen*, Ausschließliche Zuständigkeit der Kartellgerichte, S. 24.

[51] *Claßen*, Ausschließliche Zuständigkeit der Kartellgerichte, S. 24.

[52] *Renthe*, in: Müller-Henneberg/Schwartz, Gemeinschaftskommentar[4], § 96 GWB Rn. 22; *Schmidt*, in: Immenga/Mestmäcker[2], § 96 GWB Rn. 45.

[53] *Renthe*, in: Müller-Henneberg/Schwartz, Gemeinschaftskommentar[4], § 96 GWB Rn. 22.

[54] BGH, Urt. v. 22.11.1983 – KZR 22/82, in: BGHZ 89, 88 (91); *Renthe*, in: Müller-Henneberg/Schwartz, Gemeinschaftskommentar[3], § 96 GWB Rn. 19; *Schmidt*, in: Immenga/Mestmäcker[1], § 96 GWB Rn. 46.

[55] *Schmidt*, in: Immenga/Mestmäcker[1], § 96 GWB Rn. 46; *Kellermann*, WuW 1958, 516 (527); *Leo*, GRUR 1959, 463 (465).

§ 16 Nachteile des Aussetzungszwangs

Die Nachteile des Aussetzungszwangs zeigten sich in der Praxis recht schnell. *Schmidt* kritisierte den Aussetzungszwang als „kompliziert"[56] und „schwerfällig"[57]. Die Streichung des § 96 Abs. 2 GWB a. F. forderte *Leo* schon ein Jahr nach Inkrafttreten des GWB.[58] Der im Jahre 1958 neu gebildete Kartellsenat des Bundesgerichtshofs befasste sich allein in den ersten zwei Jahren in drei Entscheidungen mit dem Aussetzungszwang nach § 96 Abs. 2 GWB a. F.[59] Im Vergleich dazu ergingen sieben reine Sachentscheidungen.[60] Bereits in seinem ersten Beschluss zu § 96 Abs. 2 GWB a. F. drückte der Kartellsenat seine Sorge darüber aus, dass durch die Aussetzungspflicht „zwangsläufig immer eine gewisse Verzögerung des Hauptprozesses"[61] entstehe. Auch im Schrifttum wurde bemängelt, dass unter Umständen sogar die Entscheidung über die Aussetzung zum „Mittelpunkt des Hauptprozesses"[62] werden konnte. Von Anfang an stellten die „umständlichen Prozessverzögerungen"[63] den wesentlichen Kritikpunkt dar. Es liegt auf der Hand, dass die Aussetzung eines Rechtsstreits regelmäßig mit einer erheblichen Verzögerung der begehrten Entscheidung verbunden ist.[64] Besonders zeitraubend gestaltete sich das Aussetzungsverfahren, wenn sich die kartellrechtliche Vorfrage erst im Berufungs- oder Revisionsrechtszug des Hauptverfahrens ergab. Denn die Feststellungsklage zur Klärung der Vorfrage musste vor einem Landgericht – also in der ersten Instanz – erhoben werden.[65] Hierbei ist zu berücksichtigen, dass kartellrechtliche Vorfragen in der Praxis häufig erst im laufenden Verfahren auftauchen.[66] Das bedeutet, dass ein Rechtsstreit unter Umständen in der Berufungsinstanz gemäß § 96 Abs. 2 GWB a. F. ausgesetzt und der anschließende Instanzenweg hinsichtlich der kartellrechtlichen Vorfrage erneut beim Landgericht begonnen werden musste.[67] An-

---

[56] *Schmidt*, in: Immenga/Mestmäcker, Wettbewerbsrecht II, Vorb. vor § 87 Rn. 6.
[57] *Schmidt*, in: Immenga/Mestmäcker, Wettbewerbsrecht II, § 87 GWB Rn. 21.
[58] Er hielt die allgemeine Aussetzungsregelung in § 148 ZPO für ausreichend, vgl. *Leo*, GRUR 1959, 463 (468).
[59] BGH, Beschl. v. 15.6.1959 – KAR 1/59, in: BGHZ 30, 186; BGH, Urt. v. 11.11.1959 – KZR 1/59, in: BGHZ 31, 162; BGH, Beschl. v. 9.7.1958 – KAR 1/58, in: GRUR 1958, 617; vgl. hierzu auch *Schmidt*, ZWeR 2007, 394 (404).
[60] BGH, Urt. v. 26.10.1959 – KZR 2/59, in: BGHZ 31, 105; BGH, Beschl. v. 7.10.1959 – KRB 3/59, in: NJW 1959, 2213; BGH, Urt. v. 25.2.1959 – KZR 2/58, in: BGHZ 29, 344; BGH, Beschl. v. 21.1.1959 – KRB 11/58, in: BGHZ 29, 194; BGH, Beschl. v. 21.1.1959 – KRB 12/58, in: BGHZ 29, 194; BGH, Beschl. v. 24.11.1958 – KRB 2/58, in: BGHZ 28, 397; BGH, Urt. v. 8.10.1958 – KZR 1/58, in: BGHZ 28, 208.
[61] BGH, Beschl. v. 9.7.1958 – KAR 1/58, in: GRUR 1958, 617 (620).
[62] *Leo*, GRUR 1959, 463 (465).
[63] *Schmidt*, in: Immenga/Mestmäcker¹, § 96 GWB Rn. 5.
[64] *Claßen*, Ausschließliche Zuständigkeit der Kartellgerichte, S. 36.
[65] BT-Drs. 13/9720, S. 46.
[66] BT-Drs. 13/9720, S. 46.
[67] BT-Drs. 13/9720, S. 46.

fänglich zog der Kartellsenat des Bundesgerichtshofs zwar in Erwägung, dass in diesen Fällen auch das im Instanzenzug gleichgeordnete Gericht angerufen werden könnte.[68] Er wies aber zugleich darauf hin, dass sich diese Auffassung nicht mit dem Wortlaut von § 87 Abs. 1 S. 1 GWB a. F. in Einklang bringen lasse.[69] Außerdem werde den Parteien die Möglichkeit genommen, den gesamten Instanzenzug vor den Kartellgerichten wahrzunehmen.[70] *Claßen* hielt es 1965 für zutreffend, eine Rechtsverfolgung durch drei Kartellinstanzen mit einem Zeitverlust von mindestens zwei Jahren gleichzusetzen.[71] Es ist davon auszugehen, dass die Dauer von Kartellverfahren – insbesondere vor dem Hintergrund des *more economic approach*[72] – heute nicht kürzer, sondern tendenziell länger ausfällt. So erging etwa die bereits erwähnte Entscheidung zum sog. *Zementkartell* erst mehr als acht Jahre nach Klageerhebung.[73] Erschwerend kam hinzu, dass auch im Hauptverfahren unter Umständen drei Instanzen durchschritten werden konnten. Im Extremfall waren die Parteien gezwungen, zweimal drei Instanzen zu durchlaufen.[74] Daraus konnte sich nach Einschätzung des Schrifttums zur alten Rechtslage insgesamt eine Prozessdauer von „vier bis fünf Jahren"[75] beziehungsweise „kaum vor sechs Jahren"[76] ergeben. Heute läge die Gesamtdauer vermutlich noch höher.

Klärungsbedürftig ist allerdings, wie oft der beschriebene Extremfall von „zweimal drei Instanzen" in der gerichtlichen Aussetzungspraxis tatsächlich eingetreten ist. Aus den Gesetzgebungsmaterialien ergeben sich diesbezüglich keine konkreten Angaben.[77] Es ist offenbar vor der Abschaffung des Aussetzungszwangs keine entsprechende Analyse durch das zuständige Ministerium vorgenommen worden. In den Jahren 1958 bis 1998 lassen sich zwölf Verfahren ermitteln, in denen das Feststellungsverfahren zur Klärung der kartellrechtlichen Vorfrage über drei Instanzen geführt wurde:[78]

---

[68] BGH, Beschl. v. 9.7.1958 – KAR 1/58, in: GRUR 1958, 617 (620).
[69] BGH, Beschl. v. 9.7.1958 – KAR 1/58, in: GRUR 1958, 617 (620).
[70] BGH, Beschl. v. 9.7.1958 – KAR 1/58, in: GRUR 1958, 617 (620).
[71] *Claßen*, Ausschließliche Zuständigkeit der Kartellgerichte, S. 36.
[72] Vgl. hierzu bereits oben unter Kapitel 2: § 7 (S. 19 ff.).
[73] Vgl. LG Düsseldorf, Urt. v. 17.12.2013 – 37 O 200/09 (Kart), in: WuW 2014, 183; siehe auch *Bernhard*, EWiR 2014, 263 (264); *Makatsch/Bäuerle*, WuW 2016, 341 (Fn. 6 auf 342); siehe zu Umfang und Dauer kartellrechtlicher Streitigkeiten bereits im Abschnitt zum Sinn und Zweck des § 87 GWB oben Kapitel 2: § 7 (S. 19 ff.).
[74] BT-Drs. 13/9720, S. 46; *Pohlmann/Schäfers*, in: Fuchs/Weitbrecht, Handbuch Private Kartellrechtsdurchsetzung, § 12 Rn. 53.
[75] *Claßen*, Ausschließliche Zuständigkeit der Kartellgerichte, S. 36.
[76] *Leo*, GRUR 1959, 463 (466).
[77] Vgl. BT-Drs. 13/9720, S. 46.
[78] Dies ist das Ergebnis einer Auswertung aller Entscheidungen des Bundesgerichtshofs aus dem Zeitraum 1958 bis 1998, in denen die Norm § 96 Abs. 2 GWB a. F. zitiert wurde. Gezählt wurden die zwölf Entscheidungen, in denen der Bundesgerichtshof in dritter Instanz eines Feststellungsverfahrens über die kartellrechtliche Vorfrage entschieden hat. Insgesamt wurde die Vorschrift des § 96 Abs. 2 GWB a. F. in dem genannten Zeitraum in 63 Entscheidun-

Tabelle 1: Auswertung der Rechtsprechung des Bundesgerichtshofs zu
§ 96 Abs. 2 GWB a. F. im Hinblick auf den Extremfall von „zweimal drei Instanzen"

	Entscheidungsname	Entscheidung	Vorherige Instanzen
1	Taxi-Preisgestaltung	BGH, Urt. v. 30.6.1987 – KZR 12/86	OLG Karlsruhe, Urt. v. 23.4.1986 – 6 U 196/85 (Kart.) LG Mannheim, Urt. v. 16.8.1985 – O 61/85 (Kart.)
2	Hafentarife	BGH, Urt. v. 27.5.1986 – KZR 17/85	OLG Celle, Urt. v. 10.4.1985 – 13 U (Kart) 197/84 LG Osnabrück, Urt. v. 6.7.19884 – 1 HO135/83 (Kart.)
3	Münzautomaten	BGH, Urt. v. 29.10.1985 – KZR 3/85	OLG Düsseldorf, Urt. v. 18.12.1984 – U (Kart) 16/84 LG Dortmund, Urt. v. 27.2.1984 – 8 O 17/84 Kart
4	Apothekenwerbung	BGH, Urt. v. 15.1.1985 – KZR 17/83	OLG Koblenz, Urt. v. 27.5.1983 – 6 U 924/82 (Kart) LG Mainz, Urt. v. 4.6.1982 – 11 HO 178/81 (Kart)
5	Kalktransporte	BGH, Urt. v. 10.4.1984 – KZR 6/83	OLG Düsseldorf, Urt. v. 8.2.1983 – nicht bekannt LG Dortmund, Urt. v. 16.11.1981 – 8 O 381/81 Kart.
6	Stangenlademagazine	BGH, Urt. v. 22.11.1983 – KZR 22/82	OLG Düsseldorf, Urt. v. 27.7.1982 – U (Kart) 9/82 LG Dortmund, Urt. v. 13.11.1980 – 8 O 326/80 Kart
7	Fach-Tonband-Kassetten	BGH, Urt. v. 30.6.1983 – I ZR 164/80	OLG Karlsruhe, Urt. v. 9.1.1980 – 6 U 5/78 (Kart) LG Mannheim, nicht bekannt – 7 O 109/78 Kart
8	Grunddienstbarkeit	BGH, Urt. v. 8.3.1983 – KZR 7/82	KG, Urt. v. 16.12.1981 – Kart U 3300/81 LG Berlin, Urt. v. 7.5.1981 – 16 O 619/80
9	Ganser Dahlke	BGH, Urt. v. 5.5.1981 – KZR 9/80	OLG Düsseldorf, Urt. v. 11.3.1980 – U (Kart) 20/79 LG Düsseldorf, Urt. v. 10.10.1979 – 12 O 123/79
10	Thermalquelle	BGH, Urt. v. 22.5.1975 – KZR 9/74	BayObLG, Urt. v. 2.5.1974 – U (K) 4100/73 LG München I, Urt. v. 18.9.1973 – nicht bekannt

gen aufgeführt. Als Grundlage für die Recherche wurden die „*beck-online Datenbank*" sowie „*juris – Das Rechtsportal*" verwendet.

	Entscheidungsname	Entscheidung	Vorherige Instanzen
11	Grenzmengen-abkommen	BGH, Urt. v. 19.5.1975 – KZR 10/74	OLG Koblenz, Urt. v. 1.3.1974 – 2 U 462/73 (Kart.) LG Mainz, Urt. v. 13.4.1973 – 1 HO 220/71 (Kart.)
12	IATA	BGH, Urt. v. 30.9.1971 – KZR 12/70	OLG Frankfurt, Urt. v. 1.10.1970 – 6 U (Kart.) 46/69 LG Frankfurt, Urt. v. 27.11.1968 – nicht bekannt

In Anbetracht des langen Zeitraums von 40 Jahren ist die Anzahl von zwölf Entscheidungen als eher gering einzustufen. Zudem lässt sich nicht rekonstruieren, ob in dem jeweiligen Hauptverfahren auch noch einmal drei Instanzen durchlaufen wurden. Die entsprechenden Akten sind nicht mehr einsehbar.[79] Bei der Abschaffung des Aussetzungszwangs im Rahmen der 6. GWB-Novelle (1998) scheint sich der Gesetzgeber in erster Linie auf die theoretische Abschreckungswirkung des Aussetzungszwangs gestützt zu haben. Es lässt sich nicht abstreiten, dass der drohende Zeitaufwand potentielle Klägerinnen davon abhalten konnte, ihre Ansprüche gerichtlich durchzusetzen. Dies wird man insbesondere bei Privatpersonen annehmen können. Bei Kartellsachen handelt es sich meist um dynamische Sachverhalte, sodass die rechtsuchende Partei regelmäßig auf eine schnelle Entscheidung angewiesen ist. Kartellrechtliche Vorfragen ergeben sich überwiegend im Kontext des schnelllebigen, vom ständigen Wandel geprägten Wirtschaftslebens. Verzögerungen können in diesem Bereich besonders schwerwiegende Folgen nach sich ziehen. *Claßen* hat dies mit den folgenden Worten beschrieben: „Hier kann ein Anspruch, der heute noch realisiert werden kann, bereits morgen wertlos sein."[80] Es ist nicht auszuschließen, dass in Einzelfällen sogar die Existenz des Klägers davon abhing, ob und wann er seinen Anspruch durchsetzen konnte.[81] Die Verfahrensverzögerung hatte regelmäßig zur Folge, dass sich auch das Kostenrisiko für die Parteien erhöhte.[82] Denn sie waren gezwungen, zwei Prozesse zu führen.[83] Nach Ansicht von *Claßen* wurde das Kostenrisiko „unübersehbar und infolgedessen häufig untragbar"[84]. Während im Hauptverfahren etwa nur ein bestimmter Unterlassungsanspruch oder ein fest bezifferter Schadenersatzanspruch zur Entscheidung stand, konnte im kartellgerichtlichen Verfahren ein ganzes Vertragssystem horizontaler oder vertikaler Wettbewerbsbeschränkungen zum Gegenstand der Beurteilung

---

[79] Die Aufbewahrungsfrist der Akten bei den Gerichten ist für den Untersuchungszeitraum bereits abgelaufen, sodass die Akten nicht eingesehen und ausgewertet werden konnten.
[80] *Claßen*, Ausschließliche Zuständigkeit der Kartellgerichte, S. 36.
[81] Vgl. *Claßen*, Ausschließliche Zuständigkeit der Kartellgerichte, S. 36.
[82] *Claßen*, Ausschließliche Zuständigkeit der Kartellgerichte, S. 37; *Leo*, GRUR 1959, 463 (466); *Völp*, WuW 1959, 397 (404).
[83] Vgl. *Meyer-Lindemann*, in: FK-KartellR, § 87 GWB Rn. 44.
[84] *Claßen*, Ausschließliche Zuständigkeit der Kartellgerichte, S. 37.

§ 16 Nachteile des Aussetzungszwangs

werden.[85] *Völp* wies darauf hin, dass der Streitwert des Zwischenprozesses in vielen Fällen wesentlich über dem des Hauptprozesses liegen konnte.[86] Ferner konnte der Fall eintreten, dass die im Zwischenverfahren siegende Partei anschließend im Hauptverfahren unterlag.[87] Der Aussetzungszwang führte regelmäßig „zu einer schweren Benachteiligung wenigstens einer Prozesspartei"[88]. Erschwerend kam noch hinzu, dass ein vom Dispositions- und Beibringungsgrundsatz geprägter separater Feststellungprozess denkbar ungeeignet war, wenn die kartellrechtliche Vorfrage unter den Parteien sogar unstreitig war.[89] Auch auf Seiten der Justiz wirkte sich die Verdopplung der Verfahren nachteilig aus. Es wurden doppelte Ressourcen in Anspruch genommen. Zwei Gerichte, zwei Kammern beziehungsweise Senate sowie zwei Geschäftsstellen befassten sich mit dem Rechtsstreit. Dies führte zu einer „erhöhten arbeitsmäßigen Belastung der Rechtsprechung"[90]. Die Einbindung von zwei – im Extremfall sogar bis zu sechs – voneinander unabhängigen Gerichten konnte sich auch in den Urteilsbegründungen widerspiegeln.[91] Das Kartellgericht war an die Beurteilungen des Nicht-Kartellgerichts gebunden, während das Nicht-Kartellgericht an die Entscheidung über die kartellrechtliche Vorfrage gebunden war.[92] Unter Umständen merkte man dem Urteil seine unterschiedlichen Urheberinnen an.[93] Die Urteilsbegründung konnte uneinheitlich und infolgedessen weniger überzeugend ausfallen.[94] Das Kartellgericht war eventuell sogar gezwungen, die Vorfrage aufgrund eines unzutreffenden Ausgangspunkts des Hauptgerichts zu beantworten.[95] Eine Korrektur konnten die Parteien erst im Rechtsmittelverfahren des Hauptverfahrens herbeiführen.[96] Dies verursachte für die Prozessbeteiligten eine nicht unbeträchtliche Rechtsunsicherheit.

Schließlich führten die beschriebenen Nachteile des Aussetzungszwangs – Prozessverzögerung, Kostenrisiko, Verfahrensverdopplung und Rechtsunsicherheit – zu einer erhöhten Missbrauchsanfälligkeit der Regelung. Auch hierauf wies der Kartellsenat bereits in seinem ersten Beschluss zu § 96 Abs. 2 GWB a. F. hin.[97] Indem eine Partei – in der Regel die Beklagte – eine kartellrechtliche Vorfrage in ein Verfahren einbrachte, konnte sie eine prozesstaktisch be-

---

[85] *Claßen*, Ausschließliche Zuständigkeit der Kartellgerichte, S. 37.
[86] *Völp*, WuW 1959, 397 (404).
[87] *Leo*, GRUR 1959, 463 (466).
[88] *Völp*, WuW 1959, 397 (398).
[89] *Schmidt*, in: Immenga/Mestmäcker[1], § 96 GWB Rn. 5.
[90] *Claßen*, Ausschließliche Zuständigkeit der Kartellgerichte, S. 38.
[91] *Claßen*, Ausschließliche Zuständigkeit der Kartellgerichte, S. 37.
[92] Siehe zum Aussetzungszwang in der gerichtlichen Praxis oben Kapitel 4: § 15 (S. 39 ff.).
[93] *Claßen*, Ausschließliche Zuständigkeit der Kartellgerichte, S. 37.
[94] *Claßen*, Ausschließliche Zuständigkeit der Kartellgerichte, S. 37.
[95] *Winterfeld*, NJW 1985, 1816 (1817).
[96] *Winterfeld*, NJW 1985, 1816 (1817).
[97] Vgl. BGH, Beschl. v. 9.7.1958 – KAR 1/58, in: GRUR 1958, 617 (620).

absichtigte Verzögerung herbeiführen. Nachdem in den ersten Jahren ein „gewisser Formalismus"[98] bei den Nicht-Kartellgerichten galt, begannen sie schon bald nach Wegen zu suchen, um den Aussetzungszwang zu umgehen. Dazu zählte vor allem die Trennung von Verfahren.[99] Ferner legten die Gerichte § 96 Abs. 2 GWB a. F. zunehmend restriktiv aus, beispielsweise durch großzügige Ausnahmen bei zweifelsfreien Vorfragen.[100] Letztlich entschieden in der Praxis Nicht-Kartellgerichte über eine erhebliche Zahl von kartellrechtlichen Vorfragen.[101] Dies hatte wiederum zur Konsequenz, dass eine Benachrichtigung des Bundeskartellamts gemäß § 90 GWB unterblieb.[102] Vermutlich kannten die Nicht-Kartellgerichte die Vorschrift nicht oder ignorierten sie bewusst. In der Gesetzesbegründung heißt es hierzu, dass das Bundeskartellamt häufig erst in der Revisionsinstanz durch den Kartellsenat des Bundesgerichtshofs benachrichtigt wurde.[103]

§ 17 Vorteile des Aussetzungszwangs

Auf der anderen Seite bot der Aussetzungszwang gewisse Vorteile. Die Kartellgerichte befassten sich dezidiert mit reinen Kartellrechtsfragen. Infolgedessen entwickelten die Spruchkörper – wie vom Gesetzgeber beabsichtigt – eine ausgeprägte Expertise in Kartellsachen. Dieser Spezialisierungseffekt geht verloren oder wird zumindest eingeschränkt, wenn die Kartellgerichte auch über fachfremde Fragen urteilen müssen.[104] Zugleich ermöglichte die Trennung der Verfahren, dass stets die Expertise von zwei Gerichten genutzt werden konnte. Darüber hinaus konnten die Nicht-Kartellgerichte flexibel auf nachträglich auftretende Vorfragen reagieren, da über eine Aussetzung in jedem Stadium des Prozesses nachgedacht und entschieden werden konnte.[105] Außerdem galt der Aussetzungszwang rechtswegübergreifend.[106] So konnten etwa die Ge-

---

[98] *Keilholz*, NJW 1977, 1330.
[99] BT-Drs. 13/9720, S. 46.
[100] Kritisch hierzu BT-Drs. 13/9720, S. 46; vgl. etwa BGH, Urt. v. 21.4.1983 – I ZR 201/80, in: NJW, 2143 (2144); BGH, Beschl. v. 15.6.1959 – KAR 1/59, in: BGHZ 30, 186 (189 ff.); siehe auch *Renthe*, in: Müller-Henneberg/Schwartz, Gemeinschaftskommentar³, § 96 GWB Rn. 14; *Schmidt*, Gesellschaftsstreitigkeiten vor Kartellgerichten, in: FS Peltzer, S. 416 f.; zur Einschränkung des heutigen § 87 S. 2 GWB bei *acte-clair*-Fällen siehe unten Kapitel 5: § 19 C. III. 3. (S. 90 ff.).
[101] BT-Drs. 13/9720, S. 46.
[102] BT-Drs. 13/9720, S. 46.
[103] BT-Drs. 13/9720, S. 46.
[104] Vgl. *Schmidt*, in: Immenga/Mestmäcker¹, § 96 GWB Rn. 4; *Friehe*, WRP 1984, 592 (593).
[105] *Pohlmann/Schäfers*, in: Fuchs/Weitbrecht, Handbuch Private Kartellrechtsdurchsetzung, § 12 Rn. 53; *Schmidt*, in: Immenga/Mestmäcker, Wettbewerbsrecht II, § 87 GWB Rn. 32.
[106] Zum Aussetzungszwang in der gerichtlichen Praxis bereits oben Kapitel 4: § 15 (S. 39 ff.).

richte des jeweiligen Rechtswegs in der Hauptsache entscheiden, während die Kartellgerichte allein über die kartellrechtliche Vorfrage entschieden. Dem Interesse der Parteien an einer schnellen Entscheidung respektive einer vorläufigen Sicherung des Anspruchs konnte im Zweifel im Rahmen des einstweiligen Rechtsschutzes begegnet werden, bei dem § 96 Abs. 2 GWB a. F. nach herrschender Meinung keine Anwendung fand.[107]

Der Aussetzungszwang erscheint als das einzige Mittel, mit dem eine einheitliche Rechtsprechung zum GWB gewährleistet werden kann, ohne eine Befassung – im schlimmsten Fall sogar eine Überlastung – der Kartellgerichte mit fachfremden Fragen, die in vielen Fällen eigens eine richterliche Spezialisierung voraussetzen, herbeizuführen.[108] Zwar konnte mithilfe einer – auch heute noch möglichen – Klageverbindung nach § 88 GWB[109] in einigen Fällen verhindert werden, dass die Parteien zwei Prozesse führen mussten.[110] Die Vorschrift gestattet aus Gründen der Verfahrensvereinfachung, kartellrechtliche Klagen im ersten Rechtszug mit solchen zu verbinden, die keinen kartellrechtlichen Streitgegenstand haben.[111] So konnte eine Nicht-Kartellklage mit einer Kartell-Feststellungsklage hinsichtlich der Vorfrage verbunden werden, um die gesamte Streitigkeit direkt bei einem Kartellgericht anhängig zu machen.[112] Voraussetzung für die Verbindung war und ist nach § 88 Hs. 1 GWB ein rechtlicher oder unmittelbarer wirtschaftlicher Zusammenhang zwischen den Klagen.[113] Die Rechtsprechung hat diese Vorgehensweise sogar empfohlen.[114] Allerdings konnte die umständliche Aussetzung nur auf die beschriebene Weise vermieden werden, wenn die Klägerin bereits bei Klageerhebung um die kartellrechtliche Vorfrage wusste. Da sich Vorfragen regelmäßig erst im Laufe des Ver-

---

[107] Siehe zum Aussetzungszwang in der gerichtlichen Praxis oben Kapitel 4: § 15 (S. 39 ff.).
[108] Vgl. *Claßen,* Ausschließliche Zuständigkeit der Kartellgerichte, S. 3.
[109] Siehe ausführlich zur Vorschrift des § 88 GWB unten Kapitel 5: § 20 C (S. 117 ff.).
[110] Siehe hierzu *Schmidt,* Gesellschaftsstreitigkeiten vor Kartellgerichten, in: FS Peltzer, S. 413; *Schmidt,* JZ 1976, 304 (306).
[111] BGH, Beschl. v. 9.7.1958 – KAR 1/58, in: GRUR 1958, 617 (620); *Dicks,* in: LMRKM, § 88 GWB Rn. 1; *Schmidt,* ZWeR 2007, 394.
[112] Hierin lag bis zur 6. GWB-Novelle (1998) die Hauptbedeutung des § 88 GWB, *Schmidt,* in: Immenga/Mestmäcker, Wettbewerbsrecht II, § 88 GWB Rn. 1; vgl. zur früheren Rechtslage OLG Düsseldorf, Beschl. v. 1.10.1962 – 2 W (Kart) 13/62, in: WuW 1963, 355 (356); *Renthe,* in: Müller-Henneberg/Schwartz, Gemeinschaftskommentar[4], § 87 GWB Rn. 6; *Schmidt,* in: Immenga/Mestmäcker[2], § 96 GWB Rn. 41; *Keilholz,* NJW 1977, 1330.
[113] Ausführlich zum wirtschaftlichen Zusammenhang *Schmidt,* in: Immenga/Mestmäcker, Wettbewerbsrecht II, § 88 GWB Rn. 8; siehe auch unten Kapitel 5: § 20 C. I. (S. 117 ff.).
[114] BGH, Beschl. v. 9.7.1958 – KAR 1/58, in: GRUR 1958, 617 (620); OLG Düsseldorf, Urt. v. 31.7.1963 – 2 U Kart 7/63, in: WuW 1965, 157 (158); OLG Düsseldorf, Beschl. v. 1.10.1962 – 2 W (Kart) 13/62, in: WuW 1963, 355 (356); kritisch gegenüber der Vorgehensweise *Claßen,* Ausschließliche Zuständigkeit der Kartellgerichte, S. 59 f.; *Völp,* WuW 1959, 397 (404); *Wildanger,* WuW 1960, 685 (690).

fahrens durch den Beklagtenvortrag ergeben, sind diese Fälle eher selten.[115] Daher handelt es sich bei der „provisorischen […] Problemlösung"[116] letztlich nur um eine „fakultative Zuständigkeit"[117] der Kartellgerichte. Der Gesetzgeber wollte aber mit § 96 Abs. 2 GWB a. F. sicherstellen, dass die ausschließliche Zuständigkeit der Kartellgerichte weder von den Gerichten noch von den Parteien umgangen werden kann.[118] Bei einer rein fakultativen Zuständigkeit der Kartellgerichte in Fällen einer Klageverbindung wird dieses Ziel nicht umfassend erreicht. Insofern war die gesetzgeberische Entscheidung nur konsequent, gemäß § 96 Abs. 2 GWB a. F. auch kartellrechtliche Vorfragen zwingend den ausschließlich zuständigen Kartellgerichten zuzuweisen.[119]

§ 18 Beurteilung der Abschaffung des Aussetzungszwangs

Die prozessökonomischen Nachteile des Aussetzungszwangs müssen für den Gesetzgeber bei der Schaffung des § 96 Abs. 2 GWB a. F. absehbar gewesen sein. Er nahm sie bewusst in Kauf, um unter allen Umständen eine einheitliche Rechtsprechung in Kartellsachen sicherzustellen. Ein Rückblick auf den 40 Jahre geltenden Aussetzungszwang verdeutlicht jedoch, dass die Nachteile gegenüber den Vorteilen überwogen haben. Die erzwungene Prozessverdopplung verursachte einen „umständlichen, kostenintensiven und zeitraubenden Parallelprozess"[120]. Der Aussetzungszwang führte zu einer rechtspolitisch, verfahrensrechtlich sowie prozessökonomisch bedenklichen Verlangsamung und Vervielfältigung von Gerichtsverfahren.[121] Selbst wenn der Extremfall von „zweimal drei Instanzen" in der Praxis nicht allzu häufig eingetreten sein dürfte, bleibt seine theoretische Abschreckungswirkung unbestreitbar. Bei der Verbindung von Verfahren nach § 88 GWB handelte es sich letztlich nur um eine Notlösung[122] der Gerichte. Zwar konnten die Parteien einstweiligen Rechtsschutz in Anspruch zu nehmen. Allerdings beruhte diese Möglichkeit ihrerseits bereits auf einer Ausnahme von § 96 Abs. 2 GWB a. F. *praeter legem*. Die Gerichte versuchten, den Aussetzungszwang aus nachvollziehbaren prozessökonomischen Erwägungen heraus zu umgehen. Konsequenz war die vom Gesetzgeber missbilligte Situation, dass Nicht-Kartellgerichte immer häufiger über kartellrecht-

---
[115] Siehe allgemein zu offensiven kartellrechtlichen Vorfragen unter Kapitel 5: § 19 C. III. 1. d) (S. 85 f.), zu Beispielen Kapitel 5: § 19 C. III. 2. b) (S. 89).
[116] *Schmidt*, Gesellschaftsstreitigkeiten vor Kartellgerichten, in: FS Peltzer, S. 413.
[117] *Schmidt*, Gesellschaftsstreitigkeiten vor Kartellgerichten, in: FS Peltzer, S. 413.
[118] BT-Drs. 2/1158, S. 55 und 85; siehe zur Entstehungsgeschichte des § 96 Abs. 2 GWB a. F. bereits oben Kapitel 4: § 14 (S. 37 ff.).
[119] *Schmidt*, in: Immenga/Mestmäcker¹, § 96 GWB Rn. 5.
[120] BT-Drs. 13/9720, S. 46.
[121] Vgl. *Schmidt*, WuW 1988, 5 (6).
[122] *Schmidt*, in: Immenga/Mestmäcker², § 87 GWB Rn. 11; *Schmidt*, JZ 1976, 304 (306).

liche Vorfragen mitentschieden.[123] Das Ziel einer einheitlichen Rechtsprechung in Kartellsachen konnte in der Praxis nicht erreicht werden.[124] Im Ergebnis ist die Abschaffung des § 96 Abs. 2 GWB a. F. daher zu begrüßen. Eine Rückkehr zu dieser bis 1998 geltenden Regelung ist nicht wünschenswert. Inwieweit ein *modifizierter* Aussetzungszwang zu einer effektiveren Zuständigkeitsverteilung bei kartellrechtlichen Vorfragen führen könnte, wird im sechsten Kapitel analysiert.[125]

---

[123] BT-Drs. 13/9720, S. 46.
[124] Vgl. BT-Drs. 13/9720, S. 46.
[125] Siehe zur Entwicklung eines Reformvorschlags zu § 87 S. 2 GWB unten Kapitel 6: § 24 (S. 196 ff.).

Kapitel 5

Gegenwärtige Regelung in § 87 GWB

Gegenstand des folgenden Kapitels ist die Untersuchung der gegenwärtigen Regelung in § 87 GWB. Hierzu nimmt die Arbeit zuerst den Tatbestand (§ 19) und die Rechtsfolgen der Norm (§ 20) in den Blick. Sodann setzt sie sich mit ausgewählten prozessualen Fragen (§ 21) auseinander. Auf Grundlage der gewonnenen Ergebnisse erfolgt anschließend eine umfassende Bewertung der Reformbedürftigkeit der *lex lata* (§ 22).

§ 19 Tatbestand des § 87 GWB

Einleitend werden generelle Vorüberlegungen zum Tatbestand des § 87 GWB angestellt (A.). Im Anschluss widmet sich die Arbeit den Tatbestandsvoraussetzungen des § 87 S. 1 GWB (B.) sowie jenen des § 87 S. 2 GWB (C.). Hierauf aufbauend nimmt die Arbeit eine Beurteilung der Tatbestandsausgestaltung vor (D.).

A. Vorüberlegungen

Die Arbeit geht zunächst allgemein auf die Begriffe (I.) sowie die Unterscheidung der kartellrechtlichen Haupt- und Vorfragen (II.) ein. Anschließend wird die Relevanz des § 87 GWB für die Berufungszuständigkeit der Kartell-Oberlandesgerichte erörtert (III.).

I. Zu den Begriffen der kartellrechtlichen Haupt- und Vorfrage

Anders als einige Vorschriften zu sachlichen Sonderzuständigkeiten, etwa § 143 PatG („Patentstreitsachen"), enthält § 87 GWB keine Legaldefinition. Es verwundert daher nicht, dass sich in Rechtsprechung und Schrifttum eigene Begrifflichkeiten entwickelt haben. Die Fälle des § 87 S. 1 GWB werden kartellrechtliche Hauptfragen genannt, die Fälle des § 87 S. 2 GWB kartellrechtliche Vorfragen.[1] Die Verwendung der Bezeichnungen Haupt- und Vor-

---

[1] *Pohlmann/Schäfers*, in: Fuchs/Weitbrecht, Handbuch Private Kartellrechtsdurchsetzung, § 12 Rn. 44; vgl. bereits zur früheren Rechtslage unter § 96 Abs. 2 GWB a. F. *Claßen*, Ausschließliche Zuständigkeit der Kartellgerichte, S. 12 f. und 61 ff.

frage leuchtet vor dem Hintergrund des bereits untersuchten Zusammenspiels von Gesamtzuständigkeit und Vorfragenkompetenz[2] ein. Unter der Geltung des § 96 Abs. 2 GWB a. F. war besonders der Begriff der kartellrechtlichen Vorfrage treffend gewählt.[3] Der Ausdruck verdeutlicht, dass das Kartellgericht im Rahmen eines vorgezogenen Aussetzungsverfahrens über die Vorfrage entscheiden musste, also zeitlich *vor* der Klärung der Hauptfrage.

Eine solche Reihenfolge sieht die gegenwärtige Regelung nicht mehr vor. Insofern kann der Begriff der Vorfrage irritierend wirken. Wie bereits erörtert,[4] knüpft die Regelung des § 87 S. 2 GWB in atypischer Weise zur Begründung der sachlichen Zuständigkeit an eine Vorfrage an. Die Vorfrage ist weiterhin als solche im Sinne der Vorfragenkompetenz zu verstehen.[5] Hieraus resultieren – noch zu untersuchende[6] – prozessuale Schwierigkeiten, die freilich nicht in der Bezeichnung als kartellrechtliche Vorfrage begründet sind. Außerdem ist zweifelhaft, ob es eine zutreffendere Bezeichnung gibt. Zu denken wäre an den Begriff *Zwischenfrage*. Allerdings legt dieser ebenfalls eine (nicht mehr erforderliche) zeitlich vorgezogene Entscheidung nahe und überzeugt daher nicht. Als Pendant zur Hauptfrage drängt sich die Bezeichnung *Nebenfrage* auf. Der Ausdruck verschleiert aber, dass im Rahmen von § 87 S. 2 GWB zwischen der kartellrechtlichen Vorfrage und der nicht-kartellrechtlichen Hauptfrage aufgrund der Entscheidungserheblichkeit[7] ein Abhängigkeitsverhältnis bestehen muss. Möglich wäre auch die Bezeichnung *Teilfrage*. Ebenso wie der Begriff *Vorfrage*[8] wird dieser bereits im Internationalen Privatrecht verwendet.[9] Daneben käme die Bezeichnung *Inzidentfrage* in Betracht. Diese würde offenlegen, dass die Klärung der kartellrechtlichen Vorfrage zur Entscheidung der nicht-kartellrechtlichen Hauptfrage erforderlich ist. Allerdings haben die Begriffe *Teilfrage* beziehungsweise *Inzidentfrage* gegenüber dem der *Vorfrage* keinen inhaltlichen Mehrwert. Ihre Verwendung könnte vielmehr zu Missverständnissen führen. Es ist am Begriff der *Vorfrage* festzuhalten.

Überzeugend ist hingegen folgende Begriffswahl, die ergänzend zu den Bezeichnungen kartellrechtliche Haupt- und Vorfrage herangezogen werden kann: Als Oberbegriffe für beide Sätze des § 87 GWB werden in Anlehnung an die erwähnten Legaldefinitionen in einigen anderen Sonderzuständigkeitsnormen die

---

[2] Hierzu bereits oben unter Kapitel 3: § 12 (S. 30 ff.).
[3] Bereits unter der früheren Rechtslage kritisch zum Begriff der Vorfrage *Claßen*, Ausschließliche Zuständigkeit der Kartellgerichte, S. 12.
[4] Vgl. hierzu bereits oben Kapitel 3: § 12 (S. 30 ff.).
[5] Vgl. hierzu allgemein bereits oben Kapitel 3: § 12 (S. 30 ff.).
[6] Zu prozessualen Fragen siehe unten Kapitel 5: § 21 (S. 143 ff.).
[7] Hierzu unten ausführlich Kapitel 5: § 19 C. IV (S. 96 ff.).
[8] Hierzu bereits oben Kapitel 3: § 12 (S. 30 ff.).
[9] Vgl. etwa *Hein*, in: MüKo BGB XII, Einl. zum Internationalen Privatrecht Rn. 104 f.

Formulierungen *Kartellrechtssachen*[10] beziehungsweise *Kartellstreitsachen*[11] verwendet. Um zugleich die Differenzierung zwischen den zwei Sätzen klarzustellen, werden in Rechtsprechung und Schrifttum vermehrt die Streitigkeiten im Sinne von § 87 S. 1 GWB als *Kartellrechtssachen im engeren Sinne* bezeichnet, solche im Sinne von § 87 S. 2 GWB als *Kartellrechtssachen im weiteren Sinne*.[12] Diese Begrifflichkeiten sind gelungen, denn sie verdeutlichen, dass § 87 S. 1 GWB nur solche Fälle erfasst, in denen die Hauptfrage bereits kartellrechtlicher Natur ist.[13] Der Anwendungsbereich fällt somit eng aus. Im Gegensatz hierzu erfasst § 87 S. 2 GWB Streitigkeiten mit nicht-kartellrechtlichen Hauptfragen, die jedoch eine kartellrechtliche Vorfrage aufweisen.[14] Insofern ist der Anwendungsbereich von § 87 S. 2 GWB weiter. Eine „Umbenennung" in die vorgestellten Begrifflichkeiten ist nicht zu fordern. Die Bezeichnungen „kartellrechtliche Haupt- und Vorfrage" haben sich während des 40 Jahre geltenden Aussetzungszwangs schlicht eingebürgert. Sowohl Rechtsprechung, Schrifttum als auch der Gesetzgeber[15] haben die Bezeichnungen – wohl auch aus Praktikabilitätserwägungen – beibehalten. Im Fall einer Reform des § 87 GWB sollten zur Angleichung an weitere Regelungen sachlicher Sonderzuständigkeiten Legaldefinitionen in den Wortlaut aufgenommen werden.[16]

II. Bedeutung der Unterscheidung zwischen Haupt- und Vorfrage

Aufgrund der Einführung von § 87 S. 2 GWB haben Rechtsprechung[17] und Schrifttum[18] teilweise den Schluss gezogen, der Gesetzgeber habe die Unterscheidung zwischen kartellrechtlicher Haupt- und Vorfrage aufgegeben. Diese Annahme greift jedoch zu weit. Die Formulierung der Gesetzesbegründung ist insoweit missverständlich: „Das GWB unterscheidet bisher für die sachliche Zuständigkeit von Kartellgerichten zwischen kartellrechtlicher Hauptfrage und

---

[10] Vgl. *Pohlmann/Schäfers*, in: Fuchs/Weitbrecht, Handbuch Private Kartellrechtsdurchsetzung, § 12 Rn. 44; *Schmidt*, in: Immenga/Mestmäcker, Wettbewerbsrecht II, § 87 GWB Rn. 11.
[11] *Rombach*, in: BeckOK KartellR, § 87 GWB Rn. 4; vgl. bereits zur früheren Rechtslage *Renthe*, in: Müller-Henneberg/Schwartz, Gemeinschaftskommentar³, Vorb. §§ 87–91 Rn. 5.
[12] BAG, Urt. v. 29.6.2017 – 8 AZR 189/15, in: NJW 2018, 184 (185); *Ollerdißen*, in: Wiedemann, Handbuch des Kartellrechts, § 59 Rn. 31 und 35; vgl. Überschriften bei *Keßler*, in: MüKo Wettbewerbsrecht II, § 87 GWB Rn. 16 und 21; Fälle des § 87 S. 1 GWB ebenfalls als *Kartellstreitsachen im engeren Sinne* bezeichnend *Bornkamm/Tolkmitt*, in: Bunte, Kartellrecht I, § 87 GWB Rn. 13.
[13] Ausführlich zu kartellrechtlichen Hauptfragen unten Kapitel 5: § 19 B. II. (S. 60 ff.).
[14] Ausführlich zu kartellrechtlichen Vorfragen unten Kapitel 5: § 19 C. III. (S. 82 ff.).
[15] Vgl. BT-Drs. 13/9720, S. 46.
[16] Siehe zu Reformvorschlägen unten Kapitel 6: (S. 195 ff.).
[17] BGH, Urt. v. 29.10.2019 – KZR 60/18, in: NZKart 2020, 35 (36) unter Verweis auf den Gesetzentwurf der Bundesregierung BT-Drs. 13/9720, S. 68.
[18] *Mallmann*, in: Fuchs/Weitbrecht, Handbuch Private Kartellrechtsdurchsetzung, § 14 Rn. 11; vgl. Überschrift bei *Bechtold/Bosch*, in: Bechtold/Bosch, § 87 GWB Rn. 2; *Meyer-Lindemann*, in: FK-KartellR, § 87 GWB Rn. 44.

Vorfrage (§§ 87, 96). Da sich diese Trennung als wenig praktikabel erwiesen hat, wird sie *aufgegeben* und durch eine Gesamtzuständigkeit der Kartellgerichte für Kartellrechtsfragen ersetzt."[19] Der Gesetzgeber verwendet zwar das Wort „aufgeben". Er bezieht sich hierbei jedoch auf die bis dato unterschiedlichen Rechtsfolgen, die § 87 Abs. 1 S. 1 GWB a. F. und § 96 Abs. 2 GWB a. F. anordneten („sachliche Zuständigkeit", „durch eine Gesamtzuständigkeit [...] ersetzt"). Anstatt die Fälle der kartellrechtlichen Vorfragen in § 87 Abs. 1 S. 1 GWB a. F. zu integrieren, ergänzte der Gesetzgeber die Norm um einen separaten zweiten Satz. Er hätte die entscheidungserhebliche Vorfrage auch als Mindestvoraussetzung für die Zuständigkeit der Kartellgerichte einfügen können. Von einer solchen tatbestandlichen Vereinheitlichung sah er allerdings ab.

Ein Vergleich verdeutlicht, dass die beiden Sätze auf Tatbestandsebene evident voneinander abweichen. So setzt § 87 S. 2 GWB mit der Entscheidungserheblichkeit („abhängt") ein weiteres Tatbestandsmerkmal voraus.[20] Doch auch über diesen auf den ersten Blick erkennbaren Unterschied hinaus weist der Wortlaut an mehreren Stellen Abweichungen auf. In § 87 S. 1 GWB ist von „bürgerlichen Rechtsstreitigkeiten" die Rede, während § 87 S. 2 GWB den weiteren Begriff „Rechtsstreit" beinhaltet.[21] Zudem enthält § 87 S. 1 GWB die Formulierung „Anwendung". In § 87 S. 2 GWB heißt es hingegen „Anwendbarkeit".[22] Außerdem bezieht sich § 87 S. 1 GWB nur auf die Vorschriften des 1. Teils des GWB; § 87 S. 2 GWB bezieht hingegen das gesamte GWB („nach diesem Gesetz") ein. Darüber hinaus wendet die Rechtsprechung die Sätze des § 87 GWB unterschiedlich an. Nur im Rahmen von § 87 S. 2 GWB nimmt sie eine teleologische Reduktion vor, wenn die kartellrechtliche Vorfrage bereits höchstrichterlich geklärt ist.[23] Ferner wird teilweise die Anwendung des § 87 S. 2 GWB im einstweiligen Rechtsschutz abgelehnt.[24] Im Rahmen von § 87

---

[19] BT-Drs. 13/9720, S. 46, Herv. d. Verf.
[20] *Keßler*, in: MüKo Wettbewerbsrecht II, § 87 GWB Rn. 13; *Schmidt*, in: Immenga/Mestmäcker, Wettbewerbsrecht II, § 87 GWB Rn. 13; ausführlich zur Entscheidungserheblichkeit siehe unten Kapitel 5: § 19 C. IV. (S. 96 ff.).
[21] Das Bundesarbeitsgericht setzte sich etwa in seiner Entscheidung zum *Schienenkartell* nicht mit dem unterschiedlichen Wortlaut auseinander, vgl. BAG, Urt. v. 29.6.2017 – 8 AZR 189/15, in: NJW 2018, 184 (185 ff.); siehe auch *Pohlmann/Schäfers*, in: Fuchs/Weitbrecht, Handbuch Private Kartellrechtsdurchsetzung, § 12 Fn. 13 zu Rn. 8; *Rombach*, in: BeckOK KartellR, § 87 GWB Rn. 28; ausführlich zur bürgerlichen Rechtsstreitigkeit als Tatbestandsvoraussetzung unten Kapitel 5: § 19 B. I. (S. 58 ff.) und Kapitel 5: § 19 C. I. (S. 80 f.).
[22] *Voß*, in: Busche/Röhling, Kölner Kommentar, § 87 GWB Rn. 10.
[23] BAG, Urt. v. 29.6.2017 – 8 AZR 189/15, in: NJW 2018, 184 (187); siehe auch *Pohlmann/Schäfers*, in: Fuchs/Weitbrecht, Handbuch Private Kartellrechtsdurchsetzung, § 12 Rn. 44; *Schmidt*, in: Immenga/Mestmäcker, Wettbewerbsrecht II, § 87 GWB Rn. 13; ausführlich zur Anwendung der *acte-clair*-Doktrin unten Kapitel 5: § 19 C. III. 3. (S. 90 ff.).
[24] Vgl. *Schmidt*, in: Immenga/Mestmäcker, Wettbewerbsrecht II, § 87 GWB Rn. 26; ausführlich zur restriktiven Anwendung im einstweiligen Rechtsschutz unten Kapitel 5: § 20 F. (S. 139 ff.).

S. 1 GWB wird eine restriktive Anwendung nicht einmal diskutiert. Aus den genannten Gründen kann von einer generellen Aufgabe der Unterscheidung von kartellrechtlicher Haupt- und Vorfrage nicht die Rede sein. Zutreffend ist die Feststellung, dass die Abgrenzung zwischen den Sätzen infolge der 6. GWB-Novelle (1998) an Bedeutung verloren hat.[25] Denn in der Praxis stellen Gerichte zur Bestimmung der Zuständigkeit häufig pauschal auf § 87 GWB ab.[26] Wenn eine kartellrechtliche Frage offensichtlich entscheidungserheblich ist, erübrigt sich aufgrund der Rechtsfolgenangleichung regelmäßig eine ausdrückliche Einordnung der Streitigkeit.

III. Relevanz für die Berufungszuständigkeit nach § 91 S. 2 GWB

Die Untersuchung der Tatbestandsvoraussetzung ist nicht nur für die sachliche Zuständigkeit der Kartellgerichte in erster Instanz von Relevanz. Seit der 6. GWB-Novelle (1998) knüpft die Berufungszuständigkeit der Kartellgerichte nach § 91 S. 2 GWB materiell an § 87 GWB an.[27] Unerheblich ist daher, ob in erster Instanz ein Kartellgericht entschieden hat. Entscheidend ist allein, ob die Tatbestandsvoraussetzungen des § 87 GWB erfüllt sind. Mithin hat die Auslegung des Tatbestands von § 87 GWB grundlegende Bedeutung für die Berufungszuständigkeit.

B. Tatbestand des § 87 S. 1 GWB

Der Tatbestand des § 87 S. 1 GWB unterteilt sich in zwei Voraussetzungen. Es muss eine bürgerliche Rechtsstreitigkeit (I.) vorliegen, die wiederum eine kartellrechtliche Hauptfrage[28] (II.) darstellt.

---

[25] *Bornkamm/Tolkmitt*, in: Bunte, Kartellrecht I, § 87 GWB Rn. 10; *Pohlmann/Schäfers*, in: Fuchs/Weitbrecht, Handbuch Private Kartellrechtsdurchsetzung, § 12 Rn. 44; *Schmidt*, in: Immenga/Mestmäcker, Wettbewerbsrecht II, § 87 GWB Rn. 13; *Voß*, in: Busche/Röhling, Kölner Kommentar, § 87 GWB Rn. 10; eine „gewisse Bedeutung" annehmend *Keßler*, in: MüKo Wettbewerbsrecht II, § 87 GWB Rn. 13.

[26] Vgl. etwa LG Düsseldorf, Beschl. v. 2.8.2012 – 37 O 95/12 (Kart), juris, Rn. 19; LG Düsseldorf, Urt. v. 10.7.2012 – 14c O 106/12, juris, Rn. 22; LG Dortmund, Urt. v. 30.3.2012 – 3 O 31/11, in: ZVertriebsR 2013, 163; LG Berlin, Urt. v. 27.6.2003 – 102 O 155/02 Kart, juris, Rn. 17; zur Berufungszuständigkeit i. V. m. § 91 GWB OLG Karlsruhe, Urt. v. 2.9.2010 – U 1200/09 Kart, in: ZNER 2010, 598 (599).

[27] Zuvor bezog sich § 91 S. 2 GWB a. F. auf Entscheidungen der nach den §§ 87, 89 GWB zuständigen Landgerichte und enthielt damit eine formelle Anknüpfung; siehe hierzu BGH, Urt. v. 29.10.2019 – KZR 60/18, in: NZKart 2020, 35 (37); *Jaeger*, in: FK-KartellR, § 93 GWB Rn. 7; *Rombach*, in: BeckOK KartellR, § 91 GWB Rn. 13; zu den hieraus resultierenden prozessualen Schwierigkeiten *Kühnen*, NZKart 2020, 49.

[28] Zum Bedeutungsgehalt des Begriffs „kartellrechtliche Hauptfrage" bereits oben Kapitel 5: § 19 A. I. (S. 53 ff.).

I. Bürgerliche Rechtsstreitigkeit

Der Begriff der bürgerlichen Rechtsstreitigkeit ist im GWB nicht legaldefiniert. Nach allgemeiner Auffassung handelt es sich um eine Verweisung auf die gleichlautende Formulierung in § 13 GVG.[29] Das bedeutet, dass § 87 S. 1 GWB nur bürgerliche Rechtsstreitigkeiten im Sinne des § 13 GVG erfasst. Das GVG enthält ebenfalls keine entsprechende Legaldefinition. Die Bestimmung einer bürgerlichen Rechtsstreitigkeit im Sinne von § 87 S. 1 GWB hat daher anhand der von Rechtsprechung und Schrifttum zu § 13 GVG entwickelten Kriterien zu erfolgen.[30] Eine bürgerliche Rechtsstreitigkeit wird in erster Linie durch Abgrenzung von der öffentlich-rechtlichen Streitigkeit nichtverfassungsrechtlicher Art im Sinne des § 40 Abs. 1 S. 1 VwGO bestimmt.[31] Abgrenzungsschwierigkeiten ergeben sich in der Praxis vor allem, wenn die öffentliche Hand an einem Rechtsstreit beteiligt ist. Handelt der Staat privatrechtlich, so kann er Unternehmen im Sinne des GWB sein.[32] Im Zusammenhang mit § 87 GWB können sich etwa Abgrenzungsschwierigkeiten bei Streitigkeiten über Aufnahme- oder Belieferungsansprüche gegen die öffentliche Hand[33] oder die Vermietung von Räumlichkeiten durch Gemeinden[34] ergeben. Nach der im Schrifttum herrschenden *modifizierten Subjektstheorie* (auch *Sonderrechtstheorie*) ist für die Abgrenzung des öffentlichen Rechts vom bürgerlichen Recht maßgeblich, wer Zurechnungsendsubjekt der einschlägigen Norm ist.[35] Danach liegt ein öffentliches Rechtsverhältnis vor, wenn zwingend ein Hoheitsträger in seiner Eigenschaft als solcher beteiligt ist.[36] Die in § 87 S. 1 GWB genannten Vorschriften

---

[29] *Bornkamm/Tolkmitt*, in: Bunte, Kartellrecht I, § 87 GWB Rn. 1; *Dicks*, in: LMRKM, § 87 GWB Rn. 6; *Meyer-Lindemann*, in: FK-KartellR, § 87 GWB Rn. 13; *Pohlmann/Schäfers*, in: Fuchs/Weitbrecht, Handbuch Private Kartellrechtsdurchsetzung, § 12 Rn. 21; *Rombach*, in: BeckOK KartellR, § 87 GWB Rn. 7; *Schmidt*, in: Immenga/Mestmäcker, Wettbewerbsrecht II, § 87 GWB Rn. 3; *Voß*, in: Busche/Röhling, Kölner Kommentar, § 87 GWB Rn. 11; vgl. bereits zu § 87 Abs. 1 S. 1 GWB a.F. BGH, Urt. v. 23.1.1964 – KZR 2/63, in: BGHZ, 194 (196 ff.); BGH, Beschl. v. 9.7.1958 – KAR 1/58, in: GRUR 1958, 617 (619); *Renthe*, in: Müller-Henneberg/Schwartz, Gemeinschaftskommentar³, § 87 GWB Rn. 6.

[30] *Bornkamm/Tolkmitt*, in: Bunte, Kartellrecht I, § 87 GWB Rn. 1.

[31] Statt vieler *Mayer*, in: Kissel/Mayer, § 13 GVG Rn. 13.

[32] Siehe hierzu jeweils m.w.N. *Ollerdißen*, in: Wiedemann, Handbuch des Kartellrechts, § 59 Rn. 9; *Pohlmann/Schäfers*, in: Fuchs/Weitbrecht, Handbuch Private Kartellrechtsdurchsetzung, § 12 Rn. 26; *Raible/Lepper*, in: Kamann/Ohlhoff/Völcker, Kartellverfahren und Kartellprozess, § 26 Rn. 532.

[33] *Bornkamm/Tolkmitt*, in: Bunte, Kartellrecht I, § 87 GWB Rn. 2; *Pohlmann/Schäfers*, in: Fuchs/Weitbrecht, Handbuch Private Kartellrechtsdurchsetzung, § 12 Rn. 26.

[34] Vgl. BGH, Urt. v. 24.9.2002 – KZR 4/01, in: WRP 2003, 73.

[35] *Jacobs*, in: Stein/Jonas, ZPO IX, § 13 GVG Rn. 13; *Schmidt*, in: Immenga/Mestmäcker, Wettbewerbsrecht II, § 87 GWB Rn. 4; *Pabst*, in: MüKo ZPO III, § 13 GVG Rn. 10 f.; *Jacoby*, ZPR, Kap. 5 Rn. 17; *Pohlmann*, ZPR, Rn. 17; siehe ausführlich zu den verschiedenen Abgrenzungstheorien bei *Ehlers/Schneider*, in: Schoch/Schneider, VwGO, § 40 VwGO Rn. 217 ff.; *Jacobs*, in: Stein/Jonas, ZPO IX, § 13 GVG Rn. 9 ff.

[36] *Jacobs*, in: Stein/Jonas, ZPO IX, § 13 GVG Rn. 13; *Pabst*, in: MüKo ZPO III, § 13 GVG Rn. 10 f.

sind insoweit adressatenneutral, als sie nicht zwingend die Beteiligung eines Hoheitsträgers voraussetzen.[37] Sofern ein Rechtsstreit ihre Anwendung zum Gegenstand hat, handelt es sich somit nach der herrschenden *modifizierten Subjektstheorie* um eine bürgerliche Rechtsstreitigkeit.[38]

Seit dem 1. September 2009 erfasst der Wortlaut des § 13 GVG unter dem Oberbegriff Zivilsachen neben den bürgerlichen Rechtsstreitigkeiten auch Familiensachen sowie Angelegenheiten der freiwilligen Gerichtsbarkeit (FamFG-Sachen).[39] Der Wortlaut von § 87 S. 1 GWB entspricht jedoch weiterhin der alten Fassung des § 13 GVG. Es ist daher zumindest missverständlich, wenn im Schrifttum für die Eröffnung des ordentlichen Rechtswegs bei kartellrechtlichen Streitigkeiten weiterhin allein auf das Merkmal der bürgerlichen Rechtsstreitigkeit abgestellt wird.[40] Die ursprüngliche Nichterwähnung der FamFG-Sachen in § 13 GVG a. F. ist wohl allein darauf zurückzuführen, dass der Gesetzgeber das FGG[41] nach dem GVG erlassen hat.[42] Nach der Änderung von § 13 GVG im Zuge des FGG-Reformgesetzes[43] im Jahr 2009 hat der Gesetzgeber keine entsprechende Anpassung in § 87 S. 1 GWB vorgenommen. Es ist jedoch nicht ersichtlich, dass der Gesetzgeber den Anwendungsbereich von § 87 S. 1 GWB im Vergleich zur Rechtslage unter Geltung von § 13 GVG a. F. einschränken wollte.[44] Vielmehr wurde § 13 GVG a. F. schon vor der klarstellenden Ergänzung auf

---

[37] *Pohlmann/Schäfers*, in: Fuchs/Weitbrecht, Handbuch Private Kartellrechtsdurchsetzung, § 12 Rn. 25; siehe auch *Keßler*, in: MüKo Wettbewerbsrecht II, § 87 GWB Rn. 6; *Schmidt*, in: Immenga/Mestmäcker, Wettbewerbsrecht II, § 87 GWB Rn. 6.

[38] *Schmidt* scheint noch weiter zu gehen und die Einordnung als bürgerliche Rechtsstreitigkeit nicht als Voraussetzung, sondern als Folge des § 87 S. 1 GWB aufzufassen, vgl. *Schmidt*, in: Immenga/Mestmäcker, Wettbewerbsrecht II, § 87 GWB Rn. 6.

[39] § 13 GVG lautet: „Vor die ordentlichen Gerichte gehören die bürgerlichen Rechtsstreitigkeiten, die Familiensachen und die Angelegenheiten der freiwilligen Gerichtsbarkeit (Zivilsachen) sowie die Strafsachen, für die nicht entweder die Zuständigkeit von Verwaltungsbehörden oder Verwaltungsgerichten begründet ist oder auf Grund von Vorschriften des Bundesrechts besondere Gerichte bestellt oder zugelassen sind.", vgl. BGBl. I, S. 2586 (2694); siehe zur Legaldefinition der Familiensachen § 111 FamFG; vgl. zu den Angelegenheiten der freiwilligen Gerichtsbarkeit § 23a Abs. 2 GVG.

[40] *Pohlmann/Schäfers*, in: Fuchs/Weitbrecht, Handbuch Private Kartellrechtsdurchsetzung, § 12 Rn. 21.

[41] Gesetz über die Angelegenheiten der freiwilligen Gerichtsbarkeit (FGG) v. 17.5.1898 (RGBl., S. 189), aufgehoben mit Wirkung v. 1.9.2009 durch Gesetz zur Reform des Verfahrens in Familiensachen und in den Angelegenheiten der freiwilligen Gerichtsbarkeit (FGG-ReformG) v. 17.12.2008 (BGBl. I, S. 2586); siehe nunmehr Gesetz über das Verfahren in Familiensachen und in den Angelegenheiten der freiwilligen Gerichtsbarkeit (FamFG) v. 17.12.2008 (BGBl. I, S. 2586, 2587), zuletzt geändert durch Art. 45 Personengesellschaftsrechtsmodernisierungsgesetz (MoPeG) v. 10.8.2021 (BGBl. I, S. 3436).

[42] *Pohlmann/Schäfers*, in: Fuchs/Weitbrecht, Handbuch Private Kartellrechtsdurchsetzung, § 12 Rn. 6; *Bärmann*, Freiwillige Gerichtsbarkeit und Notarrecht, S. 39.

[43] Siehe oben Fn. 41.

[44] *Pohlmann/Schäfers*, in: Fuchs/Weitbrecht, Handbuch Private Kartellrechtsdurchsetzung, § 12 Rn. 21.

alle FamFG-Sachen angewandt.[45] Der Begriff der bürgerlichen Rechtsstreitigkeit in § 87 S. 1 GWB ist daher entsprechend weit zu verstehen.[46] Die Vorschrift erfasst somit auch Auskunftserzwingungsverfahren nach den § 132 Aktiengesetz (AktG) und § 51b Gesetz betreffend die Gesellschaften mit beschränkter Haftung (GmbHG).[47] Gleiches gilt für familienrechtliche Streitigkeiten.[48] Im Hinblick auf die weitere Untersuchung ist festzuhalten, dass § 87 S. 1 GWB Zivilsachen im Sinne des § 13 GVG erfasst. Zur Vermeidung von Missverständnissen wird im Folgenden weiterhin der – in diesem Sinne zu verstehende – Begriff der bürgerlichen Rechtsstreitigkeit verwendet. Bei einer Reform des § 87 S. 1 GWB sollte der Begriff der bürgerlichen Rechtsstreitigkeit zur Vermeidung von Rechtsunsicherheiten durch den der Zivilsache ersetzt werden.[49] Für den Fortgang der Untersuchung ist hervorzuheben, dass § 87 GWB bereits auf Tatbestandsebene Kartellverwaltungs- sowie Bußgeldsachen ausschließt. Diese Streitigkeiten gelangen aber aufgrund von eigenen Verfahrensvorschriften ebenfalls in die Zuständigkeit der ordentlichen Gerichte.[50] Das darüberhinausgehende Verhältnis von § 13 GVG und § 87 GWB wird im Abschnitt zu den Rechtsfolgen (§ 20) analysiert.[51]

II. Kartellrechtliche Hauptfrage

Der nächste Abschnitt widmet sich den Anforderungen, die § 87 S. 1 GWB an das Vorliegen einer kartellrechtlichen Hauptfrage[52] stellt. Hierzu werden zunächst die in § 87 S. 1 GWB genannten Vorschriften (1.) näher erörtert. Anschließend untersucht die Arbeit, unter welchen Voraussetzungen deren Anwendung betroffen ist (2.).

---

[45] *Pohlmann/Schäfers*, in: Fuchs/Weitbrecht, Handbuch Private Kartellrechtsdurchsetzung, § 12 Rn. 6.
[46] OLG Düsseldorf, Beschl. v. 26.8.2019 – VI-W (Kart) 5/19, in: NZKart 2019, 562 (563); *Pohlmann/Schäfers*, in: Fuchs/Weitbrecht, Handbuch Private Kartellrechtsdurchsetzung, § 12 Rn. 6; *Schmidt*, in: Immenga/Mestmäcker, Wettbewerbsrecht II, § 87 GWB Rn. 3.
[47] *Meyer-Lindemann*, in: FK-KartellR, § 87 GWB Rn. 48; *Pohlmann/Schäfers*, in: Fuchs/Weitbrecht, Handbuch Private Kartellrechtsdurchsetzung, § 12 Rn. 21; *Schmidt*, in: Immenga/Mestmäcker, Wettbewerbsrecht II, § 87 GWB Rn. 3; *Voß*, in: Busche/Röhling, Kölner Kommentar, § 87 GWB Rn. 11.
[48] In der Praxis sind diese Fälle wohl eher selten. Folgendes Beispiel hat *Voß*, in: Busche/Röhling, Kölner Kommentar, § 87 GWB Fn. 26 zu Rn. 11 im Hinblick auf § 87 S. 2 GWB erdacht: Bei einem Zugewinnausgleichsverfahren kann sich die kartellrechtliche Vorfrage stellen, ob ein für das Unternehmen im Vermögen eines Ehegatten wertbestimmendes Konkurrenzverbot wirksam ist; vgl. auch *Pohlmann/Schäfers*, in: Fuchs/Weitbrecht, Handbuch Private Kartellrechtsdurchsetzung, § 12 Rn. 21.
[49] *Pohlmann/Schäfers*, in: Fuchs/Weitbrecht, Handbuch Private Kartellrechtsdurchsetzung, § 12 Rn. 6.
[50] Siehe hierzu bereits oben Kapitel 2: § 5 B. (S. 9 ff.).
[51] Siehe hierzu Kapitel 5: § 20 (S. 100 ff.).
[52] Zum Bedeutungsgehalt bereits oben Kapitel 5: § 19 A. I. (S. 53 ff.).

1. Genannte Vorschriften

Die Arbeit nimmt zunächst die nationalen Vorschriften (a) sowie die Regelungen des Europäischen Kartellrechts (b) in den Blick. Anschließend untersucht die Arbeit, ob eine analoge Anwendung des § 87 S. 1 GWB auf nicht einbezogene Vorschriften in Betracht kommt (c).

a) Nationale Vorschriften

In der Ursprungsfassung von 1958 bezog sich § 87 Abs. 1 S. 1 GWB a. F. auf alle Rechtsstreitigkeiten „aus diesem Gesetz", also dem gesamten GWB.[53] Im Zuge der 9. GWB-Novelle (2017) hat der Gesetzgeber den Anwendungsbereich auf „Vorschriften des Teils 1" beschränkt.[54] Seitdem erfasst § 87 S. 1 GWB nur noch die Vorschriften des 1. Teils des GWB (§§ 1–47l GWB) mit der Überschrift „Wettbewerbsbeschränkungen". Dieser enthält mit den §§ 33–34a GWB die zentralen kartellrechtlichen Anspruchsgrundlagen auf Beseitigung, Unterlassung, Schadenersatz und Vorteilsabschöpfung. Ausgeklammert sind hingegen der 2. Teil (§§ 48–53 GWB) mit Regelungen zu den Kartellbehörden sowie der 3. Teil (§§ 54–95 GWB) mit Vorschriften zum kartellbehördlichen Verfahren (Kapitel 1), den Bußgeldverfahren (Kapitel 2) und deren Vollstreckung (Kapitel 3). Da es sich in diesen Fällen schon nicht um bürgerliche Rechtsstreitigkeiten im Sinne des § 13 GVG handelt, liefe eine Einbeziehung leer.[55] Dies gilt ebenfalls für den 4. Teil des GWB, der die Vergabe von öffentlichen Aufträgen und Konzessionen regelt.[56] Auch der Ausschluss der letzten beiden Teile des GWB (5. und 6. Teil) überzeugt. Im 5. Teil ist in § 185 GWB der Anwendungsbereich des 1. bis 3. Teils geregelt. Insbesondere bestimmt § 185 Abs. 1 GWB, dass die Vorschriften des 1. bis 3. Teils des GWB auch auf Unternehmen anzuwenden sind. Der 6. Teil beinhaltet mit § 186 GWB Übergangsregelungen. Es ist nicht vorstellbar, dass sich die §§ 185 f. GWB ohne gleichzeitige Anwendung von Vorschriften des 1. Teils auf eine Streitigkeit auswirken. Mangels praktischer Relevanz besteht somit kein Bedarf, die Normen ausdrücklich im Tatbestand des § 87 S. 1 GWB zu nennen. Insofern ist der Feststellung von *Schmidt* zuzustimmen, es handle sich bei der Beschränkung des Wortlauts auf den 1. Teil

---

[53] BGBl. I, S. 1081 (1097); § 87 Abs. 1 S. 1 GWB a. F. lautete: „Für bürgerliche Rechtsstreitigkeiten, die sich aus dem Gesetz oder aus Kartellverträgen und aus Kartellbeschlüssen ergeben, sind ohne Rücksicht auf den Wert des Streitgegenstands die Landgerichte ausschließlich zuständig."
[54] BGBl. I, S. 1416 (1429); BT-Drs. 18/10207, S. 99.
[55] Zudem bestehen für Kartellverwaltungs- und Kartellbußgeldverfahren spezielle Sonderzuweisungen zur ordentlichen Gerichtsbarkeit nach §§ 91 S. 2, 57 Abs. 2 S. 2, 73 Abs. 4, 83, 85, 86 GWB, vgl. hierzu bereits oben Kapitel 2: § 5 B. (S. 9 ff.).
[56] Der Ausschluss von Vergaberecht wird ausdrücklich in der Gesetzesbegründung erwähnt, vgl. BT-Drs. 18/10207, S. 99; siehe auch *Bornkamm/Tolkmitt*, in: Bunte, Kartellrecht I, § 87 GWB Rn. 12; *Ollerdißen*, in: Wiedemann, Handbuch des Kartellrechts, § 59 Rn. 30.

des GWB um eine reine „Wortlautkorrektur"[57]. Nach Vorstellung des Gesetzgebers sollte sich die Änderung nicht auf den Regelungsgehalt der Vorschrift auswirken.[58] Vielmehr beabsichtigte er, dass nur materiell-rechtliche Verbote zum Schutz gegen Wettbewerbsbeschränkungen, nicht aber die bloße Anwendbarkeit von Verfahrensvorschriften oder vergaberechtlicher Regelungen die ausschließliche Zuständigkeit der Kartellgerichte begründen.[59] Die Gesetzesbegründung ist insoweit missverständlich, als die Verbotsnormen des GWB eher selten unmittelbare, sondern vielmehr mittelbare Anwendung finden. Das bedeutet, dass sie ihre praktische Bedeutung in erster Linie bei Leistungsklagen erlangen, die auf die Anspruchsgrundlagen der §§ 33–34a GWB gestützt werden.[60] Vor diesem Hintergrund erscheint der Verweis in § 87 S. 1 GWB auf den gesamten 1. Teil immer noch zu weit.[61] Dies ist etwa im Hinblick auf die erfassten verfahrensrechtlichen Normen über die Markttransparenzstelle in den §§ 47a ff. GWB zu bejahen.[62] Die Einbeziehung der Vorschriften zur Monopolkommission (§§ 44–47 GWB) sowie der Vorschriften zu den Befugnissen der Kartellbehörden (§§ 32–32e GWB) erscheint ebenfalls ausufernd. So beinhaltet etwa § 32 GWB im Sanktionssystem des GWB die zentrale Kompetenznorm der Kartellbehörden zum Erlass von Kartellverwaltungsakten.[63] Jedoch stellt sich die Frage, ob eine weitergehende Eingrenzung der gegenwärtigen Formulierung tatsächlich eine Verbesserung herbeiführen würde. Eine detaillierte Auflistung bestimmter Normen – zum Beispiel nur die §§ 1–31b, 33–34a GWB – oder einzelner Kapitel ist weder übersichtlicher noch praktikabler als die Nennung des gesamten 1. Teils. Eine über die bereits mit der 9. GWB-Novelle (2017) erfolgte Präzisierung hinausgehende Beschränkung hätte rein deklaratorische Wirkung. Die Einbeziehung eines bestimmten Teils des GWB stellt bereits eine gelungene Konkretisierung im Vergleich zur Ursprungsfassung dar. Allerdings können sich Abgrenzungsschwierigkeiten zu § 87 S. 2 GWB ergeben, dessen Wortlaut wesentlich weiter gefasst ist („Entscheidung, die nach diesem Gesetz zu treffen ist"). Inwiefern dieses Auseinanderfallen innerhalb des § 87 GWB einer Wortlautkorrektur bedarf, lässt sich erst im Rahmen der Untersuchung von § 87 S. 2 GWB beurteilen.[64]

---

[57] *Schmidt*, in: Immenga/Mestmäcker, Wettbewerbsrecht II, § 87 GWB Rn. 2.
[58] BT-Drs. 18/10207, S. 99.
[59] BT-Drs. 18/10207, S. 99; vgl. auch *Bornkamm/Tolkmitt*, in: Bunte, Kartellrecht I, § 87 GWB Rn. 12.
[60] *Pohlmann/Schäfers*, in: Fuchs/Weitbrecht, Handbuch Private Kartellrechtsdurchsetzung, § 12 Rn. 43.
[61] *Pohlmann/Schäfers*, in: Fuchs/Weitbrecht, Handbuch Private Kartellrechtsdurchsetzung, § 12 Rn. 43.
[62] *Pohlmann/Schäfers*, in: Fuchs/Weitbrecht, Handbuch Private Kartellrechtsdurchsetzung, § 12 Rn. 45.
[63] *Keßler*, in: MüKo Wettbewerbsrecht II, § 32 GWB Rn. 1.
[64] Hierzu ausführlich unter Kapitel 5: § 19 C. III. 1. a) (S. 83).

b) Regelungen des Europäischen Kartellrechts

Neben nationalen Regelungen nennt § 87 S. 1 GWB auch vier Vorschriften des Europäischen Kartellrechts.[65] Art. 101 AEUV enthält das EU-Kartellverbot. Ein Verstoß führt gemäß Art. 101 Abs. 2 AEUV unmittelbar zur Nichtigkeit der verbotenen Vereinbarungen oder Beschlüsse. Art. 102 AEUV beinhaltet die EU-Regelung zum Missbrauch einer marktbeherrschenden Stellung. Die Normen sind mit den nationalen Vorschriften in §§ 1–3 GWB beziehungsweise §§ 18–21 GWB vergleichbar. Auch die aufgelisteten Vorschriften des EW-Abkommens enthalten Regelungen zum Kartellverbot sowie zum Missbrauch einer marktbeherrschenden Stellung. Der Gesetzgeber hat das EU- und EWR-Kartellrecht erst mit der 7. GWB-Novelle (2005) in den unmittelbaren Anwendungsbereich des § 87 S. 1 GWB aufgenommen.[66] Zuvor enthielt § 96 GWB a. F. (später § 97 GWB a. F.) für diese Fälle eine Verweisung auf die §§ 87–95 GWB.[67] Es ist der Beurteilung von *Schmidt* zuzustimmen, dass die Integration des Europäischen Kartellrechts in § 87 GWB eine rein systematische, wenn auch überfällige Verbesserung darstellte.[68] Im Zuge der 8. GWB-Novelle (2013) hat der Gesetzgeber § 87 S. 1 GWB ohne inhaltliche Änderungen an den Vertrag von Lissabon angepasst (Art. 101 und 102 AEUV statt zuvor Art. 81 und 82 EG).[69]

c) Analoge Anwendung des § 87 S. 1 GWB auf nicht genannte Vorschriften?

Eine analoge Anwendung von § 87 S. 1 GWB auf nationale sowie EU-Vorschriften, die nicht vom Wortlaut der Norm erfasst sind, ist abzulehnen. In Betracht kämen etwa Regelungen des sektorspezifischem Sonderkartellrechts wie etwa das TKG[70] oder EnWG. Voraussetzungen für eine analoge Anwendung sind das Bestehen einer planwidrigen Regelungslücke sowie einer vergleich-

---

[65] Infolge der 11. GWB-Novelle (2023) erfassen ab dem 7.11.2023 sowohl § 87 S. 1 GWB als auch § 87 S. 2 GWB die Art. 5, 6 und 7 der Verordnung (EU) 2022/1925 des Europäischen Parlaments und des Rates v. 14.9.2022 über bestreitbare und faire Märkte im digitalen Sektor und zur Änderung der Richtlinien (EU) 2019/1937 und (EU) 2020/1828 (Gesetz über digitale Märkte), Gesetz zur Änderung des Gesetzes gegen Wettbewerbsbeschränkungen und anderer Gesetze v. 25.10.2023 (BGBl. I Nr. 294, S. 5).
[66] BT-Drs. 15/3640, S. 68.
[67] § 96 GWB a. F. lautete: „Für bürgerliche Rechtsstreitigkeiten, die sich aus den Art. 85 oder 86 des Vertrages zur Gründung der Europäischen Gemeinschaft oder aus den Art. 53 oder 54 des Abkommens über den Europäischen Wirtschaftsraum ergeben, gelten die §§ 87 bis 90 und 91 bis 95 entsprechend; hängt die Entscheidung eines Rechtsstreits ganz oder teilweise von der Anwendbarkeit des Art. 85 oder des Art. 86 des Vertrages zur Gründung der Europäischen Gemeinschaft oder des Art. 53 oder des Art. 54 des Abkommens über den Europäischen Wirtschaftsraum ab, so gilt § 87 Abs. 1 entsprechend."
[68] *Schmidt*, in: Immenga/Mestmäcker, Wettbewerbsrecht II, § 87 GWB Rn. 2.
[69] Vgl. BT-Drs. 17/9852.
[70] Telekommunikationsgesetz v. 22.6.2004 (BGBl. I, S. 1190), zuletzt geändert durch Gesetz vom 5.7.2021 (BGBl. I, S. 2274).

baren Interessenlage. Es fehlt bereits an einer planwidrigen Regelungslücke.[71] Nach dem eindeutigen Wortlaut von § 87 S. 1 GWB sind Vorschriften außerhalb des 1. Teils des GWB sowie der aufgelisteten unionsrechtlichen Normen nicht vom Tatbestand der Norm erfasst.[72] Dies ergibt sich insbesondere aus einem Vergleich mit § 87 S. 2 GWB, dessen Tatbestand weiter („nach diesem Gesetz") ausfällt.[73] Ferner enthält das EnWG mit § 102 EnWG eine eigene spezielle Zuständigkeitsvorschrift. *Kühnen* ist insofern zuzustimmen, als die Vorschrift „klar und trennungsscharf"[74] ist.

2. „Anwendung betreffen"

Im folgenden Abschnitt untersucht die Arbeit, wann eine bürgerliche Rechtsstreitigkeit die *Anwendung* der in § 87 S. 1 GWB genannten Vorschriften *betrifft*. Hierbei kann auf die von *Schmidt* entworfene Typenordnung[75] zurückgegriffen werden, die sich an den drei zivilprozessualen Klagearten orientiert: Kartell-Leistungsklagen[76] (a), Kartell-Feststellungsklagen (b) und Kartell-Gestaltungsklagen (c).

a) Kartell-Leistungsklagen

Zunächst widmet sich die Arbeit solchen Leistungsklagen, die unmittelbar auf kartellrechtliche Anspruchsgrundlagen gestützt werden (1). Anschließend setzt sich die Arbeit mit der Frage auseinander, ob die Anwendung im Sinne des § 87 S. 1 GWB darüber hinaus betroffen ist, wenn der Leistungsklage eine nicht-kartellrechtliche Anspruchsgrundlage zugrunde liegt (2).

aa) Kartellrechtliche Anspruchsgrundlagen

(1) Allgemeines

Einigkeit besteht dahingehend, dass die Anwendung betroffen ist, wenn ein im Wege der Leistungsklage geltend gemachter Anspruch unmittelbar auf eine von § 87 S. 1 GWB erfasste Vorschrift gestützt wird.[77] Gemeint ist der

---

[71] *Kühnen*, NZKart 2020, 49 (50).
[72] OLG Düsseldorf, Urt. v. 9.5.2018 – VI U (Kart) 1/18, in: NZKart 2018, 278 (281); *Kühnen*, NZKart 2020, 49 (50).
[73] Inwiefern im Rahmen des § 87 S. 2 GWB eine analoge Anwendung in Betracht kommt, wird an entsprechender Stelle untersucht, siehe unten Kapitel 5: § 19 C. III. 1. b) (S. 83 f.).
[74] *Kühnen*, NZKart 2020, 49 (50).
[75] *Schmidt*, JZ 1976, 304 (306 ff.); *Schmidt*, in: Immenga/Mestmäcker², § 87 GWB Rn. 12.
[76] Von *Schmidt*, in: Immenga/Mestmäcker, Wettbewerbsrecht II, § 87 GWB Rn. 16 als „Kartell-Sanktionsklagen" bezeichnet.
[77] BAG, Urt. v. 29.6.2017 – 8 AZR 189/15, in: NJW 2018, 184 (185); *Bornkamm/Tolkmitt*, in: Bunte, Kartellrecht I, § 87 GWB Rn. 14; *Bechtold/Bosch*, in: Bechtold/Bosch, § 87 GWB Rn. 5; *Dicks*, in: LMRKM, § 87 GWB Rn. 15; *Keßler*, in: MüKo Wettbewerbsrecht II, § 87 GWB Rn. 18; *Meyer-Lindemann*, in: FK-KartellR, § 87 GWB Rn. 35; *Ollerdißen*, in: Wie-

prozessuale Anspruchsbegriff des § 253 Abs. 2 Nr. 2 ZPO, also das Klagebegehren.[78] Der prozessuale Anspruch bestimmt sich wiederum durch den Klageantrag und den Lebenssachverhalt (sog. *zweigliedriger Streitgegenstand*).[79] Nicht gemeint ist der materielle Anspruch im Sinne des § 194 BGB.[80] Eine Anknüpfung an die materielle Anspruchsnorm versagt schon, wenn die Klage auf mehrere Anspruchsgrundlagen gestützt werden kann.[81] Die Anwendung ist somit betroffen, wenn die in § 87 S. 1 GWB genannten Bestimmungen den „Einstieg in das Prüfprogramm"[82] des Gerichts bilden. Insoweit deckt sich die Auslegung der Formulierung „Anwendung betreffen" mit dem früheren Wortlaut der Vorschrift „ergeben".[83] Auffällig ist allerdings, dass die Formulierung „Anwendung betreffen" in § 87 S. 1 GWB von dem Muster der Vorschriften zur sachlichen Sonderzuständigkeiten abweicht. So verwenden etwa § 143 Abs. 1 PatG, § 52 Abs. 1 Designgesetz, § 140 Abs. 1 Markengesetz sowie § 38 Abs. 1 Sortenschutzgesetz die Formulierung: „Für alle Klagen, durch die ein Anspruch aus einem der in diesem Gesetz geregelten Rechtsverhältnisse geltend gemacht wird." Die abweichende Formulierung in § 87 S. 1 GWB verwundert insbesondere, da der Gesetzgeber bei der Schaffung des § 87 GWB ausdrücklich § 51 Abs. 2 PatG a. F. (heute § 143 Abs. 1 PatG) als Vorbild heranzog.[84] Inwiefern im Rahmen einer Reform eine Angleichung an den Wortlaut der anderweitigen Sonderzuständigkeiten geboten ist, wird im sechsten Kapitel untersucht.[85]

---

demann, Handbuch des Kartellrechts, § 59 Rn. 31; *Pohlmann/Schäfers*, in: Fuchs/Weitbrecht, Handbuch Private Kartellrechtsdurchsetzung, § 12 Rn. 45; *Schmidt*, in: Immenga/Mestmäcker, Wettbewerbsrecht II, § 87 GWB Rn. 16; *Voß*, in: Busche/Röhling, Kölner Kommentar, § 87 GWB Rn. 16.
[78] BGH, Urt. v. 29.10.2019 – KZR 60/18, in: NZKart 2020, 35 (37); BGH, Beschl. v. 9.7.1958 – KAR 1/58, in: GRUR 1958, 617 (619); *Dicks*, in: LMRKM, § 87 GWB Rn. 14; *Pohlmann/Schäfers*, in: Fuchs/Weitbrecht, Handbuch Private Kartellrechtsdurchsetzung, § 12 Rn. 45; *Rombach*, in: BeckOK KartellR, § 87 GWB Rn. 11; *Schmidt*, in: Immenga/Mestmäcker, Wettbewerbsrecht II, § 87 GWB Rn. 12; *Voß*, in: Busche/Röhling, Kölner Kommentar, § 87 GWB Rn. 16.
[79] BGH, Urt. v. 5.7.2016 – XI ZR 254/15, in: NJW 2017, 61 (62); BGH, Urt. v. 19.12.1991 – IX ZR 96/91, in: BGHZ 117, 1 (5); *Becker-Eberhard*, in: MüKo ZPO I, Vorb. zu § 253 Rn. 32 ff.; *Musielak*, in: Musielak/Voit, Einl. Rn. 69 ff.; *Roth*, in: Stein/Jonas, ZPO III, Vorb. zu § 253 Rn. 11; *Pohlmann*, ZPR, Rn. 322; *Habscheid*, Streitgegenstand im Zivilprozeß, S. 206 ff.
[80] Insofern nicht überzeugend *Claßen*, Ausschließliche Zuständigkeit der Kartellgerichte, S. 52 ff.; siehe auch *Schmidt*, JZ 1976, 304 (305).
[81] So auch *Claßen*, WuW 1966, 586 (588); vgl. zur Anspruchskonkurrenz unten Kapitel 5: § 19 B. II. 2. a) bb) (1) (S. 69 f.).
[82] *Rombach*, in: BeckOK KartellR, § 87 GWB Rn. 12.
[83] *Bechtold/Bosch*, in: Bechtold/Bosch, § 87 GWB Rn. 5.
[84] BT-Drs. 2/1158, S. 29 und 53; siehe auch *Renthe*, in: Müller-Henneberg/Schwartz, Gemeinschaftskommentar³, § 87 GWB Rn. 4.
[85] Siehe unten Kapitel 6: (S. 195 ff.).

(2) Insbesondere: Offensive private Kartellrechtsdurchsetzung

In erster Linie erfasst die Regelung des § 87 S. 1 GWB Kartell-Leistungsklagen. Es handelt sich vorwiegend um sog. *follow-on-Klagen*. Hierbei macht die Klägerin ihre Ansprüche erst geltend, nachdem die Behörden einen kartellrechtlichen Verstoß mit Bindungswirkung für die Gerichte festgestellt haben.[86] In der Praxis wesentlich seltener sind sog. *stand-alone-Klagen*, bei denen sich die Klägerin unabhängig von einem vorausgegangenen Behördenverfahren auf einen Kartellverstoß stützt.[87] Grund hierfür ist insbesondere die bereits angesprochene schwierige Beweisführung im Zusammenhang mit Kartellverstößen.[88] Bei den beiden beschriebenen Klagen handelt es sich um Fälle der sog. *offensiven privaten Kartellrechtsdurchsetzung*. Hierunter versteht man Klagen, in denen von Kartellverstößen Betroffene kartellrechtliche Vorschriften „in anspruchsbegründender Form"[89] durchsetzen.[90] Gemeint sind Prozesse, die „ihrem Gegenstand nach auf Durchsetzung kartellrechtlicher Verbote oder Verbotssanktionen zielen"[91]. Hiervon abzugrenzen ist die *defensive private Kartellrechtsdurchsetzung*, bei der die Beklagte kartellrechtliche Einwendungen oder Einreden zur Abwehr von Ansprüchen verwendet.[92] Die Unterscheidung zwischen *offensiver* und *defensiver Kartellrechtsdurchsetzung* wird häufig bildlich als „Schild-und-Schwert"-Prinzip[93] umschrieben.[94]

---

[86] Zu den Vorteilen von *follow-on-Klagen* siehe *Bornkamm/Tolkmitt*, in: Bunte, Kartellrecht I, § 33b GWB Rn. 2; *Eilmansberger/Bien*, in: MüKo Wettbewerbsrecht I, Art. 102 AEUV Rn. 860; *Fuchs*, in: Fuchs/Weitbrecht, Handbuch Private Kartellrechtsdurchsetzung, § 1 Rn. 41; *Eden*, Persönliche Schadensersatzhaftung von Managern gegenüber Kartellgeschädigten, S. 36 f. und 43 f.; siehe ausführlich zur Bindungswirkung nach Art. 16 VO (EG) 1/2003 und § 33b GWB *Wiegandt*, Bindungswirkung kartellbehördlicher Entscheidungen im Zivilprozess, S. 107 ff.

[87] Aufgrund von Beweisschwierigkeiten werden *stand-alone-Klagen* primär in den Konstellationen eines Marktmissbrauchs nach Art. 102 AEUV beziehungsweise §§ 19 ff. GWB virulent, da in diesen Fällen der für den Kartellverstoß relevante Sachverhalt eher öffentlich bekannt oder unstreitig ist, vgl. *Bach/Wolf*, NZKart 2017, 285 (288); *Inderst/Thomas*, Schadensersatz bei Kartellverstößen, S. 100 f.; *Schäfers*, ZZP 132 (2019), 231 (241).

[88] Hierzu bereits beim rechtspolitischen Hintergrund oben Kapitel 2: § 6 (S. 14 ff.); vgl. zu *follow-on*-Klagen und *stand-alone*-Klagen auch *Wiegandt*, Bindungswirkung kartellbehördlicher Entscheidungen im Zivilprozess, S. 53 ff.

[89] *Wiegandt*, Bindungswirkung kartellbehördlicher Entscheidungen im Zivilprozess, S. 53.

[90] Siehe auch *Fuchs*, in: Fuchs/Weitbrecht, Handbuch Private Kartellrechtsdurchsetzung, § 1 Rn. 15; *Kamann*, in: Kamann/Ohlhoff/Völcker, Kartellverfahren und Kartellprozess, § 2 Rn. 15; *Schmidt*, ZWeR 2007, 394 (397); *Bundeskartellamt*, Diskussionspapier Private Kartellrechtsdurchsetzung, S. 1.

[91] *Schmidt*, in: Immenga/Mestmäcker, Wettbewerbsrecht II, Vorb. vor § 87 Rn. 5.

[92] *Fuchs*, in: Fuchs/Weitbrecht, Handbuch Private Kartellrechtsdurchsetzung, § 1 Rn. 15; *Kamann*, in: Kamann/Ohlhoff/Völcker, Kartellverfahren und Kartellprozess, § 2 Rn. 15; *Schmidt*, in: Immenga/Mestmäcker, Wettbewerbsrecht II, Vorb. vor § 87 Rn. 5; in diesen Fällen handelt es sich regelmäßig um kartellrechtliche Vorfragen, hierzu unten ausführlich Kapitel 5: § 19 C. III. 1. c) (S. 84 f.).

[93] *Kamann*, in: Kamann/Ohlhoff/Völcker, Kartellverfahren und Kartellprozess, § 2 Rn. 15.

[94] Vgl. auch *Europäische Kommission*, Commission Staff Working Paper zum Weißbuch:

(3) Beispiele für kartellrechtliche Anspruchsgrundlagen

Im Folgenden gibt die Arbeit einen Überblick über kartellrechtliche Anspruchsgrundlagen, auf die Kartell-Leistungsklagen gestützt werden können. Im Rahmen der *offensiven Kartellrechtsdurchsetzung* steht den Betroffenen eine Trias kartellrechtlicher Anspruchsgrundlagen zur Verfügung: Ansprüche auf Schadenersatz, Unterlassen und Beseitigung. Alle drei Ansprüche setzen einen Verstoß gegen eine Vorschrift des 1. Teils des GWB, Art. 101 f. AEUV oder eine kartellbehördliche Verfügung voraus.[95] Anspruchsberechtigt ist jeweils der Betroffene, den § 33 Abs. 3 GWB näher umschreibt. Im Mittelpunkt des *private enforcement* steht der Schadenersatzanspruch nach § 33a Abs. 1 GWB.[96] Kartellschäden ergeben sich typischerweise bei der Zahlung überhöhter Preis infolge von Kartellabsprachen.[97] Ebenso kommt die Geltendmachung von entgangenem Gewinn in Betracht.[98] Lange Zeit war umstritten, ob § 87 S. 1 GWB auch Streitigkeiten erfasst, die einzig über die Schadenshöhe geführt werden.[99] Vor dem Hintergrund der weitreichenden kartellrechtlichen Sonderregelungen zur Frage der Schadensabwälzung[100] sowie der gesamtschuldnerischen Haftung[101] bejahen Rechtsprechung und Schrifttum heute richtigerweise diese Frage.[102] Auch die Vorschrift des § 33a Abs. 3 S. 2 GWB legt ein solches Verständnis des

---

Schadenersatzklagen wegen Verletzung des EG-Wettbewerbsrechts, SEC(2008) 404, Rn. 207; *Fuchs*, in: Fuchs/Weitbrecht, Handbuch Private Kartellrechtsdurchsetzung, § 1 Rn. 15; *Wurmnest*, German Law Journal 2005, 1173 (1174).

[95] *Lettl*, Kartellrecht, § 11 Rn. 30.

[96] *Holzmüller*, in: Fuchs/Weitbrecht, Handbuch Private Kartellrechtsdurchsetzung, § 9 Rn. 1.

[97] So etwa im Zuckerkartell geltend gemacht, aber wegen fehlender überwiegender Wahrscheinlichkeit einer Schadensentstehung vom Gericht verneint, vgl. LG Köln, Urt. v. 9.10.2020 – 33 O 147/15, in: NZKart 2020, 618; vgl. zum LKW-Kartell BGH, Urt. v. 23.9.2020 – KZR 35/19, in: NZKart 2021, 117 (124); LG Nürnberg-Fürth, Urt. v. 25.2.2021 – 19 O 4272/19, in: NZKart 2021, 242; vgl. zum Zement-Kartell BGH, Urt. v. 12.6.2018 – KZR 56/16, in: EuZW 2018, 824 (827); ausführlich zum Preishöhenschaden *Franck*, in: Immenga/Mestmäcker, Wettbewerbsrecht II, § 33a GWB Rn. 98 ff.; *Fuchs*, in: Fuchs/Weitbrecht, Handbuch Private Kartellrechtsdurchsetzung, § 6 Rn. 13 ff.; *Lettl*, Kartellrecht, § 11 Rn. 94.

[98] Vgl. etwa BGH, Urt. v. 12.7.2016 – KZR 25/14, in: BGHZ 211, 146; ausführlich auch *Fuchs*, in: Fuchs/Weitbrecht, Handbuch Private Kartellrechtsdurchsetzung, § 6 Rn. 113 ff.; *Lettl*, Kartellrecht, § 11 Rn. 96.

[99] Ablehnend etwa noch in der 3. Auflage (2001) *Schmidt*, in: Immenga/Mestmäcker³, § 87 GWB Rn. 12 im Anschluss an OLG Köln, Beschl. v. 14.2.1973 – 6 U 119/72, in: BB 1973, 577; bis zur 3. Auflage (2016) auch noch *Dicks*, in: LMRKM³, § 87 GWB Rn. 15.

[100] Vgl. § 33c GWB.

[101] Vgl. § 33d GWB.

[102] *Bornkamm/Tolkmitt*, in: Bunte, Kartellrecht I, § 87 GWB Rn. 14; *Keßler*, in: MüKo Wettbewerbsrecht II, § 87 GWB Rn. 18; *Meyer-Lindemann*, in: FK-KartellR, § 87 GWB Rn. 40; *Ollerdißen*, in: Wiedemann, Handbuch des Kartellrechts, § 59 Rn. 32; *Pohlmann/Schäfers*, in: Fuchs/Weitbrecht, Handbuch Private Kartellrechtsdurchsetzung, § 12 Rn. 48; *Schmidt*, in: Immenga/Mestmäcker, Wettbewerbsrecht II, § 87 GWB Rn. 16; *Voß*, in: Busche/Röhling, Kölner Kommentar, § 87 GWB Rn. 19.

§ 87 S. 1 GWB nahe.[103] Danach kann bei der Bemessung des Schadens nach § 287 ZPO ausdrücklich der anteilige Gewinn, den die Rechtsverletzerin durch den Verstoß erlangt hat, berücksichtigt werden. Des Weiteren kann eine Schadenersatzgläubigerin einen selbständigen materiellen Anspruch auf Auskunft und Herausgabe von Beweismitteln nach § 33g GWB geltend machen.

Der kartellrechtliche Beseitigungsanspruch ist in § 33 Abs. 1 Var. 1 GWB normiert. Hierunter fällt etwa ein Anspruch auf Widerruf eines verabredeten Boykotts.[104] In § 33 Abs. 1 Var. 1 und Abs. 2 GWB ist der kartellrechtliche Unterlassungsanspruch geregelt. Auf dessen Grundlage kann beispielsweise ein Unternehmen wegen der Deaktivierung seines Kontos gegen Amazon vorgehen.[105] Darüber hinaus enthält § 34a Abs. 1 GWB einen originären Anspruch auf Vorteilsabschöpfung durch Verbände.[106] Die Vorschrift dient der Schließung drohender Rechtsdurchsetzungslücken bei der sog. Streuschadenproblematik.[107] Gemeint sind Fälle, in denen Verbraucherinnen als unmittelbare oder mittelbare Abnehmerinnen eines Preiskartells der Anreiz fehlt, den Aufwand und die Risiken eines Rechtsstreits zur Durchsetzung kartellrechtlicher Ansprüche auf sich zu nehmen.[108]

In der kartellrechtlichen Praxis spielen Belieferungsansprüche eine besondere Rolle.[109] Diese hat die Rechtsprechung in der Vergangenheit meist als Fall der Naturalrestitution im Rahmen eines Schadenersatzanspruchs nach § 33a GWB i. V. m. § 249 Abs. 1 BGB behandelt.[110] Das Schrifttum stützt Belieferungsansprüche hingegen auf den verschuldensunabhängigen Beseitigungsanspruch nach § 33 Abs. 1 GWB.[111] Unabhängig von der dogmatischen Einord-

---

[103] Vgl. *Keßler*, in: MüKo Wettbewerbsrecht II, § 87 GWB Rn. 18.

[104] Vgl. OLG München, Urt. v. 15.9.1988 – U (K) 4657/88, in: NJW 1989, 1554; für weitere Beispiele *Franck*, in: Immenga/Mestmäcker, Wettbewerbsrecht II, § 33 GWB Rn. 31.

[105] Vgl. etwa LG München, Beschl. v. 14.1.2021 – 37 O 32/21, in: WuW 2021, 250; jedoch letztlich Ablehnung des kartellrechtlichen Eilverfahrens mangels substantiierter Darlegung eines schweren Nachteils, vgl. BVerfG, Beschl. v. 16.3.2021 – 1 BvR 375/21, in: GRUR 2021, 989; vgl. zu weiteren Beispielfällen *Franck*, in: Immenga/Mestmäcker, Wettbewerbsrecht II, § 33 GWB Rn. 33.

[106] *Pohlmann/Schäfers*, in: Fuchs/Weitbrecht, Handbuch Private Kartellrechtsdurchsetzung, § 12 Rn. 48; *Rombach*, in: BeckOK KartellR, § 87 GWB Rn. 23; *Schmidt*, in: Immenga/Mestmäcker, Wettbewerbsrecht II, § 87 GWB Rn. 16.

[107] BT-Drs. 15/3640, S. 36; aufgrund geringer Anreize für die Verbände hat die Vorschrift bisher kaum praktische Bedeutung erlangt, vgl. ausführlich *Emmerich*, in: Immenga/Mestmäcker, Wettbewerbsrecht II, § 34a GWB Rn. 4; *Hempel*, in: BeckOK KartellR, § 34a GWB Rn. 2; *Hempel*, Kollektiver Rechtsschutz im Kartellrecht, in: Möschel/Bien, Kartellrechtsdurchsetzung durch private Schadenersatzklagen?, S. 71 (78).

[108] *Hempel*, in: BeckOK KartellR, § 34a GWB Rn. 2.

[109] Vgl. umfassend zum kartellrechtlichen Kontrahierungszwang *Holzmüller*, in: Fuchs/Weitbrecht, Handbuch Private Kartellrechtsdurchsetzung, § 10 Rn. 1 ff.

[110] St. Rspr., BGH, Urt. v. 12.5.1998 – KZR 25/96, in: WRP 1999, 203 (204); BGH, Urt. v. 26.10.1961 – KZR 1/61, in: BGHZ 36, 91–105 (100); vgl. auch *Franck*, in: Immenga/Mestmäcker, Wettbewerbsrecht II, § 33a GWB Rn. 124 f.

[111] *Franck*, in: Immenga/Mestmäcker, Wettbewerbsrecht II, § 33 GWB Rn. 30; *Holzmül-*

nung erfolgt eine Anknüpfung an kartellrechtliche Vorschriften, sodass diese Streitigkeiten unter § 87 S. 1 GWB fallen.[112] Dies gilt ebenso für Ansprüche auf Zugang zu wesentlichen Einrichtungen[113], Ansprüche auf Lizenzierung von Immaterialgüterrechten[114] sowie Ansprüche auf Aufnahme in Verbände und Vereinigungen[115]. Ferner ist die Anwendung der in § 87 S. 1 GWB genannten Vorschriften bei Regressprozessen zwischen Kartellantinnen betroffen.[116] Die Regelung des § 33d Abs. 1 S. 1 GWB ordnet seit der 9. GWB-Novelle (2017) die gesamtschuldnerische Haftung der Kartellantinnen untereinander ausdrücklich an. Die Norm verweist zwar auf Vorschriften des BGB, modifiziert diese jedoch.[117] Somit liegt die Grundlage der Regressansprüche weiterhin in den Vorschriften des GWB.[118]

bb) Nicht-kartellrechtliche Anspruchsgrundlagen

Fraglich ist, ob die Anwendung der in § 87 S. 1 GWB genannten Vorschriften darüber hinaus betroffen ist, wenn das Klagebegehren (auch) auf nicht-kartellrechtliche Anspruchsgrundlagen gestützt wird.

(1) Anspruchskonkurrenz

Zunächst ist an solche Konstellationen zu denken, in denen die Klägerin ihr Klagebegehren sowohl auf kartellrechtliche als auch auf nicht-kartellrechtliche materielle Anspruchsgrundlagen stützt. In der Praxis können sich insbeson-

---

ler, in: Fuchs/Weitbrecht, Handbuch Private Kartellrechtsdurchsetzung, § 10 Rn. 10; *Ollerdißen*, in: Wiedemann, Handbuch des Kartellrechts, § 61 Rn. 55.
[112] Vgl. *Pohlmann/Schäfers*, in: Fuchs/Weitbrecht, Handbuch Private Kartellrechtsdurchsetzung, § 12 Rn. 48.
[113] Vgl. ausführlich hierzu *Holzmüller*, in: Fuchs/Weitbrecht, Handbuch Private Kartellrechtsdurchsetzung, § 10 Rn. 96 ff.
[114] Hierzu zählen unter anderem gewerbliche Schutzrechte, etwa Patentrechte für Erfindungen, vgl. ausführlich hierzu *Holzmüller*, in: Fuchs/Weitbrecht, Handbuch Private Kartellrechtsdurchsetzung, § 10 Rn. 125 ff.
[115] Vgl. zur Aufnahme in Wirtschafts- und Berufsvereinigungen die Regelung des § 20 Abs. 5 GWB; vgl. zur Aufnahme in sonstige Vereinigungen, etwa Anspruch eines Hundehalters auf Aufnahme in Hundezuchtverein, wenn auch im Ergebnis ablehnend, LG Bonn, Urt. v. 31.1.2020 – 1 O 166/19, juris, Rn. 28 ff.; umfassend zu Aufnahmeansprüchen *Holzmüller*, in: Fuchs/Weitbrecht, Handbuch Private Kartellrechtsdurchsetzung, § 10 Rn. 82 ff.
[116] Offenlassend OLG Hamm, Beschl. v. 1.12.2016 – I 32 SA 43/16, in: NZKart 2017, 79 (81 f.), da zumindest eine kartellrechtliche Vorfrage vorliege; bejahend *Bornkamm/Tolkmitt*, in: Bunte, Kartellrecht I, § 87 GWB Rn. 11; *Pohlmann/Schäfers*, in: Fuchs/Weitbrecht, Handbuch Private Kartellrechtsdurchsetzung, § 12 Rn. 49.
[117] Vgl. etwa § 33d Abs. 2 S. 1 GWB; *Pohlmann/Schäfers*, in: Fuchs/Weitbrecht, Handbuch Private Kartellrechtsdurchsetzung, § 12 Rn. 49.
[118] *Pohlmann/Schäfers*, in: Fuchs/Weitbrecht, Handbuch Private Kartellrechtsdurchsetzung, § 12 Rn. 49; a. A. *Ruster*, in: Stancke/Weidenbach/Lahme, Kartellrechtliche Schadensersatzklagen, Kap. M Rn. 59; *Wolf*, IPRax 2018, 475 (479), die einen Fall von § 87 S. 2 GWB annehmen.

re Überschneidungen mit Ansprüchen aus dem Lauterkeitsrecht ergeben.[119] So enthält etwa § 8 UWG einen Anspruch auf Unterlassung und Beseitigung. Zudem kann neben einem Kartellschadenersatz aus § 33a GWB auch ein vertraglicher Schadenersatzanspruch in Betracht kommen.[120] Nach allgemeiner Auffassung kommt in diesen Fällen der Anspruchskonkurrenz § 87 GWB der Vorrang zu.[121] Voraussetzung ist, dass ein einheitliches Klagebegehren vorliegt.[122] Bildlich ausgedrückt zieht eine einzige kartellrechtliche Anspruchsgrundlage alle anderen nach sich.[123] Hierfür spricht in erster Linie der Sinn und Zweck des § 87 GWB. Nur wenn alle kartellrechtlichen Fragen vor die Kartellgerichte gelangen, kann die Einheitlichkeit und Qualität der Rechtsprechung gewährleistet werden. Der Gesetzgeber hat hierbei in Kauf genommen, dass die Kartellgerichte auch über fachfremde Fragen mitentscheiden müssen.[124] Zusätzlich lässt sich der Rechtsgedanke der vorrangigen kartellrechtlichen Zuständigkeit aus § 88 GWB entnehmen.[125]

(2) Vertragliche Ansprüche

In der Praxis machen von einem Kartellverstoß Betroffene eher selten vertragliche Primäransprüche geltend.[126] Grund hierfür ist, dass ein gegen kartellrechtliche Verbote verstoßender Vertrag – sofern kein Fall der Legalausnahme[127]

---

[119] Ausführlich zum Verhältnis von Lauterkeitsrecht und Kartellrecht *Lettl,* Kartellrecht, § 11 Rn. 130 ff.; *Köhler,* WRP 2005, 645.

[120] Zu vertraglichen Ansprüchen sogleich Kapitel 5: § 19 B. II. 2. a) bb) (2) (S. 70).

[121] *Bechtold/Bosch,* in: Bechtold/Bosch, § 88 GWB Rn. 2; *Bornkamm/Tolkmitt,* in: Bunte, Kartellrecht I, § 88 GWB Rn. 6; *Ollerdißen,* in: Wiedemann, Handbuch des Kartellrechts, § 59 Rn. 29; *Pohlmann/Schäfers,* in: Fuchs/Weitbrecht, Handbuch Private Kartellrechtsdurchsetzung, § 12 Rn. 103; *Rombach,* in: BeckOK KartellR, § 87 GWB Rn. 19; *Schmidt,* in: Immenga/Mestmäcker, Wettbewerbsrecht II, § 87 GWB Rn. 48; vgl. auch BGH, Beschl. v. 11.12.2001 – KZB 12/01, in: NJW 2002, 1351; OLG Köln, Beschl. v. 29.2.2000 – 3 U 101/99, in: NJWE-WettbR 2000, 224; vgl. ausführlich zum Vorrang der Zuständigkeit der Kartellgerichte gegenüber anderweitigen Sonderzuständigkeiten unten Kapitel 5: § 20 D. I. (S. 121 ff.).

[122] *Schmidt,* in: Immenga/Mestmäcker, Wettbewerbsrecht II, § 87 GWB Rn. 48; so auch bereits zur früheren Rechtslage *Schmidt,* in: Immenga/Mestmäcker², § 87 GWB Rn. 9; ansonsten handelt es sich um einen Fall der objektiven Klagehäufung, auf den § 88 GWB Anwendung findet; zur Klageverbindung nach § 88 GWB unten ausführlich Kapitel 5: § 20 C. (S. 117 ff.).

[123] Vgl. LAG Düsseldorf, Beschl. v. 29.1.2018 – 14 Sa 591/17, in: WuW 2018, 332 (335); *Rombach,* in: BeckOK KartellR, § 88 GWB Rn. 9.

[124] BAG, Urt. v. 29.6.2017 – 8 AZR 189/15, in: NJW 2018, 184 (186); *Voß,* in: Busche/Röhling, Kölner Kommentar, § 87 GWB Rn. 8.

[125] Zur Klageverbindung nach § 88 GWB unten ausführlich Kapitel 5: § 20 C. (S. 117 ff.).

[126] Zum umgekehrten Fall der Klagen aus Kartellvereinbarungen und -beschlüssen durch Kartellantinnen siehe sogleich Kapitel 5: § 19 B. II. 2. a) bb) (3) (S. 71 ff.).

[127] Wettbewerbsbeschränkende Vereinbarungen, die grundsätzlich aufgrund kartellrechtlicher Vorschriften unwirksam sind, können ausnahmsweise vom Verbot freigestellt sein, wenn ihre Vorteile gegenüber den Nachteilen für den Wettbewerb überwiegen und die Voraussetzungen des Art. 101 Abs. 3 AEUV oder des § 2 GWB erfüllt sind. Dies kann etwa bei der Herstellung neuer Produkte im Hinblick auf die Förderung des technischen oder wirtschaftlichen Fortschritts der Fall sein.

vorliegt – *ipso iure* nichtig ist. Dies gilt auch für sog. Ausführungsverträge.[128] Hierunter versteht man Verträge zwischen den an einer wettbewerbsbeschränkenden Abrede Beteiligten, die den verbotenen Vereinbarungen erst zur praktischen Wirksamkeit verhelfen.[129] Die Vorschriften in §§ 33 ff. GWB enthalten grundsätzlich eine spezielle und abschließende Regelung aller zivilrechtlichen Ansprüche, die eine durch kartellrechtswidriges Verhalten Betroffene geltend machen kann.[130] Unbenommen bleibt aber etwa neben § 33a Abs. 1 GWB die Geltendmachung eines vertraglichen Schadenersatzanspruchs aus *culpa in contrahendo* nach § 280 Abs. 1, 311 Abs. 2, 241 Abs. 2 BGB.[131] Die Verletzung einer Nebenpflicht im Sinne des § 241 Abs. 2 BGB kann bei kartellbedingt erhöhten Preisen etwa in der fehlenden Rücksichtnahme auf das Vermögen der Vertragspartnerin liegen.[132] Stützt eine Klägerin ihr Klagebegehren sowohl auf kartellrechtliche als auch auf vertragliche Anspruchsgrundlagen, so liegt eine Anspruchskonkurrenz vor. Nach allgemeiner Auffassung ist somit wie bereits erörtert die Zuständigkeit nach § 87 S. 1 GWB gegeben.[133]

(3) Keine Einbeziehung von Klagen aus (freigestellten) Kartellvereinbarungen und -beschlüssen

Von den soeben beschriebenen vertraglichen Ansprüchen sind solche abzugrenzen, die unmittelbar auf Kartellvereinbarungen oder -beschlüsse gestützt werden. In Betracht kommt etwa ein Zahlungs- oder Lieferungsanspruch aus einem eigentlich kartellrechtswidrigen Vertrag, der aber unten Umständen freigestellt ist. Nach wohl (noch) herrschender Meinung liegt in diesen Fällen eine kartellrechtliche Hauptfrage im Sinne von § 87 S. 1 GWB vor.[134] Allerdings widerspricht diese Ansicht dem Wortlaut insofern, als der Gesetzgeber die Formulierung „Streitigkeiten aus Kartellvereinbarungen und aus Kartellbeschlüssen"

---

[128] Anders bei sog. Folgeverträgen; zu diesen unten Kapitel 5: § 19 B. II. 2. a) bb) (5) (S. 75 ff.).
[129] *Topel*, in: Wiedemann, Handbuch des Kartellrechts, § 50 Rn. 4.
[130] Vertragliche Ansprüche sind aber nicht generell ausgeschlossen, vgl. *Bechtold/Bosch*, in: Bechtold/Bosch, § 33 GWB Rn. 43; *Holzmüller*, in: Fuchs/Weitbrecht, Handbuch Private Kartellrechtsdurchsetzung, § 9 Rn. 54.
[131] *Inderst/Thomas*, Schadensersatz bei Kartellverstößen, S. 565; ausführlich zur praktisch eher weniger relevanten Anspruchsmöglichkeit aus *culpa in contrahendo* vgl. *Dück/Schultes*, NZKart 2013, 228.
[132] *Inderst/Thomas*, Schadensersatz bei Kartellverstößen, S. 565.
[133] Zur Anspruchskonkurrenz bereits oben Kapitel 5: § 19 B. II. 2. a) bb) (1) (S. 69).
[134] *Bechtold/Bosch*, in: Bechtold/Bosch, § 87 GWB Rn. 5; *Dicks*, in: LMRKM, § 87 GWB Rn. 16; *Keßler*, in: MüKo Wettbewerbsrecht II, § 87 GWB Rn. 20; *Meyer-Lindemann*, in: FK-KartellR, § 87 GWB Rn. 34; *Ollerdißen*, in: Wiedemann, Handbuch des Kartellrechts, § 59 Rn. 31; wohl zweifelnd („dürfte […] vorzugswürdig sein"), aber auf die Gesetzesbegründung abstellend *Pohlmann/Schäfers*, in: Fuchs/Weitbrecht, Handbuch Private Kartellrechtsdurchsetzung, § 12 Rn. 51; insoweit nicht eindeutig („niemals nur Vorfragen") *Bornkamm/Tolkmitt*, in: Bunte, Kartellrecht I, § 87 GWB Rn. 17.

im Rahmen der 7. GWB-Novelle (2005) aus § 87 GWB gestrichen hat.[135] Als Hauptargument für ihre Normauslegung stützt sich die Auffassung jedoch auf die Ausführungen in der Gesetzesbegründung. Darin betont der Gesetzgeber, dass Rechtsstreitigkeiten aus Kartellvereinbarungen und -beschlüssen auch nach der Neufassung des Wortlauts von § 87 Abs. 1 S. 1 GWB a. F. weiterhin als Streitigkeiten „aus diesem Gesetz"[136] erfasst bleiben sollten.[137] Ferner weist der Gesetzgeber darauf hin, dass es sich bei der Streichung bloß um eine redaktionelle Vereinfachung ohne sachliche Änderung handelt.[138] Das Festhalten an der Gesetzesbegründung zur 7. GWB-Novelle (2005) kann heute aber nicht mehr überzeugen. Im Rahmen der 9. GWB-Novelle (2017)[139] hat der Gesetzgeber den Anwendungsbereich auf Vorschriften des 1. Teils des GWB beschränkt. Hiermit wollte er klarstellen, dass § 87 S. 1 GWB Streitigkeiten über materielle Verbote erfassen soll.[140] Wie bereits erörtert,[141] erfasst § 87 S. 1 GWB in erster Linie solche Leistungsklagen, deren Klagebegehren auf die *offensive* Durchsetzung kartellrechtlicher Verbote und Sanktionen abzielt. Bei Klagen aus Kartellvereinbarungen und -beschlüssen ist aber vielmehr das Gegenteil der Fall. Die Klägerin geht davon aus, dass keine Verstöße gegen das GWB sowie anderweitige Rechtsnormen ihrem Anspruch entgegenstehen. Die Vereinbarkeit mit dem GWB stellt eine „unausgesprochene Voraussetzung"[142] dar. Auch bei Klagen aus freigestellten Verträgen möchte die Klägerin keine kartellrechtlichen Verbote durchsetzen, sondern die aus der Freistellung resultierenden Vorteile nutzen.[143] Die *offensive Kartellrechtsdurchsetzung* bildet bei Klagen aus Kartellvereinbarungen und -beschlüssen gerade keinen „integrale[n] Bestandteil der Klagebegründung"[144]. Vor diesem Hintergrund erschließt sich die Feststellung von *Schmidt*, dass es sich bei der Streichung der Fallgruppe aus dem Tatbestand

---

[135] BGBl. I, S. 2114; zuvor lautete § 87 Abs. 1 S. 1 GWB a. F.: „Für bürgerliche Rechtsstreitigkeiten, die sich aus diesem Gesetz oder aus Kartellvereinbarungen und aus Kartellbeschlüssen ergeben, sind ohne Rücksicht auf den Wert des Streitgegenstandes die Landgerichte ausschließlich zuständig."
[136] Wie bereit erläutert, hat der Gesetzgeber den Wortlaut später auf den 1. Teil des GWB begrenzt; hierzu bereits oben unter Kapitel 5: § 19 B. II. 1. a) (S. 61 ff.) sowie im Folgenden.
[137] BT-Drs. 15/3640, S. 68.
[138] BT-Drs. 15/3640, S. 68.
[139] BGBl. I, S. 1416 (1429); BT-Drs. 18/10207, S. 99; hierzu bereits oben Kapitel 5: § 19 B. II. 1. a) (S. 61 ff.).
[140] Vgl. BT-Drs. 18/10207, S. 99; hierzu bereits oben unter Kapitel 5: § 19 B. II. 1. a) (S. 61 ff.).
[141] Siehe oben Kapitel 5: § 19 B. II. 2. a) aa) (2) (S. 66).
[142] *Voß*, in: Busche/Röhling, Kölner Kommentar, § 87 GWB Rn. 17.
[143] *Schmidt*, in: Immenga/Mestmäcker, Wettbewerbsrecht II, § 87 GWB Rn. 14; a. A. *Bechtold/Bosch*, in: Bechtold/Bosch, § 87 GWB Rn. 5; *Dicks*, in: LMRKM, § 87 GWB Rn. 16; wohl mit Zweifeln („dürfte [...] vorzugswürdig sein") *Pohlmann/Schäfers*, in: Fuchs/Weitbrecht, Handbuch Private Kartellrechtsdurchsetzung, § 12 Rn. 51.
[144] So aber *Bechtold/Bosch*, in: Bechtold/Bosch, § 87 GWB Rn. 5; zustimmend *Keßler*, in: MüKo Wettbewerbsrecht II, § 87 GWB Rn. 20.

von § 87 GWB um die Verabschiedung des Gesetzgebers von einem „Relikt überholten Kartell-Innenrechts"[145] handelt. Im Fokus des modernen *private enforcement* stehen nicht mehr die Innenverhältnisse eines Kartells, sondern seine schädlichen Folgen im Außenverhältnis.[146] Mit anderen Worten: Private sollen nicht primär der Durchsetzung von Kartellzwang ausgesetzt sein, sondern sich in erster Linie offensiv gegen Kartellverstöße wehren können.[147] Zwar vertrat auch *Schmidt* unter der früheren Rechtslage ein weites Verständnis der Klagen aus Kartellverträgen und -beschlüssen im Sinne des § 87 Abs. 1 S. 1 GWB a. F.[148] Jedoch hatte diese Auslegung zum Ziel, die Nachteile des Aussetzungszwangs möglichst gering zu halten.[149] Das Verhältnis von Haupt- und Vorfrage ließ sich bis zur Abschaffung des Aussetzungszwang wie folgt zusammenfassen: Eine weite Auslegung von § 87 Abs. 1 S. 1 GWB a. F. führte zur seltenen, eine enge hingegen zur häufigen Anwendung des Aussetzungszwangs.[150] Dieses rechtsfolgenorientierte – und daher rechtsmethodisch ohnehin fragwürdige – Argument kann *de lege lata* infolge der Rechtsfolgenangleichung[151] nicht mehr herangezogen werden.

Allein der Umstand, dass ein kartellrechtlicher Einwand der Beklagten möglich ist, ändert an dieser Einordnung nichts.[152] Anknüpfungspunkt für die Beurteilung der gerichtlichen Zuständigkeit und somit auch der kartellrechtlichen Hauptfrage ist allein das Klagebegehren.[153] Ansonsten müsste die Klägerin bereits vor Klageerhebung potentielle kartellrechtliche Einwendungen der Beklagten einkalkulieren, um eine Verweisung und die hiermit verbundenen Kosten zu vermeiden.[154] Es ist sogar der Fall vorstellbar, dass die Beklagte erst infolge der Anrufung eines Kartellgerichts durch die Klägerin eine kartellrechtliche

---

[145] *Schmidt*, in: Immenga/Mestmäcker, Wettbewerbsrecht II, § 87 GWB Rn. 14 m. w. N.
[146] *Schmidt*, in: Immenga/Mestmäcker, Wettbewerbsrecht II, § 87 GWB Rn. 14; *Voß*, in: Busche/Röhling, Kölner Kommentar, § 87 GWB Rn. 18: „Vollendung eines Prozesses der Selbstbesinnung des Kartell-Zivilprozessrechts auf den Enforcement-Gedanken".
[147] Hierfür spricht auch die unmittelbare Nichtigkeitsfolge bei Kartellverstößen; vgl. auch *Keßler*, in: MüKo Wettbewerbsrecht II, § 87 GWB Rn. 20; *Pohlmann/Schäfers*, in: Fuchs/Weitbrecht, Handbuch Private Kartellrechtsdurchsetzung, § 12 Rn. 51.
[148] *Schmidt*, in: Immenga/Mestmäcker², § 96 GWB Rn. 17; vgl. auch *Schmidt*, JZ 1976, 304.
[149] Hierzu ausführlich *Claßen*, Ausschließliche Zuständigkeit der Kartellgerichte, S. 10 ff. und 74; *Völp*, WuW 1959, 397 (398); siehe ausführlich zu den Nachteilen des Aussetzungszwangs bereits oben Kapitel 4: § 16 (S. 43 ff.).
[150] *Claßen*, Ausschließliche Zuständigkeit der Kartellgerichte, S. 11.
[151] Zur Angleichung der Rechtsfolgen bereits oben Kapitel 5: § 19 A. II. (S. 55 ff.).
[152] Vgl. *Voß*, in: Busche/Röhling, Kölner Kommentar, § 87 GWB Rn. 17; zweifelnd hingegen *Bechtold/Bosch*, in: Bechtold/Bosch, § 87 GWB Rn. 5; zur Heranziehung des Beklagtenvortrags unten Kapitel 5: § 21 C. II. 1. (S. 175 ff.).
[153] Statt vieler *Roth*, in: Stein/Jonas ZPO I, § 1 ZPO Rn. 17; zur Ausnahme bei kartellrechtlichen Vorfragen siehe im Hinblick auf den Tatbestand Kapitel 5: § 19 C. III. 2. a) (S. 86 ff.) sowie zu prozessualen Fragen Kapitel 5: § 21 C. II. 1. (S. 175 ff.).
[154] Ähnliche prozessuale Überlegungen bereits zum Aussetzungszwang bei *Völp*, WuW 1959, 397 (403); zur Verteilung der Verweisungskosten unten Kapitel 5: § 21 D. (S. 186 ff.).

Einwendung in Erwägung zieht. Dieses unsachgemäße Ergebnis scheinen auch *Bechtold/Bosch* erkannt zu haben, die bezweifeln, „ob eine Rechtsstreitigkeit die kartellrechtlichen Vorschriften auch ‚betrifft', wenn zwar ein Einwand aus Kartellrecht möglich ist, dieser aber nach Auffassung des Klägers unbegründet ist."[155] In diesen Fällen ist es sachgemäßer, eine kartellrechtliche Vorfrage nach § 87 S. 2 GWB anzunehmen.[156] Anderes folgt auch nicht daraus, dass es nach der aktuellen Fassung von § 87 S. 1 GWB genügt, dass die bürgerlichen Rechtsstreitigkeiten die Anwendung der dort genannten Vorschriften betreffen.[157] Der Sinngehalt der Formulierung „Anwendung betreffen" ist nicht weiter als jener der bis zur 7. GWB-Novelle (2005) geltenden Formulierung „ergeben".[158] Für die Einordung ist ebenfalls nicht von Bedeutung, dass Klagen, die „auf [...] organisatorische Durchsetzung des ‚Kartellzwangs'"[159] gerichtet sind, in der Praxis allenfalls eine untergeordnete Rolle spielen.[160] Auch der Umstand, dass im Zweifel § 87 S. 2 GWB eingreift, kann nicht herangezogen werden.[161] Denn im Gegensatz zu § 87 S. 1 GWB enthält § 87 S. 2 GWB die tatbestandliche Voraussetzung der Entscheidungserheblichkeit.[162] Sofern man Klagen aus Kartellvereinbarungen und -beschlüssen als kartellrechtliche Hauptfragen einordnet, müssten die Kartellgerichte – über die Fälle der *offensiven Kartellrechtsdurchsetzung* hinaus – über Ansprüche aus Liefer-, Franchise-, Vertragshändler- sowie Handelsvertreterprozessen entscheiden.[163] Um den Sinn und Zweck des § 87 S. 1 GWB nicht infolge einer Überlastung mit im Kern nicht-kartellrechtlichen Streitigkeiten zu konterkarieren, ist es geboten, die Prüfung der Entscheidungserheblichkeit bei Klagen aus Kartellvereinbarungen zwingend zu fordern. Dies gilt umso mehr im Hinblick auf Verträge, die nach Art. 101 Abs. 3 AEUV beziehungsweise § 2 GWB freigestellt sind. Ansprüche aus freigestellten Verträgen können extrem vielfältig sein und weisen in aller Regel keinen kartellrechtlichen Bezug auf.[164] Richtet sich das Klagebegehren hingegen *a priori* auf die Feststellung der kartellrechtlichen (Un-)Wirksamkeit einer Vereinbarung, so handelt es sich um eine Kartell-Feststellungsklage und somit um

---

[155] *Bechtold/Bosch*, in: Bechtold/Bosch, § 87 GWB Rn. 5.
[156] Ausführlich zur kartellrechtlichen Vorfrage unten Kapitel 5: § 19 C. III. (S. 82 ff.).
[157] *Rombach*, in: BeckOK KartellR, § 87 GWB Rn. 16.1.
[158] *Rombach*, in: BeckOK KartellR, § 87 GWB Rn. 16.1.
[159] *Keßler*, in: MüKo Wettbewerbsrecht II, § 87 GWB Rn. 20.
[160] *Pohlmann/Schäfers*, in: Fuchs/Weitbrecht, Handbuch Private Kartellrechtsdurchsetzung, § 12 Rn. 51.
[161] A. A. *Bechtold/Bosch*, in: Bechtold/Bosch, § 87 GWB Rn. 5; zu der vermeintlichen Aufgabe der Unterscheidung zwischen Haupt- und Vorfrage bereits oben Kapitel 5: § 19 A. II. (S. 55 ff.).
[162] Zur Entscheidungserheblichkeit unten Kapitel 5: § 19 C. IV. (S. 96 ff.).
[163] *Schmidt*, in: Immenga/Mestmäcker, Wettbewerbsrecht II, § 87 GWB Rn. 20; *Voß*, in: Busche/Röhling, Kölner Kommentar, § 87 GWB Rn. 17.
[164] Mit Beispielen *Voß*, in: Busche/Röhling, Kölner Kommentar, § 87 GWB Rn. 17.

§ 19 Tatbestand des § 87 GWB

einen Fall von § 87 S. 1 GWB.[165] Handelt es sich hingegen um Klagen aus (freigestellten) Kartellvereinbarungen und -beschlüssen, unterfallen diese nicht § 87 S. 1 GWB. Dogmatisch sind diese Fälle § 87 S. 2 GWB zuzuordnen.[166]

(4) Dingliche und deliktische Ansprüche

In der Praxis sind keine Fälle vorstellbar, in denen von Kartellverstößen Betroffene ihre Klage einzig auf dingliche oder deliktische Ansprüche stützen. Es ist vielmehr davon auszugehen, dass dingliche oder deliktische Ansprüche ergänzend neben kartellrechtlichen Ansprüchen geltend gemacht werden, sodass ein Fall der Anspruchskonkurrenz und daher ein Fall des § 87 S. 1 GWB vorliegt.[167] Für einen Rückgriff auf § 823 Abs. 2 BGB beziehungsweise § 1004 BGB in Verbindung mit kartellrechtlichen Vorschriften besteht regelmäßig schon aus Gründen der Spezialität kein Raum.[168] Ein Anspruch aus § 823 Abs. 1 BGB könnte unter dem Gesichtspunkt eines Eingriffs in das Recht am eingerichteten und ausgeübten Gewerbebetrieb in Betracht kommen. Allerdings hat ein solcher Anspruch nach allgemeiner Ansicht die Funktion eines Auffangtatbestands und greift nur subsidiär ein.[169] Bei Hinzutreten von Umständen, die den Tatbestand einer sittenwidrigen Schädigung erfüllen, kann jedoch neben §§ 33 ff. GWB ein Anspruch aus § 826 BGB treten.[170]

(5) Bereicherungsrechtliche Ansprüche

Neben kartellrechtlichen können auch bereicherungsrechtliche Ansprüche nach §§ 812 ff. BGB in Betracht kommen. Die Klägerin kann einen Anspruch aus § 812 Abs. 1 S. 1 Var. 1 BGB darauf stützen, dass der rechtliche Grund infolge von Nichtigkeit wegen Kartellverbotsverletzung entfallen ist, etwa ein kartellrechtswidriger Vertrag. Zwar ergibt sich die unmittelbare Anspruchsgrundlage – ähnlich wie bei den Fällen der Gesamtschuld (§ 421 BGB)[171] sowie bei

---

[165] So auch *Pohlmann/Schäfers*, in: Fuchs/Weitbrecht, Handbuch Private Kartellrechtsdurchsetzung, § 12 Rn. 51; ausführlich zu Kartell-Feststellungsklagen unten Kapitel 5: § 19 B. II. 2. b) (S. 77 f.).
[166] *Schmidt*, in: Immenga/Mestmäcker, Wettbewerbsrecht II, § 87 GWB Rn. 20; zustimmend *Rombach*, in: BeckOK KartellR, § 87 GWB Rn. 26; *Voß*, in: Busche/Röhling, Kölner Kommentar, § 87 GWB Rn. 18.
[167] Zur Anspruchskonkurrenz oben Kapitel 5: § 19 B. II. 2. a) bb) (1) (S. 69 f.).
[168] *Bechtold/Bosch*, in: Bechtold/Bosch, § 87 GWB Rn. 43; *Holzmüller*, in: Fuchs/Weitbrecht, Handbuch Private Kartellrechtsdurchsetzung, § 9 Rn. 53.
[169] BGH, Urt. v. 20.11.1964 – KZR 3/64, in: GRUR 1965, 267 (269); *Ohlhoff*, in: Kamann/Ohlhoff/Völcker, Kartellverfahren und Kartellprozess, § 26 Rn. 48; siehe auch umfassend *Wagner*, in: MüKo BGB, § 826 BGB Rn. 361 ff.
[170] BGH, Urt. v. 2.4.1964 – KZR 10/62, in: NJW 1964, 1617 (1619); *Ohlhoff*, in: Kamann/Ohlhoff/Völcker, Kartellverfahren und Kartellprozess, § 26 Rn. 49; *Wagner*, in: MüKo BGB, § 826 BGB Rn. 214 ff.; vgl. auch *Eden*, WuW 2014, 792 (801).
[171] Siehe oben Kapitel 5: § 19 B. II. 2. a) aa) (3) (S. 67 ff.).

Nichtigkeitsfolgen (§ 134 BGB)[172] – aus allgemeinen Vorschriften des bürgerlichen Rechts. Der bereicherungsrechtliche Anspruch beruht aber ursprünglich auf der kartellrechtlichen Unwirksamkeit des Rechtgrunds, sodass kartellrechtliche Vorschriften den integralen Bestandteil des Klagebegehrens darstellen. Die Klägerin zielt auf die Durchsetzung kartellrechtlicher Verbote ab, sodass die Geltendmachung eines solchen bereicherungsrechtlichen Anspruchs der *offensiven privaten Kartellrechtsdurchsetzung* zuzuordnen ist. In diesen Fällen liegt daher eine kartellrechtliche Hauptfrage im Sinne des § 87 S. 1 GWB vor.[173] Eine dogmatische Anknüpfung an § 87 S. 2 GWB überzeugt in diesen Fällen nicht. Insbesondere die zwingende Prüfung der Entscheidungserheblichkeit erscheint nicht erforderlich, da der Anspruch im Kern auf kartellrechtliche Bestimmungen gestützt wird. Dies gilt auch, wenn anderweitige Nichtigkeitsgründe für den Vertrag oder sonstigen Rechtsgrund in Betracht kommen. Es ist nicht anzunehmen, dass eine Klägerin sich durch die Geltendmachung bereicherungsrechtlicher Ansprüche die Zuständigkeit der Kartellgerichte erschleichen möchte. Sofern – wie in der Praxis wohl zumeist der Fall – bereicherungsrechtliche Ansprüche neben auf kartellrechtliche Vorschriften gestützten Forderungen geltend gemacht werden, liegt ohnehin Anspruchskonkurrenz vor.[174]

Nicht als Fall des § 87 S. 2 GWB einzuordnen sind allerdings bereicherungsrechtliche Ansprüche infolge einer arglistigen Täuschung über einen Kartellverstoß gemäß § 123 BGB. Denkbar ist etwa der – wenn auch eher konstruierte – Fall, dass eine Lieferantin der Abnehmerin bei Vertragsschluss wahrheitswidrig zusichert, der Vertragsgegenstand unterliege keiner Kartellabsprache.[175] Eine Anfechtung wegen arglistiger Täuschung bietet sich insbesondere bei sog. Folgeverträgen an.[176] Hierbei handelt es sich um Verträge, die von Kartellantinnen mit unbeteiligten Dritten in Ausführung der Kartellabsprache geschlossen

---

[172] Siehe sogleich Kapitel 5: § 19 B. II. 2. b) (S. 77 f.).
[173] *Pohlmann/Schäfers*, in: Fuchs/Weitbrecht, Handbuch Private Kartellrechtsdurchsetzung, § 12 Rn. 48; *Schmidt*, in: Immenga/Mestmäcker, Wettbewerbsrecht II, § 87 GWB Rn. 16; a. A. OLG Oldenburg, Beschl. v. 14.7.1999 – 4 U 70/98, in: WuW 1999, 1223.
[174] Vgl. etwa LG Mannheim, Urt. v. 8.10.2010 – 7 O 20/10 Kart, in: WuW/E DE-R, 3269 (3271).
[175] Vgl. *Westermann*, in: Fuchs/Weitbrecht, Handbuch Private Kartellrechtsdurchsetzung, § 11 Rn. 78 ff.; vgl. zur – im Ergebnis abgelehnten – arglistigen Täuschung durch Verschweigen einer wettbewerbsbeschränkenden Absprache OLG Düsseldorf, Urt. v. 29.10.2010 – I-22 U 135/08, juris, Rn. 62 ff.; siehe zu dieser Entscheidung auch *Dück/Schultes*, NZKart 2013, 228; *Mayer*, WuW 2010, 29.
[176] So auch in einem *obiter dictum* BGH, Beschl. v. 28.1.2010 – VII ZR 50/09, in: BauR 2010, 817 (818 f.); siehe zur vorinstanzlichen Entscheidung OLG Düsseldorf, Urt. v. 29.10.2010 – I-22 U 135/08, juris, Rn. 39 ff.; zur Anwendbarkeit der Anfechtungsvorschriften im Kontext kartellrechtlicher Vereinbarungen *Westermann*, in: Fuchs/Weitbrecht, Handbuch Private Kartellrechtsdurchsetzung, § 11 Rn. 77; *Dück/Schultes*, NZKart 2013, 228 (229); *Mayer*, WuW 2010, 29 (30); *Palzer/Preisendanz*, EWS 2010, 215 (219 ff.).

werden, etwa Lieferverträge zu überhöhten Preisen.[177] Im Gegensatz zu sog. Ausführungsverträgen sind Folgeverträge nach allgemeiner Auffassung nicht bereits von der kartellrechtlichen Nichtigkeitsfolge erfasst.[178] Für eine Zuständigkeit nach § 87 S. 1 GWB ist ausschlaggebend, ob die Klägerin das Fehlen des Rechtsgrunds zumindest auch auf Kartellrecht stützt. Hier bezieht sich die Klägerin allerdings auf den vorgelagerten Tatbestand der arglistigen Täuschung und die Nichtigkeitsfolge der Anfechtung nach §§ 142 Abs. 1, 123 BGB. Es käme allenfalls eine Zuständigkeit der Kartellgerichte aus § 87 S. 2 GWB in Betracht, wenn die Beklagte einwendet, es habe keine Kartellabsprache bestanden.[179]

b) Kartell-Feststellungsklagen

Die Anwendung der in § 87 S. 1 GWB genannten Vorschriften ist auch betroffen, wenn die (Un-)Vereinbarkeit im Hinblick auf einen Vertrag oder eine Maßnahme festzustellen ist (sog. Kartell-Feststellungsklagen).[180] Die Feststellungsklage im Sinne des § 256 ZPO unterscheidet sich von der Leistungsklage dadurch, dass die Klägerin nicht die Befriedigung eines von ihr behaupteten Anspruchs erstrebt, sondern (nur) die Klärung der Rechtslage.[181] Bei Kartell-Feststellungsklagen richtet sich das Klagebegehren auf die Prüfung der Kartellrechtswidrigkeit, sodass es sich um eine Variante der *offensiven Kartellrechtsdurchsetzung* handelt. Hiergegen spricht auch nicht, dass sich im Falle von § 1 GWB die Unwirksamkeit erst in Verbindung mit § 134 BGB ergibt.[182] Denn aus Art. 101 Abs. 2 AEUV folgt die Nichtigkeit unmittelbar. Eine unterschiedliche Bewertung der kartellgerichtlichen Zuständigkeit, je nachdem welche kartellrechtliche Vorschrift Anwendung findet, ist fernliegend und nicht sachgemäß.[183] Dies gilt umso mehr, als EU-Vorschriften neben den nationalen Vorschriften gelten.[184] Hinzu kommt, dass der Gesetzgeber bei der Schaffung des GWB be-

---

[177] *Westermann*, in: Fuchs/Weitbrecht, Handbuch Private Kartellrechtsdurchsetzung, § 11 Rn. 30.
[178] *Westermann*, in: Fuchs/Weitbrecht, Handbuch Private Kartellrechtsdurchsetzung, § 11 Rn. 30 m. w. N.
[179] Siehe zu kartellrechtlichen Einwendungen unten Kapitel 5: § 19 C. III. 2. a) (S. 86 ff.).
[180] *Bornkamm/Tolkmitt*, in: Bunte, Kartellrecht I, § 87 GWB Rn. 16; *Dicks*, in: LMRKM, § 87 GWB Rn. 15; *Keßler*, in: MüKo Wettbewerbsrecht II, § 87 GWB Rn. 19; *Meyer-Lindemann*, in: FK-KartellR, § 87 GWB Rn. 41; *Ollerdißen*, in: Wiedemann, Handbuch des Kartellrechts, § 59 Rn. 33; *Rombach*, in: BeckOK KartellR, § 87 GWB Rn. 14; *Schmidt*, in: Immenga/Mestmäcker, Wettbewerbsrecht II, § 87 GWB Rn. 18 f.; *Voß*, in: Busche/Röhling, Kölner Kommentar, § 87 GWB Rn. 20.
[181] *Pohlmann*, ZPR, Rn. 144.
[182] Eine Nichtigkeitsfolge kann sich daneben auch aus § 125 BGB oder § 139 BGB ergeben, *Rombach*, in: BeckOK KartellR, § 87 GWB Rn. 14.
[183] Vgl. *Rombach*, in: BeckOK KartellR, § 87 GWB Rn. 14.
[184] Vgl. § 22 GWB; siehe auch *Lettl*, Kartellrecht, § 7 Rn. 1 f.

reits Feststellungsklagen als Anwendungsfall der kartellrechtlichen Hauptfrage im Blick hatte.[185]

Von praktischer Bedeutung ist die Kartell-Feststellungsklage vor allem im Hinblick auf den kartellrechtlichen Kontrahierungszwang. Bei der prozessualen Geltendmachung von Leistungsansprüchen auf Belieferung oder Zugang zu wesentlichen Einrichtungen ergeben sich regelmäßig Probleme wegen des hinreichend bestimmten Klageantrags im Sinne des § 253 Abs. 2 Nr. 2 ZPO.[186] An die Bestimmtheit des Feststellungantrages stellt die Rechtsprechung aber mangels Vollstreckbarkeit weitaus geringere Anforderungen.[187] Daher bietet es sich regelmäßig an, Klage auf Feststellung des Bestehens einer Liefer- oder Bezugsverpflichtung zu üblichen Bedingungen zu erheben.[188] Eine typische Kartell-Feststellungsklage liegt zudem vor, wenn die Klägerin die Feststellung der Schadenersatzpflicht der Beklagten begehrt.[189] Denkbar ist auch, dass ein Unternehmen die kartellrechtliche Zulässigkeit seines Verhaltens feststellen lassen möchte, nachdem es von einer Konkurrentin abgemahnt wurde.[190] Ferner ist eine Klage auf Feststellung der Unwirksamkeit einer Schiedsvereinbarung vorstellbar, die bis zur Einsetzung des Schiedsgerichts nach § 1032 Abs. 2 ZPO erhoben werden kann.[191] Kein Fall von § 87 S. 1 GWB liegt hingegen vor, wenn die Parteien im Rahmen einer Feststellungsklage über das Bestehen von Ansprüchen aus einem Vertrag streiten und die Beklagte eine kartellrechtliche Einwendung erhebt.[192] Hier kommt allenfalls eine kartellrechtliche Vorfrage im Sinne des § 87 S. 2 GWB in Betracht.[193]

---

[185] Im Entwurf noch als § 63: „Die Zuständigkeit der Landgerichte umfasst alle Rechtsstreitigkeiten aus Kartellverträgen und Kartellbeschlüssen, also sowohl Klagen auf Leistung wie Klagen auf Feststellung", BT-Drs. 2/1158, S. 63.

[186] *Holzmüller*, in: Fuchs/Weitbrecht, Handbuch Private Kartellrechtsdurchsetzung, § 10 Rn. 19; *Lettl*, Kartellrecht, § 11 Rn. 100.

[187] *Holzmüller*, in: Fuchs/Weitbrecht, Handbuch Private Kartellrechtsdurchsetzung, § 10 Rn. 19 und 57.

[188] *Lettl*, Kartellrecht, § 11 Rn. 100.

[189] Jeweils wegen mangelnder Kartellbetroffenheit abgelehnt, LG Nürnberg-Fürth, Urt. v. 16.8.2018 – 19 O 9571/14, in: NZKart 2018, 492 (493); LG Nürnberg-Fürth, Urt. v. 17.5.2018 – 19 O 9546/16, in: NZKart 2018, 546; vgl. auch *Ollerdißen*, in: Wiedemann, Handbuch des Kartellrechts, § 61 Rn. 5; ausführlich zur Bestimmung des Streitgegenstands bei der Kartell-Feststellungsklage *Pohlmann*, NZKart 2020, 55.

[190] *Schmidt*, in: Immenga/Mestmäcker, Wettbewerbsrecht II, § 87 GWB Rn. 18.

[191] *Ollerdißen*, in: Wiedemann, Handbuch des Kartellrechts, § 61 Rn. 5; zur Zuständigkeitskonkurrenz zwischen § 87 GWB und § 1062 Abs. 1 Nr. 2 ZPO unten Kapitel 5: § 20 D. III. (S. 126 ff.).

[192] *Ollerdißen*, in: Wiedemann, Handbuch des Kartellrechts, § 59 Rn. 33.

[193] Ausführlich zu kartellrechtlichen Einwendungen unten Kapitel 5: § 19 C. III. 2. a) (S. 86 ff.).

c) Kartell-Gestaltungsklagen

Nachdem § 87 S. 1 GWB sowohl Kartell-Leistungsklagen als auch Kartell-Feststellungsklagen erfasst, besteht kein sachlicher Grund, Kartell-Gestaltungsklagen auszuschließen. Voraussetzung ist, dass der Gestaltungsgrund aus den in § 87 S. 1 GWB genannten Normen folgt.[194] Zu denken ist etwa an einen Gesellschafterbeschluss, der wegen Verstoßes gegen kartellrechtliche Verbotsnormen von einem Gericht für unwirksam erklärt wird.[195] In Betracht kommt ebenso die Aufhebung eines Schiedsspruchs nach § 1059 Abs. 2 Nr. 2 lit. b ZPO, wenn dieser kartellrechtliche Vorschriften verletzt und infolgedessen gegen den *ordre public* verstößt.[196]

d) Ergebnis

Die Anwendung der in § 87 S. 1 GWB genannten Vorschriften ist betroffen, wenn das Klagebegehren auf die Durchsetzung kartellrechtlicher Verbote und Sanktionen abzielt. Infolgedessen kann festgehalten werden, dass kartellrechtliche Hauptfragen im Sinne des § 87 S. 1 GWB stets Fälle *offensiver privater Kartellrechtsdurchsetzung* sind. Hierbei spielt es keine Rolle, ob es sich um eine Leistungs-, Feststellungs- oder Gestaltungsklage handelt. Entscheidend ist allein, dass kartellrechtliche Vorschriften einen integralen Bestandteil des Klagebegehrens – bildlich dessen „Wurzel"[197] oder „Kern"[198] – darstellen. Ob ein solcher Fall vorliegt, kann anhand folgender Testfragen überprüft werden: Kommt es der Klägerin (zumindest auch) auf die Durchsetzung kartellrechtlicher Verbote und Sanktionen an? Geht die Klägerin davon aus, dass der der Klage zugrundeliegende Vertrag beziehungsweise die Maßnahme gegen kartellrechtliche Vorschriften verstößt? Sofern diese Fragen bejaht werden können, liegt eine kartellrechtliche Hauptfrage im Sinne des § 87 S. 1 GWB vor. Sind die Fragen hingegen zu verneinen, kann sich die Zuständigkeit der Kartellgerichte noch aus § 87 S. 2 GWB ergeben.

---

[194] *Pohlmann/Schäfers*, in: Fuchs/Weitbrecht, Handbuch Private Kartellrechtsdurchsetzung, § 12 Rn. 50; *Schmidt*, in: Immenga/Mestmäcker, Wettbewerbsrecht II, § 87 GWB Rn. 17; wohl auch *Dicks*, in: LMRKM, § 87 GWB Rn. 15.

[195] Zum Beispiel OLG München, Beschl. v. 23.3.2011 – 7 U 393/11, in: WuW/E DE-R, 3301 (3302); siehe ferner *Dicks*, in: LMRKM, § 87 GWB Rn. 17; *Meyer-Lindemann*, in: FK-KartellR, § 87 GWB Rn. 43; *Pohlmann/Schäfers*, in: Fuchs/Weitbrecht, Handbuch Private Kartellrechtsdurchsetzung, § 12 Rn. 50; *Schmidt*, in: Immenga/Mestmäcker, Wettbewerbsrecht II, § 87 GWB Rn. 17 m. w. N.

[196] *Ollerdißen*, in: Wiedemann, Handbuch des Kartellrechts, § 61 Rn. 13; zur Konkurrenz mit der Zuständigkeit der Oberlandesgerichte nach § 1062 ZPO siehe unten Kapitel 5: § 20 D. III. (S. 126 ff.).

[197] *Claßen*, Ausschließliche Zuständigkeit der Kartellgerichte, S. 75; vgl. auch Brandenburgisches OLG, Urt. v. 13.8.2019 – 6 U 102/19, in: WuW 2019, 645 (647): „im Kartellrecht wurzelndes Klagebegehren".

[198] *Keßler*, in: MüKo Wettbewerbsrecht II, § 87 GWB Rn. 13.

C. Tatbestand des § 87 S. 2 GWB

Im nächsten Abschnitt untersucht die Arbeit den Tatbestand des § 87 S. 2 GWB. Dieser lässt sich in folgende Voraussetzungen aufteilen: Rechtsstreit (I.), Entscheidung (II.), kartellrechtliche Vorfrage (III.) und Entscheidungserheblichkeit (IV.).

I. (Bürgerlicher) Rechtsstreit

Anders als § 87 S. 1 GWB setzt der Wortlaut von § 87 S. 2 GWB keine bürgerliche Rechtsstreitigkeit voraus, sondern einen Rechtsstreit. Unter den Begriff „Rechtsstreit" können neben bürgerlichen auch dem öffentlichen Recht zuzuordnende verwaltungs-, finanz- und sozialrechtliche sowie arbeitsrechtliche Streitigkeiten subsumiert werden.[199] Danach müssten die Kartellgerichte bei Vorliegen der Tatbestandsvoraussetzungen von § 87 S. 2 GWB auch über Streitigkeiten aus diesen Rechtswegen entscheiden.[200] Die herrschende Auffassung lehnt eine solche Auslegung des Begriffs „Rechtsstreit" ab.[201] Sie nimmt an, dass § 87 S. 2 GWB im Gleichlauf mit § 87 S. 1 GWB nur bürgerliche Rechtsstreitigkeiten erfasst. Gemeint sind – wie bereits erläutert[202] – Zivilsachen im Sinne des § 13 GVG. Für eine solche restriktive Auslegung des Begriffs „Rechtsstreit" spricht zunächst die systematische Stellung des § 87 S. 2 GWB im Abschnitt „Bürgerliche Rechtsstreitigkeiten".[203] Die Regelung des § 96 Abs. 2 GWB a. F. befand sich hingegen im Abschnitt zu den gemeinsamen Vorschriften. Zudem beziehen sich die Vorschriften in §§ 93 f. GWB ausdrücklich auf bürgerliche Rechtsstreitigkeiten nach § 87 GWB. Darüber hinaus existieren für Verwaltungs- und Bußgeldsachen bereits Sondervorschriften, die die Zuständigkeit der ordentlichen Gerichtsbarkeit regeln.[204] Der im Vergleich zu § 87 S. 1 GWB weitere Tatbestand lässt sich darauf zurückführen, dass der Gesetzgeber § 96 Abs. 2 GWB a. F. nahezu gleichlautend in § 87 S. 2 GWB übertrug. Der Aussetzungszwang galt rechtswegübergreifend,[205] sodass § 96 Abs. 2 GWB a. F. verständlicherweise die weite Formulierung „Rechtsstreit" beinhaltete. Dem Aussetzungsver-

---

[199] *Pohlmann/Schäfers*, in: Fuchs/Weitbrecht, Handbuch Private Kartellrechtsdurchsetzung, § 12 Rn. 8.
[200] *Pohlmann/Schäfers*, in: Fuchs/Weitbrecht, Handbuch Private Kartellrechtsdurchsetzung, § 12 Rn. 8; so wohl noch heute *Meyer-Lindemann*, in: FK-KartellR, § 87 GWB Rn. 49.
[201] BAG, Urt. v. 29.6.2017 – 8 AZR 189/15, in: NJW 2018, 184 (185); *Bornkamm/Tolkmitt*, in: Bunte, Kartellrecht I, Vorb. zu §§ 87 ff. Rn. 1; *Keßler*, in: MüKo Wettbewerbsrecht II, § 87 GWB Rn. 5; *Rombach*, in: BeckOK KartellR, § 87 GWB Rn. 28; *Schmidt*, in: Immenga/Mestmäcker, Wettbewerbsrecht II, § 87 GWB Rn. 23; *Voß*, in: Busche/Röhling, Kölner Kommentar, § 87 GWB Rn. 25; a. A. wohl *Meyer-Lindemann*, in: FK-KartellR, § 87 GWB Rn. 49.
[202] Hierzu bereits oben Kapitel 5: § 19 B. I. (S. 58 ff.).
[203] *Rombach*, in: BeckOK KartellR, § 87 GWB Rn. 28.1; siehe auch *Voß*, in: Busche/Röhling, Kölner Kommentar, § 87 GWB Rn. 25.
[204] Hierzu bereits oben Kapitel 2: § 5 B. (S. 9 ff.).
[205] Zum Aussetzungszwang in der gerichtlichen Praxis oben Kapitel 4: § 15 (S. 39 ff.).

fahren lag jedoch eine völlig andere Systematik zugrunde. Die kartellrechtliche Vorfrage begründete nicht originär den Rechtsweg zu den ordentlichen Gerichten, sondern hatte allein die Aussetzung des Verfahrens sowie die Möglichkeit zur „isolierten" Feststellungsklage zur Folge.[206] Im Rahmen der 6. GWB-Novelle (1998) hat der Gesetzgeber eine grundlegende Abkehr vom Aussetzungszwang hin zu einer Gesamtzuständigkeit vorgenommen. Bei einer weiten Auslegung des Begriffs „Rechtsstreit" müssten die Kartellgerichte aufgrund von kartellrechtlichen Vorfragen über genuin sozial-, verwaltungs- oder finanzrechtliche Streitigkeiten mitentscheiden.[207] Es ist nicht anzunehmen, dass der Gesetzgeber aufgrund einer kartellrechtlichen Vorfrage die Gesamtzuständigkeit der Kartellgerichte in rechtswegübergreifenden Streitigkeiten begründen wollte. Eine kartellrechtliche Vorfrage allein kann in einer nicht-privatrechtlichen Rechtsstreitigkeit keine Zivilgerichtszuständigkeit begründen.[208] Der Rechtsstreit muss in der Hauptsache bereits eine Zivilsache im Sinne des § 13 GVG darstellen. Mithin ist der herrschenden Meinung zuzustimmen, dass § 87 S. 2 GWB im Gleichlauf mit § 87 S. 1 GWB nur Zivilsachen im Sinne des § 13 GVG erfasst. Der Begriff „Rechtsstreit" ist entsprechend restriktiv auszulegen. Insofern beinhaltet § 87 S. 2 GWB nicht nur eine Rechtsfolgenverweisung auf § 87 S. 1 GWB, sondern auch eine partielle Rechtsgrundverweisung. Bei einer Reform der Vorschrift sollte – wie schon für § 87 S. 1 GWB vorgeschlagen[209] – aus Gründen der Rechtssicherheit der Begriff „Rechtsstreit" durch „Zivilsache" ersetzt werden. Das darüberhinausgehende umstrittene Verhältnis von § 13 GVG und § 87 S. 2 GWB auf Rechtsfolgenseite – insbesondere im Hinblick auf die Arbeitsgerichtsbarkeit – wird im weiteren Verlauf der Arbeit untersucht.[210]

II. Entscheidung

Die Vorschrift des § 87 S. 2 GWB setzt ferner voraus, dass die *Entscheidung* eines Rechtsstreits ganz oder teilweise von einer *Entscheidung*, die nach diesem Gesetz zu treffen ist, oder von der Anwendbarkeit der Art. 101 f. AEUV oder der Art. 53 f. EWR-Abkommen abhängt. Der Wortlaut enthält an zwei Stellen das Wort Entscheidung. Die zumindest stilistisch missglückte Formulierung ist – wie auch der weite Begriff „Rechtsstreit" – auf die Übernahme aus § 96 Abs. 2 GWB a. F. zurückzuführen.[211] Im Aussetzungsverfahren ergingen tatsächlich zwei Ent-

---

[206] Siehe zur gerichtlichen Aussetzungspraxis oben Kapitel 4: § 15 (S. 39 ff.).
[207] Vgl. *Schmidt*, in: Immenga/Mestmäcker, Wettbewerbsrecht II, § 87 GWB Rn. 23; insofern ist die Gesetzesbegründung missverständlich, „dass die Kartellgerichte auch für Vorfragen, für die § 96 Abs. 2 GWB a. F. bisher eine Aussetzungspflicht vorsah, ausschließlich zuständig sind.", BT-Drs. 13/9720, S. 68 f.
[208] *Schmidt*, in: Immenga/Mestmäcker, Wettbewerbsrecht II, § 87 GWB Rn. 6.
[209] Hierzu oben Kapitel 5: § 19 B. I. (S. 58 ff.).
[210] Siehe unten Kapitel 5: § 20 B. (S. 101 ff.).
[211] *Pohlmann/Schäfers*, in: Fuchs/Weitbrecht, Handbuch Private Kartellrechtsdurchsetzung, § 12 Rn. 54.

scheidungen, sodass die Formulierung nur „konsequent"[212] war. Im Hauptverfahren entschied das Nicht-Kartellgericht, während das Kartellgericht allein über die Vorfrage entschied. Die gegenwärtige Regelung des § 87 S. 2 GWB ordnet die Gesamtzuständigkeit des Kartellgerichts an. Es ergeht nur noch eine einheitliche Entscheidung über den gesamten Rechtsstreit.[213] Diese verfahrensrechtliche Entscheidung – also ein Urteil oder ein Beschluss – ist mit der erstgenannten „Entscheidung eines Rechtsstreits" in § 87 S. 2 GWB gemeint.[214] An der zweiten Stelle („Entscheidung, die nach diesem Gesetz zu treffen ist") bezieht sich der Begriff hingegen auf die „rechtliche Würdigung des Gerichts, ob der streitgegenständliche Lebenssachverhalt unter Vorschriften des GWB zu subsumieren ist."[215] Gemeint ist also keine gerichtliche Entscheidung im Sinne eines Urteils oder eines Beschlusses. Bei einer Reform der Vorschrift würde es sich anbieten, den Begriff an der zweiten Stelle durch die Formulierung „Beurteilung" oder sogar „kartellrechtliche Vorfrage" zu ersetzen. Bei einer vollständigen Umstrukturierung der Norm könnte der Begriff auch vollständig gestrichen werden.[216]

III. Kartellrechtliche Vorfrage

Zu klären ist nun, wann eine kartellrechtliche Vorfrage im Sinne des § 87 S. 2 GWB vorliegt.[217] Hierzu erfolgt zuerst eine Abgrenzung von der kartellrechtlichen Hauptfrage im Sinne des § 87 S. 1 GWB (1.). Sodann nimmt die Arbeit verschiedene Beispiele kartellrechtlicher Vorfragen in den Blick (2.). Anschließend wird untersucht, ob die Anwendung des § 87 S. 2 GWB durch eine *acte-clair*-Doktrin zu beschränken ist (3.).

1. Abgrenzung von der kartellrechtlichen Hauptfrage

Der Bestimmung des Begriffs der kartellrechtlichen Vorfrage nähert sich die Arbeit im Folgenden über eine Abgrenzung von der kartellrechtlichen Hauptfrage an.[218] Wenn bereits eine kartellrechtliche Hauptfrage nach § 87 S. 1 GWB vor-

---

[212] *Pohlmann/Schäfers*, in: Fuchs/Weitbrecht, Handbuch Private Kartellrechtsdurchsetzung, § 12 Rn. 54.
[213] *Pohlmann/Schäfers*, in: Fuchs/Weitbrecht, Handbuch Private Kartellrechtsdurchsetzung, § 12 Rn. 54.
[214] *Pohlmann/Schäfers*, in: Fuchs/Weitbrecht, Handbuch Private Kartellrechtsdurchsetzung, § 12 Rn. 54.
[215] *Pohlmann/Schäfers*, in: Fuchs/Weitbrecht, Handbuch Private Kartellrechtsdurchsetzung, § 12 Rn. 54.
[216] Zu Reformvorschlägen unten Kapitel 6: (S. 195 ff.).
[217] Der Begriff „kartellrechtliche Vorfrage" ist nicht im Gesetz enthalten. Er wird zur Umschreibung der Fälle des § 87 S. 2 GWB verwendet, vgl. *Pohlmann/Schäfers*, in: Fuchs/Weitbrecht, Handbuch Private Kartellrechtsdurchsetzung, § 12 Rn. 52. Zum Bedeutungsgehalt des Begriffs bereits oben Kapitel 5: § 19 A. I. (S. 53 ff.).
[218] Zur weiterhin bestehenden Bedeutung dieser Abgrenzung siehe bereits oben Kapitel 5: § 19 A. II. (S. 55 ff.).

liegt, kann es sich nicht zugleich um eine kartellrechtliche Vorfrage im Sinne des § 87 S. 2 GWB handeln.[219]

a) „Nach diesem Gesetz": Weiter als § 87 S. 1 GWB?

Während der Gesetzgeber – wie bereits erörtert[220] – § 87 S. 1 GWB auf Vorschriften des 1. Teils des GWB beschränkt hat, enthält § 87 S. 2 GWB die weite Formulierung „nach diesem Gesetz". Es stellt sich die Frage, weshalb der Gesetzgeber die Einschränkung nicht auch auf § 87 S. 2 GWB übertragen hat.[221] Die Regelung des § 87 S. 2 GWB bezweckt, dass alle kartellrechtlichen Fragen nur von Kartellgerichten entschieden werden.[222] Insofern kommt § 87 S. 2 GWB im Verhältnis zu § 87 S. 1 GWB eine Auffangfunktion zu, die einen weiteren Anwendungsbereich erfordert. Besonders anschaulich ist dies im Fall der Entscheidung des Bundesarbeitsgerichts zum *Schienenkartell* geworden. Das Bundesarbeitsgericht stützt die kartellrechtliche Vorfrage auf § 81 GWB.[223] Die Vorschrift befindet sich nicht im 1. Teil des GWB. Bei einer Begrenzung des § 87 S. 2 GWB auf den 1. Teil des GWB hätte das Bundesarbeitsgericht die Zuständigkeit der Kartellgerichte – ungeachtet der Frage nach dem Rechtsweg[224] – nicht ohne Weiteres annehmen dürfen. Eine einheitliche Beschränkung des § 87 GWB auf den 1. Teil des GWB ist daher nicht zweckgerecht.[225]

b) Analoge Anwendung des § 87 S. 2 GWB bei nicht genannten Vorschriften?

Wie bereits für § 87 S. 1 GWB festgestellt,[226] ist eine analoge Anwendung des § 87 S. 2 GWB auf Vorschriften des sektorspezifischen Sonderkartellrechts wie etwa des TKG oder EnWG mangels planwidriger Regelungslücke abzulehnen.[227] Sofern allerdings die Anwendbarkeit des GWB neben sektorspezifischen Sonderkartellvorschriften in Rede steht, handelt es sich um eine kartellrechtliche Vorfrage, die bei Entscheidungserheblichkeit die Zuständigkeit der

---

[219] *Keßler*, in: MüKo Wettbewerbsrecht II, § 87 GWB Rn. 21; *Schmidt*, in: Immenga/Mestmäcker, Wettbewerbsrecht II, § 87 GWB Rn. 26; *Pohlmann/Schäfers*, in: Fuchs/Weitbrecht, Handbuch Private Kartellrechtsdurchsetzung, § 12 Rn. 55; *Voß*, in: Busche/Röhling, Kölner Kommentar, § 87 GWB Rn. 27.
[220] Hierzu bereits oben Kapitel 5: § 19 B. II. 1. a) (S. 61 ff.).
[221] *Pohlmann/Schäfers*, in: Fuchs/Weitbrecht, Handbuch Private Kartellrechtsdurchsetzung, § 12 Rn. 45.
[222] Vgl. umfassend zum Sinn und Zweck oben Kapitel 2: § 7 (S. 19 ff.).
[223] BAG, Urt. v. 29.6.2017 – 8 AZR 189/15, in: NJW 2018, 184 (187); hierzu unten ausführlich Kapitel 5: § 19 C. III. 2. c) (S. 89 f.).
[224] Nach hier vertretener Ansicht enthält § 87 GWB keine Regelung des Rechtswegs, siehe unten Kapitel 5: § 20 B. V. (S. 116).
[225] A.A. *Pohlmann/Schäfers*, in: Fuchs/Weitbrecht, Handbuch Private Kartellrechtsdurchsetzung, § 12 Rn. 43.
[226] Siehe oben Kapitel 5: § 19 B. II. 1. c) (S. 63 f.).
[227] OLG Düsseldorf, Urt. v. 9.5.2018 – VI U (Kart) 1/18, in: NZKart 2018, 278 (281); *Kühnen*, NZKart 2020, 49 (50).

Kartellgerichte nach § 87 S. 2 GWB begründet.[228] Ebenso findet § 87 S. 2 GWB unmittelbare Anwendung, wenn Vorfragen anhand sekundärer gemeinschaftsrechtlicher Vorschriften wie Gruppenfreistellungsverordnungen zu beurteilen sind.[229] Beruft sich etwa die Klägerin auf eine kartellrechtliche Legalausnahme nach § 2 GWB beziehungsweise Art. 1 VO Nr. 1/2003[230], kann die Beklagte einwenden, dass die Grenzen der Freistellung nicht eingehalten wurden.[231]

Fraglich ist, ob § 87 S. 2 GWB analoge Anwendung auf kartellrechtliche Vorschriften findet, die weder zum nationalen Recht noch zum EU-Recht zählen. Zu denken ist in erster Linie an das US-Kartellrecht. Etwa kann ein Schadenersatzanspruch gegen ein Vorstandsmitglied wegen einer Pflichtverletzung im Sinne des § 93 Abs. 2 AktG auf einem Verstoß gegen US-Kartellrecht beruhen.[232] Es könnte sich hierbei um eine *offensive kartellrechtliche Vorfrage* handeln.[233] In der Praxis werden allerdings regelmäßig Verstöße sowohl gegen das EU- als auch das US-Kartellrecht im Raum stehen, sodass es keiner analogen Anwendung bedarf.[234] Sofern ein solcher außergewöhnlicher Fall dennoch auftritt, sollte eine analoge Anwendung des § 87 S. 2 GWB bejaht werden. Der Gesetzgeber hat diesen Fall offenbar nicht bedacht, sodass eine planwidrige Regelungslücke zu bejahen ist. Es ist nicht anzunehmen, dass der Gesetzgeber die Entscheidung solcher Fälle den allgemeinen Zivilkammern überlassen wollte. Aufgrund der besonderen Sachkenntnis der Kartellgerichte ist in Anbetracht des Telos von § 87 GWB davon auszugehen, dass der Gesetzgeber ihnen diese Streitigkeiten zugewiesen hätte. Aufgrund des Auslandsbezugs wird die Expertise der Kartellgerichte noch gefragter sein. Somit besteht auch eine vergleichbare Interessenlage.

c) Defensive private Kartellrechtsdurchsetzung

Wie bereits ermittelt,[235] erfasst § 87 S. 1 GWB Streitigkeiten, bei denen sich das Klagebegehren auf die Durchsetzung kartellrechtlicher Vorschriften rich-

---

[228] Vgl. etwa zur parallelen Anwendbarkeit von § 28 TKG und §§ 19, 20 GWB BGH, Urt. v. 29.10.2019 – KZR 60/18, in: NZKart 2020, 35 (37); in diesem Fall hingegen eine kartellrechtliche Vorfrage ablehnend OLG Düsseldorf, Urt. v. 9.5.2018 – VI U (Kart) 1/18, in: NZKart 2018, 278 (281); *Kühnen*, NZKart 2020, 49 (50); siehe auch *Rombach*, in: BeckOK KartellR, § 87 GWB Rn. 42 ff.

[229] *Dicks*, in: LMRKM, § 87 GWB Rn. 22; *Schmidt*, in: Immenga/Mestmäcker, Wettbewerbsrecht II, § 87 GWB Rn. 26.

[230] Verordnung (EG) Nr. 1/2003 des Rates v. 16.12.2002 zur Durchführung der in den Art. 81 und 82 des Vertrags niedergelegten Wettbewerbsregeln, (ABl. L 1, S. 1).

[231] *Schmidt*, in: Immenga/Mestmäcker, Wettbewerbsrecht II, § 87 GWB Rn. 28.

[232] Vgl. LG Wuppertal, Beschl. v. 3.9.2020 – 11 O 59/19, juris, Rn. 19.

[233] Hierzu sogleich ausführlich Kapitel 5: § 19 C. III. 1. d) (S. 85 f.).

[234] So auch im genannten Fall, da ein Verstoß gegen Art. 101 AEUV in Betracht kam, LG Wuppertal, Beschl. v. 3.9.2020 – 11 O 59/19, juris, Rn. 20; siehe auch *Sieg/Koch*, Phi 2020, 189 (190).

[235] Vgl. hierzu oben Kapitel 5: § 19 B. II. 2. a) aa) (2) (S. 66).

tet (sog. *offensive private Kartellrechtsdurchsetzung*). Da sich die Tatbestände der beiden Sätze gegenseitig ausschließen, kann § 87 S. 2 GWB im Umkehrschluss nur für Fälle gelten, in denen sich das Klagebegehren nicht bereits auf kartellrechtliche Vorschriften stützt. Es verbleiben in erster Linie Streitigkeiten, in denen sich kartellrechtliche Fragen aus dem Beklagtenvortrag ergeben.[236] Zu denken ist an das klassische Beispiel einer kartellrechtlichen Vorfrage: die Einwendung der kartellrechtlichen Unwirksamkeit einer Beklagten gegen einen vertraglichen Anspruch.[237] Hierbei handelt es sich um Fälle der sog. *defensiven privaten Kartellrechtsdurchsetzung*.[238] Aufgrund der unmittelbaren zivilrechtlichen Nichtigkeitsfolgen bei Kartellverstößen besteht neben Ansprüchen von Betroffenen – also der *offensiven privaten Kartellrechtsdurchsetzung* – auch die Möglichkeit zur Abwehr von Ansprüchen durch kartellrechtliche Einwendungen. Damit auch diese Fälle – „obwohl nach Antrag und Klagebegründung nicht als Kartellrechtssachen identifizierbar"[239] – von den Kartellgerichten entschieden werden, schuf der Gesetzgeber zunächst den Aussetzungszwang nach § 96 Abs. 2 GWB a. F. Seit der 6. GWB-Novelle (1998) unterfallen die Fälle der *defensiven privaten Kartellrechtsdurchsetzung* der Regelung des § 87 S. 2 GWB.

d) Offensive kartellrechtliche Vorfragen

Zu klären ist, ob § 87 S. 2 GWB über die Fälle der *defensiven privaten Kartellrechtsdurchsetzung* hinaus weitere Konstellationen erfasst. Die Kommentarliteratur deutet mit der Feststellung, dass § 87 S. 2 GWB „vor allem"[240] Fälle *defensiver privater Kartellrechtsdurchsetzung* erfasse, darauf hin. In Betracht kommen kartellrechtliche Sachverhalte, die weder bereits kartellrechtliche Hauptfrage im Sinne des § 87 S. 1 GWB sind noch von der Beklagten zur Verteidigung vorgetragen werden. Es handelt sich um kartellrechtlich relevante Tatsachen, die von der Klägerin vorgetragen werden, ohne bereits Bestandteil des Klagebegehrens zu sein. Da die Fälle dennoch aus der Sphäre der Klägerin stammen, können sie als *offensive kartellrechtliche Vorfragen* umschrieben werden. Es kann und muss sich hierbei nicht zwangsläufig um einen Fall *offensiver privater Kartellrechtsdurchsetzung* handeln. In der Praxis sind solche Konstellationen – im Gegensatz zu kartellrechtlichen Einwendungen – zwar eher selten, aber nicht generell auszuschließen. Zu denken ist etwa an einen

---

[236] Hieraus folgt zugleich, dass im Rahmen von § 87 S. 2 GWB nicht allein auf den Vortrag der Klägerin abgestellt wird, sondern auch der Beklagtenvortrag herangezogen wird. Siehe ausführlich zu dieser prozessualen Ausnahme unten Kapitel 5: § 21 C. II. 1. (S. 175 ff.).
[237] Zu weiteren Beispielen sogleich unter Kapitel 5: § 19 C. III. 2. a) (S. 86 ff.).
[238] Vgl. zur Abgrenzung zwischen *offensiver* und *defensiver Kartellrechtsdurchsetzung* bereits oben Kapitel 5: § 19 B. II. 2. a) aa) (2) (S. 66).
[239] *Schmidt*, in: Immenga/Mestmäcker, Wettbewerbsrecht II, Vorb. vor § 87 Rn. 5.
[240] *Pohlmann/Schäfers*, in: Fuchs/Weitbrecht, Handbuch Private Kartellrechtsdurchsetzung, § 12 Rn. 56.

Anspruch auf Amtshaftung nach § 839 BGB i. V. m. Art. 34 GG, den die Klägerin wegen einer rechtswidrigen Verfügung gegen eine Kartellbehörde geltend macht.[241] Hierbei ist das Klagebegehren nicht unmittelbar auf die Durchsetzung kartellrechtlicher Verbote und Sanktionen gerichtet, sodass es sich nicht bereits um eine kartellrechtliche Hauptfrage im Sinne des § 87 S. 1 GWB handelt. Unter Umständen ist jedoch inzident die Frage nach einem Kartellverstoß zu entscheiden. Nach dem Telos des § 87 S. 2 GWB sind daher auch *offensive kartellrechtliche Vorfragen* in den Anwendungsbereich einzubeziehen.

e) Fazit

Mithin erfasst § 87 S. 2 GWB neben Fällen der *defensiven Kartellrechtsdurchsetzung* auch *offensive kartellrechtliche Vorfragen*. Die Abgrenzung zu § 87 S. 1 GWB hat offengelegt, dass für die Unterscheidung der beiden Sätze des § 87 GWB nicht allein zwischen *offensiver* und *defensiver Kartellrechtsdurchsetzung* differenziert werden kann. Für eine trennscharfe Abgrenzung der Sätze ist ein stringentes Abstellen auf das Klagebegehren nach § 253 Abs. 2 Nr. 2 ZPO notwendig. Mit anderen Worten: Wäre die kartellrechtliche (Vor-) Frage schon Bestandteil des Klagebegehrens, so läge eine Hauptfrage im Sinne von § 87 S. 1 GWB vor.[242] Somit ist abstrakt formuliert unter einer kartellrechtlichen Vorfrage im Sinne von § 87 S. 2 GWB all das zu verstehen, was inzident an Kartellrecht zur Beantwortung einer nicht-kartellrechtlichen Hauptfrage vom Gericht geprüft werden muss.[243] Eine kartellrechtliche Vorfrage setzt eine Subsumtion unter Vorschriften des GWB beziehungsweise die genannten EU-Bestimmungen oder zumindest deren Auslegung voraus.[244] Vor diesem Hintergrund erscheint die Bezeichnung „Kartellsachen im weiteren Sinne" zutreffend.[245]

2. Beispiele für kartellrechtliche Vorfragen

Im Folgenden werden die vorangegangenen abstrakten Ausführungen zur kartellrechtlichen Vorfrage anhand von Beispielen näher spezifiziert.

a) Beispiele für kartellrechtliche Einwendungen

Wie bereits erwähnt, liegt der klassische Fall des § 87 S. 2 GWB vor, wenn eine Beklagte gegen einen vertraglichen Anspruch eine kartellrechtliche Ein-

---

[241] *Pohlmann/Schäfers*, in: Fuchs/Weitbrecht, Handbuch Private Kartellrechtsdurchsetzung, § 12 Rn. 56; *Voß*, in: Busche/Röhling, Kölner Kommentar, § 87 GWB Rn. 27; weitere Beispiele unten Kapitel 5: § 19 C. III. 2. b) (S. 89).
[242] Vgl. OLG Frankfurt, Beschl. v. 16.7.2010 – 14 UH 12/10, in: ZNER 2010, 406; *Schmidt*, in: Immenga/Mestmäcker, Wettbewerbsrecht II, § 87 GWB Rn. 27.
[243] *Meyer-Lindemann*, in: FK-KartellR, § 87 GWB Rn. 53.
[244] Vgl. *Voß*, in: Busche/Röhling, Kölner Kommentar, § 87 GWB Rn. 28.
[245] Hierzu bereits oben Kapitel 5: § 19 A. I. (S. 53 ff.).

wendung erhebt. Bei dem vertraglichen Anspruch kann es sich um einen Erfüllungsanspruch ebenso wie einen Sekundäranspruch etwa auf Schadenersatz handeln.[246] In diesem Kontext ist die Fallgruppe „Klagen aus Kartellvereinbarungen und Kartellbeschlüssen" zu verorten, die nach hier vertretener Ansicht nicht (mehr) von § 87 S. 1 GWB erfasst wird.[247]

Die Beklagte kann einem Anspruch entgegenhalten, dass der zugrunde gelegte Vertrag nach § 134 BGB i. V. m. §§ 1 ff. GWB beziehungsweise Art. 101 Abs. 2 AEUV *ipso iure* unwirksam ist. Solche wettbewerbsbeschränkenden Vereinbarungen sind in zahlreichen Vertragskonstellationen denkbar, sodass keine abschließende Auflistung möglich ist. Es können sowohl allgemeine Geschäftsbedingungen bei unterschiedlichsten Vertragstypen als auch gerichtliche Vergleiche zur Beilegung eines Rechtsstreits gegen kartellrechtliche Verbotsnormen verstoßen.[248] In Betracht kommen vor allem Kauf- und Belieferungsverträge, Miet- und Pachtverträge sowie Gesellschaftsverträge. Sofern sich die Klägerin auf eine kartellrechtliche Legalausnahme nach § 2 GWB beziehungsweise Art. 1 VO Nr. 1/2003 beruft, kann die Beklagte zudem einwenden, dass die Grenzen der Freistellung nicht eingehalten wurden.[249] Wie bereits angesprochen,[250] ist § 87 S. 2 GWB gleichermaßen anzuwenden, wenn Vorfragen anhand sekundärer gemeinschaftsrechtlicher Vorschriften wie Gruppenfreistellungsverordnungen zu beurteilen sind.

Ferner kann eine Beklagte einwenden, dass die Klägerin ihre Marktmacht im Sinne der §§ 19 ff. GWB beziehungsweise des Art. 102 AEUV missbraucht, indem sie einen vertraglichen oder gesetzlichen Anspruch gerichtlich durchsetzt.[251] Dies kann etwa bei Zahlungsansprüchen aus Gaslieferungs- oder Abwasserentsorgungsverträgen der Fall sein, wenn eine Stadt ihre marktbeherrschende Stellung als Alleinanbieterin im Stadtgebiet missbraucht.[252] Zu denken ist ferner an Streitigkeiten über die Bindungsdauer von Verträgen.[253] In der Pra-

---

[246] Vgl. LG Bonn, Beschl. v. 26.3.2012 – 1 O 490/10, juris, Rn. 4.
[247] Vgl. hierzu bereits oben Kapitel 5: § 19 B. II. 2. a) bb) (3) (S. 71 ff.).
[248] Vgl. hierzu *Emmerich/Lange*, KartellR, § 4 Rn. 6 und § 21 Rn. 18.
[249] *Schmidt*, in: Immenga/Mestmäcker, Wettbewerbsrecht II, § 87 GWB Rn. 28.
[250] Siehe oben Kapitel 5: § 19 C. III. 1. b) (S. 83 f.).
[251] *Bornkamm/Tolkmitt*, in: Bunte, Kartellrecht I, § 87 GWB Rn. 17; *Keßler*, in: MüKo Wettbewerbsrecht II, § 87 GWB Rn. 21; *Pohlmann/Schäfers*, in: Fuchs/Weitbrecht, Handbuch Private Kartellrechtsdurchsetzung, § 12 Rn. 56; *Voß*, in: Busche/Röhling, Kölner Kommentar, § 87 GWB Rn. 27.
[252] In diesem Fall lag jedoch keine Entscheidungserheblichkeit vor, Brandenburgisches OLG, Urt. v. 13.8.2019 – 6 U 102/19, in: WuW 2019, 645 (646); vgl. auch OLG Düsseldorf, Beschl. v. 13.12.2010 – VI W (Kart) 8/10, juris, Rn. 16 f.
[253] Vgl. etwa zur Wirksamkeit eines Franchisevertrages im gastronomischen Bereich bei Vorhandensein einer Vertragsbindungsdauer von 20 Jahren LG Düsseldorf, v. 21.11.2013 – 14c O 129/12 U, in: WuW 2014, 1136 (1139); siehe auch LG Dortmund, Urt. v. 30.3.2012 – 3 O 31/11, in: ZVertriebsR 2013, 163 (164); vgl. zur Bindungsdauer eines zum Zwecke der gemeinsamen Berufsausübung zwischen Rechtsanwälten geschlossenen Sozietätsvertrags OLG Düsseldorf, Urt. v. 30.6.1998 – U (Kart) 20/98, in: WuW 1998, 1079.

xis ergeben sich diese Fälle häufig im Zusammenhang mit Tankstellenpachtverträgen[254], Belieferungsverträgen[255] oder Mietverträgen[256]. Einen Unterfall der Einwendung missbräuchlicher Rechtsausübung stellt die Erhebung eines kartellrechtlichen Zwangslizenzeinwands im Rahmen einer Patentverletzungsklage dar.[257] Darüber hinaus können sich kartellrechtliche Einwendungen bei Klagen auf Zahlung von Vertragsstrafen[258] sowie bei Unterlassungsansprüchen aus Wettbewerbsverboten, etwa bei Unternehmenskaufverträgen[259], ergeben. In einem Verfahren auf Anerkennung und Vollstreckbarerklärung eines Schiedsspruchs kann die Beklagte ferner einwenden, dass ein Verstoß gegen zwingende Normen des Kartellrechts vorliege.[260] Außerdem können sich kartellrechtliche Vorfragen bei der bereicherungsrechtlichen Rückabwicklung im Anschluss an eine Anfechtung wegen arglistiger Täuschung ergeben, wenn die Beklagte einwendet, dass es keinen Kartellverstoß gegeben habe.[261] Heute kaum noch vorstellbar sind Fälle, in denen sich die Beklagte auf die Formunwirksamkeit nach § 34 GWB a. F. i. V. m. § 125 BGB beruft.[262]

Besonders hervorzuheben ist, dass sich eine kartellrechtliche Vorfrage sogar aus einer Aufrechnung mit einer kartellrechtlichen Forderung nach § 387 BGB ergeben kann.[263] Hätte die Beklagte ihre kartellrechtliche Forderung im Rahmen

---

[254] *Emmerich/Lange*, KartellR, § 8 Rn. 6.

[255] Vgl. zu einem Rahmenkaufvertrag über Frischholz, wobei der Anspruch bereits verjährt war, LG Münster, Urt. v. 16.4.2015 – 11 O 276/13, in: WuW/E DE-R, 4755 (4759); vgl. zur Wirksamkeit eines Bierlieferungsvertrags OLG Hamm, Urt. v. 5.8.1986 – 4 U 228/86, in: NJW 1988, 1473.

[256] Vgl. zur Vereinbarung eines mietvertraglichen Konkurrenzschutzes LG Düsseldorf, Urt. v. 3.9.2015 – 14d O 9/15, juris, Rn. 16 ff.

[257] Vgl. OLG Düsseldorf, Beschl. v. 11.10.2018 – 15 U 29/17, in: NZKart 2019, 109 (110); *Holzmüller*, in: Fuchs/Weitbrecht, Handbuch Private Kartellrechtsdurchsetzung, § 10 Rn. 145 ff.

[258] *Schmidt*, in: Immenga/Mestmäcker, Wettbewerbsrecht II, § 87 GWB Rn. 28.

[259] *Keßler*, in: MüKo Wettbewerbsrecht II, § 87 GWB Rn. 21; vgl. etwa OLG Köln, Beschl. v. 25.9.2012 – 7 U 89/11, in: GRUR-RR 2013, 37 (38).

[260] *Dicks*, in: LMRKM, § 87 GWB Rn. 23; *Schmidt*, in: Immenga/Mestmäcker, Wettbewerbsrecht II, § 87 GWB Rn. 28; vgl. zur konkurrierenden Zuständigkeit nach § 87 S. 2 GWB und § 1062 Abs. 3 ZPO unten Kapitel 5: § 20 D. III. (S. 126 ff.).

[261] Diese bereicherungsrechtlichen Ansprüche fallen nicht unter § 87 S. 1 GWB, vgl. hierzu bereits oben Kapitel 5: § 19 B. II. 2. a) bb) (5) (S. 75 ff.); vgl. auch BGH, Beschl. v. 28.1.2010 – VII ZR 50/09, in: BauR 2010, 817 (818 f.); OLG Oldenburg, Beschl. v. 14.7.1999 – 4 U 70/98, in: WuW 1999, 1223; *Westermann*, in: Fuchs/Weitbrecht, Handbuch Private Kartellrechtsdurchsetzung, § 11 Rn. 76 ff.; *Dück/Schultes*, NZKart 2013, 228 (229); *Mayer*, WuW 2010, 29 (31 ff.).

[262] Bis zur Streichung im Rahmen der 6. GWB-Novelle (1998) ordnete § 34 a. F. GWB die Schriftform für Kartellverträge und Kartellvereinbarungen an, BT-Drs. 13/9720, S. 42; vgl. auch BGH, Urt. v. 2.2.1999 – KZR 51/97, in: NJW-RR 1999, 689; *Bornkamm/Tolkmitt*, in: Bunte, Kartellrecht I, § 87 GWB Rn. 17 m. w. N.; *Voß*, in: Busche/Röhling, Kölner Kommentar, § 87 GWB Rn. 27; vgl. etwa zum Schriftformerfordernis eines Bierlieferungsvertrags BGH, Urt. v. 30.9.1992 – VIII ZR 196/91, in: BGHZ, 283 (285).

[263] *Keßler*, in: MüKo Wettbewerbsrecht II, § 87 GWB Rn. 17; *Klein*, NJW 2003, 16;

einer Leistungsklage geltend gemacht, so wäre § 87 S. 1 GWB einschlägig gewesen. Der Umstand, dass die kartellrechtliche Forderung im Wege der Aufrechnung eingebracht wird, darf nicht zu einer Umgehung der kartellgerichtlichen Zuständigkeit führen. Der Wortlaut des § 87 S. 2 GWB enthält keine entsprechende Einschränkung. Vielmehr sprechen der Sinn und Zweck des § 87 S. 2 GWB sowie die gesetzgeberische Wertung in § 88 GWB für eine Einbeziehung von Aufrechnungen mit kartellrechtlichen Forderungen.[264] Hierdurch weitet sich der ohnehin vielfältige Anwendungsbereich des § 87 S. 2 GWB enorm aus.

b) Beispiele für offensive kartellrechtliche Vorfragen

Wie bereits erörtert,[265] erfasst die Regelung des § 87 S. 2 GWB auch *offensive kartellrechtliche Vorfragen*. Hierzu zählen Amtshaftungsklagen gegen Kartellbehörden nach § 839 BGB i. V. m. Art. 34 GG, sofern der erhobene Vorwurf kartellrechtsspezifisch ist.[266] In Betracht kommen ferner Streitigkeiten, in denen die Klägerin einen nicht-kartellrechtlichen Schadenersatzanspruch nach § 93 Abs. 2 S. 1 AktG darauf stützt, dass die Pflichtverletzung der Vorstandsmitglieder in einem Verstoß gegen Art. 101 AEUV besteht.[267] Vorstandsmitglieder können entweder aktiv selbst gehandelt haben oder unter Verstoß gegen Vorstandspflichten die Errichtung und Anwendung eines Compliance-Systems unterlassen haben.[268] Auch im Zusammenhang mit einer Aufsichtsratsbestellung können sich kartellrechtliche Vorfragen ergeben, wenn diese gegen das kartellrechtliche Vollzugsverbot des § 41 Abs. 1 S. 1 GWB verstößt.[269]

c) Heranziehung kartellrechtlicher Wertungen

Eine kartellrechtliche Vorfrage liegt ferner vor, wenn die Entscheidung über einen Rechtsstreit von kartellrechtlichen Wertungen mitbestimmt wird.[270] Dies

---

wegen mangelnder Ernsthaftigkeit abgelehnt OLG Celle, Beschl. v. 1.10.2010 – 13 AR 5/10 (Kart), in: WuW 2011, 82 (85).

[264] Ausführlich zur Regelung des § 88 GWB unten Kapitel 5: § 20 C. (S. 117 ff.).

[265] Hierzu bereits oben Kapitel 5: § 19 C. III. 1. d) (S. 85 f.).

[266] *Meyer-Lindemann*, in: FK-KartellR, § 87 GWB Rn. 38; *Pohlmann/Schäfers*, in: Fuchs/Weitbrecht, Handbuch Private Kartellrechtsdurchsetzung, § 12 Rn. 56; *Schmidt*, in: Immenga/Mestmäcker, Wettbewerbsrecht II, § 87 GWB Rn. 28; *Voß*, in: Busche/Röhling, Kölner Kommentar, § 87 GWB Rn. 27; vgl. zum Amtshaftungsanspruch bei rechtswidriger fusionskontrollrechtlicher Unterlassungsverfügung *Ehlers/Stadermann*, WuW 2013, 495; vgl. umfassend *Hummel*, Amtshaftung im Kartellrecht, S. 8 ff.

[267] LG Wuppertal, Beschl. v. 3.9.2020 – 11 O 59/19, juris, Rn. 16; *Sieg/Koch*, Phi 2020, 189.

[268] LG Wuppertal, Beschl. v. 3.9.2020 – 11 O 59/19, juris, Rn. 16; *Sieg/Koch*, Phi 2020, 189.

[269] Vgl. OLG Düsseldorf, Beschl. v. 26.8.2019 – VI-W (Kart) 5/19, in: NZKart 2019, 562 (563).

[270] *Pohlmann/Schäfers*, in: Fuchs/Weitbrecht, Handbuch Private Kartellrechtsdurchsetzung, § 12 Rn. 57; a. A. *Heyers/Lotze*, NZKart 2018, 29 (33).

war etwa in der Entscheidung des Bundesarbeitsgerichts zum *Schienenkartell* der Fall.[271] Die Klägerin wollte ihren Arbeitnehmer für die Zahlung von Kartellbußgeldern in Regress nehmen, da dieser gegen Pflichten aus seinem Arbeitsvertrag verstoßen habe.[272] Ein solcher Bußgeldinnenregress richtet sich nach gesellschaftsrechtlichen (§ 43 Abs. 2 GmbHG oder § 92 Abs. 2 AktG) oder vertragsrechtlichen (§ 280 Abs. 1 BGB) Vorschriften.[273] Es stellte sich jedoch die kartellrechtliche Frage, ob der Ersatzfähigkeit des Schadens die kartellrechtlichen Wertungen des § 81 GWB entgegenstehen.[274] Die Funktion einer verhängten Geldbuße würde leerlaufen, wenn ein Unternehmen stets seine Organvertreterinnen oder Arbeitnehmerinnen in Regress nehmen könnte.[275] Außerdem differenziert der Gesetzgeber in § 81c GWB im Hinblick auf dessen Höhe dahingehend, ob das Bußgeld gegen natürliche Personen oder Unternehmen verhängt wird. Für natürliche Personen sieht § 81c Abs. 1 S. 1 GWB eine Geldbuße von maximal einer Million Euro vor. Die Geldbuße für Unternehmen berechnet sich nach § 81c Abs. 2 S. 2 GWB hingegen anhand des im vorausgegangenen Geschäftsjahr erzielten Gesamtumsatzes des Unternehmens. Diese Frage hat das Bundesarbeitsgericht zu Recht als kartellrechtliche Vorfrage qualifiziert. Nach der Ratio des § 87 S. 2 GWB sollen auch Fragen bezüglich kartellrechtlicher Wertungen sowie die Auslegung kartellrechtlicher Vorschriften – bei Entscheidungserheblichkeit – allein von den Kartellgerichten vorgenommen werden.[276]

3. Beschränkung durch Anwendung der acte-clair-Doktrin?

Die zahlreichen Beispiele für kartellrechtliche Vorfragen haben verdeutlicht, dass der Anwendungsbereich des § 87 S. 2 GWB sehr weit ausfällt. Im folgenden Abschnitt widmet sich die Arbeit der Frage, ob die *acte-clair*-Doktrin als einschränkendes Korrektiv heranzuziehen ist. Die Arbeit fasst zunächst den aktuellen Meinungsstand zusammen (a). Anschließend bezieht sie Stellung zu den verschiedenen Ansichten (b).

a) Meinungsstand

Zur Beschränkung des Aussetzungszwangs nach § 96 Abs. 2 GWB a. F. haben Rechtsprechung und Schrifttum die sog. *acte-clair*-Doktrin angewendet. Nach herrschender Auffassung zur früheren Rechtslage musste ein Nicht-Kartell-

---

[271] BAG, Urt. v. 29.6.2017 – 8 AZR 189/15, in: NJW 2018, 184 (187).
[272] BAG, Urt. v. 29.6.2017 – 8 AZR 189/15, in: NJW 2018, 184 (184 f.).
[273] *Pohlmann/Schäfers*, in: Fuchs/Weitbrecht, Handbuch Private Kartellrechtsdurchsetzung, § 12 Rn. 57.
[274] BAG, Urt. v. 29.6.2017 – 8 AZR 189/15, in: NJW 2018, 184 (187).
[275] BAG, Urt. v. 29.6.2017 – 8 AZR 189/15, in: NJW 2018, 184 (187).
[276] *Pohlmann/Schäfers*, in: Fuchs/Weitbrecht, Handbuch Private Kartellrechtsdurchsetzung, § 12 Rn. 57; a. A. *Heyers/Lotze*, NZKart 2018, 29 (30).

§ 19 Tatbestand des § 87 GWB

gericht sein Verfahren trotz kartellrechtlicher Vorfrage nicht aussetzen, wenn es diese zweifelsfrei selbst beantworten konnte.[277] Voraussetzung hierfür war, dass das Gericht in Übereinstimmung mit den Parteien die Sach- und Rechtslage hinsichtlich der Vorfrage für völlig unzweifelhaft hielt.[278] Einigkeit unter den Parteien allein konnte den Aussetzungszwang keineswegs verhindern.[279] Teilweise befürworten Rechtsprechung[280] und Schrifttum[281] die Übertragung des *acte-clair*-Gedankens auf die gegenwärtige Regelung in § 87 S. 2 GWB. Nach dieser Ansicht kann ein Nicht-Kartellgericht selbst über eine kartellrechtliche Vorfrage entscheiden, wenn diese bereits durch höchstrichterliche Rechtsprechung geklärt wurde.[282] Eine teleologische Reduktion des § 87 S. 2 GWB wird ferner angenommen, wenn sich die Antwort auf die kartellrechtliche Vorfrage unzweifelhaft aus der Anwendung des Gesetzes ergibt.[283] Die herrschende Meinung lehnt hingegen eine solche Übertragung der *acte-clair*-Doktrin auf die gegenwärtige Rechtslage ab.[284] Einen vermittelnden Ansatz verfolgt *Schmidt*: Er plädiert dafür, bei zweifelsfrei zu beantwortenden Vorfragen keine ausschließliche,

---

[277] Zuerst hierzu BGH, Beschl. v. 15.6.1959 – KAR 1/59, in: BGHZ 30, 186 (192 f.): „bloßen Formalismus [vermeiden]"; ausführlich „[z]ur Vermeidung unnötiger Aussetzungen" BGH, Beschl. v. 4.4.1975 – KAR 1/75, in: BGHZ 64, 342 (344); siehe auch BGH, Urt. v. 21.4.1983 – I ZR 201/80, in: NJW, 2143 (2144); BGH, Urt. v. 26.6.1969 – X ZR 52/66, in: GRUR 1969, 677 (679); BGH, Urt. v. 9.6.1969 – VII ZR 49/67, in: BGHZ, 171 (173); LG Wuppertal, Urt. v. 12.6.1996 – 17 O 470/93, in: CR 1996, 732 (734); vgl. zum Schrifttum *Bechtold*, in: Bechtold[1], § 96 GWB Rn. 3; *Tiffert*, in: Müller-Henneberg/Schwartz, Gemeinschaftskommentar[2], § 96 GWB Rn. 7; *Winterfeld*, NJW 1985, 1816 (1819 f.); schon damals differenzierend *Schmidt*, in: Immenga/Mestmäcker[2], § 96 GWB Rn. 22 ff.; kritisch bereits damals *Claßen*, Ausschließliche Zuständigkeit der Kartellgerichte, S. 55 ff.; *Leo*, GRUR 1959, 463 (464).

[278] BGH, Urt. v. 26.6.1969 – X ZR 52/66, in: GRUR 1969, 677 (679); BGH, Beschl. v. 15.6.1959 – KAR 1/59, in: BGHZ 30, 186 (194).

[279] BGH, Beschl. v. 4.4.1975 – KAR 1/75, in: BGHZ 64, 342 (346); BGH, Beschl. v. 15.6.1959 – KAR 1/59, in: BGHZ 30, 186 (189); *Schmidt*, in: Immenga/Mestmäcker[2], § 96 GWB Rn. 23.

[280] BAG, Urt. v. 29.6.2017 – 8 AZR 189/15, in: NJW 2018, 184 (186 f.); LAG Düsseldorf, Beschl. v. 29.1.2018 – 14 Sa 591/17, in: WuW 2018, 332 (333).

[281] *Bornkamm/Tolkmitt*, in: Bunte, Kartellrecht I, § 87 GWB Rn. 21; *Voß*, in: Busche/Röhling, Kölner Kommentar, § 87 GWB Rn. 35.

[282] BAG, Urt. v. 29.6.2017 – 8 AZR 189/15, in: NJW 2018, 184 (186 f.); *Bornkamm/Tolkmitt*, in: Bunte, Kartellrecht I, § 87 GWB Rn. 23; *Voß*, in: Busche/Röhling, Kölner Kommentar, § 87 GWB Rn. 34 und 39; vgl. auch *Rombach*, in: BeckOK KartellR, § 87 GWB Rn. 36 ff.

[283] *Rombach*, in: BeckOK KartellR, § 87 GWB Rn. 40; vgl. zur Abgabe an den Kartellsenat des Bundesgerichtshofs BGH, Beschl. v. 19.12.2012 – VII ZR 186/11, juris; *Bornkamm/Tolkmitt*, in: Bunte, Kartellrecht I, § 94 GWB Rn. 7.

[284] OLG Düsseldorf, Beschl. v. 28.6.2006 – VI-U (Kart) 2/06, juris, Rn. 19; OLG Hamm, Urt. v. 24.8.2000 – 27 U 159/99, in: GRUR-RR 2002, 273 (274); *Bechtold/Bosch*, in: Bechtold/Bosch, § 87 GWB Rn. 7; *Dicks*, in: LMRKM, § 87 GWB Rn. 21; *Keßler*, in: MüKo Wettbewerbsrecht II, § 87 GWB Rn. 24; *Künstner*, in: Schulte/Just, § 87 GWB Rn. 8; *Meyer-Lindemann*, in: FK-KartellR, § 87 GWB Rn. 55; wohl auch ablehnend, wenngleich nicht eindeutig, *Pohlmann/Schäfers*, in: Fuchs/Weitbrecht, Handbuch Private Kartellrechtsdurchsetzung, § 12 Rn. 65 f.

sondern eine fakultative Zuständigkeit der Kartellgerichte anzunehmen.[285] Dies hätte zur Folge, dass sowohl die Kartellgerichte als auch die Nicht-Kartellgerichte über zweifelsfreie Vorfragen entscheiden dürfen.

b) Stellungnahme

Die Übertragung des *acte-clair*-Gedankens findet keinen Halt im Wortlaut des § 87 S. 2 GWB. Abgesehen von der tatbestandlich vorausgesetzten Entscheidungserheblichkeit[286] stellt dieser keine spezielleren Anforderungen an eine kartellrechtliche Vorfrage.[287] Eine Ausnahme für zweifelsfreie Vorfragen würde zudem ein Folgeproblem verursachen: Denn unter welchen Voraussetzungen ist eine Vorfrage zweifelsfrei zu beantworten? Bei der Auseinandersetzung mit dieser Frage ist zu berücksichtigen, dass in der Praxis regelmäßig das angerufene Nicht-Kartellgericht entscheiden muss, ob es sich um eine solche handelt oder nicht.[288] Sofern die Ausnahme nur an höchstrichterlich geklärte Fälle anknüpft, erscheint die Einordnung durch Nicht-Kartellgerichte unkompliziert. Zu berücksichtigen ist jedoch, dass sich die höchstrichterliche Rechtsprechung ständig weiterentwickelt. Sogar im Laufe eines Verfahrens könnten sich Änderungen ergeben.[289] Im Hinblick auf die Rechtssicherheit der Zuständigkeitsregelung bereitet diese Ausnahme daher Bedenken. Wesentlich größere Bedenken ergeben sich jedoch bei einem Abstellen auf den Schwierigkeitsgrad der Vorfrage. Eine Unterscheidung zwischen leichten und schwierigen Fragen ist im Hinblick auf die Vereinbarkeit mit Art. 101 Abs. 1 S. 2 GG fragwürdig.[290] Eine einfache Frage kann nicht bereits angenommen werden, weil sich die Antwort unzweifelhaft aus der Anwendung des Gesetzes ergibt.[291] Schon der Kern dieser Argumentation kann nicht überzeugen. Jede juristische Frage – unabhängig von ihrer Schwierigkeit – ist mithilfe des Gesetzes zu lösen. Es ist geradezu die Eigenart anspruchsvoller Rechtsfragen, dass sich ihre Komplexität dem „Laien" nicht zwangsläufig aufdrängt. Ferner variiert die Beurteilung des

---

[285] *Schmidt*, in: Immenga/Mestmäcker, Wettbewerbsrecht II, § 87 GWB Rn. 36; zustimmend LG Braunschweig, Urt. v. 28.8.2013 – 9 O 2637/12, in: WuW 2014, 88 (92); *Bacher*, in: Ahrens, Der Wettbewerbsprozess, Kap. 79 Rn. 6; wohl auch *Rombach*, in: BeckOK KartellR, § 87 GWB Rn. 37 ff.; nur im Hinblick auf die Prüfung durch ein Nicht-Kartellgericht zustimmend *Bornkamm/Tolkmitt*, in: Bunte, Kartellrecht I, § 87 GWB Rn. 22.
[286] Hierzu sogleich Kapitel 5: § 19 C. IV. (S. 96 ff.).
[287] Vgl. *Bechtold/Bosch*, in: Bechtold/Bosch, § 87 GWB Rn. 7; *Dicks*, in: LMRKM, § 87 GWB Rn. 21; so auch *Schmidt*, in: Immenga/Mestmäcker, Wettbewerbsrecht II, § 87 GWB Rn. 35.
[288] Hierzu bereits kritisch zur früheren Rechtslage *Claßen,* Ausschließliche Zuständigkeit der Kartellgerichte, S. 58.
[289] Zum Zusammenspiel des § 87 S. 2 GWB mit dem Grundsatz der *perpetuatio fori* unten Kapitel 5: § 21 C. II. 2. (S. 177 ff.).
[290] Vgl. allgemein zu Art. 101 Abs. 1 S. 2 GG bereits oben Kapitel 3: § 9 (S. 25 ff.).
[291] *Rombach*, in: BeckOK KartellR, § 87 GWB Rn. 40; vgl. ferner zur Abgabe an den Kartellsenat des Bundesgerichtshofs BGH, Beschl. v. 19.12.2012 – VII ZR 186/11, juris.

Schwierigkeitsgrads je nach subjektiver Wahrnehmung. Infolgedessen drohen widersprüchliche Zuständigkeitsentscheidungen, wenn Nicht-Kartellgerichte den Schwierigkeitsgrad ähnlicher kartellrechtlicher Vorfragen unterschiedlich beurteilen. Zudem ist zu erwarten, dass Nicht-Kartellgerichte den Schwierigkeitsgrad kartellrechtlicher Fragen regelmäßig höher einschätzen als Kartellgerichte.[292] Gleichzeitig besteht die Gefahr, dass ein Kartellgericht seine Zuständigkeit verneinen könnte, weil es die Kartellrechtsfrage als zu leicht einstuft beziehungsweise die Schwierigkeit verkennt. Nicht zu vergessen ist, dass die Klägerin zur Ermittlung des zuständigen Gerichts bereits einschätzen müsste, ob es sich um eine zweifelsfreie Vorfrage handelt. Im Falle einer Fehleinschätzung müsste die Klägerin die Verweisungskosten tragen.[293] Diesem Aspekt trägt die vermittelnde Ansicht von *Schmidt* Rechnung, der bei zweifelsfreien Vorfragen eine fakultative Zuständigkeit der Kartellgerichte und der Nicht-Kartellgerichte annimmt.[294] Danach kann die Klägerin ein Nicht-Kartellgericht oder ein Kartellgericht anrufen, ohne eine kostenverursachende Verweisung zu befürchten. Allerdings findet dieser Vorschlag keinen Halt im Wortlaut des § 87 S. 2 GWB, der keine Zweifel an der Ausschließlichkeit der Zuständigkeit aufkommen lässt.[295] Auch ein Vergleich mit der rechtsähnlichen Vorschrift in § 102 Abs. 1 S. 2 EnWG spricht gegen eine Übertragung der *acte-clair*-Doktrin. Die Norm findet ebenfalls bei einfach zu beantwortenden sowie höchstrichterlich geklärten Vorfragen Anwendung.[296] Eine Differenzierung nach dem Schwierigkeitsgrad ist dem Gesetzgeber zwar nicht gänzlich unbekannt. So wird etwa die Übertragung von der Zivilkammer an die Einzelrichterin nach § 348a GVG davon abhängig gemacht, ob die Sache besondere Schwierigkeiten tatsächlicher oder rechtlicher Art aufweist.[297] Allerdings hat der Gesetzgeber in diesem Fall die Anknüpfung an den Schwierigkeitsgrad ausdrücklich normiert.

Gegen die Übertragung des *acte-clair*-Gedankens spricht auch eine historische und teleologische Betrachtung des § 87 S. 2 GWB. Zwar kann für die Übertragung vorgebracht werden, dass die Kartellgerichte vor einer Überlastung mit Streitigkeiten geschützt werden müssen, deren Entscheidung keinerlei kartell-

---

[292] Vgl. *Bornkamm/Tolkmitt*, in: Bunte, Kartellrecht I, § 87 GWB Rn. 22: „Dies wäre schon deswegen ein sinnvolles Ergebnis, weil das Kartellgericht die Schwierigkeit der kartellrechtlichen Frage möglicherweise anders beurteilen und eher verneinen wird als das Nicht-Kartellgericht."
[293] Siehe ausführlich zur Verteilung der Verweisungskosten im Fall von § 87 S. 2 GWB unten Kapitel 5: § 21 D. (S. 186 ff.).
[294] *Schmidt*, in: Immenga/Mestmäcker, Wettbewerbsrecht II, § 87 GWB Rn. 36; wohl zustimmend *Rombach*, in: BeckOK KartellR, § 87 GWB Rn. 38.
[295] Vgl. *Dicks*, in: LMRKM, § 87 GWB Rn. 21.
[296] *Stelter*, in: B/H/H, § 102 EnWG Rn. 13; *Keßler*, in: Säcker/Appel, Berliner Kommentar zum Energierecht, § 102 EnWG Rn. 13; *Salje*, in: Salje, § 102 EnWG Rn. 7; *Turiaux*, in: Kment, § 102 EnWG Rn. 10 m. w. N.; *Lange*, EWeRK 2018, 125 (130).
[297] Vgl. auch § 526 Abs. 1 Nr. 2 GVG; für das Verwaltungsverfahren § 6 Abs. 1 S. 1 Nr. 1 VwGO.

rechtlichen Sachverstand voraussetzt.[298] Kartellrechtliche Vorfragen stellen sich häufig im Zusammenhang mit weiteren Sonderrechtsmaterien wie etwa dem Abfallwirtschafts-, Energiewirtschafts-, Patent-, Personenbeförderungs-, Telekommunikations- oder Vertragshändlerrecht.[299] Die Auseinandersetzung mit diesen Rechtsfragen kann den Bearbeitungsaufwand beträchtlich erhöhen. Hinzu kommt, dass für die weiteren Sonderrechtsgebiete häufig ebenfalls eigene Sonderzuständigkeiten bestehen oder aufgrund von Geschäftsverteilungsplänen spezialisierte Kammern. Aufgrund des Vorrangs der kartellrechtlichen Zuständigkeit[300] bliebe die anderweitige Expertise ungenutzt, sogar wenn der Hauptgegenstand des Prozesses ein sonderrechtliches Problem beinhaltet.[301] Die kartellrechtliche Spezialisierung der Richterinnen an Kartellgerichten würde „geradezu systematisch [...] untergraben"[302]. Besonders bedenklich erschiene dieses Ergebnis, wenn die kartellrechtliche Vorfrage bereits höchstrichterlich geklärt wurde.[303]

Allerdings übersieht die den *acte-clair*-Gedanken begrüßende Ansicht, dass es sich bei dessen Heranziehung um ein „Spezifikum des Aussetzungszwangs"[304] handelte. Mit der teleologischen Reduktion bei zweifelsfreien Vorfragen sollte der umständliche und langwierige Aussetzungszwang nach § 96 Abs. 2 GWB a. F. auf möglichst wenige Fälle reduziert werden.[305] Wenn sich die Parteien in Übereinstimmung mit dem Gericht bereits über die Vorfrage einig waren, sollte ein zusätzlicher Feststellungsprozess vermieden werden.[306] Die Rechtsprechung wollte in diesen Fällen „bloßen Formalismus"[307] verhindern. In einem

---

[298] *Bornkamm/Tolkmitt*, in: Bunte, Kartellrecht I, § 87 GWB Rn. 21: „Kartellgerichte mit Streitsachen überschwemmt"; *Voß*, in: Busche/Röhling, Kölner Kommentar, § 87 GWB Rn. 35: „nur um des Prinzips willen den Kartellgerichten [zugewiesen]".

[299] *Dicks*, in: LMRKM, § 87 GWB Rn. 5; vgl. etwa für eine Verknüpfung kartellrechtlicher und patentrechtlicher Fragen BGH, Urt. v. 11.11.1959 – KZR 1/59, in: BGHZ 31, 162; vgl. zu dieser Entscheidung sowie der fortbestehenden Aktualität der Überschneidungen *Rombach*, WuW 2021, 438 (438 f.).

[300] Ausführlich zum Vorrang der Kartellgerichte im Abschnitt zu den Rechtsfolgen unten Kapitel 5: § 20 D. I. (S. 121 ff.).

[301] Es bietet sich an das in der Praxis häufig auftretende Problem von Überschneidungen bei der Zuweisung der Streitigkeiten in Geschäftsverteilungsplänen sowie Konzentrationsverordnungen zu berücksichtigen. Siehe zu entsprechenden Praxisvorschlägen unten Kapitel 5: § 20 D. II. (S. 123 ff.).

[302] *Voß*, in: Busche/Röhling, Kölner Kommentar, § 87 GWB Rn. 35.

[303] Ein solcher Fall lag etwa im Hinblick auf die Formwirksamkeit eines kartellrechtlich relevanten Vertrages nach § 34 GWB a. F., § 125 S. 1 BGB vor, vgl. *Bornkamm/Tolkmitt*, in: Bunte, Kartellrecht I, § 87 GWB Rn. 20; *Dicks*, in: LMRKM, § 87 GWB Rn. 21.

[304] *Schmidt*, in: Immenga/Mestmäcker, Wettbewerbsrecht II, § 87 GWB Rn. 34.

[305] Vgl. BGH, Beschl. v. 4.4.1975 – KAR 1/75, in: BGHZ 64, 342 (344); ausführlich zu den Nachteilen des Aussetzungszwangs bereits oben Kapitel 4: § 16 (S. 43 ff.).

[306] *Schmidt*, NJW 1977, 10 (16): „Nach § 96 Abs. 2 GWB können die Parteien eines Rechtsstreits gezwungen sein, einen Feststellungsstreit über eine Rechtsfrage zu führen, die unter ihnen unstreitig ist! Das ist eine verfahrensrechtliche Absonderlichkeit [...]."

[307] BGH, Beschl. v. 15.6.1959 – KAR 1/59, in: BGHZ 30, 186 (192); siehe auch *Ren-*

Aussetzungsverfahren kann die Anwendung des *acte-clair*-Gedanken überzeugen. Dies gilt auch für das Vorlageverfahren nach Art. 267 AEUV, in dessen Rahmen sogar der EuGH die *acte-clair*-Doktrin anwendet.[308] Für die heutige von § 87 S. 2 GWB angeordnete Gesamtzuständigkeit können diese Überlegungen aber nicht herangezogen werden.[309] Im Rahmen von § 87 S. 2 GWB würde die *acte-clair*-Doktrin neuen Spielraum zur Umgehung der kartellgerichtlichen Zuständigkeit schaffen. Mit der Abschaffung des Aussetzungszwangs und der Einführung der Gesamtzuständigkeit wollte der Gesetzgeber ausdrücklich verhindern, dass die Gerichte die kartellrechtliche Zuständigkeit übergehen.[310] In der Gesetzesbegründung zur 6. GWB-Novelle (1998) kritisierte der Gesetzgeber, dass Nicht-Kartellgerichte vermehrt dazu tendierten, die Eindeutigkeit einer Vorfrage anzunehmen.[311] Infolgedessen entschieden Nicht-Kartellgerichte über eine erhebliche Zahl von kartellrechtlichen Streitigkeiten.[312] Um diesem Vorgehen entgegenzuwirken, stellte der Gesetzgeber die Zuständigkeit bei kartellrechtlichen Haupt- und Vorfragen gleich. Hierbei nahm er bewusst in Kauf, dass die Kartellgerichte unter Umständen über fachfremde Spezialfragen mitentscheiden müssen.[313] Obwohl zu unterstellen ist, dass der Gesetzgeber Kenntnis von der einschränkenden Auslegung des § 96 Abs. 2 GWB a. F. durch die Rechtsprechung hatte, nahm er den *acte-clair*-Gedanken nicht in den Wortlaut des § 87 S. 2 GWB auf. Die Priorität des Gesetzgebers lag auf der Sicherstellung einer einheitlichen Interpretation des gesamten Kartellrechts.[314] Aus diesem Grund wollte er den „unkomplizierten" Teil des Kartellrechts nicht ausklammern.[315] Auch bei vermeintlich einfach gelagerten Kartellrechtsfragen kann im Rahmen der Tatsachenfeststellung sowie Subsumtion kartellrechtlicher Normen der Sachverstand der Kartellgerichte gefordert sein.[316] Aus den genannten Gründen ist sowohl die Anwendung einer *acte-clair*-Doktrin als auch der Vorschlag einer fakultativen Zuständigkeit von *Schmidt* abzulehnen. Sofern im Hinblick auf eine Reform des § 87 S. 2 GWB die Rückkehr zu einem *modi-*

---

the, in: Müller-Henneberg/Schwartz, Gemeinschaftskommentar³, § 96 GWB Rn. 15: „unnützer Formalismus".

[308] Vgl. statt vieler EuGH, Urt. v. 6.10.1982, C-283/81, ECLI:EU:C:1982:335 – *CILFIT / Ministero della Sanità*, Rn. 13 ff.

[309] Auch während der Geltung des Aussetzungszwangs blieb die Einschränkung bei zweifelsfreien Vorfragen nicht ohne Kritik, *Claßen*, Ausschließliche Zuständigkeit der Kartellgerichte, S. 55 ff.; *Leo*, GRUR 1959, 463 (464).

[310] BT-Drs. 13/9720, S. 46.

[311] BT-Drs. 13/9720, S. 46.

[312] BT-Drs. 13/9720, S. 46; zur Abschaffung des Aussetzungszwangs siehe bereits oben Kapitel 4: § 16 (S. 43 ff.).

[313] Vgl. auch BAG, Urt. v. 29.6.2017 – 8 AZR 189/15, in: NJW 2018, 184 (186); *Voß*, in: Busche/Röhling, Kölner Kommentar, § 87 GWB Rn. 8.

[314] Vgl. BT-Drs. 13/9720, S. 46.

[315] LAG Düsseldorf, Beschl. v. 29.1.2018 – 14 Sa 591/17, in: WuW 2018, 332 (336 f.); so aber wohl *Heyers/Lotze*, NZKart 2018, 29 (30 f.).

[316] Vgl. *Dicks*, in: LMRKM, § 87 GWB Rn. 21.

fizierten Aussetzungsverfahren diskutiert wird, sollte jedoch aufgrund prozessökonomischer Überlegungen eine Berücksichtigung des *acte-clair*-Gedankens für höchstrichterliche Rechtsprechung überdacht werden.[317]

4. Ergebnis

Im Ergebnis ist festzuhalten, dass sich der Begriff der kartellrechtlichen Vorfrage positiv formuliert wie folgt eingrenzen lässt: Jede kartellrechtliche Frage, die zur Beantwortung einer nicht-kartellrechtlichen Hauptfrage inzident geprüft werden muss, stellt eine kartellrechtliche Vorfrage dar. Diese Definition kann mit der negativen Ergänzung präzisiert werden, dass es sich nicht bereits um eine Hauptfrage im Sinne des § 87 S. 1 GWB handeln darf. Hieraus folgt, dass sich kartellrechtliche Vorfragen nicht aus dem Klagebegehren ergeben. Vielmehr handelt es sich um Fälle der *defensiven privaten Kartellrechtsdurchsetzung* sowie um *offensive kartellrechtliche Vorfragen*. Obwohl der Anwendungsbereich der kartellrechtlichen Vorfrage sehr weit ausfällt, ist *de lege lata* eine Beschränkung im Wege einer *acte-clair*-Doktrin abzulehnen.

IV. Entscheidungserheblichkeit der Vorfrage

Im Folgenden setzt sich die Arbeit mit der von § 87 S. 2 GWB geforderten Entscheidungserheblichkeit auseinander.

1. Zum Begriff der Entscheidungserheblichkeit

Die Vorschrift des § 87 S. 2 GWB setzt voraus, dass die Entscheidung des Rechtsstreits ganz oder teilweise von der kartellrechtlichen Vorfrage „abhängt". Das bedeutet, dass die kartellrechtliche Vorfrage für die Entscheidung der Hauptsache erheblich sein muss.[318] In Anlehnung an die allgemeine Aussetzungsregelung des § 148 ZPO wird das Tatbestandsmerkmal auch als Vorgreiflichkeit bezeichnet.[319] Auffällig ist hierbei, dass sowohl § 87 S. 2 GWB als auch § 148 ZPO das Wort „abhängt" enthalten. Von Entscheidungserheblichkeit oder Vorgreiflichkeit ist in beiden Normen nicht die Rede. Genaugenommen wäre daher die Bezeichnung „Abhängigkeit" treffender. Um Missverständnissen vorzubeugen, wird im Folgenden der wohl am häufigsten gebrauchte Begriff „Entscheidungserheblichkeit" verwendet.

---

[317] Vgl. bereits den entsprechenden Reformvorschlag zu § 96 Abs. 2 GWB a. F. bei *Schmidt*, NJW 1977, 10 (16 f.); siehe zum Reformvorschlag zu § 87 S. 2 GWB unten Kapitel 6: § 24 (S. 196 ff.).

[318] Vgl. statt vieler *Dicks*, in: LMRKM, § 87 GWB Rn. 19; *Pohlmann/Schäfers*, in: Fuchs/Weitbrecht, Handbuch Private Kartellrechtsdurchsetzung, § 12 Rn. 60.

[319] Etwa bei *Meyer-Lindemann*, in: FK-KartellR, § 87 GWB Rn. 58; *Schmidt*, in: Immenga/Mestmäcker, Wettbewerbsrecht II, § 87 GWB Rn. 27.

2. Keine Spruchreife

Unter der Geltung von § 96 Abs. 2 GWB a. F. schränkte die Entscheidungserheblichkeit den umständlichen Aussetzungszwang auf solche Fälle ein, in denen die Beantwortung der kartellrechtlichen Vorfrage für den weiteren Verlauf der Rechtsstreitigkeit ausschlaggebend war.[320] Heute dient die Entscheidungserheblichkeit als *Filter auf Tatbestandsebene*. Eine Befassung der Kartellgerichte mit nicht-kartellrechtlichen Fragen ist nur zu rechtfertigen, wenn es im Einzelfall tatsächlich auf die kartellrechtliche Vorfrage ankommt. Die Kartellgerichte sollen vor einer Überlastung mit fachfremden Fragen geschützt werden. Andernfalls wären sie bei der Bewältigung ihrer eigentlichen Aufgaben sowie der Entwicklung kartellrechtlicher Expertise gehemmt.[321] Vor dem Hintergrund des Normzwecks erschließt sich, dass eine kartellrechtliche Vorfrage nicht bereits entscheidungserheblich ist, wenn sie bloß geprüft werden kann.[322] Vielmehr setzt Entscheidungserheblichkeit im Sinne von § 87 S. 2 GWB voraus, dass der Rechtsstreit nicht bereits losgelöst von der kartellrechtlichen Vorfrage aus anderen Gründen spruchreif ist.[323] Das bedeutet, der Rechtsstreit darf nicht bereits im Sinne einer Klageabweisung oder eines Stattgebens entscheidungsreif sein.[324] Dies lässt sich anhand der klassischen Vorfrage-Konstellation verdeutlichen: Wendet die Beklagte gegen einen vertraglichen Anspruch ein, dass der Vertrag gegen kartellrechtliche Vorschriften verstoße, so darf sich die Unwirksamkeit des Vertrags nicht bereits aus anderen Gründen ergeben. Hierzu kommen zahlreichen Möglichkeiten in Betracht. Etwa könnte der Vertrag formnichtig[325] oder sittenwidrig nach § 138 Abs. 1 BGB[326] sein. Ein vertraglicher Anspruch könnte ebenso wegen Unmöglichkeit im Sinne von § 275 BGB ausgeschlossen sein.[327] Die Nichtigkeit könnte sich auch infolge einer Anfechtung aus § 142 Abs. 1 BGB ergeben.[328] Ferner könnte der geltend gemachte An-

---

[320] Vgl. *Schmidt*, NJW 1977, 10 (12).
[321] OLG Düsseldorf, Beschl. v. 21.2.2018 – VI U (Kart) 20/17, in: NZKart 2018, 194 (196).
[322] Vgl. statt vieler *Meyer-Lindemann*, in: FK-KartellR, § 87 GWB Rn. 58.
[323] BAG, Urt. v. 29.6.2017 – 8 AZR 189/15, in: NJW 2018, 184 (185); OLG Düsseldorf, Beschl. v. 11.10.2018 – 15 U 28/18, juris, Rn. 7; OLG Düsseldorf, Beschl. v. 11.10.2018 – 15 U 29/17, in: NZKart 2019, 109 (110); KG Berlin, Beschl. v. 22.12.2009 – 23 U 180/09, in: GRUR-RR 2010, 120; *Dicks*, in: LMRKM, § 87 GWB Rn. 19; *Meyer-Lindemann*, in: FK-KartellR, § 87 GWB Rn. 58; *Pohlmann/Schäfers*, in: Fuchs/Weitbrecht, Handbuch Private Kartellrechtsdurchsetzung, § 12 Rn. 60.
[324] BAG, Urt. v. 29.6.2017 – 8 AZR 189/15, in: NJW 2018, 184 (185); LAG Düsseldorf, Beschl. v. 29.1.2018 – 14 Sa 591/17, in: WuW 2018, 332 (334); *Dicks*, in: LMRKM, § 87 GWB Rn. 19.
[325] *Schmidt*, in: Immenga/Mestmäcker, Wettbewerbsrecht II, § 87 GWB Rn. 27.
[326] *Keßler*, in: MüKo Wettbewerbsrecht II, § 87 GWB Rn. 22.
[327] Vgl. zum Beispiel einer Vorratsschuld LG Münster, Urt. v. 16.4.2015 – 11 O 276/13, in: WuW/E DE-R, 4755 (4759).
[328] *Pohlmann/Schäfers*, in: Fuchs/Weitbrecht, Handbuch Private Kartellrechtsdurchsetzung, § 12 Rn. 60; ausführlich zur Anfechtung von Vereinbarungen mit Kartellbeteiligten

spruch bereits verjährt sein.[329] Auf einen etwaigen kartellrechtlichen Verstoß kommt es zudem nicht an, wenn das Gericht eine einseitige Leistungsbestimmung im Hinblick auf billiges Ermessen im Sinne des § 315 Abs. 3 BGB prüfen muss.[330] Ist die Leistungsbestimmung unbillig – etwa weil eine Gaspreiserhöhung nicht durch gestiegene Bezugskosten gerechtfertigt ist – so kann die kartellrechtliche Frage des Missbrauchs einer wettbewerbsrechtlichen Stellung dahinstehen.[331] Ist die Leistungsbestimmung hingegen billig im Sinne des § 315 Abs. 3 BGB, kann sie nicht zugleich auf einem Missbrauch im kartellrechtlichen Sinne beruhen.[332] Entscheidungserheblichkeit ist auch nicht gegeben, wenn sich die kartellrechtliche Vorfrage nur bei der Prüfung eines Hilfsantrags stellen würde, über den aber – wegen Zuspruchs des Hauptantrags – nicht entschieden werden muss.[333]

Besonders hervorzuheben ist, dass auch keine Entscheidungserheblichkeit vorliegt, wenn der geltend gemachte vertragliche Anspruch trotz der kartellrechtlichen Unwirksamkeit einzelner Abreden besteht.[334] Denn es ist zu berücksichtigen, dass sich die kartellrechtlich bedingte Nichtigkeitswirkung nur auf die gegen das Kartell- und/oder Missbrauchsverbot verstoßende, einzelne Vertragsklausel oder sogar nur ein Klauselelement erstreckt.[335] Die Frage, ob die Teilnichtigkeit zur Gesamtnichtigkeit des Vertrages führt, richtet sich nach § 139 BGB.[336] Danach ist der gesamte Vertrag nur nichtig, wenn nicht an-

---

wegen arglistiger Täuschung *Westermann*, in: Fuchs/Weitbrecht, Handbuch Private Kartellrechtsdurchsetzung, § 11 Rn. 78 ff.

[329] LG Münster, Urt. v. 16.4.2015 – 11 O 276/13, in: WuW/E DE-R, 4755 (4759).

[330] LG Detmold, Urt. v. 30.3.2011 – 10 S 185/10, juris, Rn. 10; vgl. hierzu auch *Kühnen*, Handbuch Patentverletzung, Kap. E Rn. 541.

[331] LG Detmold, Urt. v. 30.3.2011 – 10 S 185/10, juris, Rn. 10.

[332] LG Detmold, Urt. v. 30.3.2011 – 10 S 185/10, juris, Rn. 10; LG Krefeld, Urt. v. 9.7.2010 – 1 S 8/10, juris, Rn. 8; LG Hagen, Urt. v. 25.3.2009 – 7 S 84/08, juris, Rn. 50.

[333] LG Braunschweig, Urt. v. 28.8.2013 – 9 O 2637/12, in: WuW 2014, 88 (92); *Meyer-Lindemann*, in: FK-KartellR, § 87 GWB Rn. 31; *Ollerdißen*, in: Wiedemann, Handbuch des Kartellrechts, § 59 Rn. 36; *Pohlmann/Schäfers*, in: Fuchs/Weitbrecht, Handbuch Private Kartellrechtsdurchsetzung, § 12 Rn. 60; *Schmidt*, in: Immenga/Mestmäcker, Wettbewerbsrecht II, § 87 GWB Rn. 29; vgl. zur früheren Rechtslage BGH, Urt. v. 19.12.1958 – I ZR 176/57, in: NJW, 575 (576); *Renthe*, in: Müller-Henneberg/Schwartz, Gemeinschaftskommentar³, § 96 GWB Rn. 13; *Kellermann*, GRUR 1959, 569 (577).

[334] *Dicks*, in: LMRKM, § 87 GWB Rn. 19; *Keßler*, in: MüKo Wettbewerbsrecht II, § 87 GWB Rn. 22; *Raible*, in: Kamann/Ohlhoff/Völcker, Kartellverfahren und Kartellprozess, § 30 Rn. 13.

[335] *Bechtold/Bosch/Brinker*, in: Bechtold/Bosch/Brinker, EU-Kartellrecht, Art. 101 AEUV Rn. 139; *Dicks*, in: LMRKM, § 87 GWB Rn. 19; *Schmidt*, in: Immenga/Mestmäcker, Wettbewerbsrecht I, Art. 101 Abs. 2 AEUV Rn. 21; *Zimmer*, in: Immenga/Mestmäcker, Wettbewerbsrecht II, § 1 GWB Rn. 65; *Emmerich/Lange*, KartellR, § 7 Rn. 4; *Lettl*, Kartellrecht, § 2 Rn. 197; vgl. noch zum Aussetzungszwang BGH, Urt. v. 30.5.1978 – KZR 8/76, juris, Rn. 25.

[336] *Westermann*, in: Fuchs/Weitbrecht, Handbuch Private Kartellrechtsdurchsetzung, § 11 Rn. 21; *Zimmer*, in: Immenga/Mestmäcker, Wettbewerbsrecht II, § 1 GWB Rn. 66; *Emmerich/Lange*, KartellR, § 7 Rn. 4; vgl. zu Art. 101 Abs. 2 AEUV auch *Schmidt*, in: Immenga/Mestmäcker, Wettbewerbsrecht I, Art. 101 Abs. 2 AEUV Rn. 23 ff.

zunehmen ist, dass die Parteien ihn auch ohne den kartellrechtswidrigen Teil vorgenommen hätten. Die Klärung dieser Frage kann ein Nicht-Kartellgericht bereits ohne Klärung der kartellrechtlichen Vorfrage vornehmen.[337] Bleibt der vertragliche Anspruch nach § 139 BGB trotz unterstellter kartellrechtswidriger Abrede wirksam, so ist die kartellrechtliche Vorfrage nicht entscheidungserheblich.[338]

D. Bewertung des Tatbestands

Die Untersuchung des Tatbestands von § 87 GWB hat verdeutlicht, dass zur Abgrenzung zwischen den beiden Sätzen ein stringentes Abstellen auf das Klagebegehren erforderlich ist. Offenbart das Klagebegehren das Ziel *offensiver privater Kartellrechtsdurchsetzung*, so liegt eine kartellrechtliche Hauptfrage nach § 87 S. 1 GWB vor. Fälle der *defensiven privaten Kartellrechtsdurchsetzung* sind hingegen § 87 S. 2 GWB zuzuordnen. Ebenso unterfallen *offensive kartellrechtliche Vorfragen* der Regelung des § 87 S. 2 GWB. Grafisch lässt sich die Differenzierung zwischen kartellrechtlichen Haupt- und Vorfragen wie folgt zusammenfassen:

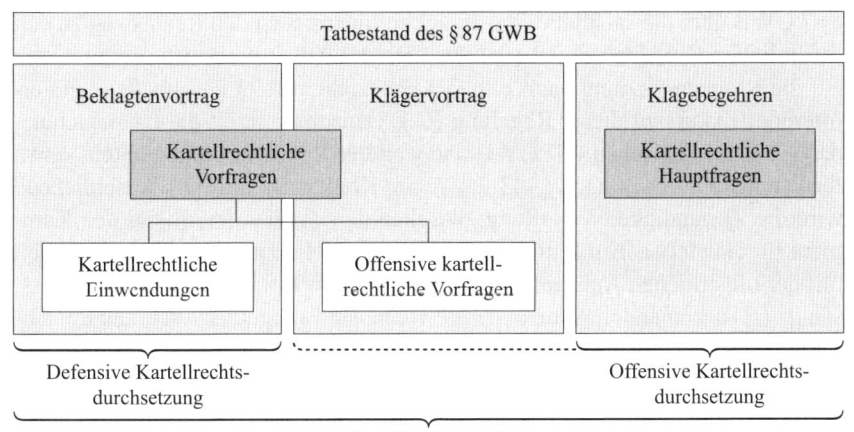

Abbildung 4: Tatbestand des § 87 GWB (Quelle: Eigene Darstellung)

Die Entscheidungserheblichkeit bildet den wesentlichen Unterschied zwischen den beiden Sätzen des § 87 GWB. Zudem hat die vorangegangene Betrachtung bereits veranschaulicht, dass einige noch näher zu untersuchende prozessuale Schwierigkeiten des § 87 S. 2 GWB[339] ihren Ursprung darin haben,

---
[337] *Bornkamm/Tolkmitt*, in: Bunte, Kartellrecht I, § 87 GWB Rn. 18.
[338] *Raible*, in: Kamann/Ohlhoff/Völcker, Kartellverfahren und Kartellprozess, § 30 Rn. 13.
[339] Hierzu unten Kapitel 5: § 21 (S. 143 ff.).

dass der Gesetzgeber zur Begründung der sachlichen Zuständigkeit atypisch an eine Vorfrage anknüpft. Bei der Ermittlung eines Reformvorschlags sollte diese Feststellung berücksichtigt werden. Darüber hinaus hat die Analyse gezeigt, dass sowohl § 87 S. 1 GWB als auch § 87 S. 2 GWB nur Zivilsachen im Sinne des § 13 GVG erfassen. Insofern würde sich eine Ersetzung der Formulierungen „bürgerlicher Rechtsstreit" sowie „Rechtsstreit" durch den Begriff „Zivilsache" anbieten. Aufgrund der nahezu wortlautgleichen Übertragung von § 96 Abs. 2 GWB a. F. hat der Gesetzgeber in § 87 S. 2 GWB eine missglückte Formulierung gewählt. So wäre es zu begrüßen, den zweiten Begriff „Entscheidung" zu streichen beziehungsweise zu ersetzen, etwa durch das Wort „Beurteilung" oder „kartellrechtliche Vorfrage".

§ 20 Rechtsfolgen des § 87 GWB

Der folgende Abschnitt nimmt die Rechtsfolgen des § 87 GWB in den Blick. Hierbei steht weiterhin die Frage im Vordergrund, ob § 87 GWB reformbedürftig ist. Zunächst wird die aus § 87 GWB folgende ausschließliche sachliche Zuständigkeit der Kartellgerichte analysiert (A.). Sodann untersucht die Arbeit, ob § 87 GWB über die sachliche Zuständigkeit hinaus auch den Rechtsweg zu den ordentlichen Gerichten regelt (B.). Da sich die Arbeit mehrfach argumentativ auf die Klageverbindung nach § 88 GWB bezieht, erfolgt anschließend ein erörternder Exkurs zu dieser Regelung (C.). Danach ermittelt die Untersuchung das Verhältnis zwischen § 87 GWB und weiteren Sonderzuständigkeiten – etwa für Patentstreitsachen nach § 143 PatG – im Konkurrenzfall (D.). Anschließend wird die Zuständigkeitsverteilung zwischen den Zivilkammern und den Kammern für Handelssachen kritisch hinterfragt (E.). Hiernach setzt sich die Arbeit mit der umstrittenen Anwendung des § 87 S. 2 GWB im einstweiligen Rechtsschutz (F.) auseinander. Anhand der gewonnenen Erkenntnisse schließt der Abschnitt mit einer Bewertung der Rechtsfolgenausgestaltung *de lege lata* (G.).

A. Ausschließliche sachliche Zuständigkeit nach § 87 GWB

Nach einhelliger Auffassung in Rechtsprechung[340] und Schrifttum[341] regelt § 87 S. 1 GWB die sachliche Zuständigkeit der Landgerichte innerhalb der ordent-

---

[340] Vgl. statt vieler BAG, Urt. v. 29.6.2017 – 8 AZR 189/15, in: NJW 2018, 184 (185).
[341] *Dicks*, in: LMRKM, § 87 GWB Rn. 24; *Keßler*, in: MüKo Wettbewerbsrecht II, § 87 GWB Rn. 1; *Meyer-Lindemann*, in: FK-KartellR, § 87 GWB Rn. 59; *Ollerdißen*, in: Wiedemann, Handbuch des Kartellrechts, § 59 Rn. 27; *Pohlmann/Schäfers*, in: Fuchs/Weitbrecht, Handbuch Private Kartellrechtsdurchsetzung, § 12 Rn. 5 und 41; *Schmidt*, in: Immenga/Mestmäcker, Wettbewerbsrecht II, § 87 GWB Rn. 37; *Voß*, in: Busche/Röhling, Kölner Kommentar, § 87 GWB Rn. 48; *Schäfers*, ZZP 132 (2019), 231 (247).

lichen Gerichtsbarkeit. Aufgrund einer Rechtsfolgenverweisung („Satz 1 gilt auch") gilt dies ebenfalls für § 87 S. 2 GWB. Die Einordnung des § 87 GWB als Regelung der sachlichen Zuständigkeit bereitet keine Schwierigkeiten. Nach dem eingangs erläuterten Grundsatz der Gesamtzuständigkeit[342] sind die Kartellgerichte für die Entscheidung des gesamten Rechtsstreits und nicht nur im Blick auf einzelne Rechtsfragen zuständig.[343] Die Regelung des § 87 S. 2 GWB ist insofern atypisch, als die sachliche Zuständigkeit aufgrund einer Vorfrage begründet wird.[344] Als Ausnahme von dem in § 23 Nr. 1 GVG geregelten Grundsatz hat der Gesetzgeber in § 87 GWB bürgerliche Kartellrechtsstreitigkeiten streitwertunabhängig den Landgerichten zugewiesen. Systematisch ist § 87 GWB daher *lex specialis* zu § 23 Nr. 1 GVG.[345] Die Amtsgerichte sind von der Entscheidung kartellrechtlicher Streitigkeiten ausgeschlossen. Sofern die Landesregierungen nach § 89 GWB Kartellgerichte eingerichtet haben, konzentriert sich die Zuständigkeit auf diese.[346] Gemäß § 95 GWB gilt die in § 87 GWB geregelte sachliche Zuständigkeit ausschließlich und ist daher der Disposition durch die Parteien entzogen.[347] Hiermit entspricht § 87 GWB dem Regelfall sachlicher Sonderzuständigkeiten.[348]

B. Eröffnung des Rechtswegs nach § 87 GWB?

Es stellt sich die Frage, ob § 87 GWB neben der sachlichen Zuständigkeit auch die Rechtswegeröffnung zu den ordentlichen Gerichten zum Gegenstand hat. Um die Tragweite dieser rechtssystematischen Einordnung zu verdeutlichen, geht die Untersuchung zunächst allgemein auf den Rechtsweg in Abgrenzung zur sachlichen Zuständigkeit ein (I.). Anschließend analysiert die Arbeit das Verhältnis von § 87 GWB zu der Vorschrift des § 13 GVG, die grundsätzlich den Rechtsweg zu den ordentlichen Gerichten regelt (II.–V.).

---

[342] Siehe oben Kapitel 3: § 12 (S. 30 ff.).
[343] BGH, Urt. v. 6.2.2013 – I ZR 13/12, in: WRP, 1362 (1364); *Bornkamm/Tolkmitt*, in: Bunte, Kartellrecht I, § 87 GWB Rn. 18; *Keßler*, in: MüKo Wettbewerbsrecht II, § 87 GWB Rn. 13.
[344] Vgl. hierzu bereits oben Kapitel 3: § 12 (S. 30 ff.); zu den hieraus resultierenden prozessualen Fragen siehe unten Kapitel 5: § 21 (S. 143 ff.).
[345] Vgl. *Voß*, in: Busche/Röhling, Kölner Kommentar, § 87 GWB Rn. 48.
[346] Vgl. zum Aufbau der Kartelljustiz bereits oben ausführlich Kapitel 2: § 5 (S. 8 ff.); vgl. zu den Kartellgerichten im Sinne des § 89 GWB Übersicht 1 in der Anlage.
[347] Vgl. § 40 Abs. 2 ZPO, siehe hierzu bereits oben Kapitel 3: § 12 (S. 30 ff.); die Regelung des § 95 GWB hat allein für bürgerliche Rechtsstreitigkeiten im Sinne von § 87 GWB Bedeutung, da die Parteien über die Zuständigkeit in Verwaltungs- und Bußgeldverfahren *per se* nicht disponieren können, vgl. *Pohlmann/Schäfers*, in: Fuchs/Weitbrecht, Handbuch Private Kartellrechtsdurchsetzung, § 12 Rn. 98; *Voß*, in: Busche/Röhling, Kölner Kommentar, § 95 GWB Rn. 2.
[348] Siehe oben Kapitel 3: § 12 (S. 30 ff.).

I. Allgemein zum Rechtsweg

Wie Art. 95 Abs. 1 GG impliziert, gliedert sich das Gerichtssystem in fünf Zweige: die ordentliche Gerichtsbarkeit sowie die Verwaltungs-, Finanz-, Sozial- und Arbeitsgerichtsbarkeit.[349] Der Zugang zu einem der Gerichtszweige wird als Rechtsweg bezeichnet.[350] Vorschriften in Verfahrensordnungen (§ 13 GVG, § 40 VwGO, § 33 FGO, § 51 SGG und §§ 2, 2a ArbGG) weisen jedem Rechtsweg bestimmte Rechtsgebiete zur Entscheidung zu.[351] Hiervon abzugrenzen sind Regelungen, die innerhalb eines Rechtswegs bestimmte Streitigkeiten speziellen Gerichten oder Spruchkörpern zuweisen, also die sachliche Zuständigkeit regeln.[352] In Form einer Generalklausel[353] weist § 13 GVG die bürgerlichen Rechtsstreitigkeiten, die Familiensachen und die Angelegenheiten der freiwilligen Gerichtsbarkeit (Zivilsachen) sowie die Strafsachen den ordentlichen Gerichten zu. Die Regelung enthält – ebenso wie § 40 VwGO – ausdrücklich einen Subsidiaritätsvorbehalt gegenüber sog. abdrängenden Sonderzuweisungen.[354] Hierdurch ermöglicht § 13 GVG die Zuweisung bürgerlicher Rechtsstreitigkeiten an die Verwaltungsgerichte (§ 40 Abs. 1 S. 1 VwGO) sowie die Sozial- und Finanzgerichte (§ 51 SGG, § 33 FGO).[355] Einen weiteren Teil der bürgerlichen Rechtsstreitigkeiten weisen die §§ 2, 2a ArbGG als abdrängende Sonderzuweisungen den Arbeitsgerichten zu.[356] Früher ging man davon aus, dass es sich bei der Arbeitsgerichtsbarkeit um eine sachliche Zuständigkeit innerhalb des ordentlichen Rechtswegs handele.[357] Heute ist aber ganz überwiegend anerkannt, dass die Arbeitsgerichtsbarkeit einen eigenen Rechtsweg darstellt, gegenüber dem § 13 GVG subsidiär ist.[358] Im Jahr 1991 hat der Gesetzgeber dies mit der

---

[349] *Pohlmann*, ZPR, Rn. 200; *Rosenberg/Schwab/Gottwald*, ZPR, § 9 Rn. 9.
[350] *Wöstmann*, in: MüKo ZPO I, § 1 ZPO Rn. 4.
[351] *Pohlmann*, ZPR, Rn. 200.
[352] Allgemein zur sachlichen Zuständigkeit bereits oben Kapitel 3: § 9 (S. 25 ff.).
[353] *Pabst*, in: MüKo ZPO III, § 13 GVG Rn. 2.
[354] *Jacobs*, in: Stein/Jonas, ZPO IX, § 13 GVG Rn. 1; *Pohlmann/Schäfers*, in: Fuchs/Weitbrecht, Handbuch Private Kartellrechtsdurchsetzung, § 12 Rn. 7; § 13 GVG a. E. lautet: „Vor die ordentlichen Gerichte gehören die bürgerlichen Rechtsstreitigkeiten […], für die nicht entweder die Zuständigkeit von Verwaltungsbehörden oder Verwaltungsgerichten begründet ist oder auf Grund von Vorschriften des Bundesrechts besondere Gerichte bestellt oder zugelassen sind".
[355] *Jacobs*, in: Stein/Jonas, ZPO IX, § 13 GVG Rn. 36.
[356] *Jacobs*, in: Stein/Jonas, ZPO IX, § 13 GVG Rn. 35; *Mayer*, in: Kissel/Mayer, § 13 GVG Rn. 12.
[357] In diesem Sinne etwa *Gummer*, in: Zöller, ZPO[16], § 13 GVG Rn. 3; siehe auch *Koch*, NJW 1991, 1856 (1858); so wohl noch heute *Voß*, in: Busche/Röhling, Kölner Kommentar, § 87 GWB Rn. 6.
[358] BAG, Urt. v. 26.3.1992 – 2 AZR 443/91, in: NZA 1992, 954 (955); *Mayer*, in: Kissel/Mayer, § 13 GVG Rn. 145; *Pohlmann/Schäfers*, in: Fuchs/Weitbrecht, Handbuch Private Kartellrechtsdurchsetzung, § 12 Rn. 7; *Pabst*, in: MüKo ZPO III, § 13 GVG Rn. 1; *Prütting*, in: GMP, Einl. Rn. 51; *Rosenberg/Schwab/Gottwald*, ZPR, § 13 Rn. 1; *Kissel*, NJW 1991, 945 (947); *Koch*, NJW 1991, 1856 (1858); *Mayerhofer*, NJW 1992, 1602.

Neuregelung von § 48 ArbGG und §§ 17 ff. GVG durch das 4. VwGOÄndG[359] klargestellt.[360] Seither verweist § 48 ArbGG unmittelbar auf die §§ 17 ff. GVG, die sich allein auf den Rechtsweg beziehen. Zudem hat der Gesetzgeber die amtliche Überschrift des § 48 ArbGG von „Sachliche und örtliche Zuständigkeit" in „Rechtsweg und Zuständigkeit" geändert.[361] Eine Einordnung der Arbeitsgerichtsbarkeit als Rechtsweg entspricht auch dem *Prinzip der Gleichwertigkeit* zwischen den fünf bestehenden Gerichtsbarkeiten, das aus Art. 95 GG abgeleitet wird.[362] Neben den abdrängenden Sonderzuweisungen wird die Vorschrift des § 13 GVG durch aufdrängende Sonderzuweisungen ergänzt.[363] Hierbei handelt es sich um Vorschriften, die für Nicht-Zivilsachen ausdrücklich die Zuständigkeit der ordentlichen Gerichtsbarkeit anordnen. Dazu zählen etwa gemäß Art. 34 S. 3 GG Schadenersatzansprüche aus Amtspflichtverletzungen.[364]

II. Problemaufriss: Verhältnis von § 87 GWB und § 13 GVG

Nachstehend analysiert die Arbeit das Verhältnis von § 87 GWB und § 13 GVG. Hierbei ist folgende Überlegung zu berücksichtigen: Der Gesetzgeber hat die Rechtsfolgen von § 87 S. 1 GWB und § 87 S. 2 GWB im Rahmen der 6. GWB-Novelle (1998) angeglichen.[365] Das hat zur Folge, dass entweder sowohl § 87 S. 1 GWB als auch § 87 S. 2 GWB (nur) die sachliche Zuständigkeit regeln oder darüber hinaus – als *lex specialis* zu § 13 GVG – auch den Rechtsweg zu den ordentlichen Gerichten eröffnen. Aufgrund der Rechtsfolgenangleichung besteht kein Raum für eine unterschiedliche rechtssystematische Einordung der Sätze des § 87 GWB.[366] Daher nimmt die nachfolgende Untersuchung § 87 S. 1 GWB und § 87 S. 2 GWB gleichzeitig in den Blick. Hierzu geht die Arbeit wie folgt vor: Zunächst wird ermittelt, inwiefern sich die Einordnung von § 87 GWB auswirkt, wenn (k)eine bürgerliche Rechtsstreitigkeit vorliegt (1.–2.). Sodann wird beleuchtet, welche Konsequenzen die jeweilige Einordnung aufgrund der Unterschiede zwischen Rechtsweg und sachlicher Zuständigkeit nach sich zieht (3.)

---

[359] Gesetz zur Neuregelung des verwaltungsgerichtlichen Verfahrens (Viertes Gesetz zur Änderung der Verwaltungsgerichtsordnung) v. 17.12.1990 (BGBl. I, S. 2809).
[360] BT-Drs. 11/7030, S. 39; vgl. hierzu ausführlich *Koch*, NJW 1991, 1856 (1857 f.); *Mayerhofer*, NJW 1992, 1602.
[361] BT-Drs. 11/7030, S. 13; siehe hierzu auch *Koch*, NJW 1991, 1856 (1858).
[362] Die gesamte Neuregelung der §§ 17 bis 17b GVG beruht auf der gesetzgeberischen Vorstellung von der Gleichwertigkeit aller Rechtswege, vgl. BT-Drs. 11/7030, S. 36; siehe auch *Jacobs*, in: Stein/Jonas, ZPO IX, § 17 GVG Rn. 20; *Kissel*, NJW 1991, 945 (947); *Mayerhofer*, NJW 1992, 1602 (1602 f.).
[363] *Pohlmann*, ZPR, Rn. 201.
[364] Vgl. zu weiteren aufdrängenden Sonderzuweisungen *Jacobs*, in: Stein/Jonas, ZPO IX, § 13 GVG Rn. 38 ff.
[365] Siehe hierzu bereits oben Kapitel 5: § 19 A. II. (S. 55 ff.).
[366] Differenzierende Auslegung der Sätze des § 87 GWB aber bei *Pohlmann/Schäfers*, in: Fuchs/Weitbrecht, Handbuch Private Kartellrechtsdurchsetzung, § 12 Rn. 11 f.

1. Vorliegen einer bürgerlichen Rechtsstreitigkeit

Wie bereits erläutert,[367] ist das Vorliegen einer bürgerlichen Rechtsstreitigkeit im Sinne des § 13 GVG Tatbestandsvoraussetzung des § 87 S. 1 GWB sowie des § 87 S. 2 GWB. Im Umkehrschluss sind öffentlich-rechtliche Streitigkeiten schon tatbestandlich nicht von § 87 GWB erfasst. Das bedeutet, dass sich die rechtssystematische Einordnung des § 87 GWB nicht auswirkt, wenn schon keine bürgerliche Rechtsstreitigkeit gegeben ist. In diesen Fällen können die Streitigkeiten grundsätzlich weder nach § 87 GWB noch nach § 13 GVG in den ordentlichen Rechtsweg gelangen. Ausnahmen gelten, wenn – wie etwa bei Amtshaftungsansprüchen nach Art. 34 S. 3 GG – aufdrängende Sonderzuweisungen in die ordentliche Gerichtsbarkeit bestehen. Ebenso hat der Gesetzgeber Kartellverwaltungs- und Kartellbußgeldsachen gemäß §§ 91 S. 2, 57 Abs. 2 S. 2, 73 Abs. 4, 83, 85, 86 GWB ausdrücklich der ordentlichen Gerichtsbarkeit zugewiesen.[368] Liegt hingegen eine bürgerliche Rechtsstreitigkeit mit kartellrechtlicher Haupt- oder Vorfrage vor, so gelangt diese sowohl nach § 87 GWB als auch nach § 13 GVG vor die Kartellgerichte. Für die weitere Untersuchung ist festzuhalten, dass in den meisten Fällen bürgerlicher Streitigkeiten unabhängig von der Einordnung des § 87 GWB weitestgehend Gleichlauf besteht.

Anders gestaltet sich die Situation hingegen, wenn der Gesetzgeber für eine bürgerliche Rechtsstreitigkeit eine abdrängende Sonderzuweisung in einen anderen Rechtsweg geschaffen hat. Eine solche ist beispielsweise in §§ 2, 2a ArbGG vorgesehen. Im Gegensatz zu § 13 GVG enthält § 87 GWB keinen Subsidiaritätsvorbehalt.[369] Das führt zu folgender Konstellation: Nimmt man an, dass § 87 GWB als *lex specialis* zu § 13 GVG den Rechtsweg eröffnet, so haben abdrängende Zuweisungen keinen Vorrang gegenüber § 87 GWB.[370] Die Kartellgerichte müssten daher stets über arbeitsrechtliche Streitigkeiten entscheiden, wenn diese eine kartellrechtliche Haupt[371]- oder Vorfrage enthalten. Lehnt man hingegen eine Rechtswegeröffnung nach § 87 GWB ab und bejaht allein eine Regelung der sachlichen Zuständigkeit, so käme der Subsidiaritätsvorbehalt in § 13 a. E. GVG zum Tragen. Dies hätte zur Folge, dass abdrängende Sonderzuweisungen auch für solche Streitigkeiten gälten, die den Tatbestand von § 87 GWB erfüllen.[372] Danach wären die Arbeitsgerichte zuständig, wenn sich in einer arbeitsrechtlichen Streitigkeit im Sinne von §§ 2, 2a ArbGG kar-

---

[367] Vgl. zu § 87 S. 1 GWB oben unter Kapitel 5: § 19 B. I. (S. 58 ff.); der weitere Begriff „Rechtsstreit" in § 87 S. 2 GWB ist insofern restriktiv auszulegen, siehe hierzu oben Kapitel 5: § 19 C. I. (S. 80 f.).
[368] Vgl. hierzu bereits oben Kapitel 2: § 5 B. (S. 9 ff.).
[369] Siehe bereits oben zum Subsidiaritätsvorbehalt Kapitel 5: § 20 B. I. (S. 102 f.).
[370] *Pohlmann/Schäfers*, in: Fuchs/Weitbrecht, Handbuch Private Kartellrechtsdurchsetzung, § 12 Rn. 7.
[371] Zur eingeschränkten praktischen Relevanz dieser Fälle sogleich.
[372] *Pohlmann/Schäfers*, in: Fuchs/Weitbrecht, Handbuch Private Kartellrechtsdurchsetzung, § 12 Rn. 7.

tellrechtliche Haupt- oder Vorfragen stellen. Eine Zuständigkeit der Kartellgerichte käme in diesen Fällen nicht in Betracht.

2. Praktische Auswirkungen der rechtssystematischen Einordnung

Das Verhältnis von § 13 GVG und § 87 GWB ist für die zwei Sätze des § 87 GWB von unterschiedlicher Bedeutung. Im Hinblick auf § 87 S. 1 GWB hält sich die praktische Relevanz in Grenzen. Grund hierfür ist, dass kaum Streitigkeiten denkbar sind, die einer abdrängenden Sonderzuständigkeit unterfallen und zugleich einen Fall *offensiver privater Kartellrechtsdurchsetzung* – also eine kartellrechtliche Hauptfrage[373] – darstellen. Lange Zeit ergaben sich etwa bei Streitigkeiten zwischen gesetzlichen Krankenkassen und privaten Leistungserbringern Abgrenzungsschwierigkeiten zwischen ordentlicher Gerichtsbarkeit und Sozialgerichtsbarkeit. Vorübergehend hatte der Gesetzgeber die Materie sowohl in materiell-rechtlicher Hinsicht dem Kartellrecht als auch in prozessualer Hinsicht den Kartellgerichten entzogen.[374] Im Zuge des am 1. Januar 2011 in Kraft getretenen Arzneimittelmarktneuordnungsgesetzes[375] hat der Gesetzgeber die Rechtswegregelung zu den Sozialgerichten in § 51 SGG um einen dritten Absatz ergänzt. Seither ist in § 51 Abs. 3 SGG normiert, dass zivilrechtliche Kartellsachen nicht nach § 51 Abs. 2 SGG den Sozialgerichten zugewiesen sind. Hiermit hat der Gesetzgeber klargestellt, dass Streitigkeiten in Verfahren nach dem GWB von der Zuständigkeit der Sozialgerichte ausgenommen sind, auch wenn sie Rechtsbeziehungen nach § 69 SGB V zum Gegenstand haben. Somit ordnen die § 69 Abs. 2 SGB V, § 87 S. 1 GWB, § 51 Abs. 3 SGG eine spezialgesetzliche aufdrängende Zuweisung zu den ordentlichen Gerichten an.[376] Infolgedessen hat sich das Abgrenzungsproblem zur Sozialgerichtsbarkeit erledigt.[377] Weitere abdrängende Zuweisungen, die eine kartellrechtliche Hauptfrage erfassen, sind nicht ersichtlich. Insbesondere sind keine Konstellationen vorstellbar, in denen eine Arbeitssache im Sinne von §§ 2, 2a ArbGG zugleich eine kartellrechtliche Hauptfrage im Sinne des § 87 S. 1 GWB beinhaltet.[378]

---

[373] Siehe ausführlich zur kartellrechtlichen Hauptfrage oben Kapitel 5: § 19 B. II. (S. 60 ff.).
[374] Vgl. ausführlich zu dieser Entwicklung *Pohlmann/Schäfers*, in: Fuchs/Weitbrecht, Handbuch Private Kartellrechtsdurchsetzung, § 12 Rn. 30 ff.; *Schmidt*, in: Immenga/Mestmäcker, Wettbewerbsrecht II, § 87 GWB Rn. 7 ff.
[375] Gesetz zur Neuordnung des Arzneimittelmarktes in der gesetzlichen Krankenversicherung (Arzneimittelmarktneuordnungsgesetz, AMNOG) v. 22.12.2010, BGBl. I, S. 2262.
[376] Vgl. auch BT-Drs. 17/2413, S. 26 f.; *Pohlmann/Schäfers*, in: Fuchs/Weitbrecht, Handbuch Private Kartellrechtsdurchsetzung, § 12 Rn. 39; *Schmidt*, in: Immenga/Mestmäcker, Wettbewerbsrecht II, § 87 GWB Rn. 10.
[377] *Pohlmann/Schäfers*, in: Fuchs/Weitbrecht, Handbuch Private Kartellrechtsdurchsetzung, § 12 Rn. 11.
[378] *Pohlmann/Schäfers*, in: Fuchs/Weitbrecht, Handbuch Private Kartellrechtsdurchsetzung, § 12 Rn. 11.

Fälle von § 87 S. 2 GWB sind hingegen in zahlreichen und sogar rechtswegfremden Konstellationen denkbar.[379] So hat etwa die bereits mehrfach angesprochene Entscheidung des Bundesarbeitsgerichts zum *Schienenkartell*[380] eindrucksvoll gezeigt, dass sich in einem arbeitsrechtlichen Verfahren bereits aus der Heranziehung kartellrechtlicher Wertungen eine kartellrechtliche Vorfrage im Sinne des § 87 S. 2 GWB ergeben kann.[381] Nimmt man an, dass § 87 GWB eine *lex specialis* zu § 13 GVG bildet, so würde allein eine kartellrechtliche Vorfrage den ordentlichen Rechtsweg begründen. In der Konsequenz wären die Kartellgerichte für alle arbeitsrechtlichen Streitigkeiten zuständig, die eine entscheidungserhebliche kartellrechtliche Vorfrage aufweisen. Lehnt man dies hingegen ab, so würden – bei Bestehen einer abdrängenden Zuweisung – nicht die Kartellgerichte über kartellrechtliche Vorfragen entscheiden, sondern die Gerichte eines anderen Rechtswegs. Die Arbeitsgerichte müssten etwa über eine kartellrechtliche Vorfrage mitentscheiden. Somit hat die rechtssystematische Beurteilung des Verhältnisses von § 87 GWB zu § 13 GVG wesentlich höhere praktische Bedeutung für die Regelung des § 87 S. 2 GWB.

3. Unterschiede zwischen Rechtsweg und sachlicher Zuständigkeit

Die Einordnung des § 87 GWB als Rechtsweg- oder Zuständigkeitsregelung hat gewichtige Folgen.[382] So ist etwa bei einer Verweisung wegen Unzuständigkeit des angerufenen Gerichts eine unterschiedliche normative Anknüpfung erforderlich. Im Falle einer Rechtswegregelung müsste das angerufene Gericht nach § 17a Abs. 2 S. 1 GVG an das Gericht des zulässigen Rechtswegs verweisen. Nimmt man hingegen eine Regelung der sachlichen Zuständigkeit an, richtet sich die Verweisung nach § 281 Abs. 1 S. 1 ZPO. In beiden Fällen ist der Verweisungsbeschluss für das Gericht, an das verwiesen wird, bindend.[383] Dies folgt aus § 17a Abs. 2 S. 3 GVG beziehungsweise § 281 Abs. 2 S. 4 ZPO. Allerdings setzt die Verweisungsvorschrift des § 281 Abs. 1 S. 1 ZPO einen Antrag der Klägerin voraus. Die Klage ist als unzulässig abzuweisen, wenn die Klägerin keinen Verweisungsantrag stellt. Im Fall von § 17a Abs. 2 S. 1 GVG spricht das Gericht hingegen nach Anhörung der Parteien von Amts wegen seine Unzuständigkeit aus und verweist den Rechtsstreit. Überdies ermöglicht § 17a Abs. 3 GVG, dass die Gerichte losgelöst von den übrigen Fragen der Zulässig-

---

[379] Vgl. Beispiele zur kartellrechtlichen Vorfrage Kapitel 5: § 19 C. III. 2. (S. 86 ff.).
[380] BAG, Urt. v. 29.6.2017 – 8 AZR 189/15, in: NJW 2018, 184; zur Entscheidung bereits in der Einleitung oben Kapitel 1: § 1 (S. 1 ff.).
[381] Vgl. Beispiele zu Vorfragen aufgrund kartellrechtlicher Wertungen oben Kapitel 5: § 19 C. III. 2. c) (S. 89 f.).
[382] Vgl. auch *Pohlmann/Schäfers*, in: Fuchs/Weitbrecht, Handbuch Private Kartellrechtsdurchsetzung, § 12 Rn. 20.
[383] Ausführlich zur Bindungswirkung von Verweisungsbeschlüssen unten Kapitel 5: § 21 B. I. (S. 162 ff.).

keit und Begründetheit in einem vorgeschalteten Verfahren über die Zulässigkeit des Rechtswegs entscheiden.[384] Gemäß § 17a Abs. 3 S. 2 GVG müssen die Gerichte sogar vorab entscheiden, wenn eine Partei die Zulässigkeit des Rechtswegs rügt. Für die sachliche Zuständigkeit hat der Gesetzgeber keine Möglichkeit zur vorgezogenen Entscheidung vorgesehen. Allerdings kann das Gericht gemäß § 280 Abs. 1 ZPO anordnen, dass über die gesamte Zulässigkeit der Klage gesondert verhandelt wird. Auch der Grundsatz der *perpetuatio fori*[385] richtet sich – wenn auch ohne sachliche Abweichungen – nach unterschiedlichen Vorschriften. Im Rechtsweg gilt § 17 Abs. 1 S. 1 GVG, für die sachliche Zuständigkeit hingegen § 261 Abs. 3 Nr. 2 ZPO.

Darüber hinaus entscheidet das Gericht des zuständigen Rechtswegs nach seiner eigenen Verfahrensordnung über alle Tat- und Rechtsfragen.[386] Das bedeutet, dass sich die Bestimmung des Rechtswegs auf das anzuwendende Verfahrensrecht, die Zusammensetzung der Richterinnenbank sowie den Instanzenzug auswirkt.[387] Sofern § 87 GWB den Rechtsweg regelt, würden Kartellgerichte auch über im Kern arbeitsrechtliche Streitigkeiten entscheiden. Hierbei käme aber nicht das ArbGG zur Anwendung, sondern allein die ZPO. Zwar gelten gemäß § 46 Abs. 2 ArbGG in Arbeitsgerichtsverfahren von wenigen Ausnahmen abgesehen auch die Vorschriften der ZPO. Allerdings sieht das ArbGG einige – der einen oder anderen Partei nützliche – Abweichungen vor. Während vor den Landgerichten gemäß § 78 Abs. 1 S. 1 ZPO Anwaltszwang gilt, sind die Parteien gemäß § 11 Abs. 1 S. 1 ArbGG vor den Arbeitsgerichten selbst postulationsfähig. Nach § 11 Abs. 2 S. 2 Nr. 4 ArbGG ist auch eine Vertretung durch sog. Verbandsvertreterinnen, zum Beispiel seitens der Gewerkschaften, möglich.[388] Ferner ist im Arbeitsprozess eine Güteverhandlung gemäß § 54 ArbGG bis auf wenige Ausnahmen[389] zwingend vorgeschrieben. Die ordentlichen Gerichte sollen gemäß § 278 Abs. 1 ZPO nur auf eine gütliche Beilegung des Rechtsstreits bedacht sein. Nicht zuletzt verlangen die Arbeitsgerichte gemäß § 11 GKG keinen Gerichtskostenvorschuss. Die Vorschrift dient – wie auch §§ 6 Abs. 3, 9 GKG im Hinblick auf die Fälligkeit der Verfahrensgebühr – der kostenrechtlichen Privilegierung der Parteien im arbeitsgerichtlichen Verfahren.[390] Insbesondere für Arbeitnehmerinnen könnte eine Abweichung von den Vorschriften des ArbGG nachteilige Folgen haben.

---

[384] *Jacobs*, in: Stein/Jonas, ZPO IX, § 17a GVG Rn. 14.
[385] Vgl. hierzu ausführlich unten Kapitel 5: § 21 C. II. 2. a) (S. 177 f.).
[386] *Zimmermann*, in: MüKo ZPO III, § 17 GVG Rn. 12; vgl. auch *Deckers*, ZZP 110 (1997), 341 (351).
[387] Vgl. auch *Mayer*, in: Kissel/Mayer, § 13 GVG Rn. 11; *Pabst*, in: MüKo ZPO III, § 13 GVG Rn. 3.
[388] *Poeche*, in: BeckOK ArbeitsR, § 11 ArbGG Rn. 4.
[389] Eine Güteverhandlung ist etwa nicht durchzuführen, wenn gegen einen Vollstreckungsbescheid ein Einspruch eingelegt wurde, *Künzl*, in: GMP, § 54 ArbGG Rn. 54.
[390] Vgl. *Toussaint*, in: BeckOK KostenR, § 11 GKG Rn. 1.

4. Fazit

Es kann festgehalten werden, dass die rechtssystematische Einordnung von § 87 GWB in erster Linie praktische Bedeutung für arbeitsrechtliche Streitigkeiten mit kartellrechtlicher Vorfrage hat. Aufgrund der weitreichenden Folgen, die sich aus den Unterschieden zwischen Rechtsweg und sachlicher Zuständigkeit ergeben, kommt es auf die Bestimmung des Verhältnisses auch an.

III. Meinungsstand

Zur aufgeworfenen Problematik bestehen im Wesentlichen zwei Ansichten. Nach einer im Schrifttum vertretenen Auffassung enthält § 87 GWB (nur) eine Regelung der sachlichen Zuständigkeit innerhalb der ordentlichen Gerichtsbarkeit.[391] Demzufolge wären die Arbeitsgerichte aufgrund der abdrängenden Sonderzuweisung in §§ 2, 2a ArbGG auch für Verfahren mit kartellrechtlicher Vorfrage zuständig. Dem widerspricht die sowohl vom Bundesarbeitsgericht[392] als auch im Schrifttum[393] vertretene herrschende Meinung. Dieser zufolge regelt § 87 GWB in seinem Anwendungsbereich für bürgerliche Rechtsstreitigkeiten im Sinne von § 13 GVG eine ausschließliche Rechtswegzuständigkeit der Kartellgerichte. Nach dieser Ansicht stellt § 87 GWB eine *lex specialis* zu § 13 GVG dar. Infolgedessen sind die Arbeitsgerichte unzuständig, wenn über eine kartellrechtliche Vorfrage im Sinne von § 87 S. 2 GWB entschieden werden muss.[394] Zum gleichen Ergebnis kommt eine in erster Linie von *Schmidt* vertretene Auffassung. Diese lehnt zwar eine generelle Einordnung des § 87 GWB als *lex specialis* zu § 13 GVG ab, befürwortet allerdings für § 87 S. 2 GWB eine

---

[391] *Raible/Lepper*, in: Kamann/Ohlhoff/Völcker, Kartellverfahren und Kartellprozess, § 26 Rn. 531 und 534; nur für § 87 S. 2 GWB *Pohlmann/Schäfers*, in: Fuchs/Weitbrecht, Handbuch Private Kartellrechtsdurchsetzung, § 12 Rn. 12.

[392] BAG, Urt. v. 29.6.2017 – 8 AZR 189/15, in: NJW 2018, 184 (185); vgl. auch nachfolgend LAG Düsseldorf, Beschl. v. 29.1.2018 – 14 Sa 591/17, in: WuW 2018, 332 (335); ausdrücklich offenlassend hingegen LAG Berlin-Brandenburg, Beschl. v. 8.5.2017 – 20 Ta 453/17, in: BeckRS 2017, 121792 (Rn. 11). Es ist allerdings anzumerken, dass sich die genannten Entscheidungen nur auf § 87 S. 2 GWB beziehen. Aufgrund der im Rahmen der 6. GWB-Novelle erfolgten Rechtsfolgenangleichung kann jedoch davon ausgegangen werden, dass die Einordnung der Gerichte im Hinblick auf § 87 S. 1 GWB nicht anders ausfallen würde.

[393] *Bornkamm/Tolkmitt*, in: Bunte, Kartellrecht I, § 87 GWB Rn. 3 ff.; *Mayer*, in: Kissel/Mayer, § 13 GVG Rn. 388; ausdrücklich im Hinblick auf § 87 S. 2 GWB *Meyer-Lindemann*, in: FK-KartellR, § 87 GWB Rn. 49; *Ollerdißen*, in: Wiedemann, Handbuch des Kartellrechts, § 59 Rn. 8; so wohl auch *Bechtold/Bosch*, in: Bechtold/Bosch, § 87 GWB Rn. 8; *Jacobs*, in: Stein/Jonas, ZPO IX, § 17 GVG Rn. 18; *Mallmann*, in: Fuchs/Weitbrecht, Handbuch Private Kartellrechtsdurchsetzung, § 14 Rn. 11; *Rombach*, in: BeckOK KartellR, § 87 GWB Rn. 28; *Wittschier*, in: Musielak/Voit, § 17 GVG Rn. 6; eine Rechtswegregelung in § 87 S. 1 GWB bejahend, für § 87 S. 2 GWB hingegen nur die sachliche Zuständigkeit *Pohlmann/Schäfers*, in: Fuchs/Weitbrecht, Handbuch Private Kartellrechtsdurchsetzung, § 12 Rn. 11 f.; im Ergebnis auch *Voß*, in: Busche/Röhling, Kölner Kommentar, § 87 GWB Rn. 6.

[394] Statt vieler BAG, Urt. v. 29.6.2017 – 8 AZR 189/15, in: NJW 2018, 184 (186).

Ausnahme im Verhältnis zur Arbeitsgerichtsbarkeit.[395] *Meyer-Lindemann* geht noch weiter und bejaht eine originäre Zuständigkeit der Kartellgerichte nach § 87 S. 2 GWB sogar, wenn sich die kartellrechtliche Vorfrage in einem Verfahren stellt, für das hinsichtlich der Hauptfrage der Rechtsweg zu den Finanz- oder Sozialgerichten eröffnet wäre.[396]

IV. Stellungnahme

Die folgende Stellungnahme setzt sich zunächst mit dem Wortlaut des § 87 GWB (1.) und dessen systematischer Stellung (2.) auseinander. Sodann erfolgt eine historische und teleologische Auslegung der Norm (3.).

1. Wortlautauslegung

Ein Vergleich des Wortlautes von § 87 GWB mit Vorschriften, die den Rechtsweg normieren, spricht gegen eine Einordung als spezielle Rechtswegzuweisung.[397] Anders als § 40 Abs. 1 und 2 VwGO („Verwaltungsrechtsweg") und § 33 Abs. 1 FGO („Finanzrechtsweg") enthält § 87 GWB nicht den Begriff „Rechtsweg".[398] Zwar ist in § 13 GVG, § 51 SGG und §§ 2, 2a ArbGG auch nicht namentlich der Rechtsweg erwähnt. Allerdings beziehen sich die genannten Vorschriften ausdrücklich auf die Gerichte des jeweiligen Rechtswegs (§ 13 GVG: „die ordentlichen Gerichte"; § 51 Abs. 1 SGG: „Gerichte der Sozialgerichtsbarkeit"; § 2 Abs. 1 ArbGG und § 2a Abs. 1 ArbGG: „Gerichte für Arbeitssachen"). Der Wortlaut des § 87 GWB spricht hingegen allgemein von Landgerichten. Hierbei handelt es sich neben den Amtsgerichten, den Oberlandesgerichten und dem Bundesgerichtshof um eine bestimmte Funktionseinheit innerhalb der ordentlichen Gerichtsbarkeit.[399] Darüber hinaus bezieht sich § 87 S. 1 GWB auf die Höhe des Streitwerts („ohne Rücksicht auf den Wert des Streitgegenstands"). Wie bereits erörtert,[400] stellt der Streitwert nach §§ 23 Nr. 1, 71 Abs. 1 GVG den Anknüpfungspunkt für die allgemeine sachliche Eingangszuständigkeit dar. Zugleich ist es typisch für sachliche Sonderzuständigkeiten, dass diese unabhängig von der Streitwerthöhe gelten.[401] Gegen die Annahme einer Rechts-

---

[395] *Schmidt*, in: Immenga/Mestmäcker, Wettbewerbsrecht II, § 87 GWB Rn. 23; nicht eindeutig *Dicks*, in: LMRKM, § 87 GWB Rn. 18.
[396] *Meyer-Lindemann*, in: FK-KartellR, § 87 GWB Rn. 49; so noch zu § 87 Abs. 1 GWB a. F. BGH, Urt. v. 15.12.1960 – KZR 2/60, in: BGHZ 34, 53; a. A. *Schmidt*, in: Immenga/Mestmäcker, Wettbewerbsrecht II, § 87 GWB Rn. 23.
[397] *Pohlmann/Schäfers*, in: Fuchs/Weitbrecht, Handbuch Private Kartellrechtsdurchsetzung, § 12 Rn. 16.
[398] *Pohlmann/Schäfers*, in: Fuchs/Weitbrecht, Handbuch Private Kartellrechtsdurchsetzung, § 12 Rn. 16.
[399] *Pohlmann/Schäfers*, in: Fuchs/Weitbrecht, Handbuch Private Kartellrechtsdurchsetzung, § 12 Rn. 16.
[400] Hierzu bereits oben Kapitel 3: § 10 (S. 27).
[401] Etwa § 143 Abs. 1 PatG, vgl. hierzu bereits oben Kapitel 3: § 11 (S. 28 f.).

wegregelung spricht zudem, dass § 87 GWB die Zuständigkeit ausschließlich regelt. Hierbei handelt es sich ebenfalls um ein klassisches Merkmal sachlicher Sonderzuständigkeiten.[402] Zwar ist in § 2 Abs. 1 ArbGG auch von ausschließlicher Zuständigkeit die Rede („Die Gerichte für Arbeitssachen sind ausschließlich zuständig für [...]"). Diese Formulierung ist aber darauf zurückzuführen, dass die Zuständigkeit der Arbeitsgerichte lange Zeit als sachliche Zuständigkeit innerhalb der ordentlichen Gerichtsbarkeit eingeordnet wurde. Nach heute herrschender Ansicht handelt es sich bei der Arbeitsgerichtsbarkeit jedoch um einen eigenen Rechtsweg, was im Unterschied zu der „Kartellgerichtsbarkeit" von Art. 95 Abs. 1 GG gestützt wird.[403] Ferner ist anzumerken, dass der Gesetzgeber durchaus die Möglichkeit gehabt hätte, in § 87 GWB ausdrücklich den Rechtsweg und die sachliche Zuständigkeit zu regeln. Eine solche Formulierung enthält etwa § 14 Abs. 1 Verkehrsflächenbereinigungsgesetz[404]. Wie bereits erwähnt,[405] orientierte sich der Gesetzgeber aber an der Vorgängerregelung des § 143 PatG (§ 51 Abs. 1 PatG a. F.), die allein die sachliche Zuständigkeit regelte. Für die weitere Untersuchung ist festzuhalten, dass die vom Gesetzgeber für § 87 GWB gewählte Wortlautausgestaltung wesentlich größere Ähnlichkeit mit Vorschriften zu sachlichen (Sonder-) Zuständigkeiten aufweist als mit solchen zum Rechtsweg.[406]

2. Systematische Auslegung

Die systematische Stellung des § 87 GWB legt ebenfalls eine Regelung der sachlichen Zuständigkeit nahe. Für einen Vergleich kann die rechtsähnliche Vorschrift des § 102 EnWG herangezogen werden. Hierbei ist anzumerken, dass auch für § 102 EnWG umstritten ist, ob die Norm (nur) die sachliche Zuständigkeit oder auch den Rechtsweg regelt.[407] Auffällig ist, dass sowohl § 87 GWB als auch § 102 EnWG im Abschnitt mit der Überschrift „Bürgerliche Rechts-

---

[402] Hierzu bereits oben Kapitel 3: § 11 (S. 28 f.).
[403] Zur Einordnung der Arbeitsgerichtsbarkeit als Rechtsweg bereits oben Kapitel 5: § 20 B. I. (S. 102 f.); Überlegungen zur Errichtung eines Bundeskartellgerichts unten Kapitel 6: § 25 C. (S. 209 ff.).
[404] Dieser lautet: „Für Streitigkeiten aus diesem Gesetz ist der ordentliche Rechtsweg gegeben. Ausschließlich zuständig ist das Landgericht, in dessen Bezirk das Grundstück ganz oder überwiegend liegt. Die Vorschriften des Sachenrechtsbereinigungsgesetzes über das gerichtliche Verfahren gelten entsprechend, soweit sich aus den nachfolgenden Absätzen nichts anderes ergibt.", Gesetz zur Bereinigung der Rechtsverhältnisse an Verkehrsflächen und anderen öffentlich genutzten privaten Grundstücken v. 26.10.2001 (BGBl. I, S. 2716), zuletzt geändert durch Art. 3 Abs. 2 Gesetz v. 2.6.2021 (BGBl. I, S. 1295).
[405] Hierzu bereits oben Kapitel 5: § 19 B. II. 2. a) aa) (1) (S. 64 f.).
[406] *Pohlmann/Schäfers*, in: Fuchs/Weitbrecht, Handbuch Private Kartellrechtsdurchsetzung, § 12 Rn. 16.
[407] Nur für sachliche Zuständigkeit *Theobald/Werk*, in: Theobald/Kühling, Energierecht, § 102 EnWG Rn. 18; *Turiaux*, in: Kment, § 102 EnWG Rn. 12; wohl auch *Salje*, in: Salje, § 102 EnWG Rn. 4; auch eine Rechtswegregelung annehmend *Stelter*, in: B/H/H, § 102 EnWG Rn. 6.

streitigkeiten" stehen.[408] Die Rechtswegregelung des § 13 GVG befindet sich – abgesehen von ihrem Standort in einem Gesetz, das Aufbau und Aufgaben der ordentlichen Gerichtsbarkeit regelt – hingegen im allgemeiner bezeichneten Abschnitt „Gerichtsbarkeit". Der Abschnitt, der die Vorschrift des § 40 VwGO enthält, lautet sogar präzise „Verwaltungsrechtsweg und Zuständigkeit". Des Weiteren hat der Gesetzgeber sowohl für Streitigkeiten im Sinne des § 87 GWB als auch des § 102 EnWG die Zuständigkeit der Kammern für Handelssachen vorgesehen.[409] Bei den Kammern für Handelssachen handelt es sich um spezialisierte Spruchkörper der Landgerichte innerhalb der ordentlichen Gerichtsbarkeit.[410] Es wäre zumindest gesetzestechnisch fragwürdig, wenn der Gesetzgeber im Rahmen einer Rechtswegregelung bereits die Zuständigkeit spezieller Spruchkörper bestimmen würde. An dieser Einschätzung ändert auch die Tatsache nichts, dass sich die entsprechende Regelung seit 2006 – anders als im Fall von § 102 Abs. 2 EnWG[411] – nicht mehr in § 87 Abs. 2 GWB a. F. befindet, sondern in § 95 Abs. 2 Nr. 1 GVG.[412] Hiermit hat der Gesetzgeber den Standort der Regelung verschoben, aber nicht ihren Gehalt verändert.[413]

Neben dem Vergleich mit § 102 EnWG spricht auch die gesetzgeberische Wertung in § 88 Hs. 2 GWB gegen eine Rechtswegregelung.[414] Danach ist die Verbindung einer nicht-kartellrechtlichen mit einer kartellrechtlichen Klage sogar dann möglich, wenn für die nicht-kartellrechtliche Klage eine eigene ausschließliche Zuständigkeit vorgesehen ist. Hieraus lässt sich zwar ein Vorrang der Kartellgerichte gegenüber anderen ausschließlichen sachlichen Sonderzuständigkeiten ableiten.[415] Allerdings ermöglicht § 88 GWB nach herrschender Ansicht keine Verbindung mit rechtswegfremden Klagen.[416] Im Ergebnis kann aus der systematischen Auslegung des § 87 GWB kein Rückschluss auf eine Rechtswegzuständigkeit gezogen werden.

---

[408] Vgl. *Rombach*, in: BeckOK KartellR, § 87 GWB 28.1.
[409] Zur Zuständigkeit der Zivilkammern und der Kammern für Handelssachen unten Kapitel 5: § 20 E. (S. 131 ff.).
[410] *Mayer*, in: Kissel/Mayer, § 93 GVG Rn. 3; *Pernice*, in: BeckOK GVG, § 94 GVG Rn. 1; *Rathmann*, in: Saenger, HK-ZPO, § 93 GVG Rn. 1.
[411] Dort ist die Einordnung als Handelssachen im Sinne der §§ 93 bis 114 GVG weiterhin in § 102 Abs. 2 EnWG enthalten.
[412] BGBl. I, S. 3367 (3374).
[413] *Bornkamm/Tolkmitt*, in: Bunte, Kartellrecht I, § 87 GWB Rn. 41; *Pohlmann/Schäfers*, in: Fuchs/Weitbrecht, Handbuch Private Kartellrechtsdurchsetzung, § 12 Rn. 73.
[414] *Pohlmann/Schäfers*, in: Fuchs/Weitbrecht, Handbuch Private Kartellrechtsdurchsetzung, § 12 Rn. 17; a. A. BAG, Urt. v. 29.6.2017 – 8 AZR 189/15, in: NJW 2018, 184 (186); vgl. ausführlich zur Klageverbindung nach § 88 GWB im Rahmen eines Exkurses unten Kapitel 5: § 20 C. (S. 117 ff.).
[415] BAG, Urt. v. 29.6.2017 – 8 AZR 189/15, in: NJW 2018, 184 (186) unter Berufung auf BGH, Urt. v. 15.12.1960 – KZR 2/60, in: BGHZ 34, 53 (61 ff.); zum Vorrang der Kartellgerichte unten Kapitel 5: § 20 D. I. (S. 121 ff.).
[416] Hierzu unten Kapitel 5: § 20 C. II. (S. 119 f.).

3. Historische und teleologische Auslegung

a) Gesetzgeberische Abweichung von der herkömmlichen Ordnung der Rechtswege?

Das Bundesarbeitsgericht führt für die Annahme einer Rechtswegregelung an, dass der Gesetzgeber mit den Zuständigkeitsregelungen in den §§ 87 ff. GWB bewusst von der herkömmlichen Ordnung der Rechtswege abgewichen sei.[417] Dem kann nicht zugestimmt werden. Eine gesetzgeberische Abweichung vom System der Rechtswege lässt sich nur für Kartellverwaltungs- sowie Kartellbußgeldsachen erkennen. Mit den Regelungen in §§ 91 S. 2, 57 Abs. 2 S. 2, 73 Abs. 4, 83, 85 und 86 GWB hat der Gesetzgeber im Verhältnis zu § 40 Abs. 1 VwGO abdrängende Sonderzuweisungen zur ordentlichen Gerichtsbarkeit geschaffen.[418] Hierdurch wollte er verhindern, dass sich in den verschiedenen Rechtswegen widersprüchliche Entscheidungen herausbilden.[419] Bereits bei der Schaffung des GWB erkannte der Gesetzgeber die Eigenart des Kartellrechts, dass „Fragen des Zivilrechts, des Rechts der Ordnungswidrigkeiten und des Verwaltungsrechts eng ineinandergreifen"[420]. Infolgedessen stellt sich dieselbe Rechtsfrage – etwa Vorliegen einer wettbewerbsbeschränkenden Absprache – häufig gleichermaßen in einem Zivilprozess, einem Bußgeldverfahren sowie einem Verwaltungsverfahren.[421] Bei der Schaffung des GWB hat der Gesetzgeber gar erwogen, ähnlich dem Bundespatentgericht einen eigenen Kartellrechtsweg zu schaffen.[422] Diesen Ansatz hat er aber nicht weiter verfolgt, um den Parteiverkehr insbesondere bei Sachen geringerer Bedeutung nicht zu erschweren.[423] Stattdessen wies der Gesetzgeber auch Kartellverwaltungs- und Kartellbußgeldsachen den ordentlichen Gerichten zu.[424] Insofern hatte der Gesetzgeber bei der Schaffung des GWB nicht allein die Regelung der sachlichen

---

[417] BAG, Urt. v. 29.6.2017 – 8 AZR 189/15, in: NJW 2018, 184 (186) unter Berufung auf BGH, Urt. v. 12.3.1991 – KZR 26/89, in: BGHZ 114, 218 (225); allerdings bezieht sich der Bundesgerichtshof in seiner Entscheidung noch auf die frühere Rechtslage nach § 51 Abs. 2 SGG a. F. zur umstrittenen Zuweisung von zivilrechtlichen Streitigkeiten an die Sozialgerichte, die heute durch § 51 Abs. 3 SGG geregelt ist; siehe hierzu bereits oben Kapitel 5: § 20 B. II. 2. (S. 105 f.).

[418] *Horstkotte*, in: Kamann/Ohlhoff/Völcker, Kartellverfahren und Kartellprozess, § 17 Rn. 166; *Klose*, in: Wiedemann, Handbuch des Kartellrechts, § 54 Rn. 1; *Rombach*, in: Beck-OK KartellR, § 73 GWB Rn. 1.

[419] BT-Drs. 2/1158, S. 29.

[420] BT-Drs. 2/1158, S. 29.

[421] Mit konkreten Beispielen BT-Drs. 2/1158, S. 29.

[422] BT-Drs. 2/1158, S. 29.

[423] BT-Drs. 2/1158, S. 29; zu praktischen sowie verfassungsrechtlichen Bedenken hinsichtlich der Errichtung eines Bundeskartellgerichts unten Kapitel 6: § 25 C. (S. 209 ff.).

[424] *Pohlmann/Schäfers*, in: Fuchs/Weitbrecht, Handbuch Private Kartellrechtsdurchsetzung, § 12 Rn. 18; zum Aufbau der deutschen Kartelljustiz bereits oben Kapitel 2: § 5 (S. 8 ff.); Überlegungen zur Errichtung eines Bundeskartellgerichts unten Kapitel 6: § 25 C. (S. 209 ff.).

Zuständigkeit, sondern auch die des Rechtswegs im Blick.[425] Die Begründung enthält aber keine Anhaltspunkte dafür, dass der Gesetzgeber mit § 87 GWB eine spezielle Rechtswegregelung für Kartellzivilsachen schaffen wollte. Auf das Verhältnis von § 87 GWB und § 13 GVG geht die Gesetzesbegründung zur GWB-Ursprungsfassung nicht ein. Im Gegenteil zog der Gesetzgeber ausdrücklich § 51 Abs. 1 PatG a. F. (heute § 143 Abs. 1 PatG) als Vorbild für § 87 GWB a. F. heran, also die Vorschrift zur Regelung der sachlichen Zuständigkeit in Patentstreitsachen.[426] Ferner hat der Gesetzgeber durch die Einfügung des § 51 Abs. 3 SGG klargestellt, dass er die Rechtswege getrennt halten will.[427] Somit ist der Gesetzgeber mit der Regelung des § 87 GWB nicht von der herkömmlichen Ordnung der Rechtswege abgewichen.

b) Übertragung der rechtswegübergreifenden Anwendung des Aussetzungszwangs nach § 96 Abs. 2 GWB a. F.

Für die Annahme einer Rechtswegeröffnung gemäß § 87 GWB könnte allerdings sprechen, dass der Aussetzungszwang nach § 96 Abs. 2 GWB a. F. nach allgemeiner Auffassung rechtswegübergreifend galt.[428] Dieses Argument überzeugt für die heutige Rechtslage allerdings aus mehreren Gründen nicht. Zunächst hat der Gesetzgeber mit der Abschaffung des Aussetzungszwangs eine grundlegende Neukonzeption der Zuständigkeit bei kartellrechtlichen Vorfragen unternommen. Die Überlegungen zu § 96 Abs. 2 GWB a. F. können daher nicht ohne Weiteres auf die gegenwärtige Regelung übertragen werden.[429] Allenfalls könnte die damalige Auffassung zur Anwendung des § 96 Abs. 2 GWB a. F. zur Auslegung des § 87 S. 2 GWB herangezogen werden. Zur Interpretation des § 87 S. 1 GWB kann sie hingegen nichts beitragen. Mit der Angleichung der Rechtsfolgen und der Wahl einer Rechtsfolgenverweisung hat der Gesetzgeber klargestellt, dass die Rechtsfolge des § 87 S. 1 GWB auch bei kartellrechtlichen Vorfragen gelten soll. Das bedeutet, dass § 87 S. 2 GWB nur eine Rechtswegregelung enthält, wenn dies zuvor schon für § 87 S. 1 GWB der Fall war. Gegen eine Einordung des § 87 S. 1 GWB als Rechtswegregelung sprechen die Ausführungen in der Gesetzesbegründung zur 6. GWB-Novelle (1998). Dort

---

[425] Vgl. BT-Drs. 2/1158, S. 29, wo mehrfach von den „ordentlichen Gerichten" die Rede ist; siehe auch *Pohlmann/Schäfers*, in: Fuchs/Weitbrecht, Handbuch Private Kartellrechtsdurchsetzung, § 12 Fn. 23 zu Rn. 18.
[426] BT-Drs. 2/1158, S. 29 und 53 f.; siehe hierzu auch *Renthe*, in: Müller-Henneberg/Schwartz, Gemeinschaftskommentar³, § 87 GWB Rn. 4.
[427] *Schmidt*, in: Immenga/Mestmäcker, Wettbewerbsrecht II, § 87 GWB Rn. 23; a. A. wohl *Meyer-Lindemann*, in: FK-KartellR, § 87 GWB Rn. 49.
[428] Siehe zum Aussetzungszwang in der gerichtlichen Praxis bereits oben Kapitel 4: § 15 (S. 39 ff.).
[429] Vgl. ähnliche Argumentation bereits zum *acte-clair*-Gedanken, der ein Spezifikum des Aussetzungszwangs darstellte, oben Kapitel 5: § 19 C. III. 3. b) (S. 92 ff.); ebenso zur Einschränkung von § 87 S. 2 GWB im einstweiligen Rechtsschutz unten Kapitel 5: § 20 F. II. (S. 140 f.).

bezieht sich der Gesetzgeber – anders als bei der Ursprungsfassung[430] – allein auf die sachliche Zuständigkeit innerhalb der ordentlichen Gerichtsbarkeit.[431] So verwendet der Gesetzgeber ausdrücklich die Formulierungen „sachliche Zuständigkeit" und „Gesamtzuständigkeit".[432] Zudem ist von allgemeinen Zivilgerichten die Rede, die in maximal drei Instanzen entscheiden.[433] An keiner Stelle deutet die Begründung an, dass der Gesetzgeber auch den Rechtsweg regeln wollte. Insofern verwundert die gesetzgeberische Aussage, dass die Kartellgerichte für alle Verfahren zuständig sein sollen, für die bisher eine Aussetzungspflicht nach § 96 Abs. 2 GWB a. F. bestand.[434] Mit dieser Feststellung wollte der Gesetzgeber wahrscheinlich klarstellen, dass die Abschaffung des Aussetzungszwangs die Zuständigkeit der Kartellgerichte nicht grundlegend einschränkt. Gleichzeitig ist davon auszugehen, dass der Gesetzgeber Streitigkeiten, in denen sich außerhalb des ordentlichen Rechtswegs kartellrechtliche Vorfragen stellen, nicht im Blick hatte.[435] Dies lässt sich wiederum damit erklären, dass im Jahr 1998 die Arbeitsgerichtsbarkeit noch als sachliche Zuständigkeit innerhalb der ordentlichen Gerichtsbarkeit angesehen wurde.[436] Aufgrund der Sonderzuweisungen für Kartellverwaltungs- und Kartellbußgeldsachen in die ordentliche Gerichtsbarkeit ergab sich nach Einschätzung des Gesetzgebers wohl kein weiterer Regelungsbedarf. Er hatte sein Ziel erreicht, alle Kartellsachen dem ordentlichen Rechtsweg zuzuweisen.

Es ist nicht von der Absicht des Gesetzgebers auszugehen, dass die Kartellgerichte ab 1999 bei kartellrechtlichen Vorfragen über genuine Arbeitssachen entscheiden müssen.[437] Vielmehr bezwecken die §§ 87 ff. GWB, dass sich die Kartellgerichte auf kern-kartellrechtliche Streitigkeiten spezialisieren sollen.[438] Gemeint sind Kartellverwaltungsverfahren und -bußgeldverfahren sowie bürgerliche Kartellrechtsstreitigkeiten. Von der Beschäftigung mit rechtswegfremden Fragen sollen die Kartellgerichte hingegen entlastet werden.[439] Zwar hat der Gesetzgeber mit der Gesamtzuständigkeit nach § 87 S. 2 GWB in Kauf genommen, dass die Kartellgerichte auch fachfremde Fragen entscheiden müssen.[440]

---

[430] Hierzu bereits oben Kapitel 5: § 20 B. IV. 3. a) (S. 112 f.).
[431] BT-Drs. 13/9720, S. 46; *Pohlmann/Schäfers*, in: Fuchs/Weitbrecht, Handbuch Private Kartellrechtsdurchsetzung, § 12 Rn. 19.
[432] BT-Drs. 13/9720, S. 46.
[433] BT-Drs. 13/9720, S. 46.
[434] BT-Drs. 13/9720, S. 68 f.
[435] *Pohlmann/Schäfers*, in: Fuchs/Weitbrecht, Handbuch Private Kartellrechtsdurchsetzung, § 12 Rn. 19.
[436] Hierzu bereits oben Kapitel 5: § 20 B. I. (S. 102 f.).
[437] *Schmidt*, in: Immenga/Mestmäcker, Wettbewerbsrecht II, § 87 GWB Rn. 23; a. A. wohl *Meyer-Lindemann*, in: FK-KartellR, § 87 GWB Rn. 49.
[438] Zum Sinn und Zweck des § 87 GWB oben Kapitel 2: § 7 (S. 19 ff.).
[439] Vgl. *Pohlmann/Schäfers*, in: Fuchs/Weitbrecht, Handbuch Private Kartellrechtsdurchsetzung, § 12 Rn. 19.
[440] BAG, Urt. v. 29.6.2017 – 8 AZR 189/15, in: NJW 2018, 184 (186).

Allerdings wird er bei dieser Überlegung eher solche innerhalb des ordentlichen Rechtswegs im Blick gehabt haben. Zumal nicht davon auszugehen ist, dass der Gesetzgeber beabsichtigt hat, dass die Parteien arbeitsrechtlicher Streitigkeiten mit kartellrechtlicher Vorfrage auf die Expertise der Arbeitsgerichte verzichten müssen. Auch die Nichtanwendung der speziellen Verfahrensvorschriften des ArbGG bei im Kern arbeitsrechtlichen Streitigkeiten kann nicht im Interesse des Gesetzgebers gelegen haben. Hätte er diese schwerwiegenden Konsequenzen im Blick gehabt, wäre zumindest eine Abwägung mit entgegenstehenden Interessen – insbesondere dem Arbeitnehmerschutz – zu erwarten gewesen. Nicht zuletzt stellt die Regelung des § 96 Abs. 2 GWB a. F. unter Beweis, dass eine kartellrechtliche Vorfrage nicht die Zuständigkeit der Kartellgerichte in einer nichtbürgerlichen Rechtsstreitigkeit begründete.[441] Aus den genannten Gründen ist davon auszugehen, dass der Gesetzgeber schon für § 87 Abs. 1 GWB a. F. keine Rechtswegregelung annahm. Somit stellt § 87 S. 2 GWB aufgrund der Rechtsfolgenverweisung auf § 87 S. 1 GWB ebenfalls keine Rechtswegregelung dar.

c) Widerspruch zu § 17 Abs. 2 S. 1 GVG

Überdies widerspricht die Annahme einer Rechtswegregelung der Vorschrift des § 17 Abs. 2 S. 1 GVG, wonach das Gericht des zulässigen Rechtswegs über alle rechtlichen Gesichtspunkte eines Rechtsstreits entscheidet.[442] Das Gericht des zulässigen Rechtswegs verfügt danach grundsätzlich auch über die Vorfragenkompetenz.[443] Ausnahmen ergeben sich nur in ausdrücklich normierten Aussetzungs- beziehungsweise Vorlageverfahren wie etwa §§ 97, 98 ArbGG, Art. 100 Abs. 1 GG oder Art. 267 AEUV.[444] Die genannten Vorschriften ordnen aber weder die sachliche Eingangszuständigkeit der Gerichte noch eine Rechtswegeröffnung an. Infolgedessen können sie nicht zur Auslegung des § 87 S. 2 GWB herangezogen werden.[445] Eine Abweichung von § 17 Abs. 2 S. 1 GVG würde eine extreme Sonderbehandlung kartellrechtlicher Streitigkeiten darstellen, die im Verhältnis zu anderweitigen Sonderzuständigkeiten nicht ohne ausdrückliches Tätigwerden des Gesetzgebers bejaht werden kann.[446] Im Ergebnis kann ohne ausdrückliche Klarstellung nicht davon ausgegangen werden, dass § 87

---

[441] *Ollerdißen*, in: Wiedemann, Handbuch des Kartellrechts, § 59 Rn. 17; *Schmidt*, in: Immenga/Mestmäcker, Wettbewerbsrecht II, § 87 GWB Rn. 6 und 23; siehe auch *Schmidt*, JZ 1976, 304 (305).
[442] So auch *Pohlmann/Schäfers*, in: Fuchs/Weitbrecht, Handbuch Private Kartellrechtsdurchsetzung, § 12 Rn. 10; *Heyers/Lotze*, NZKart 2018, 29 (31); siehe auch *Voß*, in: Busche/Röhling, Kölner Kommentar, § 87 GWB Rn. 1.
[443] Vgl. hierzu bereits oben Kapitel 3: § 12 (S. 30 ff.).
[444] Vgl. hierzu bereits oben Kapitel 3: § 12 (S. 30 ff.).
[445] Insofern nicht überzeugend BAG, Urt. v. 29.6.2017 – 8 AZR 189/15, in: NJW 2018, 184 (186).
[446] *Pohlmann/Schäfers*, in: Fuchs/Weitbrecht, Handbuch Private Kartellrechtsdurchsetzung, § 12 Rn. 19.

S. 2 GWB in atypischer Weise[447] und über den Wortlaut hinaus[448] nicht nur zur Begründung der sachlichen Zuständigkeit, sondern auch zur Begründung des Rechtswegs an eine Vorfrage anknüpft.

d) Zwischenfazit

Mithin spricht die historische und teleologische Auslegung des § 87 GWB gegen eine Einordnung als Rechtswegregelung.

V. Ergebnis

Im Ergebnis sprechen der Wortlaut des § 87 GWB, seine systematische Stellung und der gesetzgeberische Wille vor dem Abbild der Genese gegen eine Rechtswegbestimmung. Somit regeln § 87 S. 1 GWB und § 87 S. 2 GWB allein die sachliche Zuständigkeit innerhalb des ordentlichen Rechtswegs. Das bedeutet, dass der Subsidiaritätsvorbehalt des § 13 a. E. GVG greift. Dies hat zur Folge, dass die Arbeitsgerichte aufgrund der abdrängenden Sonderzuweisungen in §§ 2, 2a ArbGG in arbeitsrechtlichen Verfahren mit kartellrechtlichen Vorfragen zuständig sind. Infolgedessen besteht die Gefahr, dass die Arbeitsgerichte im Widerspruch zu den Kartellgerichten über kartellrechtliche Vorfragen entscheiden.[449] Dieses Risiko kann als gering eingestuft werden, wenn die Arbeitsgerichte sich an der höchstrichterlichen Rechtsprechung des Kartellsenats am Bundesgerichtshof orientieren.[450] Das mit § 87 GWB verfolgte Ziel von Einheitlichkeit und Qualität der Rechtsprechung in Kartellsachen ist aber nicht umfassend gewährleistet. Um dies zu ändern, könnte der Gesetzgeber für Streitigkeiten mit kartellrechtlicher Vorfrage oder – aufgrund der höheren Praxisrelevanz – zumindest für arbeitsrechtliche Streitigkeiten mit kartellrechtlicher Vorfrage ein Aussetzungsverfahren einführen. Die Parteien könnten auf die spezialgerichtliche Expertise von Gerichten aus zwei Rechtswegen zurückgreifen. Hierdurch würde ein wesentlicher Nachteil der *lex lata* im Gegensatz zum Aussetzungszwang nach § 96 Abs. 2 GWB a. F. behoben. Wie bereits ermittelt,[451] ist eine Rückkehr zum abgeschafften Aussetzungszwang jedoch abzulehnen. In Betracht könnte ein *modifiziertes* Aussetzungsverfahren kommen. Der Ausgestaltung eines Reformvorschlags für § 87 GWB widmet sich die Arbeit im sechsten Kapitel der Arbeit.[452]

---

[447] Vgl. hierzu bereits oben Kapitel 3: § 13 (S. 35).
[448] Hierzu bereits oben Kapitel 5: § 20 B. IV. 1. (S. 109 f.).
[449] Vgl. *Pohlmann/Schäfers*, in: Fuchs/Weitbrecht, Handbuch Private Kartellrechtsdurchsetzung, § 12 Rn. 19.
[450] *Pohlmann/Schäfers*, in: Fuchs/Weitbrecht, Handbuch Private Kartellrechtsdurchsetzung, § 12 Rn. 19.
[451] Siehe oben Kapitel 4: § 18 (S. 50 f.).
[452] Siehe unten Kapitel 6: (S. 195 ff.).

C. Exkurs: Klageverbindung nach § 88 GWB

Die vom Gesetzgeber in § 88 GWB zur Klageverbindung getroffene Wertung wird in der vorliegenden Arbeit mehrfach argumentativ herangezogen.[453] Es bietet sich eine kurze Erörterung der Regelung im Rahmen eines Exkurses an.

I. Allgemein

Gemäß § 88 GWB kann eine Klage nach § 87 GWB mit einer weiteren Klage wegen eines nicht-kartellrechtlichen Anspruchs verbunden werden.[454] Dies gilt sowohl für kartellrechtliche Haupt- als auch Vorfragen.[455] Mit der Regelung bezweckt der Gesetzgeber eine „zivilprozessuale Vereinfachung"[456] gegenüber der allgemeinen zivilprozessualen Vorschrift zur objektiven Klagehäufung in § 260 ZPO.[457] Darüber hinaus verfolgt § 88 GWB das Ziel der größtmöglichen Konzentration von Kartellstreitigkeiten.[458] Gemäß § 88 Hs. 2 GWB ist eine Klageverbindung – im Gegensatz zu § 260 ZPO – ausdrücklich sogar dann möglich, wenn für die Klage wegen des anderen Anspruchs eine ausschließliche Zuständigkeit gegeben ist. So kann etwa eine Klägerin ihre patentrechtliche Klage mit einer Kartellklage verbinden und vor die Kartellgerichte ziehen, obwohl § 143 PatG für Patentstreitsachen eine eigene ausschließliche Sonderzuständigkeit vorsieht. Zudem erfordert § 88 GWB anders als § 260 ZPO nicht, dass für beide Klagen dasselbe Prozessgericht zuständig ist.[459]

Die Regelung des § 88 GWB erfasst auch Fälle der subjektiven Klagehäufung. Insofern geht die Norm den allgemeinen Vorschriften zur Streitgenossen-

---

[453] So etwa bei der rechtssystematischen Einordnung des Verhältnisses von § 87 GWB und § 13 GVG, siehe oben Kapitel 5: § 20 B. IV. 2. (S. 110 f.); ebenso bei der Erörterung des Vorrangs von § 87 GWB zu anderweitigen Sonderzuständigkeiten, siehe unten Kapitel 5: § 20 D. I. (S. 121 f.).
[454] Die Verbindung mehrerer kartellrechtlicher Klageansprüche ist hingegen nach § 260 ZPO zu beurteilen, *Bornkamm/Tolkmitt*, in: Bunte, Kartellrecht I, § 88 GWB Rn. 4; *Meyer-Lindemann*, in: FK-KartellR, § 88 GWB Rn. 14; *Pohlmann/Schäfers*, in: Fuchs/Weitbrecht, Handbuch Private Kartellrechtsdurchsetzung, § 12 Rn. 104.
[455] Spätestens mit der 7. GWB-Novelle (2005) hat der Gesetzgeber durch den ausdrücklichen Verweis des § 88 GWB auf § 87 GWB klargestellt, dass sich die Norm sowohl auf § 87 S. 1 als auch S. 2 GWB bezieht, vgl. hierzu *Bornkamm/Tolkmitt*, in: Bunte, Kartellrecht I, § 88 GWB Rn. 2 f.; *Meyer-Lindemann*, in: FK-KartellR, § 88 GWB Rn. 8.
[456] Im Gesetzesentwurf noch unter § 63a, vgl. BT-Drs. 2/1158, S. 75.
[457] Hiervon zu unterscheiden sind die bereits beschriebenen Fälle der bloßen Anspruchsgrundlagenkonkurrenz, in denen ohnehin eine kartellrechtliche Hauptfrage vorliegt, siehe hierzu bereits oben Kapitel 5: § 19 B. II. 2. a) bb) (1) (S. 69 f.).
[458] *Bornkamm/Tolkmitt*, in: Bunte, Kartellrecht I, § 88 GWB Rn. 1; *Meyer-Lindemann*, in: FK-KartellR, § 88 GWB Rn. 3; *Pohlmann/Schäfers*, in: Fuchs/Weitbrecht, Handbuch Private Kartellrechtsdurchsetzung, § 12 Rn. 101.
[459] *Dicks*, in: LMRKM, § 88 GWB Rn. 2; *Ollerdißen*, in: Wiedemann, Handbuch des Kartellrechts, § 59 Rn. 94; *Pohlmann/Schäfers*, in: Fuchs/Weitbrecht, Handbuch Private Kartellrechtsdurchsetzung, § 12 Rn. 105; *Rombach*, in: BeckOK KartellR, § 88 GWB Rn. 2.

schaft in §§ 59 ff. ZPO vor.[460] Klagt etwa ein Streitgenosse gemäß § 87 GWB vor den Kartellgerichten, so kann diese Klage nach § 88 GWB mit einer nicht-kartellrechtlichen Klage eines anderen Streitgenossen verbunden werden.[461] Hierbei ist jedoch zu berücksichtigen, dass auch im Rahmen von § 88 GWB für jeden Streitgenossen die Prozessvoraussetzungen vorliegen müssen.[462] Da die Voraussetzungen der §§ 59 ff. ZPO bereits sehr weit ausgelegt werden, ist die Sonderregelung des § 88 GWB für die subjektive Klagehäufung von geringer Bedeutung.[463] Nach zutreffender allgemeiner Auffassung gilt § 88 GWB – über seinen Wortlaut hinaus – auch für die Erhebung von nicht-kartellrechtlichen Widerklagen.[464] Insoweit verdrängt § 88 Hs. 2 GWB auch die allgemeine Vorschrift des § 33 Abs. 2 ZPO, wonach eine Widerklage nicht unter Durchbrechung einer ausschließlichen Zuständigkeit erhoben werden darf.[465]

Voraussetzung für eine Klageverbindung nach § 88 GWB ist, dass zwischen der kartellrechtlichen und der nicht-kartellrechtlichen Klage ein rechtlicher oder unmittelbarer wirtschaftlicher Zusammenhang besteht. Zur Konkretisierung kann auf die für die Widerklage (§ 33 ZPO), Prozesstrennung (§ 145 Abs. 2 und 3 ZPO) sowie Prozessverbindung (§ 147 ZPO) geltenden Maßstäbe zurückgegriffen werden.[466] Der Begriff des Zusammenhangs wird aufgrund des Zwecks von § 88 GWB weit ausgelegt.[467] Ausreichend ist, dass sich die An-

---

[460] *Ollerdißen*, in: Wiedemann, Handbuch des Kartellrechts, § 59 Rn. 95; *Pohlmann/Schäfers*, in: Fuchs/Weitbrecht, Handbuch Private Kartellrechtsdurchsetzung, § 12 Rn. 105.
[461] *Meyer-Lindemann*, in: FK-KartellR, § 88 GWB Rn. 17.
[462] *Rombach*, in: BeckOK KartellR, § 88 GWB Rn. 25.
[463] Für die subjektive Klagehäufung nur eine geringe Bedeutung des § 88 GWB annehmend *Schmidt*, in: Immenga/Mestmäcker, Wettbewerbsrecht II, § 88 GWB Rn. 6; weitergehend *Voß*, in: Busche/Röhling, Kölner Kommentar, § 88 GWB Rn. 14: „bislang ohne praktische Bedeutung".
[464] OLG Düsseldorf, Beschl. v. 11.10.2018 – 15 U 28/18, juris, Rn. 71; *Dicks*, in: LMRKM, § 88 GWB Rn. 3; *Keßler*, in: MüKo Wettbewerbsrecht II, § 88 GWB Rn. 3; *Meyer-Lindemann*, in: FK-KartellR, § 88 GWB Rn. 18; *Ollerdißen*, in: Wiedemann, Handbuch des Kartellrechts, § 59 Rn. 96; *Pohlmann/Schäfers*, in: Fuchs/Weitbrecht, Handbuch Private Kartellrechtsdurchsetzung, § 12 Rn. 105; *Rombach*, in: BeckOK KartellR, § 88 GWB Rn. 4; *Schmidt*, in: Immenga/Mestmäcker, Wettbewerbsrecht II, § 88 GWB Rn. 7; *Voß*, in: Busche/Röhling, Kölner Kommentar, § 88 GWB Rn. 15; vgl. noch zur früheren Rechtslage OLG Koblenz, Urt. v. 16.2.1984 – 6 U 1736/82 (Kart), in: GRUR 1984, 903 (906).
[465] *Bornkamm/Tolkmitt*, in: Bunte, Kartellrecht I, § 88 GWB Rn. 5; *Meyer-Lindemann*, in: FK-KartellR, § 88 GWB Rn. 18; *Schmidt*, in: Immenga/Mestmäcker, Wettbewerbsrecht II, § 88 GWB Rn. 7.
[466] Vgl. ausführlich hierzu *Meyer-Lindemann*, in: FK-KartellR, § 88 GWB Rn. 22; *Pohlmann/Schäfers*, in: Fuchs/Weitbrecht, Handbuch Private Kartellrechtsdurchsetzung, § 12 Rn. 106; *Rombach*, in: BeckOK KartellR, § 88 GWB Rn. 13; *Schmidt*, in: Immenga/Mestmäcker, Wettbewerbsrecht II, § 88 GWB Rn. 8; *Voß*, in: Busche/Röhling, Kölner Kommentar, § 88 GWB Rn. 11.
[467] *Bornkamm/Tolkmitt*, in: Bunte, Kartellrecht I, § 88 GWB Rn. 5; *Pohlmann/Schäfers*, in: Fuchs/Weitbrecht, Handbuch Private Kartellrechtsdurchsetzung, § 12 Rn. 106; *Rombach*, in: BeckOK KartellR, § 88 GWB Rn. 14; *Voß*, in: Busche/Röhling, Kölner Kommentar, § 88 GWB Rn. 11.

sprüche aus einem zusammenhängenden Lebenssachverhalt ergeben.[468] Zudem setzt § 88 GWB nach allgemeiner Auffassung über seinen Wortlaut hinaus – wie bei § 260 ZPO – voraus, dass für sämtliche Ansprüche dieselbe Prozessart zulässig ist.[469] Infolgedessen kann eine Klägerin Urkundenprozesse, Mahnverfahren und Verfahren des einstweiligen Rechtsschutzes nicht nach § 88 GWB mit einem ordentlichen Erkenntnisverfahren verbinden.[470] Sehr wohl kann § 88 GWB aber innerhalb des einstweiligen Rechtsschutzes Anwendung finden.[471] Sofern die Tatbestandsvoraussetzungen des § 88 GWB erfüllt sind, erstreckt sich die örtliche und sachliche Zuständigkeit des Kartellgerichts auch auf die Streitgegenstände, die nicht unter § 87 GWB fallen.[472] Nach herrschender Ansicht begründet § 88 GWB sogar die internationale Zuständigkeit hinsichtlich anderer Streitgegenstände, etwa wenn die Beklagte ihren (Wohn-)Sitz in einem Drittstaat hat.[473]

II. Verbindung mit rechtswegfremden Klagen?

Der weite Wortlaut des § 88 GWB („Klage", „Anspruch") ließe sogar eine Verbindung mit Klagen zu, die einen rechtswegfremden Anspruch beinhalten.[474] Wie bereits erörtert,[475] gilt § 87 GWB nur für bürgerliche Rechtsstreitigkeiten im Sinne des § 13 GVG. Nach herrschender Auffassung ist daher auch der Anwendungsbereich von § 88 GWB auf bürgerliche Rechtsstreitigkeiten zu be-

---

[468] *Pohlmann/Schäfers*, in: Fuchs/Weitbrecht, Handbuch Private Kartellrechtsdurchsetzung, § 12 Rn. 106.
[469] *Dicks*, in: LMRKM, § 88 GWB Rn. 3; *Meyer-Lindemann*, in: FK-KartellR, § 88 GWB Rn. 20; *Ollerdißen*, in: Wiedemann, Handbuch des Kartellrechts, § 59 Rn. 97; *Pohlmann/Schäfers*, in: Fuchs/Weitbrecht, Handbuch Private Kartellrechtsdurchsetzung, § 12 Rn. 107; *Schmidt*, in: Immenga/Mestmäcker, Wettbewerbsrecht II, § 88 GWB Rn. 9; *Scheuch*, in: Berg/Mäsch, KartellR, § 88 GWB Rn. 4.
[470] *Meyer-Lindemann*, in: FK-KartellR, § 88 GWB Rn. 20; *Schmidt*, in: Immenga/Mestmäcker, Wettbewerbsrecht II, § 88 GWB Rn. 9; *Voß*, in: Busche/Röhling, Kölner Kommentar, § 88 GWB Rn. 17.
[471] *Bechtold/Bosch*, in: Bechtold/Bosch, § 87 GWB Rn. 2; *Bornkamm/Tolkmitt*, in: Bunte, Kartellrecht I, § 88 GWB Rn. 7; *Keßler*, in: MüKo Wettbewerbsrecht II, § 88 GWB Rn. 2; *Meyer-Lindemann*, in: FK-KartellR, § 88 GWB Rn. 20; *Schmidt*, in: Immenga/Mestmäcker, Wettbewerbsrecht II, § 88 GWB Rn. 9.
[472] *Bornkamm/Tolkmitt*, in: Bunte, Kartellrecht I, § 88 GWB Rn. 9; *Rombach*, in: BeckOK KartellR, § 88 GWB Rn. 16.
[473] *Bornkamm/Tolkmitt*, in: Bunte, Kartellrecht I, § 88 GWB Rn. 9; *Meyer-Lindemann*, in: FK-KartellR, § 88 GWB Rn. 23; *Ollerdißen*, in: Wiedemann, Handbuch des Kartellrechts, § 59 Rn. 93; *Rombach*, in: BeckOK KartellR, § 88 GWB Rn. 17; *Schmidt*, in: Immenga/Mestmäcker, Wettbewerbsrecht II, § 88 GWB Rn. 10; vgl. auch LG Stuttgart, Urt. v. 6.4.2006 – 17 O 241/05, juris, Rn. 112; a. A. *Voß*, in: Busche/Röhling, Kölner Kommentar, § 88 GWB Rn. 16.
[474] *Pohlmann/Schäfers*, in: Fuchs/Weitbrecht, Handbuch Private Kartellrechtsdurchsetzung, § 12 Rn. 102.
[475] Siehe oben Kapitel 5: § 19 B. I. (S. 58 ff.) und Kapitel 5: § 19 C. I. (S. 80 ff.).

schränken.[476] Nur wenn aufdrängende Sonderzuweisungen in den ordentlichen Rechtsweg – wie etwa § 69 SGB V, § 51 Abs. 3 SGG[477] – bestehen, ist auch eine Verbindung mit nicht-bürgerlichen Rechtsstreitigkeiten zulässig.[478] Im Schrifttum wird teilweise eine Klageverbindung nach § 88 GWB mit arbeitsrechtlichen Streitigkeiten gefordert.[479] Eine Anwendung des § 88 GWB für Arbeitssachen ist jedoch abzulehnen.[480] Wie bereits ermittelt,[481] stellt die Arbeitsgerichtsbarkeit keine sachliche Zuständigkeit, sondern einen eigenen Rechtsweg dar. Die Vorschrift des § 88 GWB soll nur Klageverbindungen innerhalb der ordentlichen Gerichtsbarkeit ermöglichen.[482] Hierfür spricht die systematische Stellung des § 88 GWB direkt hinter § 87 GWB, der tatbestandlich nur bürgerliche Rechtsstreitigkeiten einbezieht und allein die sachliche Zuständigkeit regelt.[483] Eine Belastung der Kartellgerichte mit arbeitsrechtlichen Verfahren über den Umweg des § 88 GWB stünde hierzu im Widerspruch. Schließlich ist auch im Anwendungsbereich von § 260 ZPO für jede Klage die Eröffnung des Rechtswegs gesondert zu prüfen ist.[484] Im Ergebnis ist eine Verbindung mit rechtswegfremden Klagen über § 88 GWB abzulehnen.

D. Konkurrenz mit weiteren Sonderzuständigkeiten

Im Folgenden setzt sich die Arbeit mit der Frage auseinander, in welchem Verhältnis § 87 GWB zu weiteren Sonderzuständigkeiten wie etwa nach § 143 PatG steht: Hat § 87 GWB Vorrang gegenüber anderen Sonderzuständigkeiten (I.)? Sofern dies der Fall ist: Wie kann der Verlust der anderweitigen – etwa patent-

---

[476] *Bornkamm/Tolkmitt*, in: Bunte, Kartellrecht I, § 88 GWB Rn. 4; *Dicks*, in: LMRKM, § 88 GWB Rn. 3; *Keßler*, in: MüKo Wettbewerbsrecht II, § 88 GWB Rn. 2; *Meyer-Lindemann*, in: FK-KartellR, § 88 GWB Rn. 9; *Ollerdißen*, in: Wiedemann, Handbuch des Kartellrechts, § 59 Rn. 94; *Pohlmann/Schäfers*, in: Fuchs/Weitbrecht, Handbuch Private Kartellrechtsdurchsetzung, § 12 Rn. 102; *Rombach*, in: BeckOK KartellR, § 88 GWB Rn. 6; *Schmidt*, in: Immenga/Mestmäcker, Wettbewerbsrecht II, § 88 GWB Rn. 2.
[477] Im Verhältnis zu § 40 Abs. 1 S. 1 VwGO abdrängende Sonderzuweisung, siehe hierzu bereits oben Kapitel 2: § 5 B. (S. 9 ff.).
[478] *Pohlmann/Schäfers*, in: Fuchs/Weitbrecht, Handbuch Private Kartellrechtsdurchsetzung, § 12 Rn. 102; *Schmidt*, in: Immenga/Mestmäcker, Wettbewerbsrecht II, § 88 GWB Rn. 2.
[479] *Meyer-Lindemann*, in: FK-KartellR, § 88 GWB Rn. 12; *Rombach*, in: BeckOK KartellR, § 88 GWB Rn. 7; wohl auch *Bechtold/Bosch*, in: Bechtold/Bosch, § 88 GWB Rn. 2.
[480] *Dicks*, in: LMRKM, § 88 GWB Rn. 3; *Keßler*, in: MüKo Wettbewerbsrecht II, § 88 GWB Rn. 2; *Pohlmann/Schäfers*, in: Fuchs/Weitbrecht, Handbuch Private Kartellrechtsdurchsetzung, § 12 Rn. 102; *Schmidt*, in: Immenga/Mestmäcker, Wettbewerbsrecht II, § 88 GWB Rn. 2; so bereits in der 2. Auflage (1992) *Schmidt*, in: Immenga/Mestmäcker², § 88 GWB Rn. 2.
[481] Siehe oben Kapitel 5: § 20 B. I. (S. 102 f.).
[482] Vgl. *Pohlmann/Schäfers*, in: Fuchs/Weitbrecht, Handbuch Private Kartellrechtsdurchsetzung, § 12 Rn. 102; *Schmidt*, in: Immenga/Mestmäcker, Wettbewerbsrecht II, § 88 GWB Rn. 2.
[483] Siehe oben Kapitel 5: § 20 B. I. (S. 102 f.).
[484] *Pohlmann/Schäfers*, in: Fuchs/Weitbrecht, Handbuch Private Kartellrechtsdurchsetzung, § 12 Rn. 102; vgl. auch BGH, Beschl. v. 5.6.1997 – I ZB 42/96, in: NJW 1998, 826 (828).

rechtlichen – gerichtlichen Expertise verhindert werden (II.)? Und wie ist das Verhältnis von § 87 GWB zur erstinstanzlichen Zuständigkeit der Oberlandesgerichte – etwa im schiedsrechtlichen Kontext nach § 1062 Abs. 1 Nr. 4 ZPO – zu beurteilen (III.)?

I. Vorrangige Zuständigkeit der Kartellgerichte?

Nach ganz herrschender Auffassung in Rechtsprechung[485] und Schrifttum[486] kommt der Zuständigkeit der Kartellgerichte nach § 87 GWB im Grundsatz Vorrang gegenüber anderen Spezialzuständigkeiten zu.[487] Zu denken ist etwa an eine kartellrechtliche Vorfrage im Sinne des § 87 S. 2 GWB, die einen kartellrechtlichen Zwangslizenzeinwand und somit auch eine patentrechtliche Frage enthält.[488] In diesen Fällen verdrängt die Zuweisung zu den Kartellgerichten nach § 87 GWB die Zuständigkeit der Patentstreitgerichte nach § 143 PatG.[489] Der Vorrang ist darauf zurückzuführen, dass der Gesetzgeber mit § 87 GWB nach Einheitlichkeit und Qualität der Rechtsprechung strebt.[490] Dieses Ziel kann nur realisiert werden, wenn alle Kartellstreitigkeiten tatsächlich von Kartellgerichten entschieden werden.[491] Zwar verfolgt der Gesetzgeber mit § 143 PatG für Patentstreitsachen ein vergleichbares Ziel. Im Fall von Kartellstreitigkeiten im Sinne des § 87 GWB sah er aber eine vorrangige Son-

---

[485] BAG, Urt. v. 29.6.2017 – 8 AZR 189/15, in: NJW 2018, 184 (186); OLG Düsseldorf, Beschl. v. 11.10.2018 – 15 U 29/17, in: NZKart 2019, 109 (110); OLG Düsseldorf, Beschl. v. 11.10.2018 – 15 U 28/18, juris, Rn. 2; vgl. bereits zur früheren Rechtslage BGH, Urt. v. 12.3.1991 – KZR 26/89, in: BGHZ 114, 218 (224); BGH, Urt. v. 15.12.1960 – KZR 2/60, in: BGHZ 34, 53 (59); BGH, Urt. v. 11.11.1959 – KZR 1/59, in: BGHZ 31, 162 (166 f.); OLG Karlsruhe, Urt. v. 9.1.1980 – 6 U 5/79 (Kart), in: GRUR 1980, 323 (326); a. A. LG Braunschweig, Urt. v. 28.8.2013 – 9 O 2637/12, in: WuW 2014, 88 (91 f.).
[486] *Bechtold/Bosch*, in: Bechtold/Bosch, § 87 GWB Rn. 11; *Bornkamm/Tolkmitt*, in: Bunte, Kartellrecht I, § 87 GWB Rn. 30 f. und § 88 Rn. 6; *Dicks*, in: LMRKM, § 87 GWB Rn. 23 und § 88 GWB Rn. 6; *Keßler*, in: MüKo Wettbewerbsrecht II, § 87 GWB Rn. 30 und § 88 GWB Rn. 3; *Meyer-Lindemann*, in: FK-KartellR, § 87 GWB Rn. 59 und § 88 GWB Rn. 11; *Ollerdißen*, in: Wiedemann, Handbuch des Kartellrechts, § 59 Rn. 29; *Voß*, in: Busche/Röhling, Kölner Kommentar, § 87 GWB Rn. 61 f.; ausdrücklich für das Verhältnis zum Gewerblichen Rechtsschutz siehe *Zöllner*, in: Cepl/Voß, § 1 ZPO Rn. 17; im Verhältnis zu Kennzeichenstreitsachen *Bröcker*, in: Ingerl/Rohnke/Nordemann, § 140 MarkenG Rn. 40; *Gruber*, in: BeckOK Markenrecht, § 140 MarkenG Rn. 27; vgl. bereits zur früheren Rechtslage *Tiffert*, in: Müller-Henneberg/Schwartz¹, § 87 GWB Rn. 5.
[487] Zum Vorrang der Kartellgerichte im Fall einer Anspruchskonkurrenz mit nicht-kartellrechtlichen Ansprüchen bereits oben Kapitel 5: § 19 B. II. 2. a) bb) (1) (S. 69 f.).
[488] Zum kartellrechtlichen Zwangslizenzeinwand als Fall einer die Zuständigkeit nach § 87 S. 2 GWB begründenden kartellrechtlichen Einwendung bereits oben Kapitel 5: § 19 C. III. 2. a) (S. 86 ff.).
[489] *Bornkamm/Tolkmitt*, in: Bunte, Kartellrecht I, § 87 GWB Rn. 30 f.; *Keßler*, in: MüKo Wettbewerbsrecht II, § 87 GWB Rn. 30; *Zöllner*, in: Cepl/Voß, § 1 ZPO Rn. 17 und 113 ff.; vgl. schon zur früheren Rechtslage BGH, Urt. v. 9.1.1967 – KZR 10/66, in: BGHZ 49, 33; BGH, Urt. v. 11.11.1959 – KZR 1/59, in: BGHZ 31, 162.
[490] Ausführlich zum Sinn und Zweck des § 87 GWB oben Kapitel 2: § 7 (S. 19 ff.).
[491] *Voß*, in: Busche/Röhling, Kölner Kommentar, § 87 GWB Rn. 61.

derzuständigkeit vor. Das wird insbesondere durch die Ausweitung der sachlichen Zuständigkeit der Kartellgerichte gemäß § 87 S. 2 GWB auf Fälle kartellrechtlicher Vorfragen evident.[492] Hierdurch wurde der Anwendungsbereich des § 87 GWB im Vergleich zu sonstigen Spezialvorschriften wie etwa § 143 PatG, die sich nur auf Hauptfragen beziehen, enorm ausgeweitet.[493] Darüber hinaus lässt sich der Vorrang der Kartellgerichte aus der Wertung des § 88 S. 2 GWB ableiten.[494] Dieser Rückschluss wird dadurch bestärkt, dass bei anderen sachlichen Sonderzuständigkeiten keine speziellen Regelungen zur vereinfachten Klageverbindung existieren.[495]

Trotz dieser überzeugenden Argumente ist der Vorrang der Kartellgerichte nicht ohne Kritik geblieben. Denn er offenbart einen wesentlichen Nachteil der Gesamtzuständigkeit im Vergleich zum abgeschafften Aussetzungszwang nach § 96 Abs. 2 GWB a. F. Unabhängig vom Umfang und Schwierigkeitsgrad der kartellrechtlichen Fragen hat § 87 GWB den Verlust der anderweitigen gerichtlichen Expertise zur Folge. Aus diesem Grund schlug das Landgericht Braunschweig vor, in Ausnahmefällen auf den Schwerpunkt des Rechtsstreits abzustellen und § 87 GWB insofern teleologisch zu reduzieren.[496] Das Gericht sah sich mit einem Zuständigkeitskonflikt zwischen der ausschließlichen Zuständigkeit der Kennzeichengerichte nach § 140 Abs. 1 Markengesetz und der Kartellgerichte nach § 87 GWB konfrontiert.[497] Die Landesregierung Niedersachsen hat auf Grundlage der Konzentrationsermächtigung in § 140 Abs. 2 S. 1 Markengesetz das Landgericht Braunschweig als zuständiges Kennzeichengericht bestimmt.[498] Als Kartellgericht bestimmte die Landesregierung hingegen das Landgericht Hannover.[499] Aufgrund des markenrechtlichen Schwerpunkts des Rechtsstreits erklärte sich das angerufene Landgericht Braunschweig dennoch gemäß § 140 Abs. 1 Markengesetz für zuständig, obwohl eigentlich das Landgericht Hannover aufgrund des Vorrangs der Kartellgerichte zuständig gewe-

---

[492] Vgl. *Bornkamm/Tolkmitt*, in: Bunte, Kartellrecht I, § 87 GWB Rn. 31; *Keßler*, in: MüKo Wettbewerbsrecht II, § 87 GWB Rn. 30.

[493] Siehe zum weiten Anwendungsbereich der kartellrechtlichen Vorfragen oben Kapitel 5: § 19 C. III. 3. (S. 90).

[494] Zur Klageverbindung nach § 88 GWB oben Kapitel 5: § 20 C. (S. 117 ff.).

[495] Einzig § 145 PatG enthält eine Regelung für den Fall, dass eine Klägerin wegen identischer oder mindestens gleichartiger angegriffener Ausführungsformen zwei jeweils auf unterschiedliche Patente gestützte Klagen gegen eine Beklagte rechtshängig macht. Die Regelung zielt aber auf die Verbindung von Patentstreitsachen und nicht auf die Verbindung mit Nicht-Patentstreitsachen ab, vgl. *Kircher*, in: BeckOK PatR, § 145 PatG Rn. 2.

[496] LG Braunschweig, Urt. v. 28.8.2013 – 9 O 2637/12, in: WuW 2014, 88 (92); befürwortend, wenn auch das „schwammige[] Abgrenzungskriterium" kritisierend *Gruber*, in: BeckOK Markenrecht, § 140 MarkenG Rn. 27.1; wohl zustimmend *Cuypers*, ZAP 2015, 1139 (1144).

[497] LG Braunschweig, Urt. v. 28.8.2013 – 9 O 2637/12, in: WuW 2014, 88 (91 f.).

[498] § 6 Verordnung zur Regelung von Zuständigkeiten in der Gerichtsbarkeit und der Justizverwaltung (ZustVO-Justiz) v. 8.6.2023 (Nds. GVBl., S. 97).

[499] § 8 Abs. 1 Verordnung zur Regelung von Zuständigkeiten in der Gerichtsbarkeit und der Justizverwaltung (ZustVO-Justiz) v. 8.6.2023 (Nds. GVBl., S. 94).

sen wäre.⁵⁰⁰ Das Landgericht Braunschweig argumentierte, dass der Gesetzgeber die Konzentrationsmöglichkeit in § 87 GWB bewusst geschaffen habe, um kompetente und erfahrene Spruchkörper mit den jeweiligen Spezialfragen zu befassen.⁵⁰¹ Infolgedessen müsse das Gericht entscheiden, das „für den größeren Teil des Rechtsstreits die bessere Kompetenz hat"⁵⁰². Auch wenn dieses Vorgehen im Einzelfall zu einem sachgemäßen Ergebnis führen mag, widerspricht es dem gesetzgeberischen Willen, alle Kartellsachen den Kartellgerichten zuzuweisen. Es ist davon auszugehen, dass der Gesetzgeber den Verlust der anderweitigen Expertise zugunsten der Einheitlichkeit und Qualität der Kartellrechtsprechung bewusst in Kauf genommen hat.⁵⁰³ Darüber hinaus führt das Abstellen auf den Schwerpunkt des Rechtsstreits und die hieraus resultierende „bessere Kompetenz"⁵⁰⁴ zu einer erheblichen Rechtsunsicherheit. Dies ist insbesondere vor dem Hintergrund von Art. 101 Abs. 1 S. 2 GG nicht hinzunehmen. Mithin ist ein grundsätzlicher⁵⁰⁵ Vorrang der Zuständigkeit der Kartellgerichte nach § 87 GWB innerhalb der ordentlichen Gerichtsbarkeit zu bejahen. Die Regelung des § 87 GWB nimmt somit im System der sachlichen Zuständigkeiten eine besondere Vorrangstellung ein.

II. Praxisvorschlag zur Vermeidung des Verlusts der Expertise anderweitiger Spezialgerichte

Der Vorrang der Kartellgerichte hat stets den Verlust der anderweitigen gerichtlichen Expertise zur Folge. Bei einer Zuständigkeitskonkurrenz mit Patentstreitsachen im Sinne des § 143 PatG ist dieser Wegfall aufgrund des notwendigen richterlichen Verständnisses für komplizierte technische Probleme nicht zu unterschätzen.⁵⁰⁶ Zur Vermeidung des Verlusts an Expertise schlägt das Schrifttum für die Praxis einen pragmatischen Lösungsweg vor. Der Klägerin wird empfohlen, stets das Landgericht anzurufen, das sowohl Kartellgericht im Sinne der §§ 87, 89 GWB ist als auch die Zuständigkeit nach der anderweitigen Sonderregelung innehat, also über eine „Doppelzuständigkeit" verfügt.⁵⁰⁷ Hier-

---

⁵⁰⁰ LG Braunschweig, Urt. v. 28.8.2013 – 9 O 2637/12, in: WuW 2014, 88 (92).
⁵⁰¹ LG Braunschweig, Urt. v. 28.8.2013 – 9 O 2637/12, in: WuW 2014, 88 (92).
⁵⁰² LG Braunschweig, Urt. v. 28.8.2013 – 9 O 2637/12, in: WuW 2014, 88 (92).
⁵⁰³ Vgl. BAG, Urt. v. 29.6.2017 – 8 AZR 189/15, in: NJW 2018, 184 (186); *Voß*, in: Busche/Röhling, Kölner Kommentar, § 87 GWB Rn. 8.
⁵⁰⁴ LG Braunschweig, Urt. v. 28.8.2013 – 9 O 2637/12, in: WuW 2014, 88 (92).
⁵⁰⁵ Zur Ausnahme bei erstinstanzlicher Zuständigkeit der Oberlandesgerichte unten Kapitel 5: § 20 D. III. (S. 126 ff.).
⁵⁰⁶ *Rombach*, WuW 2021, 438.
⁵⁰⁷ *Bornkamm/Tolkmitt*, in: Bunte, Kartellrecht I, § 87 GWB Rn. 31; *Keßler*, in: MüKo Wettbewerbsrecht II, § 87 GWB Rn. 30; *Keßler*, in: MüKo Wettbewerbsrecht II, § 88 GWB Rn. 3; *Meyer-Lindemann*, in: FK-KartellR, § 88 GWB Rn. 11; *Voß*, in: Busche/Röhling, Kölner Kommentar, § 87 GWB Rn. 62; vgl. hierzu auch *Kühnen*, Handbuch Patentverletzung, Kap. E Rn. 538 ff.

durch soll eine „Kongruenz der Spezialzuständigkeiten"[508] beziehungsweise eine „Harmonisierung der nach Landesrecht bestehenden Spezialzuständigkeiten"[509] erzielt werden. Etwa gibt es in Nordrhein-Westfalen drei Kartellgerichte: das Landgericht Düsseldorf (Oberlandesgerichtsbezirk Düsseldorf), das Landgericht Dortmund (Oberlandesgerichtsbezirk Hamm) und das Landgericht Köln (Oberlandesgerichtsbezirk Köln).[510] Für Patentstreitsachen ist hingegen allein das Landgericht Düsseldorf zuständig.[511] Einer Klägerin wäre daher im Falle einer Überschneidung zu empfehlen, das Landgericht Düsseldorf anzurufen.[512] Das GWB sieht den beschriebenen Lösungsweg zwar nicht ausdrücklich vor, verbietet eine solche Optimierung aber auch nicht.[513] *De lege lata* ist der aufgezeigte Lösungsweg zur Vermeidung des Verlusts der Expertise anderweitiger Spezialgerichte zu begrüßen.

Allerdings weist der beschriebene Lösungsweg zwei Schwachstellen auf. Zum einen kann der Ansatz nur als Praxisvorschlag verstanden werden. Seine Umsetzung liegt in den Händen der Klägerin. Aufgrund des grundsätzlichen Vorrangs der Kartellgerichte steht es der Klägerin in Nordrhein-Westfalen etwa weiterhin frei, trotz Überschneidungen mit patentrechtlichen Fragen die Kartellgerichte in Dortmund oder Köln und nicht das „doppelzuständige" Landgericht Düsseldorf anzurufen. Unter Umständen wird die Klägerin eine solche rechtliche Schnittstelle gar nicht erkennen. Hinzu kommt, dass Vorschriften zur örtlichen Zuständigkeit einer entsprechenden Wahl der Klägerin entgegenstehen könnten. Zum anderen setzt die Lösung voraus, dass überhaupt entsprechende „Doppelzuständigkeiten" bei einzelnen Landgerichten bestehen. Sofern in einem Bundesland nur ein Landgericht eingerichtet ist, verfügt dieses ohne Weiteres über die „Doppelzuständigkeit".[514] Bestehen in einem Bundesland mehrere Landgerichte, haben die Landesregierungen teilweise durch Verordnung ein Landgericht als Patentstreitgericht und zugleich als Kartellgericht bestimmt.[515] Allerdings erfordert die Lösung, dass innerhalb des „doppelzustän-

---

[508] *Bornkamm/Tolkmitt*, in: Bunte, Kartellrecht I, § 87 GWB Rn. 31.
[509] *Keßler*, in: MüKo Wettbewerbsrecht II, § 87 GWB Rn. 30.
[510] Siehe Übersicht 1 in der Anlage.
[511] § 1 der Verordnung über die Zuweisung von Gemeinschaftsmarken-, Gemeinschaftsgeschmacksmuster-, Patent-, Sortenschutz-, Gebrauchsmusterstreitsachen und Topographieschutzsachen v. 30.8.2011 (GV. NRW, S. 468); zuletzt geändert durch Art. 1 Erste ÄndVO v. 25.3.2014 (GV. NRW, S. 249).
[512] So auch der Vorschlag von *Bornkamm/Tolkmitt*, in: Bunte, Kartellrecht I, § 88 GWB Rn. 6.
[513] *Bornkamm/Tolkmitt*, in: Bunte, Kartellrecht I, § 87 GWB Rn. 40.
[514] Jeweils nur ein Landgericht besteht in Berlin, Bremen, Hamburg sowie im Saarland, vgl. Übersicht 2 in der Anlage. Hierbei ist anzumerken, dass für Bremen, Hamburg, Schleswig-Holstein und Mecklenburg-Vorpommern aufgrund eines Staatsvertrags das Landgericht Hamburg zuständig ist, vgl. Abkommen über die Zuständigkeit des Landgerichts Hamburg für Rechtsstreitigkeiten über technische Schutzrechte v. 17.10.1992, Brem. GBl. 1993, S. 154, HmbGVBl., S. 33, GVOBl. M-V, S. 919, GVOBl. Schl.-H., S. 497.
[515] In Nordrhein-Westfalen sind alle Patentstreitsachen dem Landgericht Düsseldorf zu-

§ 20 Rechtsfolgen des § 87 GWB

digen" Gerichts auch eine Kammer aufgrund des Geschäftsverteilungsplans „doppelzuständig" ist. Für den praktisch relevanten Fall[516] von kartellrechtlichen und patentrechtlichen Überschneidungen bietet es sich an, dass der jeweilige Geschäftsverteilungsplan beide Zuständigkeiten einer Kammer zuweist. Dies ist an den meisten „doppelzuständigen" Landgerichten bereits der Fall.[517] Auch am Bundesgerichtshof gehören dem Kartellsenat Richterinnen und Richter an, die zugleich im für das Patentrecht zuständigen X. Zivilsenat tätig sind oder waren.[518] Problematisch ist jedoch, dass sich der aufgezeigte Lösungsweg nicht in allen Bundesländern umsetzen lässt. In Niedersachsen ist etwa das Landgericht Braunschweig für Patentstreitsachen zuständig,[519] das Landgericht Hannover hingegen für Kartellsachen.[520] Die Parteien müssen in Niedersachsen aufgrund des Vorrangs der Kartellgerichte zwangsläufig auf die Expertise der Patentgerichte verzichten. Es wäre sinnvoll, wenn die Landesregierung Niedersachsen die Zuständigkeit für Patentstreitsachen und Kartellsachen bei einem Landgericht konzentrieren würde.[521] Eine umfassende Vermeidung des Verlusts an Expertise würde eine Reform des § 87 S. 2 GWB erfordern.[522] In Betracht käme die Umwandlung in einen *modifizierten* Aussetzungszwang.

---

gewiesen, § 1 Verordnung über die Zuweisung von Gemeinschaftsmarken-, Gemeinschaftsgeschmacksmuster-, Patent-, Sortenschutz-, Gebrauchsmusterstreitsachen und Topographieschutzsachen v. 30.8.2011. Neben den Landgerichten Dortmund und Köln ist das Landgericht Düsseldorf auch für Kartellstreitigkeiten im Sinne des § 87 GWB zuständig, vgl. § 1 Verordnung über die Bildung gemeinsamer Kartellgerichte und über die gerichtliche Zuständigkeit in bürgerlichen Rechtsstreitigkeiten nach dem Energiewirtschaftsgesetz v. 30.8.2011 (GV. NRW, S. 469), zuletzt geändert durch Verordnung v. 24.8.2023 (GV. NRW, S. 1113); vgl. ergänzend Übersicht zu deutschlandweiten Gerichtszuständigkeiten im Gewerblichen Rechtsschutz, Wettbewerbs- und Kartellrecht der Deutschen Vereinigung für gewerblichen Rechtsschutz und Urheberrecht e. V., online abrufbar unter http://www.grur.org/de/publikationen/gerichte/gerichtszustaendigkeiten.html, zuletzt geprüft am: 31.10.2023.

[516] Patentverletzungsklagen mit kartellrechtlichen Vorfragen sind aktuell eher die Regel als die Ausnahme, siehe hierzu *Rombach*, WuW 2021, 438. Etwa erheben Beklagte in Patentverletzungsverfahren den Einwand kartellrechtlich missbräuchlichen Verhaltens, insbesondere in Form des sog. „FRAND-Einwands", vgl. aus neuerer Zeit BGH, Urt. v. 24.11.2020 – KZR 35/17, in: BGHZ 227, 305.

[517] Eine Ausnahme ergibt sich für Niedersachsen, vgl. *Bornkamm/Tolkmitt*, in: Bunte, Kartellrecht I, § 87 GWB Rn. 40.

[518] Aktuell ist etwa Richter am Bundesgerichtshof Dr. Deichfuß sowohl im X. Zivilsenat als auch im Kartellsenat, siehe unter https://www.bundesgerichtshof.de/DE/DasGericht/Geschaeftsverteilung/BesetzungSenate/WeitereSenate/kartellsenat.html, zuletzt geprüft am: 17.10.2021; zu der Verteilungspraxis auch *Rombach*, WuW 2021, 438 (439).

[519] § 6 Verordnung zur Regelung von Zuständigkeiten in der Gerichtsbarkeit und der Justizverwaltung (ZustVO-Justiz) v. 8.6.2023 (Nds. GVBl., S. 94).

[520] § 8 Abs. 1 Verordnung zur Regelung von Zuständigkeiten in der Gerichtsbarkeit und der Justizverwaltung (ZustVO-Justiz) v. 8.6.2023 (Nds. GVBl., S. 94).

[521] Vgl. auch *Bornkamm/Tolkmitt*, in: Bunte, Kartellrecht I, § 87 GWB Rn. 31.

[522] Zum Reformvorschlag zu § 87 S. 2 GWB unten Kapitel 6: § 24 (S. 196 ff.).

III. Konflikt mit erstinstanzlicher Zuständigkeit der Oberlandesgerichte

Bisher hat sich die Untersuchung auf das Verhältnis des § 87 GWB zu Sonderregelungen beschränkt, die ebenfalls die erstinstanzliche sachliche Zuständigkeit der Landgerichte normieren. In diesem Rahmen wurde der grundsätzliche Vorrang der Kartellgerichte bejaht.[523] Fraglich ist aber, ob der allgemeine Vorrang des § 87 GWB auch gegenüber Vorschriften gilt, die die erstinstanzliche Zuständigkeit der Oberlandesgerichte anordnen. In der Praxis konnten sich solche Zuständigkeitskonkurrenzen in zwei Fällen ergeben. Zum einen hat der Gesetzgeber in § 1062 Abs. 1 Nr. 4 ZPO bestimmt, dass die Oberlandesgerichte für die Aufhebung (§ 1059 ZPO) und Vollstreckbarerklärung von Schiedssprüchen (§§ 1060 ff. ZPO) sowie die Aufhebung von Vollstreckbarerklärungen (§ 1061 ZPO) zuständig sind. Ein Schiedsspruch kann gemäß § 1059 Abs. 2 lit. b GWB etwa aufgehoben werden, wenn seine Anerkennung oder Vollstreckung zu einem Ergebnis führt, das der öffentlichen Ordnung (*ordre public*) widerspricht. Ein solcher Widerspruch kann sich unter Umständen aus kartellrechtlichen Wertungen ergeben, sodass eine kartellrechtliche Vorfrage vorliegt und sich aus § 87 S. 2 GWB die Zuständigkeit der Kartellgerichte ergibt.[524] Zum anderen hat der Gesetzgeber ursprünglich für Musterfeststellungsklagen die erstinstanzliche Zuständigkeit der Oberlandesgerichte in § 119 Abs. 3 GVG a. F. normiert.[525] Im Rahmen einer Musterfeststellungsklage können auch kartellrechtliche Ansprüche geltend gemacht werden.[526] In Betracht kommen etwa Schadenersatzansprüche von Verbraucherinnen nach § 33a GWB gegen ein Unternehmen, das gegen das Missbrauchsverbot in Art. 102 AEUV beziehungsweise §§ 19 ff. GWB verstoßen hat.[527] Da es sich hierbei zugleich um eine kartellrechtliche Hauptfrage handelt, bestand eine konkurrierende Zuständigkeitszuweisung zwischen § 119 Abs. 3 GVG a. F. und § 87 S. 1 GWB in instanzieller Hinsicht.[528] Allerdings hat der Gesetzgeber diese Kollision seit

---

[523] Siehe oben Kapitel 5: § 20 D. I. (S. 121 ff.).

[524] Vgl. etwa OLG Düsseldorf, Beschl. v. 15.7.2002 – I-6 Sch 5/02, in: WuW/E DE-R, 997 (998); siehe auch *Ollerdißen*, in: Wiedemann, Handbuch des Kartellrechts, § 63 Rn. 29.

[525] Am 1.11.2018 ist das Gesetz zur Einführung einer zivilprozessualen Musterfeststellungsklage v. 12.7.2018 (BGBl. I, S. 1151) in Kraft getreten; vgl. ausführlich hierzu *Weinland*, Die neue Musterfeststellungsklage, S. 7 ff.

[526] *Pohlmann/Schäfers*, in: Fuchs/Weitbrecht, Handbuch Private Kartellrechtsdurchsetzung, § 12 Rn. 100a; vgl. zur Bedeutung von kartellrechtlichen Musterfeststellungsklagen *Krüger/Weitbrecht*, in: Fuchs/Weitbrecht, Handbuch Private Kartellrechtsdurchsetzung, § 19 Rn. 87; *Mengden*, NZKart 2018, 398 (401); *Schäfers*, ZZP 132 (2019), 231 (239 ff.); vgl. zu Unterschieden zwischen *stand-alone-* sowie *follow-on*-Musterfeststellungsklagen *Hoffmann/Horn*, ZWeR 2019, 454 (458 ff.) sowie allgemein oben Kapitel 5: § 19 B. II. 2. a) aa) (2) (S. 66).

[527] *Pohlmann/Schäfers*, in: Fuchs/Weitbrecht, Handbuch Private Kartellrechtsdurchsetzung, § 12 Rn. 100a.

[528] Grundlegend zur Normbereichskollision zwischen § 119 Abs. 3 GVG, § 32c, § 614 ZPO und den §§ 87 ff. GWB *Schäfers*, ZZP 132 (2019), 231 (243).

dem 13. Oktober 2023 aufgelöst. In § 3 Abs. 1 Verbraucherrechtedurchsetzungsgesetz (VDuG)[529] ordnet der Gesetzgeber die ausschließliche sachliche Zuständigkeit der Oberlandesgerichte für Verbandsklagen an. Verbandsklagen sind sowohl Musterfeststellungsklagen nach §§ 41 ff. VDuG als auch die neu eingeführte Abhilfeklage nach §§ 14 ff. VDuG. Zugleich hat der Gesetzgeber die Regelung des § 91 S. 2 GWB entsprechend ergänzt.[530] Danach entscheidet stets ein Kartellsenat am Oberlandesgericht über Verbandsklagen nach dem VDuG, die Ansprüche und Rechtsverhältnisse in den in § 87 GWB aufgeführten bürgerlichen Rechtsstreitigkeiten betreffen.

Der hier untersuchte Konflikt besteht daher nur noch zwischen § 1062 Abs. 1 Nr. 4 ZPO und § 87 GWB fort. Im Folgenden setzt sich die Arbeit mit den hieraus resultieren Fragen auseinander. Erstens: Sind in erster Instanz die Oberlandesgerichte nach § 1062 Abs. 1 Nr. 4 ZPO oder die Landgerichte nach § 87 GWB sachlich zuständig (1.)? Zweitens: Entscheiden die gemäß § 91 S. 1 GWB zu errichtenden Kartellsenate, sofern die erstinstanzliche Zuständigkeit der Oberlandesgerichte bejaht wird (2.)?

1. Vorrang der Zuständigkeit der Oberlandesgerichte

Nach allgemeiner Ansicht hat die Zuständigkeit der Oberlandesgerichte nach § 1062 Abs. 1 Nr. 4 ZPO Vorrang gegenüber der Zuständigkeit der Landgerichte nach § 87 GWB.[531] Betrachtet man das Verhältnis der Vorschriften zunächst nach dem *lex posterior*-Grundsatz, so hat § 1062 Abs. 1 Nr. 4 ZPO als neuere Regelung gegenüber § 87 GWB Vorrang.[532] Darüber hinaus bietet sich eine Auseinandersetzung mit dem jeweiligem Normzweck an. Bei den Aufhebungs- und Vollstreckungsverfahren im Sinne des § 1062 Abs. 1 Nr. 4 ZPO hat sich der Gesetzgeber für die höhere Eingangszuständigkeit entschieden, um unter

---

[529] BGBl. I Nr. 272, S. 4.
[530] Eingeführt mit Wirkung v. 13.10.2023 durch Art. 22 Nr. 3 lit. a und b des Gesetzes zur Umsetzung der Richtlinie (EU) 2020/1828 über Verbandsklagen zum Schutz der Kollektivinteressen der Verbraucher und zur Aufhebung der Richtlinie 2009/22/EG sowie zur Änderung des Kapitalanleger-Musterverfahrensgesetzes (Verbandsklagenrichtlinienumsetzungsgesetz – VRUG) v. 8.10.2023, BGBl. I Nr. 272, S. 35.
[531] Zu § 1062 ZPO OLG Düsseldorf, Beschl. v. 15.7.2002 – I-6 Sch 5/02, in: WuW/E DE-R, 997 (998); OLG Frankfurt, Beschl. v. 14.3.2019 – 26 Sch 10/18, in: WuW 2020, 38 (39); *Bracher*, in: FK-KartellR, § 91 GWB Rn. 10; *Dicks*, in: LMRKM, § 91 GWB Rn. 23; *Geimer*, in: Zöller, § 1062 ZPO Rn. 6; *Keßler*, in: MüKo Wettbewerbsrecht II, § 87 GWB Rn. 32; *Ollerdißen*, in: Wiedemann, Handbuch des Kartellrechts, § 59 Rn. 58 und § 63 Rn. 18 und 38; *Rombach*, in: BeckOK KartellR, § 91 GWB Rn. 39; *Schmidt*, in: Immenga/Mestmäcker, Wettbewerbsrecht II, § 87 GWB Rn. 73; *Wilske/Markert*, in: BeckOK ZPO, § 1062 ZPO Rn. 7; *Voit*, in: Musielak/Voit, § 1062 ZPO Rn. 2; vgl. zu § 119 Abs. 3 GVG a. F. *Pohlmann/Schäfers*, in: Fuchs/Weitbrecht, Handbuch Private Kartellrechtsdurchsetzung, § 12 Rn. 100g; *Hoffmann/Horn*, ZWeR 2019, 454 (456); *Röthemeyer*, Musterfeststellungsklage, § 119 Rn. 5; *Schäfers*, ZZP 132 (2019), 231 (256).
[532] Zu Schiedssachen *Geimer*, in: Zöller, § 1062 ZPO Rn. 6; vgl. zu Musterfeststellungsklagen *Schäfers*, ZZP 132 (2019), 231 (254 f.).

Effektivitätsgesichtspunkten eine Verkürzung des Rechtszugs auf nur zwei Instanzen herbeizuführen.[533] Ähnliche Erwägungen hat der Gesetzgeber auch zunächst für die Musterfeststellungsklage[534] und nunmehr für die Verbandsklagen[535] herangezogen. Würde man § 87 GWB Vorrang einräumen, müssten die Parteien jedoch drei Instanzen durchlaufen.[536] Im Fall von § 1062 Abs. 1 Nr. 4 ZPO wird die höhere Eingangsinstanz insbesondere damit begründet, dass die Parteien bereits ein Schiedsverfahren „als quasi erste Instanz"[537] durchlaufen haben. Der Gesetzgeber wollte mit der Zuständigkeitsverlagerung zu den Oberlandesgerichten nicht nur die Gleichwertigkeit von Schiedsverfahren ausdrücken, sondern auch die Effizienz des schiedsrichterlichen Rechtsschutzes stärken sowie die staatlichen Gerichte entlasten.[538] Diese Ziele könnten bei drei statt nur zwei Instanzen aufgrund von § 87 GWB nicht erreicht werden. Zur Erhaltung des verkürzten Instanzenzugs hat § 1062 Abs. 1 Nr. 4 ZPO Vorrang gegenüber § 87 GWB. Im Ergebnis ist im Einklang mit der allgemeinen Ansicht die Eingangszuständigkeit der Oberlandesgerichte zu bejahen.

2. Zuständigkeit der Kartellsenate (analog) §§ 91 S. 2, 95 GWB

In Rechtsprechung und Schrifttum ist allerdings umstritten, ob zur Wahrung der mit § 87 GWB bezweckten Einheitlichkeit und Qualität der Rechtsprechung innerhalb der Oberlandesgerichte die Kartellsenate entscheiden sollen. Es würde einen „erheblichen Eingriff in das System der Kartellrechtspflege"[539] darstellen, wenn nicht spezialisierte Spruchkörper über kartellrechtliche Fragen entschieden. Wie bereits erörtert,[540] entscheiden die Kartellsenate der Oberlandesgerichte erstinstanzlich über Kartellverwaltungssachen und Kartellbußgeldsachen. Im Hinblick auf landgerichtliche Entscheidungen nach § 87 GWB spricht der Wortlaut von § 91 S. 2 GWB nur von Berufungen und Beschwerden sowie nunmehr Verbandsklagen.[541] Eine direkte Anwendung der Norm zur Be-

---

[533] BT-Drs. 13/5274, 63 f.; *Münch*, in: MüKo ZPO III, § 1062 ZPO Rn. 3; *Saenger*, in: Saenger, HK-ZPO, § 1062 ZPO Rn. 1; *Voit*, in: Musielak/Voit, § 1062 ZPO Rn. 2; *Wilske/Markert*, in: BeckOK ZPO, § 1062 ZPO Rn. 2.
[534] Vgl. BT-Drs. 19/2439, S. 15 ff.; siehe auch *Schäfers*, ZZP 132 (2019), 231 (242 f.).
[535] BT-Drs. 20/6520, S. 70: „Angesichts der Breitenwirkung der mit Abhilfe- und Musterfeststellungsklagen geltend gemachten Ansprüche oder Rechtsverhältnisse rechtfertigt die Bedeutung der Sache eine Befassung des Oberlandesgerichts."
[536] Siehe zum Aufbau der Kartelljustiz bereits oben Kapitel 2: § 5 (S. 8 ff.).
[537] *Münch*, in: MüKo ZPO III, § 1062 ZPO Rn. 3.
[538] BT-Drs. 13/5274, S. 63; *Saenger*, in: Saenger, HK-ZPO, § 1062 ZPO Rn. 1.
[539] *Schäfers*, ZZP 132 (2019), 231 (256).
[540] Siehe oben Kapitel 2: § 5 B. (S. 9 ff.).
[541] Ab 13.10.2023 ordnet § 91 S. 2 GWB n. F. ausdrücklich die erstinstanzliche Zuständigkeit der Kartellsenate bei den Oberlandesgerichten für Verbandsklageverfahren nach dem Verbraucherrechtedurchsetzungsgesetz, die Ansprüche und Rechtsverhältnisse in den in § 87 GWB aufgeführten bürgerlichen Rechtsstreitigkeiten betreffen an, eingeführt durch Art. 22 Nr. 3 lit. b des Gesetzes zur Umsetzung der Richtlinie (EU) 2020/1828 über Verbands-

gründung der erstinstanzlichen Zuständigkeit der Kartellsenate in Fällen des § 1062 Abs. 1 Nr. 4 ZPO ist daher ausgeschlossen.[542] Eine Auffassung befürwortet daher die analoge Anwendung der §§ 91 S. 2, 95 GWB.[543] Die Gegenansicht lehnt eine solche Analogie ab und nimmt die Zuständigkeit der allgemeinen Zivilsenate an.[544] Es ist zu klären, ob die Voraussetzungen einer Analogie (planwidrige Regelungslücke und vergleichbare Interessenlage) vorliegen. Eine planwidrige Regelungslücke liegt vor. *De lege lata* besteht für Fälle des § 1062 Abs. 1 Nr. 4 ZPO – anders als für Verbandsklagen – keine Vorschrift, die die Zuständigkeit des Kartellsenats bei erstinstanzlicher Zuständigkeit der Oberlandesgerichte bestimmt.[545] Die Regelung in § 1062 Abs. 1 Nr. 4 ZPO ist nur insoweit gegenüber § 87 GWB spezieller, als sie festlegt, dass als Eingangsinstanz das Oberlandesgericht und nicht das Landgericht zuständig ist.[546] Es kann nicht angenommen werden, dass der Gesetzgeber bei Verfahren nach § 1062 Abs. 1 Nr. 4 ZPO auf die Expertise der Kartellsenate verzichten wollte.[547] Auch die Interessenlage ist vergleichbar, da sich das Verfahren bei Zuständigkeit der Kar-

---

klagen zum Schutz der Kollektivinteressen der Verbraucher und zur Aufhebung der Richtlinie 2009/22/EG sowie zur Änderung des Kapitalanleger-Musterverfahrensgesetzes (Verbandsklagenrichtlinienumsetzungsgesetz – VRUG) v. 8.10.2023, BGBl. I Nr. 272, S. 35.
[542] *Hoffmann/Horn*, ZWeR 2019, 454 (457); *Schäfers*, ZZP 132 (2019), 231 (257).
[543] Zu § 119 Abs. 3 GVG a. F. *Pohlmann/Schäfers*, in: Fuchs/Weitbrecht, Handbuch Private Kartellrechtsdurchsetzung, § 12 Rn. 100 g; *Schäfers*, ZZP 132 (2019), 231 (256 ff.); siehe auch *Bacher*, in: Ahrens, Der Wettbewerbsprozess, Kap. 79 Rn. 16; zu § 1062 ZPO OLG Düsseldorf, Beschl. v. 15.7.2002 – I-6 Sch 5/02, in: WuW/E DE-R, 997 (998); *Bacher*, in: Ahrens, Der Wettbewerbsprozess, Kap. 79 Rn. 17; *Dicks*, in: LMRKM, § 91 GWB Rn. 23; *Keßler*, in: MüKo Wettbewerbsrecht II, § 87 GWB Rn. 32; *Ollerdißen*, in: Wiedemann, Handbuch des Kartellrechts, § 59 Rn. 58 sowie § 63 Rn. 18 und 38; *Schmidt*, in: Immenga/Mestmäcker, Wettbewerbsrecht II, § 87 GWB Rn. 73 und § 91 GWB Rn. 6; wohl auch OLG Celle, Beschl. v. 14.10.2016 – 13 Sch 1/15 (Kart), juris, Rn. 6.
[544] Zu § 119 Abs. 3 GVG a. F. *Hoffmann/Horn*, ZWeR 2019, 454 (458), wenn auch die Vorzugswürdigkeit der Kartellsenate anerkennend, aber eine gesetzgeberische Klarstellung fordernd; zu § 1062 ZPO OLG Frankfurt, Beschl. v. 23.6.2020 – 26 Sch 1/20, in: WuW 2020, 488 (489); OLG Frankfurt, Beschl. v. 14.3.2019 – 26 Sch 10/18, in: WuW 2020, 38 (40); *Bracher*, in: FK-KartellR, § 91 GWB Rn. 10; *Geimer*, in: Zöller, § 1062 ZPO Rn. 6; *Rombach*, in: BeckOK KartellR, § 91 GWB Rn. 39; *Saenger*, in: Saenger, HK-ZPO, § 1062 ZPO Rn. 2; *Schlosser*, in: Stein/Jonas, ZPO X, § 1062 ZPO Rn. 1; *Voit*, in: Musielak/Voit, § 1062 ZPO Rn. 2; *Wilske/Markert*, in: BeckOK ZPO, § 1062 ZPO Rn. 7; in diese Richtung wohl auch *Kasolowsky/Steup*, SchiedsVZ 2008, 72 (76).
[545] Vgl. *Dicks*, in: LMRKM, § 91 GWB Rn. 6; *Pohlmann/Schäfers*, in: Fuchs/Weitbrecht, Handbuch Private Kartellrechtsdurchsetzung, § 12 Rn. 100i.
[546] In Bezug auf § 1062 ZPO OLG Düsseldorf, Beschl. v. 15.7.2002 – I-6 Sch 5/02, in: WuW/E DE-R, 997 (998); *Bien*, in: Fuchs/Weitbrecht, Handbuch Private Kartellrechtsdurchsetzung, § 17 Rn. 140; *Dicks*, in: LMRKM, § 91 GWB Rn. 23; *Ollerdißen*, in: Wiedemann, Handbuch des Kartellrechts, § 59 Rn. 58 und § 63 Rn. 18; *Schmidt*, in: Immenga/Mestmäcker, Wettbewerbsrecht II, § 87 GWB Rn. 73.
[547] *Schäfers*, ZZP 132 (2019), 231 (257); a. A. *Bracher*, in: FK-KartellR, § 91 GWB Rn. 10; *Rombach*, in: BeckOK KartellR, § 91 GWB Rn. 39; wohl auch OLG Frankfurt, Beschl. v. 14.3.2019 – 26 Sch 10/18, in: WuW 2020, 38 (39).

tellsenate weiterhin auf nur zwei Instanzen beschränkt.[548] Es ist davon auszugehen, dass es der Verfahrensbeschleunigung dient, wenn kartellrechtlich versierte Spruchkörper entscheiden.[549] Urteile der kartellrechtlich spezialisierten Spruchkörper haben eine höhere Richtigkeitsgewähr, sodass mit einer geringeren Anzahl von Revisionen gerechnet werden kann.[550] Außerdem ist nicht auszuschließen, dass das Vertrauen der Parteien in die kartellrechtliche Spezialisierung der Spruchkörper die Vergleichsbereitschaft erhöht und hierdurch sogar schnellere Verfahrenserledigungen herbeigeführt werden.[551] Mithin ist in Fällen des § 1062 Abs. 1 Nr. 4 ZPO die ausschließliche Zuständigkeit der Kartellsenate analog §§ 91 S. 2, 95 GWB zu bejahen.

Die Lösung über die direkte beziehungsweise analoge Anwendung von §§ 91 S. 2, 95 GWB sieht sich allerdings mit praktischen Schwierigkeiten konfrontiert. Der Gesetzgeber hat für alle drei Zuständigkeitsregelungen Konzentrationsermächtigungen geschaffen: für Kartellsachen in §§ 92 Abs. 2 S. 1, 93 GWB, für Verbandsklagen in § 3 Abs. 3 S. 1 VDuG und für Aufhebungs- und Vollstreckungsverfahren in § 1062 Abs. 5 S. 1 ZPO. Sofern innerhalb eines Bundeslandes mehrere Oberlandesgerichte eingerichtet sind, besteht die Gefahr, dass die Landesregierung die Zuständigkeitskonzentrationen unterschiedlichen Oberlandesgerichten zuweist.[552] Das bedeutet, dass eine erstinstanzliche Entscheidung durch den Kartellsenat eines Oberlandesgericht nicht umsetzbar wäre. In Nordrhein-Westfalen hat sich das Risiko eines solchen Auseinanderfallens bereits realisiert.[553] Dort ist das Oberlandesgericht Düsseldorf das Kartell-Oberlandesgericht[554], das Oberlandesgericht Hamm das für Verbandsklagen zuständige Oberlandesgericht.[555] Bei einem solchen Auseinanderfallen der Zuständigkeitskonzentration gehen die auf der Grundlage der §§ 92 Abs. 2 S. 1, 93 GWB erlassenen landesrechtlichen Konzentrationsvorschriften den auf der Grundlage von § 3 Abs. 3 S. 1 VDuG beziehungsweise § 1062 Abs. 5 S. 1 ZPO erlassenen Konzentrationsvorschriften als Sonderregelungen vor.[556] Andernfalls hätten die Konzentrationsermächtigungen, die eine erhöhte richterliche Expertise sicherstellen sollen, für Kartellsachen den gegenteiligen Effekt. Hie-

---

[548] Bezüglich Musterfeststellungsklagen *Schäfers*, ZZP 132 (2019), 231 (257 f.).
[549] *Schäfers*, ZZP 132 (2019), 231 (257).
[550] *Schäfers*, ZZP 132 (2019), 231 (257).
[551] *Schäfers*, ZZP 132 (2019), 231 (257).
[552] Vgl. *Pohlmann/Schäfers*, in: Fuchs/Weitbrecht, Handbuch Private Kartellrechtsdurchsetzung, § 12 Rn. 100l.
[553] Hierzu auch *Pohlmann/Schäfers*, in: Fuchs/Weitbrecht, Handbuch Private Kartellrechtsdurchsetzung, § 12 Rn. 100c; *Schäfers*, ZZP 132 (2019), 231 (249 f.).
[554] Vgl. Übersicht 3 in der Anlage.
[555] Vgl. beck-aktuell Mitteilung v. 10.11.2023, abrufbar unter https://rsw.beck.de/aktuell/daily/meldung/detail/nrw-konzentriert-verbandsklagen-landesweit-beim-olg-hamm, zuletzt geprüft am: 14.11.2023.
[556] In Bezug auf § 119 GVG a. F. *Pohlmann/Schäfers*, in: Fuchs/Weitbrecht, Handbuch Private Kartellrechtsdurchsetzung, § 12 Rn. 100l; *Schäfers*, ZZP 132 (2019), 231 (258).

raus folgt, dass etwa in Nordrhein-Westfalen das Kartell-Oberlandesgericht in Düsseldorf ausschließlich zuständig ist.[557] Zugunsten der Einheitlichkeit und Qualität der Rechtsprechung in Kartellsachen ist in Kauf zu nehmen, dass die Parteien von ihrer grundsätzlich nach § 1062 Abs. 1 ZPO gewährten Gerichtswahlmöglichkeit nur eingeschränkt Gebrauch machen können. Die Parteien haben weiterhin die Möglichkeit, in einer Schiedsvereinbarung eine Gerichtsstandsvereinbarung zugunsten eines Kartell-Oberlandesgerichts[558] ihrer Wahl zu treffen.

3. Zwischenergebnis

Im Ergebnis ist festzuhalten, dass die in § 1062 Abs. 1 Nr. 4 ZPO angeordnete Zuständigkeit der Oberlandesgerichte Vorrang gegenüber § 87 GWB hat. Die Einheitlichkeit und Qualität der Rechtsprechung in Kartellsachen wird dadurch gewährleistet, dass innerhalb der Oberlandesgerichte ausschließlich die Kartellsenate (analog) §§ 91 S. 2, 95 GWB entscheiden.

IV. Fazit

Die Untersuchung des Verhältnisses von § 87 GWB zu anderweitigen Sonderzuständigkeiten hat ergeben, dass die kartellgerichtliche Zuständigkeit Vorrang gegenüber jener der Landgerichte hat. Bestehen hingegen konkurrierende erstinstanzliche Zuweisungen zu den Oberlandesgerichten, ist ein Vorrang des § 87 GWB abzulehnen. Allerdings entscheiden in diesen Fällen die Kartellsenate der Oberlandesgerichte (analog) §§ 91 S. 2, 95 GWB. Um die nach der *lex lata* bestehenden Rechtsunsicherheiten bei Verfahren nach § 1062 Abs. 1 Nr. 4 ZPO zu beseitigen, sollte der Gesetzgeber die ausschließliche Zuständigkeit der Kartellsenate bei erstinstanzlicher Zuständigkeit der Oberlandesgerichte – wie für Verbandsklagen bereits geschehen – ausdrücklich in § 91 S. 2 GWB anordnen.[559]

E. Zuständigkeitsverteilung zwischen den Zivilkammern und den Kammern für Handelssachen

Im Folgenden wird untersucht, ob die Zuständigkeitsverteilung zwischen den allgemeinen Zivilkammern und den Kammern für Handelssachen im Einklang mit dem Sinn und Zweck des § 87 GWB steht. Hierzu erläutert die Arbeit zuerst den Grundsatz der Verteilung (I.) und anschließend die vom Gesetzgeber vor-

---

[557] *Schäfers*, ZZP 132 (2019), 231 (258).
[558] Vgl. zu den Kartell-Oberlandesgerichten Übersicht 3 und 4 in der Anlage.
[559] Noch bezüglich § 119 Abs. 3 GVG a. F. *Schäfers*, ZZP 132 (2019), 231 (260); insofern zustimmend, wenn auch die analoge Anwendung von § 91 GWB ablehnend, *Hoffmann/Horn*, ZWeR 2019, 454 (458).

genommene Ausnahme für kartellrechtliche Auskunfts- und Schadenersatzklagen (II.). Sodann erfolgt eine Beurteilung der Zuständigkeitsverteilung *de lege lata* (III.). Aufgrund der festgestellten Schwächen wird anschließend ein Vorschlag *de lege ferenda* entwickelt (IV.).

I. Grundsatz der Zuständigkeitsverteilung

Für die Oberlandesgerichte und den Bundesgerichtshof hat der Gesetzgeber in § 91 S. 1 GWB sowie in § 94 Abs. 1 Hs. 1 GWB die Einrichtung von Kartellsenaten beziehungsweise eines Kartellsenats ausdrücklich vorgeschrieben. Für die Landgerichte besteht hingegen keine vergleichbare Verpflichtung zur Errichtung von Kartellkammern. Nach § 87 GWB sind im Grundsatz alle Zivilkammern des sachlich zuständigen Landgerichts Kartellspruchkörper.[560] Regelmäßig weisen die Gerichtspräsidien Kartellrechtsstreitigkeiten bestimmten Kammern innerhalb des Landgerichts zu.[561] Gemäß § 95 Abs. 2 Nr. 1 GVG handelt es sich bei den Rechtsstreitigkeiten im Sinne des § 87 GWB grundsätzlich um Handelssachen.[562] Dies hat zur Folge, dass die Klägerin gemäß § 96 Abs. 1 GVG ein Wahlrecht zwischen den Zivilkammern und den Kammern für Handelssachen hat.[563] Ist der Rechtsstreit bei der Zivilkammer anhängig, kann die Beklagte gemäß § 98 Abs. 1 S. 1 GVG einen Antrag auf Verweisung an die Kammer für Handelssachen stellen. Gemäß § 101 Abs. 1 S. 2 GVG ist der Verweisungsantrag bis zum Ablauf der Klageerwiderungsfrist oder – sofern keine Frist gesetzt wurde – nach § 101 Abs. 1 S. 1 GVG bis zur Verhandlung zur Sache möglich. Die Zivilkammern sind aufgrund von § 98 Abs. 3 GVG – im Gegensatz zu den Kammern für Handelssachen – nicht zu einer Verweisung von Amts wegen befugt. Für die weitere Untersuchung ist festzuhalten, dass eine Streitigkeit nur vor die Kammer für Handelssachen gelangt, wenn eine der Parteien entsprechend tätig wird.

---

[560] *Meyer-Lindemann*, in: FK-KartellR, § 87 GWB Rn. 66.
[561] Etwa 8. Zivilkammer des Landgerichts Dortmund, vgl. S. 67 des Jahresgeschäftsverteilungsplans für das Jahr 2023, online abrufbar unter https://www.lg-dortmund.nrw.de/aufgaben/geschaeftsverteilung/JGVP-2023.pdf, zuletzt geprüft am: 14.11.2023; zur Berücksichtigung möglicher Überschneidungen mit patentrechtlichen Zuständigkeiten oben Kapitel 5: § 20 D. II. (S. 123 ff.).
[562] Zur Ausnahme bei kartellrechtlichen Auskunfts- und Schadenersatzansprüchen sogleich. Bis 2006 ergab sich die Einordnung als Handelssache noch aus § 87 Abs. 2 GWB a. F., den der Gesetzgeber ohne sachliche Änderung strich und § 95 Abs. 2 Nr. 1 GVG entsprechend ergänzte, BGBl. I, S. 3367 (3374). Mit der 10. GWB-Novelle (2021) hat der Gesetzgeber die seit 2006 überfällige Anpassung des Wortlauts von §§ 88, 91 S. 2, 93, 94 Abs. 1 Nr. 3 GWB vorgenommen, BGBl. I, S. 2; BT-Drs. 19/23492, S. 49. Zuvor verwiesen die Normen weiterhin auf den nicht mehr vorhandenen ersten Absatz des § 87 GWB, vgl. *Bornkamm/Tolkmitt*, in: Bunte, Kartellrecht I, § 87 GWB Rn. 41.
[563] Vgl. zu Einzelheiten der Ausübung des Wahlrechts *Schmidt*, in: Immenga/Mestmäcker, Wettbewerbsrecht II, § 87 GWB Rn. 41; *Pohlmann/Schäfers*, in: Fuchs/Weitbrecht, Handbuch Private Kartellrechtsdurchsetzung, § 12 Rn. 74.

II. Ausnahme bei kartellrechtlichen Auskunfts- und Schadenersatzansprüchen

Im Rahmen der 8. GWB-Novelle (2013) beschränkte der Gesetzgeber die generelle Zuweisung zu den Kammern für Handelssachen. Hierzu fügte er in § 95 Abs. 2 Nr. 1 GVG eine Ausnahme für kartellrechtliche Schadenersatzansprüche ein.[564] Seither entscheiden über diese allein die Zivilkammern. Die Änderung begründete der Gesetzgeber mit der Sorge, dass die einzelne Berufsrichterin in der Kammer für Handelssachen mit Streitigkeiten über Kartellschadenersatz überfordert sein könnte.[565] Gemäß § 105 Abs. 1 GVG entscheiden die Kammern für Handelssachen grundsätzlich in der Besetzung mit einem Mitglied des Landgerichts als Vorsitzendem und zwei ehrenamtlichen Richterinnen.[566] Nach § 105 Abs. 1 GVG, § 349 Abs. 2 ZPO kann die Vorsitzende in einigen Fällen auch als Einzelrichterin entscheiden. Im Gegensatz hierzu sind die Zivilkammern nach § 348 Abs. 1 S. 2 Nr. 2 lit. k ZPO mit drei Berufsrichterinnen besetzt. Die regelmäßig mit Kartellschadenersatz verbundenen komplexen sachlichen, ökonomischen und rechtlichen Fragen können nach Einschätzung des Gesetzgebers besser von Kollegialspruchkörpern – also den Zivilkammern – bewältigt werden.[567] Die besondere Schwierigkeit von Kartellschadenersatzfällen sieht der Gesetzgeber vor allem in der Anwendung der Regelungen zur gesamtschuldnerischen Haftung bei mehreren Kartellteilnehmerinnen sowie der Schadensbestimmung.[568] Nach seiner Einschätzung erhöht sich die Schwierigkeit, wenn die Schadenersatzstreitigkeiten ausländische Bezüge aufweisen.[569]

Nach herrschender Ansicht erfassen die kartellrechtlichen Schadenersatzansprüche im Sinne des § 95 Abs. 2 Nr. 1 GVG nur deliktische aus § 33a GWB.[570] Von § 95 Abs. 2 Nr. 1 GVG sind zudem Ansprüche nach der Vorgängerregelung des § 33 Abs. 3 GWB a. F.[571] sowie für die Zeiträume vor deren Inkrafttreten aus § 823 Abs. 2 BGB in Verbindung mit einer kartellrechtlichen Verbotsnorm

---

[564] BGBl. I, S. 1738 (1748); zur späteren Einschränkung für Auskunftsansprüche sogleich.
[565] BT-Drs. 17/9852, S. 38.
[566] Nach § 105 Abs. 1 GVG, § 349 Abs. 2 ZPO kann die Vorsitzende in einigen Fällen auch als Einzelrichterin entscheiden.
[567] BT-Drs. 17/9852, S. 38.
[568] BT-Drs. 17/9852, S. 38.
[569] BT-Drs. 17/9852, S. 38.
[570] *Bechtold/Bosch*, in: Bechtold/Bosch, § 87 GWB Rn. 16; *Bornkamm/Tolkmitt*, in: Bunte, Kartellrecht I, Vorb. zu §§ 87 ff. Rn. 10; *Künstner*, in: Schulte/Just, § 87 GWB Rn. 4; *Meyer-Lindemann*, in: FK-KartellR, § 87 GWB Rn. 65; *Voß*, in: Busche/Röhling, Kölner Kommentar, § 87 GWB Rn. 53; wohl auch *Pohlmann/Schäfers*, in: Fuchs/Weitbrecht, Handbuch Private Kartellrechtsdurchsetzung, § 12 Rn. 73; a. A. *Keßler*, in: MüKo Wettbewerbsrecht II, § 87 GWB Rn. 26, der die „zusätzliche Aufsplitterung der Schadenersatzansprüche nach ihrer Rechtsnatur" als weitere Verkomplizierung der Zuständigkeitsregelung ablehnt.
[571] Bis zur Einführung des § 33a GWB im Rahmen der 9. GWB-Novelle (2017) enthielt § 33 Abs. 3 GWB a. F. die Anspruchsgrundlage für Kartellschadenersatz.

umfasst.[572] Vertragliche Schadenersatzansprüche sind nach herrschender Auffassung hingegen nicht einbezogen.[573] Diese restriktive Auslegung der Ausnahme wird zu Recht im Schrifttum angezweifelt.[574] In einem früheren Referentenentwurf bezog sich die Formulierung zwar ausdrücklich auf § 33 Abs. 3 GWB a. F.[575] Ein späterer Gesetzentwurf enthielt aber bereits die weitere Formulierung „kartellrechtlicher Schadenersatz" und nannte § 33 Abs. 3 GWB a. F. nur noch als Referenzbeispiel.[576] Es ist anzunehmen, dass der Gesetzgeber auf den konkreten Normbezug verzichtete, um den Wortlaut dynamischer zu halten. Sofern dies die Absicht des Gesetzgebers war, hat sie sich in Anbetracht der Verschiebung des Schadenersatzanspruchs von § 33 Abs. 3 GWB a. F. in § 33a Abs. 1 GWB im Rahmen der 9. GWB-Novelle (2017) bereits bewährt. Andernfalls hätte der Gesetzgeber den Wortlaut des § 95 Abs. 2 Nr. 1 GVG an § 33a GWB anpassen müssen. Vor allem kam es dem Gesetzgeber aber darauf an, dass die komplexe Entscheidung über Kartellschadenersatzansprüche allein durch die Zivilkammern erfolgt. Die vom Gesetzgeber angeführte anspruchsvolle Feststellung der Schadensfolgen[577] kann sich unabhängig von der vertraglichen, quasi-vertraglichen oder deliktischen Rechtsnatur eines Schadenersatzanspruchs ergeben.[578] Der Ausnahmetatbestand in § 95 Abs. 2 Nr. 1 GVG führt bereits zu einer realitätsfernen Spaltung von Schadenersatz-, Unterlassungs- und Beseitigungsansprüchen.[579] Eine weitergehende Aufspaltung innerhalb der Schadenersatzansprüche ist nicht wünschenswert. Vielmehr ist fragwürdig, was mit der restriktiven Auslegung des § 95 Abs. 2 Nr. 1 GVG bezweckt werden soll. Im Falle einer Anspruchskonkurrenz von vertraglichen und deliktischen Schadenersatzansprüchen entscheiden in der Praxis ohnehin regelmäßig allein die Zivilkammern. Dies hat folgenden Hintergrund: Stellen bei einem einheitlichen Klagebegehren nicht alle Anspruchsgrundlagen eine Handelssache im Sinne von § 95 GVG dar, liegt keine vor die Kammer für Handelssachen gehörende Klage vor.[580] Eine Zuständigkeit der Kammer für Handelssachen kraft

---

[572] *Bechtold/Bosch*, in: Bechtold/Bosch, § 87 GWB Rn. 16; *Rombach*, in: BeckOK KartellR, § 87 GWB Rn. 69.
[573] Vgl. *Bechtold/Bosch*, in: Bechtold/Bosch, § 87 GWB Rn. 16; *Rombach*, in: BeckOK KartellR, § 87 GWB Rn. 72; *Meyer-Lindemann*, in: FK-KartellR, § 87 GWB Rn. 65.
[574] *Keßler*, in: MüKo Wettbewerbsrecht II, § 87 GWB Rn. 26.
[575] BMWi, Referentenentwurf zur 8. GWB-Novelle vom November 2011, S. 19; vgl. *Bechtold/Bosch*, in: Bechtold/Bosch, § 87 GWB Rn. 16; *Keßler*, in: MüKo Wettbewerbsrecht II, § 87 GWB Rn. 26.
[576] BT-Drs. 17/9852, S. 38.
[577] BT-Drs. 17/9852, S. 38; *Pohlmann/Schäfers*, in: Fuchs/Weitbrecht, Handbuch Private Kartellrechtsdurchsetzung, § 12 Rn. 73; *Schmidt*, in: Immenga/Mestmäcker, Wettbewerbsrecht II, § 87 GWB Rn. 43.
[578] Vgl. *Keßler*, in: MüKo Wettbewerbsrecht II, § 87 GWB Rn. 26.
[579] Näher hierzu sogleich Kapitel 5: § 20 E. III. (S. 136 f.).
[580] *Bechtold/Bosch*, in: Bechtold/Bosch, § 87 GWB Rn. 17; *Keßler*, in: MüKo Wettbewerbsrecht II, § 87 GWB Rn. 26; *Rombach*, in: BeckOK KartellR, § 87 GWB Rn. 75; *Pabst*, in: MüKo ZPO III, § 97 GVG Rn. 6 m. w. N.; a. A. *Brandi-Dohrn*, NJW 1981, 2453 (2454).

§ 20 Rechtsfolgen des § 87 GWB

Sachzusammenhangs kommt nicht in Betracht.[581] Die Kammern für Handelssachen werden zur Vermeidung abweichender Entscheidungen zumeist auf eine Abtrennung und Teilverweisung verzichten und den gesamten Rechtsstreit an die Zivilkammer verweisen.[582] Die restriktive Auslegung des § 95 Abs. 2 Nr. 1 GVG würde sich in der Praxis nur in dem eher konstruierten Fall auswirken, dass die Ansprüche in separaten Klagen erhoben werden.[583] Somit sind entgegen der herrschenden Meinung auch vertragliche Kartellschadenersatzansprüche erfasst. Darüber hinaus bezieht der Ausnahmetatbestand auch solche Kartellschadenersatzansprüche ein, die sich als kartellrechtliche Vorfrage im Sinne des § 87 S. 2 GWB stellen.[584] Zu denken ist etwa an die Aufrechnung der Beklagten mit einer kartellrechtlichen Schadenersatzforderung.[585] Der Wortlaut des § 95 Abs. 2 Nr. 1 GVG bezieht sich auf beide Sätze des § 87 GWB.[586] Auch die vom Gesetzgeber vorgebrachte Komplexität des Kartellschadenersatzes besteht unabhängig davon, ob eine Haupt- oder Vorfrage betroffen ist.[587] Insofern ist es nur konsequent, den Kammern für Handelssachen sämtliche Streitigkeiten zu entziehen, die die Prüfung eines Kartellschadenersatzanspruchs erfordern.[588]

Im Rahmen der 9. GWB-Novelle (2017) sah sich der Gesetzgeber veranlasst, den Ausnahmetatbestand des § 95 Abs. 2 Nr. 1 GVG um Auskunftsansprüche zu erweitern.[589] Da der Gesetzgeber die Anspruchsgrundlage für Auskunftsansprüche in § 33g GWB erst 2017 aufgenommen hat, konnte er sie nicht bereits im Rahmen der vorherigen 8. GWB-Novelle (2013) berücksichtigen.[590] Bei dem Auskunftsanspruch nach § 33g GWB handelt es sich um einen Hilfsanspruch zur Vorbereitung der Schadensbezifferung.[591] Aufgrund des engen Sachzusammenhangs zwischen den Offenlegungsregelungen nach § 33g GWB und den prozessualen Regelungen in §§ 89b–89e GWB einer- und dem Schadenersatz-

---

[581] *Rombach*, in: BeckOK KartellR, § 87 GWB Rn. 75; *Gaul*, JZ 1984, 57 (59).
[582] *Rombach*, in: BeckOK KartellR, § 87 GWB Rn. 70; *Voß*, in: Busche/Röhling, Kölner Kommentar, § 87 GWB Rn. 55; aufgrund der umfassenden Zuständigkeit der Zivilkammer kann die Kammer für Handelssachen den gesamten Rechtsstreit verweisen, vgl. hierzu *Lückemann*, in: Zöller, § 97 GVG Rn. 8.
[583] Vgl. *Rombach*, in: BeckOK KartellR, § 87 GWB Rn. 71.
[584] *Schmidt*, in: Immenga/Mestmäcker, Wettbewerbsrecht II, § 87 GWB Rn. 42 f.; a. A. *Rombach*, in: BeckOK KartellR, § 87 GWB Rn. 70.
[585] Siehe hierzu bereits oben Kapitel 5: § 19 C. III. 2. a) (S. 86 ff.).
[586] *Schmidt*, in: Immenga/Mestmäcker, Wettbewerbsrecht II, § 87 GWB Rn. 42.
[587] *Schmidt*, in: Immenga/Mestmäcker, Wettbewerbsrecht II, § 87 GWB Rn. 43; so auch *Rombach*, in: BeckOK KartellR, § 87 GWB Rn. 70; wohl a. A. *Bechtold/Bosch*, in: Bechtold/Bosch, § 87 GWB Rn. 16.
[588] *Schmidt*, in: Immenga/Mestmäcker, Wettbewerbsrecht II, § 87 GWB Rn. 43; a. A. *Rombach*, in: BeckOK KartellR, § 87 GWB Rn. 70.
[589] BT-Drs. 18/10207, S. 36 und 108.
[590] § 33g GWB eingeführt mit Wirkung v. 9.6.2017 durch Neuntes Gesetz zur Änderung des Gesetzes gegen Wettbewerbsbeschränkungen v. 1.6.2017, BGBl. I, S. 1416.
[591] Vgl. zum Sinn und Zweck der Regelung BT-Drs. 18/10207, S. 62 ff.; *Bach*, in: Immenga/Mestmäcker, Wettbewerbsrecht II, § 33g GWB Rn. 1 ff.

anspruch aus § 33a Abs. 1 GWB andererseits hielt der Gesetzgeber es für notwendig, auch Rechtsstreitigkeiten über kartellrechtliche Auskunftsansprüche allein den Zivilkammern zuzuweisen.[592] Somit ist im Einklang mit der herrschenden Ansicht festzuhalten, dass der Ausnahmetatbestand des § 95 Abs. 2 Nr. 1 GVG nur deliktische Schadenersatzansprüche nach § 33a GWB und Auskunftsansprüche nach § 33g GWB erfasst.

III. Beurteilung der Zuständigkeitsverteilung de lege lata

Aktuell hat der Gesetzgeber mit der Ausnahme für Kartellschadenersatzansprüche das Herzstück des *private enforcements* aus der Zuständigkeit der Kammern für Handelssachen herausgetrennt. Hiermit schafft das Gesetz „vollkommen systemwidrig"[593] eine zwingende Ausnahme für eine bestimmte Art von Ansprüchen innerhalb der privaten Kartellrechtsdurchsetzung. Dabei ist schon fragwürdig, ob – wie vom Gesetzgeber angenommen – zwischen Schadenersatzansprüchen und solchen auf Beseitigung oder Unterlassung tatsächlich ein so enormes Schwierigkeitsgefälle besteht, das eine Zuständigkeitszersplitterung rechtfertigt.[594] Bereits der Bundesrat hat im Gesetzgebungsverfahren zur 8. GWB-Novelle (2013) kritisiert, dass die Ausnahme für Kartellschadenersatzansprüche eine „Zuständigkeitssplittung"[595] nach sich ziehe. Die Bundesregierung verwies jedoch ohne weitere Ausführungen auf die Konzentrationsmöglichkeit nach § 89 GWB und setzte sich über die Kritik des Bundesrates hinweg.[596] Aufgrund dieser bewussten Entscheidung des Gesetzgebers und in Anbetracht der später erfolgten Ausnahmeerweiterung um Auskunftsansprüche in § 95 Abs. 2 Nr. 1 GVG lässt die gegenwärtige Zuständigkeitsregelung keinen Spielraum für eine abweichende Auslegung.[597] Aus den Regelungen in § 87 GWB und § 95 Abs. 2 Nr. 1 GVG ergibt sich der *status quo*, dass bei den Kartellgerichten zwei Spruchkörper – eine Zivilkammer und eine Kammer für Handelssachen – über Kartellsachen entscheiden. Die gegenwärtige Verteilung auf zwei Spruchkörper steht im Widerspruch zu der vom Gesetzgeber mit § 87 GWB angestrebten Einheitlichkeit und Qualität der Rechtsprechung.[598] Zudem besteht die Gefahr, dass die Zivilkammern im Vergleich zu

---

[592] BT-Drs. 18/10207, S. 108.
[593] *Voß*, in: Busche/Röhling, Kölner Kommentar, § 87 GWB Rn. 55.
[594] Vgl. *Keßler*, in: MüKo Wettbewerbsrecht II, § 87 GWB Rn. 26; *Keßler*, WRP 2013, 1116 (1121).
[595] BT-Drs. 17/9852, 48; zustimmend *Keßler*, in: MüKo Wettbewerbsrecht II, § 87 GWB Rn. 26; *Voß*, in: Busche/Röhling, Kölner Kommentar, § 87 GWB Rn. 50.
[596] BT-Drs. 17/9852, S. 53; vgl. auch *Keßler*, in: MüKo Wettbewerbsrecht II, § 87 GWB Rn. 26; *Voß*, in: Busche/Röhling, Kölner Kommentar, § 87 GWB Rn. 50.
[597] Vgl. *Voß*, in: Busche/Röhling, Kölner Kommentar, § 87 GWB Rn. 55: „[D]er Richter [wird] angesichts der Tatsache, dass im Gesetzgebungsverfahren diese Gefahr [der Zuständigkeitszersplitterung] sogar erkannt worden ist, dem Gesetz Gehorsam leisten müssen."
[598] *Bornkamm/Tolkmitt*, in: Bunte, Kartellrecht I, § 87 GWB Rn. 43; *Schmidt*, in: Immen-

den Kammern für Handelssachen eine umfassendere Expertise entwickeln, da nur sie über die anspruchsvollen Schadenersatzverfahren entscheiden. Ferner erscheint der Ausnahmetatbestand des § 95 Abs. 2 Nr. 1 GVG realitätsfern, da von Kartellverstößen Betroffene üblicherweise die kartellrechtlichen Ansprüche auf Schadensersatz, Unterlassen und Beseitigung nebeneinander – also in einem Verfahren – geltend machen.[599] Es kommt hinzu, dass die Zuständigkeit der Kammern für Handelssachen aufgrund der Anknüpfung an kartellrechtliche Vorfragen unter Umständen für Streitigkeiten begründet wird, die für sich genommen keine Handelssachen im Sinne des § 95 GVG sind.[600] Beispielsweise sind gemäß § 143 Abs. 1 PatG ausdrücklich die Zivilkammern für Patentstreitsachen zuständig. Bei konsequenter Anwendung des Vorrangs der Kartellgerichte[601] wären die Kammern für Handelssachen auch für Patentstreitsachen mit kartellrechtlicher Vorfrage zuständig.[602] Darüber hinaus ist den Parteien ihre Wahlmöglichkeit ohnehin genommen, wenn sich eine kartellrechtliche Vorfrage vor den Zivilkammern erst im Laufe des Verfahrens ergibt. Die Zivilkammern können den Rechtsstreit aufgrund von § 98 Abs. 3 GVG nicht von Amts wegen an die Kammern für Handelssachen verweisen. Die Klägerin hätte die Verhandlung vor der Kammer für Handelssachen nach § 96 Abs. 1 GVG schon in der Klageschrift beantragen müssen. Auch ein Verweisungsantrag der Beklagten nach § 98 Abs. 1 S. 1 GVG ist aufgrund der zeitlichen Vorgaben in § 101 Abs. 1 GVG regelmäßig nicht mehr möglich.[603] Infolgedessen verbleiben die Verfahren zwangsläufig vor den Zivilkammern.[604] Im Ergebnis besteht im Hinblick auf die Zuständigkeitsverteilung zwischen Zivilkammern und Kammern für Handelssachen Reformbedarf.

IV. Verbesserungsvorschlag de lege ferenda

Als Alternative kommt einerseits die Streichung des Ausnahmetatbestands in § 95 Abs. 2 Nr. 1 GVG – also ein umfassendes Wahlrecht der Parteien – in Betracht (1.). Andererseits könnte der Gesetzgeber auf das Wahlrecht der Parteien verzichten und alle Streitigkeiten im Sinne des § 87 GWB bei den Zivilkammern belassen (2.).

---

ga/Mestmäcker, Wettbewerbsrecht II, § 87 GWB Rn. 41; *Voß*, in: Busche/Röhling, Kölner Kommentar, § 87 GWB Rn. 55.
[599] *Voß*, in: Busche/Röhling, Kölner Kommentar, § 87 GWB Rn. 55.
[600] Dies gilt nicht für kartellrechtliche Vorfragen, die einen Kartellschadensersatzanspruch beinhalten; *Bornkamm/Tolkmitt*, in: Bunte, Kartellrecht I, § 87 GWB Rn. 40.
[601] Siehe hierzu bereits oben Kapitel 5: § 20 D. I. (S. 121 ff.).
[602] *Bornkamm/Tolkmitt*, in: Bunte, Kartellrecht I, § 87 GWB Rn. 40.
[603] Vgl. *Voß*, in: Busche/Röhling, Kölner Kommentar, § 87 GWB Rn. 51.
[604] Vgl. *Voß*, in: Busche/Röhling, Kölner Kommentar, § 87 GWB Rn. 51.

1. Streichung des Ausnahmetatbestands

Nach Einschätzung des Bundesrates wäre es von Anfang an sinnvoller gewesen, den Parteien in allen Kartellsachen uneingeschränkt die Wahlmöglichkeit zwischen den Zivilkammern und den Kammern für Handelssachen zu belassen.[605] Dieses Ergebnis könnte der Gesetzgeber erreichen, indem er den Ausnahmetatbestand in § 95 Abs. 2 Nr. 1 GVG wieder streicht. Diese Lösung hätte – gegenüber einer generellen Zuweisung zu den Zivilkammern[606] – den Vorteil, dass das Wahlrecht der Parteien aufrechterhalten bliebe. Für das uneingeschränkte Wahlrecht führte der Bundesrat an, dass die Kammern für Handelssachen über große Erfahrung und Expertise im wirtschaftlichen Bereich verfügten und zudem regelmäßig konstanter besetzt seien als die allgemeinen Zivilkammern.[607] Zudem würde sich bei den Zivilkammern und den Kammern für Handelssachen eine vergleichbare Expertise in Kartellsachen entwickeln, wenn beide auch über Kartellschadenersatzansprüche entschieden. Wie bereits erörtert,[608] kann sich aufgrund der Anknüpfung an kartellrechtliche Vorfragen die Zuständigkeit der Kammern für Handelssachen für Streitigkeiten ergeben, die für sich keine Handelssachen darstellen. Dieses Risiko würde sich bei einer Ausweitung der Zuständigkeit der Kammern für Handelssachen auf Kartellschadenersatzansprüche erweitern. Eine Streichung des Ausnahmetatbestands würde auch im Hinblick auf die mit § 87 GWB bezweckte Einheitlichkeit und Qualität der Rechtsprechung in Kartellsachen keine Verbesserung des *status quo* herbeiführen. Es wären weiterhin zwei Spruchkörper zuständig. Im Ergebnis stellt die Streichung des Ausnahmetatbestands keine ausreichende Lösung dar.

2. Verzicht auf Wahlmöglichkeit

Der Gesetzgeber könnte jedoch vollständig auf die Einordnung von Kartellstreitigkeiten im Sinne des § 87 GWB als Handelssachen und damit auf die Wahlmöglichkeit der Parteien verzichten. Infolgedessen wären allein die Zivilkammern für Fälle des § 87 GWB zuständig. Hierdurch würde die Anzahl der mit Kartellsachen befassten Spruchkörper reduziert und die mit § 87 GWB bezweckte Konzentration gestärkt. Das eingeschränkte Wahlrecht nach § 95 Abs. 2 Nr. 1 GVG hat in der Praxis nicht dazu geführt, dass die Parteien überwiegend die Kammern für Handelssachen hinsichtlich Kartellsachen aufgrund kartellrechtlicher Haupt- oder Vorfragen angerufen haben.[609] Vielmehr bevorzugen die Parteien regelmäßig die Kompetenz und Erfahrung der mit drei Berufs-

---

[605] BT-Drs. 17/9852, 48.
[606] Zu dieser Möglichkeit sogleich Kapitel 5: § 20 E. IV. 2. (S. 138 f.).
[607] BT-Drs. 17/9852, S. 48.
[608] Siehe oben Kapitel 5: § 20 E. III. (S. 136 f.).
[609] *Bornkamm/Tolkmitt*, in: Bunte, Kartellrecht I, § 87 GWB Rn. 39.

richterinnen besetzten Kartellzivilkammern, die üblicherweise auch für weitere verwandte Rechtsgebiete wie etwa Patentstreitsachen zuständig sind.[610] Mithin wäre es zweckmäßiger, alle Verfahren allein den Zivilkammern zuzuweisen. Im Ergebnis ist der Verzicht auf die Wahlmöglichkeit der Parteien zugunsten der mit § 87 GWB bezweckten Einheitlichkeit und Qualität der Rechtsprechung zu befürworten.

V. Ergebnis

De lege lata verbleibt es bei dem Wahlrecht zwischen den Zivilkammern und den Kammern für Handelssachen mit der Ausnahme bei Auskunft- und Schadenersatzansprüchen. Im Hinblick auf die angestrebte Konzentration sollte der Gesetzgeber allerdings von der Einordnung der Streitigkeiten im Sinne von § 87 GWB als Handelssachen absehen. *De lege ferenda* ist die Streichung der entsprechenden Formulierung in § 95 Abs. 2 Nr. 1 GVG zu fordern.

F. Kartellrechtliche Vorfragen im einstweiligen Rechtsschutz

Nachstehend wird die umstrittene Frage untersucht, ob die Zuständigkeit nach § 87 GWB auch im Verfahren des einstweiligen Rechtsschutzes – Arrest und einstweilige Verfügung nach §§ 916 ff., 935 ff. ZPO – gilt.

I. Meinungsstand

Die herrschende Ansicht befürwortet die Anwendung des § 87 GWB im einstweiligen Rechtsschutz.[611] Danach entscheiden auch dort allein die Kartellgerichte, wenn der Arrest- oder Verfügungsantrag auf Kartellrecht gestützt wird (§ 87 S. 1 GWB) oder eine kartellrechtliche Vorfrage aufwirft (§ 87 S. 2 GWB).[612] Die Gegenansicht wird in erster Linie von *Schmidt* vertreten. Er spricht sich für eine dahingehend teleologische Reduktion des § 87 S. 2 GWB aus, dass die Kartellgerichte nicht ausschließlich zuständig sind.[613] Demzufolge wären bei kartellrechtlichen Vorfragen im einstweiligen Rechtsschutz sowohl die Kartellgerichte als auch die Nicht-Kartellgerichte zuständig. Die Einschränkung lehnt

---

[610] *Bornkamm/Tolkmitt*, in: Bunte, Kartellrecht I, § 87 GWB Rn. 39.
[611] *Bechtold/Bosch*, in: Bechtold/Bosch, § 87 GWB Rn. 9; *Dicks*, in: LMRKM, § 87 GWB Rn. 18; *Keßler*, in: MüKo Wettbewerbsrecht II, § 87 GWB Rn. 14; *Meyer-Lindemann*, in: FK-KartellR, § 87 GWB Rn. 52; *Pohlmann/Schäfers*, in: Fuchs/Weitbrecht, Handbuch Private Kartellrechtsdurchsetzung, § 12 Rn. 58; *Rombach*, in: BeckOK KartellR, § 87 GWB Rn. 29; *Voß*, in: Busche/Röhling, Kölner Kommentar, § 87 GWB Rn. 26; *Bornkamm/Tolkmitt*, in: Bunte, Kartellrecht I, § 95 GWB Rn. 5.
[612] *Bechtold/Bosch*, in: Bechtold/Bosch, § 87 GWB Rn. 9.
[613] *Schmidt*, in: Immenga/Mestmäcker, Wettbewerbsrecht II, § 87 GWB Rn. 24; zustimmend *Zöllner*, in: Cepl/Voß, § 1 ZPO Rn. 115; vgl. zu ähnlichem Vorschlag von *Schmidt* bezüglich der Einschränkung des § 87 S. 2 GWB bei zweifelsfreien Vorfragen oben Kapitel 5: § 19 C. III. 3. a) (S. 90 ff.).

Schmidt allerdings ab, wenn die Vorfrage schon im Antrag auf einstweilige Verfügung in Erscheinung tritt.[614] In diesen Fällen soll auch nach seiner Ansicht § 87 S. 2 GWB Anwendung finden.

II. Stellungnahme

Gegen die Ansicht von *Schmidt* streiten vor allem historisch-teleologische Argumente, die eine Auslegung des § 87 Abs. 2 GWB über den Wortlaut hinaus nicht zulassen. Nach allgemeiner Auffassung in Rechtsprechung[615] und Schrifttum[616] fand der umständliche und zeitintensive Aussetzungszwang nach § 96 Abs. 2 GWB a. F. im einstweiligen Rechtsschutz keine Anwendung. Das mit dem Aussetzungsverfahren bezweckte Ziel der einheitlichen Rechtsprechung in Kartellsachen musste hinter dem „überragenden Beschleunigungsinteresse"[617] im einstweiligen Rechtsschutz zurückstehen.[618] Da § 87 S. 2 GWB heute die Gesamtzuständigkeit der Kartellgerichte anordnet, kann dieser Telos nicht unmittelbar auf die gegenwärtige Regelung übertragen werden.[619] Hiervon geht auch *Schmidt* grundsätzlich aus.[620] Seine modifizierte Übertragung des zu § 96 Abs. 2 GWB a. F. entwickelten Gedankens auf die gegenwärtige Regelung in § 87 S. 2 GWB begründet er wie folgt: Im Rahmen von § 87 S. 2 GWB könnten sich Rechtsunsicherheiten bezüglich der sachlichen Zuständigkeit und infolgedessen Verweisungsfragen ergeben, die ebenfalls nicht mit der Eilbedürftigkeit des einstweiligen Rechtsschutzes vereinbar seien.[621] Die Auffassung *Schmidts* ist insofern zu begrüßen, als sie berücksichtigt, dass sich kartellrechtliche Vorfragen regelmäßig erst im Laufe des Verfahrens aus dem für die Klägerin ohnehin kaum absehbaren Beklagtenvortrag ergeben.[622] Es ist nicht von der Hand zu weisen, dass es unter diesen Gesichtspunkten für die Antragstelle-

---

[614] *Schmidt*, in: Immenga/Mestmäcker, Wettbewerbsrecht II, § 87 GWB Rn. 24.
[615] OLG Hamm, Urt. v. 30.5.1995 – 7 U 30/95, juris, Rn. 9; KG Berlin, Urt. v. 15.7.1983 – 5 U 1648/83, in: GRUR 1984, 526; OLG München, Urt. v. 26.2.1981 – 24 U 545/80, in: MDR 1982, 62; OLG Köln, Urt. v. 25.6.1976 – 6 U 122/75, in: GRUR 1977, 220 (224); siehe auch *Claßen*, Ausschließliche Zuständigkeit der Kartellgerichte, S. 64.
[616] *Bechtold*, in: Bechtold[1], § 96 GWB Rn. 2; *Schmidt*, in: Immenga/Mestmäcker, Wettbewerbsrecht II[5], § 87 GWB Rn. 24; *Schmidt*, NJW 1977, 10 (14); *Westrick/Franke*, BB 1970, 1078 (1081); bereits kritisch zur Einschränkung des Aussetzungszwangs *Claßen*, Ausschließliche Zuständigkeit der Kartellgerichte, S. 64 ff.; vgl. auch *Wildanger*, WuW 1960, 685 (686).
[617] *Schmidt*, in: Immenga/Mestmäcker[2], § 96 GWB Rn. 12.
[618] Siehe auch *Meyer-Lindemann*, in: FK-KartellR, § 87 GWB Rn. 52; *Pohlmann/Schäfers*, in: Fuchs/Weitbrecht, Handbuch Private Kartellrechtsdurchsetzung, § 12 Rn. 58.
[619] *Meyer-Lindemann*, in: FK-KartellR, § 87 GWB Rn. 52; *Voß*, in: Busche/Röhling, Kölner Kommentar, § 87 GWB Rn. 26; vgl. auch *Rombach*, in: BeckOK KartellR, § 87 GWB Rn. 29.1.
[620] *Schmidt*, in: Immenga/Mestmäcker, Wettbewerbsrecht II, § 87 GWB Rn. 24.
[621] *Schmidt*, in: Immenga/Mestmäcker, Wettbewerbsrecht II, § 87 GWB Rn. 24.
[622] Vgl. *Schmidt*, in: Immenga/Mestmäcker, Wettbewerbsrecht II, § 87 GWB Rn. 24. Zur Heranziehung des Beklagtenvortrags unten Kapitel 5: § 21 C. II. 1. (S. 175 f.).

rin schwierig sein kann, das zuständige Gericht zu bestimmen.[623] Allerdings hat sich der Gesetzgeber im Rahmen der 6. GWB-Novelle (1998) bewusst für eine Gesamtzuständigkeit der Kartellgerichte entschieden. Hierbei muss er Kenntnis von dem Konflikt zwischen Aussetzungszwang und einstweiligem Rechtsschutz gehabt haben. Dennoch führte er keine spezielle Regelung für kartellrechtliche Vorfragen im einstweiligen Rechtsschutz ein.[624] Etwaige Unsicherheiten der Klägerin bei der Bestimmung des zuständigen Gerichts hat der Gesetzgeber wohl in Kauf genommen. Für die uneingeschränkte Geltung von § 87 GWB im einstweiligen Rechtsschutz spricht nicht zuletzt, dass spezialisierte Kartellgerichte im Vergleich zu anderen zivilrechtlichen Spruchkörpern schneller und sachgerechter über kartellrechtliche Fragen entscheiden können.[625] Dies ist für die Parteien nur von Vorteil. Die von *Schmidt* vorgeschlagene teleologische Reduktion des § 87 S. 2 GWB ist somit aufgrund von Wortlaut, Telos und Normhistorie abzulehnen.

III. Ergebnis

Im Ergebnis ist der herrschenden Meinung zuzustimmen, dass § 87 S. 2 GWB auch im einstweiligen Rechtsschutz gilt. Sofern bei einer Reform des § 87 S. 2 GWB die Einführung eines *modifizierten* Aussetzungsverfahrens erwogen wird, sollte eine ausdrückliche Regelung für kartellrechtliche Vorfragen im einstweiligen Rechtsschutz in Erwägung gezogen werden.[626] Hierdurch können die im Rahmen von § 96 Abs. 2 GWB a. F. entstandenen Rechtsunsicherheiten von Anfang an vermieden werden.

G. Bewertung der Rechtsfolgen

Die Untersuchung der Rechtsfolgen hat gezeigt, dass sowohl § 87 S. 1 GWB als auch § 87 S. 2 GWB allein die sachliche Zuständigkeit innerhalb des ordentlichen Rechtswegs regeln.[627] Die Vorschriften eröffnen nicht als *lege specialis* zu § 13 GVG den Rechtsweg zu den ordentlichen Gerichten. Zur Vermeidung von Rechtsunsicherheiten sollte der Gesetzgeber für § 87 S. 1 GWB eine klarstellende Formulierung wählen.[628] Die vorgetragene Kritik bezieht sich aber weit überwiegend auf die Rechtsfolgen des § 87 S. 2 GWB. Die ge-

---

[623] Vgl. *Rombach*, in: BeckOK KartellR, § 87 GWB Rn. 29.1.
[624] Vgl. zum bereits 1977 entwickelten Reformvorschlag von *Schmidt*, NJW 1977, 10 (16 f.).
[625] *Meyer-Lindemann*, in: FK-KartellR, § 87 GWB Rn. 52; *Pohlmann/Schäfers*, in: Fuchs/Weitbrecht, Handbuch Private Kartellrechtsdurchsetzung, § 12 Rn. 58.
[626] Siehe unten Kapitel 6: § 24 A. II. (S. 197).
[627] Siehe zur Ablehnung einer Rechtswegregelung als *lex specialis* zu § 13 GVG oben Kapitel 5: § 20 B. V. (S. 116).
[628] Siehe zu entsprechendem Reformvorschlag zu § 87 S. 1 GWB unten Kapitel 6: § 23 (S. 195 f.).

genwärtige Rechtsfolgenausgestaltung von § 87 S. 2 GWB hat zwar den Vorteil, dass das umständliche und zeitintensive Aussetzungsverfahren nach § 96 Abs. 2 GWB a. F. entfallen ist. Die von § 87 GWB vorgeschriebene Gesamtzuständigkeit ordnet nur noch ein Verfahren vor den Kartellgerichten an. Zudem findet § 87 S. 2 GWB auch im einstweiligen Rechtsschutz Anwendung.[629] Allerdings sind die Kartellgerichte nicht mehr rechtswegübergreifend für kartellrechtliche Vorfragen zuständig. De lege lata besteht das Risiko, dass insbesondere Arbeitsgerichte über kartellrechtliche Vorfragen – möglicherweise sogar in Abweichung zu den Kartellgerichten – entscheiden.[630] Hierdurch ist die mit § 87 GWB bezweckte Einheitlichkeit und Qualität der kartellrechtlichen Rechtsprechung in Gefahr. Aufgrund des grundsätzlichen Vorrangs der Kartellgerichte müssen die Parteien im Falle von Konkurrenzen mit anderen Sonderzuständigkeiten – praktisch relevant sind insbesondere Überschneidungen mit § 143 PatG – zwangsläufig auf die jeweils andere gerichtliche Expertise verzichten. Die Anrufung von „doppelzuständigen" Gerichten ist eine begrüßenswerte und pragmatische Idee.[631] Allerdings lässt sie sich – wie etwa in Niedersachen[632] – in der Praxis nicht immer umsetzen. Insofern fehlt der gegenwärtigen Regelung im Vergleich zum abgeschafften Aussetzungszwang eine gewisse Flexibilität. Die aufgezeigten Nachteile sind auf die Umwandlung des Aussetzungsverfahrens in die Regelung der Gesamtzuständigkeit zurückzuführen. Die sich aus der atypischen Anknüpfung an eine Vorfrage ergebenden prozessualen Schwierigkeiten werden im nächsten Abschnitt erörtert.[633] Die vorangegangene Untersuchung hat aber bereits gezeigt, dass eine gemeinsame Rechtsfolge für Haupt- und Vorfragen nicht immer zu sachgerechten Ergebnissen führt. Im Hinblick auf die Rechtsfolgen des § 87 S. 2 GWB ist die am Anfang dieses Abschnitts aufgeworfene Frage nach der Reformbedürftigkeit zu bejahen. Für kartellrechtliche Vorfragen könnte sich die Rückkehr zu einem – gegebenenfalls *modifizierten* – Aussetzungsverfahren anbieten.[634] Darüber hinaus wäre es – zur Steigerung der mit § 87 GWB bezweckten Konzentrationswirkung – sinnvoll, alle Streitigkeiten im Sinne des § 87 GWB bei den Zivilkammern zu belassen. Hierzu sollte die Einordung als Handelssachen in § 95 Abs. 2 Nr. 1 GVG gestrichen werden.

---

[629] Siehe oben Kapitel 5: § 20 F. III. (S. 141).
[630] Siehe oben Kapitel 5: § 20 B. V. (S. 116).
[631] Siehe oben Kapitel 5: § 20 D. II. (S. 123 ff.).
[632] Vgl. oben Kapitel 5: § 20 D. II. (S. 123 ff.).
[633] Zur Auseinandersetzung mit den prozessualen Fragen zu § 87 GWB sogleich Kapitel 5: § 21 (S. 143 ff.).
[634] Zur Entwicklung eines Reformvorschlags zu § 87 GWB unten Kapitel 6: (S. 195 ff.).

§ 21 Ausgewählte prozessuale Fragen

Der folgende Abschnitt untersucht, ob § 87 GWB prozessuale Schwierigkeiten verursacht, die eine Reform nahelegen. Hierzu nimmt die Arbeit zunächst die prozessualen Besonderheiten bei der gerichtlichen Prüfung der Entscheidungserheblichkeit gemäß § 87 S. 2 GWB in den Blick (A.). Sodann analysiert sie, ob Nicht-Kartellgerichte die Regelung des § 87 S. 2 GWB nutzen, um unliebsame Verfahren mit Bindungswirkung gemäß § 281 Abs. 2 S. 4 ZPO an Kartellgerichte zu verweisen (B.). Anschließend erfolgt eine Untersuchung der Frage, inwiefern Beklagte prozesstaktisch die Behauptung kartellrechtlicher Einwendungen nutzen, um eine Verweisung zu provozieren (C.). Sofern prozessuale Schwierigkeiten feststellbar sind, zielt die Arbeit darauf ab, Lösungsvorschläge *de lege lata* und *de lege ferenda* aufzuzeigen. Die Untersuchung der prozessualen Fragen schließt mit einer Zusammenfassung der gewonnenen Ergebnisse (D.).

A. Übertragung der Entscheidungserheblichkeit von § 96 Abs. 2 GWB a. F. in § 87 S. 2 GWB

Bei der Entscheidungserheblichkeit[635] handelt es sich um eine Tatbestandsvoraussetzung, die der Gesetzgeber aus der Aussetzungsregelung des § 96 Abs. 2 GWB a. F. in die Regelung der Gesamtzuständigkeit in § 87 S. 2 GWB übernommen hat. Im Folgenden untersucht die Arbeit die prozessualen Konsequenzen dieser Übertragung (II.–IV.). Im Fokus steht die Frage, ob die Prüfung der Entscheidungserheblichkeit mit dem Vorrang der Zulässigkeitsprüfung vereinbar ist. Daher ist eine vorangestellte Auseinandersetzung mit dem genannten prozessualen Grundsatz erforderlich (I.).

I. Überblick zum Vorrang der Zulässigkeitsprüfung

Die Arbeit nimmt zuerst den Vorrang der Zulässigkeitsprüfung allgemein in den Blick (1.), bevor sie anschließend die Legitimation des prozessualen Grundsatzes erörtert (2.).

1. Allgemein zum Vorrang der Zulässigkeitsprüfung

Der Vorrang der Zulässigkeitsprüfung besagt, dass ein Gericht zunächst alle Sachentscheidungsvoraussetzungen bejahen muss, bevor es in der Sache – also über die Begründetheit der Klage – entscheiden darf.[636] So muss ein angerufe-

---

[635] Zur Entscheidungserheblichkeit als Tatbestandsvoraussetzung oben Kapitel 5: § 19 C. IV. (S. 96 ff.).
[636] Vgl. statt vieler *Brehm*, in: Stein/Jonas ZPO I, Einl. Rn. 265; *Hau*, ZJS 2008, 33; *Jauernig*, Zum Prüfungs- und Entscheidungsvorrang von Prozessvoraussetzungen, in: FS Schiedermair, S. 289 (306).

nes Gericht unter anderem zunächst feststellen, ob seine sachliche Zuständigkeit gegeben ist und eine ordnungsgemäße Klageerhebung im Sinne des § 253 ZPO vorliegt. Erst im Anschluss darf es sich mit dem von der Klägerin geltend gemachten Anspruch – etwa auf Kaufpreiszahlung – befassen.[637] Stellt das Gericht fest, dass eine Sachentscheidungsvoraussetzung fehlt und kann dieser Mangel nicht beseitigt[638] werden, muss das Gericht die Klage durch Prozessurteil als unzulässig abweisen.[639] Ist die Klage hingegen zulässig, aber – etwa mangels Abschluss eines wirksamen Kaufvertrags – unbegründet, so muss das Gericht die Klage in einem Sachurteil abweisen, das in Rechtskraft erwächst.[640] Aus diesem Grund werden die Zulässigkeitsvoraussetzungen auch als „Sachurteilsvoraussetzungen"[641] beziehungsweise „Sachentscheidungsvoraussetzungen"[642] bezeichnet. Letztere Bezeichnung erscheint zutreffender, da sie unter dem weiteren Begriff „Entscheidung" nicht nur Urteile, sondern auch gerichtliche Beschlüsse erfasst.[643] Aufgrund des Vorrangs der Zulässigkeitsprüfung sind im Umkehrschluss Klageabweisungen als „jedenfalls unbegründet"[644] sowie „unzulässig und unbegründet"[645] grundsätzlich ausgeschlossen.[646]

Der Vorrang der Zulässigkeitsprüfung entspricht der herrschenden Meinung in Rechtsprechung[647] und Schrifttum.[648] Umstritten ist allerdings, ob die Zu-

---

[637] *Pohlmann/Schäfers*, in: Fuchs/Weitbrecht, Handbuch Private Kartellrechtsdurchsetzung, § 12 Rn. 194.
[638] Bei sachlicher Unzuständigkeit kann etwa gemäß § 281 Abs. 1 ZPO eine Verweisung an das zuständige Gericht erfolgen, sofern die Klägerin einen entsprechenden Antrag stellt.
[639] Siehe statt vieler *Becker-Eberhard*, in: MüKo ZPO I, Vorb. zu § 253 Rn. 19; *Pohlmann*, ZPR, Rn. 194; *Rosenberg/Schwab/Gottwald*, ZPR, § 94 Rn. 44.
[640] BGH, Urt. v. 19.6.2000, in: NJW 2000, 3718 (3719 f.); *Greger*, in: Zöller, Vorb. zu §§ 253–299a Rn. 10 f.; *Pohlmann*, ZPR, Rn. 195.
[641] So etwa *Pohlmann*, ZPR, Rn. 194.
[642] So etwa *Zeiss/Schreiber*, ZPR, Rn. 253.
[643] *Hau*, JZS 2008, 33 (Fn. 11 auf 34); vgl. auch *Schilken/Brinkmann*, ZPR, § 6 Rn. 1.
[644] Zu Ausnahmen bei offensichtlicher Unbegründetheit sogleich.
[645] BGH, Urt. v. 16.1.2009 – V ZR 74/08, in: BGHZ 179, 230; BGH, Urt. v. 25.11.1966 – V ZR 30/64, in: BGHZ 46, 281 (284 f.); BAG, Urt. v. 28.11.1966 – 5 AZR 190/66, in: BAGE 19, 146 (149); *Rosenberg/Schwab/Gottwald*, ZPR, § 94 Rn. 44.
[646] *Hau*, Die Zulässigkeit der Klage, in: FS Klamaris, S. 357 (364 f.).
[647] St. Rspr. BGH, Urt. v. 19.6.2000 – II ZR 319/98, in: NJW 2000, 3718 (3720); BGH, Urt. v. 10.11.1999 – VIII ZR 78/98, in: NJW 2000, 738; BGH, Urt. v. 25.9.1975 – VII ZR 243/74, in: ZZP 89 (1976), 330 (332); LG Dortmund, Beschl. v. 9.9.2020 – 8 O 42/18 (Kart), in: NZKart 2020, 553 (554); BAG, Urt. v. 28.11.1966 – 5 AZR 190/66, in: BAGE 19, 146; RG, Beschl. v. 19.10.1908 – VII 169/07, in: RGZ 70, 179 (187).
[648] *Anders*, in: Baumbach, et al., Vorb. § 253 ZPO Rn. 17; *Bacher*, in: BeckOK ZPO, § 253 ZPO Rn. 8; *Becker-Eberhard*, in: MüKo ZPO I, Vorb. zu § 253 Rn. 3 und 19; *Brehm*, in: Stein/Jonas ZPO I, Einl. Rn. 265 f.; *Greger*, in: Zöller, Vorb. zu §§ 253–299a Rn. 10; *Saenger*, in: Saenger, HK-ZPO, Vorb. §§ 253–494a Rn. 9; *Seiler*, in: Thomas/Putzo, Vorb. zu § 253 Rn. 8; *Wern*, in: Prütting/Gehrlein, § 12 ZPO Rn. 9; *Lüke*, ZPR I, § 13 Rn. 8 f.; *Musielak/Voit*, Grundkurs ZPO, Rn. 281; *Pohlmann*, ZPR, Rn. 194 ff.; *Rosenberg/Schwab/Gottwald*, ZPR, § 94 Rn. 46; *Sauer*, Prozessrechtslehre, S. 219; *Schellhammer*, Zivilprozess, Rn. 353; *Schilken/Brinkmann*, ZPR, § 6 Rn. 98; *Zeiss/Schreiber*, ZPR, Rn. 266; *Blomeyer*, ZZP 81 (1968), 20

§ 21 Ausgewählte prozessuale Fragen

lässigkeit auch zuerst geprüft werden muss, wenn die Klage offensichtlich unbegründet ist. Für eine solche Ausnahme können prozessökonomische Gründe sprechen.[649] Etwa kann ein Verzicht auf die unter Umständen schwierige und langwierige Feststellung von Sachentscheidungsvoraussetzungen sinnvoll sein, wenn sich die Klage als offensichtlich unbegründet erweist.[650] Vor diesem Hintergrund befürworten Rechtsprechung und Schrifttum nach ganz überwiegender Auffassung ein Absehen von der Prüfung des Rechtsschutzbedürfnisses[651] sowie des Feststellungsinteresses nach § 256 Abs. 1 ZPO,[652] wenn die Klage bereits offensichtlich unbegründet ist.

Angegriffen wurde der Vorrang der Zulässigkeitsprüfung im Jahr 1966 von *Rimmelspacher*. Die Kernthese seiner Dissertation besagt, dass Zulässigkeits- und Begründetheitsvoraussetzungen gleichrangig seien und daher kein Vorrangverhältnis bestehe.[653] Ausgelöst durch die kritischen Thesen *Rimmelspachers* hat sich im Schrifttum eine – mittlerweile weitestgehend abgeebbte – Diskussion über den Vorrang der Zulässigkeit ergeben.[654] Die Debatte hat aber keine grundlegende Abkehr vom Vorrang der Zulässigkeitsprüfung nach sich gezogen. Im Grundsatz halten Rechtsprechung und Schrifttum weiterhin an die-

---

(22 ff.); *Jauernig*, Zum Prüfungs- und Entscheidungsvorrang von Prozessvoraussetzungen, in: FS Schiedermair, S. 289 (306 f.); *Wieser*, ZZP 84 (1971), 304.

[649] *Pohlmann*, ZPR, Rn. 195.

[650] So etwa OLG Köln, Beschl. v. 27.2.1974 – 17 W 11/74, in: NJW 1974, 1515 unter Verweis auf *Grunsky*, ZZP 80 (1967), 55; *Rimmelspacher*, Zur Prüfung von Amts wegen im Zivilprozess, S. 101 ff.; kritisch zu der Entscheidung des Oberlandesgerichts Köln *Jauernig*, Zum Prüfungs- und Entscheidungsvorrang von Prozessvoraussetzungen, in: FS Schiedermair, S. 289; vgl. aus neuerer Zeit *Hyckel*, NJ 2019, 474.

[651] BGH, Urt. v. 7.3.2013 – I ZR 30/12, in: GRUR 2013, 850; BGH, Beschl. v. 26.9.1995 – KVR 25/94, in: BGHZ 130, 390 (400); BGH, Urt. v. 10.7.1987 – V ZR 285/85, in: NJW 1987, 2808 (2809); BGH, Urt. v. 14.3.1978 – VI ZR 68/76, in: NJW 1978, 2031 (2032); *Bacher*, in: BeckOK ZPO, § 253 ZPO Rn. 8; *Brehm*, in: Stein/Jonas ZPO I, Einl. Rn. 273; *Greger*, in: Zöller, Vorb. zu §§ 253–299a Rn. 18; *Saenger*, in: Saenger, HK-ZPO, Vorb. §§ 253–494a Rn. 9; *Musieluk/Voit*, Grundkurs ZPO, Rn. 281 m. w. N.; *Pohlmann*, ZPR, Rn. 195; *Rosenberg/Schwab/Gottwald*, ZPR, § 94 Rn. 47; *Schlosser*, ZPR I, Rn. 303; *Hyckel*, NJ 2019, 474 (476 f.); *Schilken/Brinkmann*, ZPR, § 6 Rn. 98.

[652] BAG, Urt. v. 12.2.2003 – 10 AZR 299/02, in: BAGE 104, 324 (330); BGH, Urt. v. 14.3.1978 – VI ZR 68/76, in: NJW 1978, 2031 (2032); BGH, Urt. v. 24.2.1954 – II ZR 3/53, in: BGHZ 12, 308 (316); RG, Urt. v. 25.8.1938 – V 32/38, in: RGZ 158, 145 (152); *Bacher*, in: BeckOK ZPO, § 253 ZPO Rn. 8; *Becker-Eberhard*, in: MüKo ZPO I, § 256 ZPO Rn. 38; *Greger*, in: Zöller, § 256 ZPO Rn. 7; *Saenger*, in: Saenger, HK-ZPO, Vorb. §§ 253–494a Rn. 9; *Lüke*, ZPR I, § 11 Rn. 8; *Schlosser*, ZPR I, Rn. 303; a. A. wohl *Schilken/Brinkmann*, ZPR, § 6 Rn. 98.

[653] *Rimmelspacher*, Zur Prüfung von Amts wegen im Zivilprozess, S. 101 ff.; siehe auch *Rimmelspacher*, ZZP 88 (1975), 245; zusammenfassende Darstellungen der Ansicht *Rimmelspachers* bei *Lüke*, ZPR I, § 13 Rn. 9; *Zeiss/Schreiber*, ZPR, Rn. 265.

[654] Vgl. zum Diskurs *Berg*, JuS 1969, 123; *Berg*, JR 1968, 257; *Blomeyer*, ZZP 81 (1968), 20; *Grunsky*, ZZP 80 (1967), 55; *Lindacher*, ZZP 90 (1977), 131; *Lindacher*, NJW 1967, 1389; *Sauer*, Die Reihenfolge der Prüfung von Zulässigkeit und Begründetheit, S. 13 ff.; *Schwab*, JuS 1976, 67; *Wieser*, ZZP 84 (1971), 304; aus neuerer Zeit *Teixeira de Sousa*, Zulässigkeitsprüfung im Zivilprozess, S. 9 ff.

sem fest.⁶⁵⁵ Insbesondere für das Fehlen der sachlichen Zuständigkeit des angerufenen Gerichts diskutieren weder Rechtsprechung noch Schrifttum eine Ausnahme vom Grundsatz der vorrangigen Zulässigkeitsprüfung. Vielmehr wird die Frage nach der Zuständigkeit des Gerichts als „deutlichster Beleg"⁶⁵⁶ für den Vorrang der Zulässigkeitsprüfung angeführt.⁶⁵⁷

2. Legitimation der vorrangigen Zulässigkeitsprüfung

Um die Tragweite der – noch zu untersuchenden⁶⁵⁸ – (Un-)Vereinbarkeit von Entscheidungserheblichkeit und Vorrang der Zulässigkeitsprüfung beurteilen zu können, bedarf es einer Auseinandersetzung mit der Legitimation des prozessualen Grundsatzes. Im juristischen Studium gilt ein Verstoß gegen die vorrangige Zulässigkeitsprüfung als „prozessuale Todsünde"⁶⁵⁹. Verwunderlich ist, dass das „Dogma" vom Vorrang der Zulässigkeitsprüfung sowohl in der juristischen Ausbildung als auch in der gerichtlichen Praxis nur selten hinterfragt wird.⁶⁶⁰

Es liegt auf der Hand, dass dem Grundsatz zumindest auch prozessökonomische Überlegungen zugrunde liegen.⁶⁶¹ Erst wenn das Gericht zu der Auffassung gelangt, dass die Klage zulässig ist, soll es sich mit dem in der Klage geltend gemachten materiellen Anspruch auseinandersetzen.⁶⁶² Bis zu diesem Zeitpunkt sollen die Ressourcen des angerufenen Gerichts geschont werden. Der prozessökonomische Gedanke lässt sich anhand der Zuständigkeitsvorschriften verdeutlichen: Jede Sachverhandlung oder Beweisaufnahme zur Begründetheit ist überflüssig, wenn sich die Klage letztlich als unzulässig herausstellt, weil das angerufene Gericht unzuständig ist.⁶⁶³ Teilweise wird der Vorrang der Zulässigkeitsprüfung im Schrifttum als „bloße Praktikabilitätserwägung"⁶⁶⁴ abgetan. Eine solche Beurteilung greift jedoch zu kurz, wie sich im Folgenden zeigen wird. Hingegen gehen solche Begründungen zu weit, die sich auf einen „selbstverständlichen Stufenaufbau",⁶⁶⁵ ein „Ordnungsprinzip, über das der Gesetz-

---

⁶⁵⁵ Statt vieler BGH, Urt. v. 19.6.2000 – II ZR 319/98, in: NJW 2000, 3718 (3720); *Pohlmann*, ZPR, Rn. 195.
⁶⁵⁶ *Stamm*, ZZP 132 (2019), 411 (436).
⁶⁵⁷ Zum Zusammenhang mit dem Recht auf den gesetzlichen Richter nach Art. 101 Abs. 1 S. 2 GWB sogleich Kapitel 5: § 21 A. I. 2. (S. 146 ff.).
⁶⁵⁸ Hierzu unten Kapitel 5: § 21 A. II. (S. 150 ff.).
⁶⁵⁹ *Grunsky*, NJW 1975, 1402 (1403); siehe auch *Hau*, ZJS 2008, 33.
⁶⁶⁰ Dies kritisch hervorhebend *Hau*, Die Zulässigkeit der Klage, in: FS Klamaris, S. 357 (366); *Hau*, ZJS 2008, 33; *Stamm*, ZZP 132 (2019), 411 (435); *Teixeira de Sousa*, Zulässigkeitsprüfung im Zivilprozess, S. 10 f.; *Lindacher*, ZZP 90 (1977), 131.
⁶⁶¹ *Stamm*, ZZP 132 (2019), 411 (436).
⁶⁶² *Pohlmann*, ZPR, Rn. 194.
⁶⁶³ Vgl. *Seiler*, in: Thomas/Putzo, Vorb. zu § 253 Rn. 8.
⁶⁶⁴ *Hau*, Die Zulässigkeit der Klage, in: FS Klamaris, S. 357.
⁶⁶⁵ *Jauernig*, Zum Prüfungs- und Entscheidungsvorrang von Prozessvoraussetzungen, in:

geber nicht unbeschränkt verfügen kann",[666] oder ein Rechtsgefühl[667] stützten. Diese Ansätze haben aufgrund ihrer Oberflächlichkeit im Schrifttum zu Recht Kritik erfahren.[668] Die Bandbreite an Begründungsansätzen für den Vorrang der Zulässigkeitsprüfung ist wohl darauf zurückzuführen, dass sich der Grundsatz nicht unmittelbar aus der Systematik der ZPO erschließt.[669] Der Gesetzgeber hat keine Norm geschaffen, die ausdrücklich die Prüfung der Zulässigkeit vor der Begründetheit anordnet. Allerdings kommt der Grundsatz in der Regelung des § 280 Abs. 1 ZPO zum Ausdruck.[670] Hiernach kann ein Gericht durch ein rechtsmittelfähiges Zwischenurteil isoliert über die Zulässigkeit der Klage entscheiden.[671] Eine solche abgesonderte Verhandlung nach § 280 Abs. 1 ZPO erspart den Parteien einen unter Umständen aufwändigen und eventuell sogar überflüssigen Sachvortrag.[672] Für die Begründetheit sieht die ZPO hingegen keine mit § 280 Abs. 1 ZPO vergleichbare Möglichkeit vor.[673]

Als wohl häufigstes Argument für den Vorrang der Zulässigkeitsprüfung wird zutreffend die unterschiedliche Rechtskraft von Prozess- und Sachurteilen angeführt.[674] Gemeint ist der Unterschied im Gegenstand und Umfang der materiellen Rechtskraftwirkung nach § 322 ZPO.[675] Nach heute allgemeiner Ansicht entfaltet das Prozessurteil– ebenso wie das Sachurteil – materielle Rechtskraft.[676] Allerdings beschränkt sich jene des Prozessurteils auf die entschiedene

---

FS Schiedermair, S. 289 (311); siehe auch *Becker-Eberhard*, in: MüKo ZPO I, Vorb. zu § 253 Rn. 3: „sich aus der Natur der Sache ergebende[r] Stufenaufbau des Prozesses".
[666] *Becker-Eberhard*, in: MüKo ZPO I, Vorb. zu § 253 Rn. 3.
[667] Vgl. *Zeiss/Schreiber*, ZPR, Rn. 266: „Unser Rechtsgefühl rebelliert nicht von ungefähr, wenn ein Verwaltungs- oder Finanzgericht etwa eine Scheidungsklage als *jedenfalls unbegründet* abweist."
[668] Vgl. mit weiteren kritischen Beispielen *Teixeira de Sousa*, Zulässigkeitsprüfung im Zivilprozess, S. 20; siehe auch *Hau*, Die Zulässigkeit der Klage, in: FS Klamaris, S. 357 (366) sowie bereits *Grunsky*, ZZP 80 (1967), 55 (58).
[669] Vgl. *Brehm*, in: Stein/Jonas ZPO I, Einl. Rn. 266; *Blomeyer*, ZZP 81 (1968), 20 (21).
[670] *Thole*, in: Stein/Jonas, ZPO IV, § 280 ZPO Rn. 1; siehe auch *Becker-Eberhard*, in: MüKo ZPO I, Vorb. zu § 253 Rn. 3, der zudem auf die §§ 522, 552, 574 ZPO verweist.
[671] Für den Rechtsweg enthält § 17a Abs. 3 ZPO eine vergleichbare Regelung.
[672] *Saenger*, in: Saenger, HK-ZPO, § 280 ZPO Rn. 1.
[673] So auch *Hau*, Die Zulässigkeit der Klage, in: FS Klamaris, S. 357 (366), der das Argument jedoch – wenn auch ohne weitere Erläuterung – für wenig gewinnend hält.
[674] Siehe zu Prozess- und Sachurteilen bereits oben Kapitel 5: § 21 A. I. 1. (S. 143 ff.); vgl. etwa BGH, Urt. v. 19.6.2000 – II ZR 319/98, in: NJW 2000, 3718 (3720); *Becker-Eberhard*, in: MüKo ZPO I, Vorb. zu § 253 Rn. 3; *Brehm*, in: Stein/Jonas ZPO I, Einl. Rn. 266; *Pohlmann*, ZPR, Rn. 195; *Jauernig*, Zum Prüfungs- und Entscheidungsvorrang von Prozessvoraussetzungen, in: FS Schiedermair, S. 289 (292 f.); *Sauer*, Die Reihenfolge der Prüfung von Zulässigkeit und Begründetheit, S. 35 ff.; *Stamm*, ZZP 132 (2019), 411 (436).
[675] *Becker-Eberhard*, in: MüKo ZPO I, Vorb. zu § 253 Rn. 3; *Brehm*, in: Stein/Jonas ZPO I, Einl. Rn. 268; *Hau*, Die Zulässigkeit der Klage, in: FS Klamaris, S. 357 (365); *Jauernig*, Zum Prüfungs- und Entscheidungsvorrang von Prozessvoraussetzungen, in: FS Schiedermair, S. 289 (293); *Jauernig*, JZ 1955, 235; *Ost*, Doppelrelevante Tatsachen im Internationalen Zivilverfahrensrecht, S. 100.
[676] BGH, Urt. v. 6.3.1985 – IV b ZR 76/83, in: NJW 1985, 2535; *Althammer*, in: Stein/

Prozessfrage, etwa die Verneinung der sachlichen Zuständigkeit.[677] Das bedeutet, die materielle Rechtskraft des Prozessurteils sperrt die Wiederholung einer Klage, die auf denselben Streitgegenstand gerichtet ist sowie denselben prozessualen Mangel aufweist.[678] Ansonsten wäre etwa bei einem Prozessurteil aufgrund sachlicher Unzuständigkeit eine weitere Klage vor dem zuständigen Gericht aufgrund entgegenstehender Rechtskraft ausgeschlossen.[679] Die Ordnungsmäßigkeit der Klageschrift gemäß § 253 ZPO, die zur Bestimmung der Prozessparteien, des Streitgegenstands und somit des Umfangs der Rechtskraft dient, ist daher augenscheinlich eine vor der Begründetheit zu prüfende Zulässigkeitsvoraussetzung.[680] Auch die Feststellung des Rechtswegs im Rahmen der Sachentscheidungsvoraussetzungen ist erforderlich, um die anzuwendende Verfahrensordnung und die Besetzung des Gerichts zu bestimmen.[681] Der Vorrang der Zulässigkeitsprüfung lässt sich also mit der schlichten Trennung zwischen Verfahrensrecht als dienendem Recht und materiellem Recht als dem eigentlichen Verfahrensgegenstand erklären.[682] Während das Gericht im Rahmen der Zuständigkeit zunächst das Verhältnis zwischen sich und den Parteien – sozusagen die „Rahmenbedingungen des Verfahrens"[683] – prüft, klärt es anschließend in der Begründetheit das Verhältnis der Parteien untereinander.[684] Würden Vertragsparteien ihren Streit über die Berechtigung einer Forderung privat klären, käme es nur auf die Begründetheit der Forderung an.[685] Wird dieselbe Sache hingegen vor Gericht ausgetragen, müssen bestimmte prozessuale Voraussetzungen erfüllt sein, um zu einer Sachentscheidung zu kommen.[686]

Dem Vorrang der Zulässigkeitsprüfung liegen aber nicht nur formale, sondern vor allem materielle Wertungen zugrunde.[687] Bedeutendster Grund für die

---

Jonas, ZPO IV, § 322 ZPO Rn. 126 ff.; *Brehm*, in: Stein/Jonas ZPO I, Einl. Rn. 268; *Gottwald*, in: MüKo ZPO I, § 322 ZPO Rn. 27; *Seiler*, in: Thomas/Putzo, § 322 ZPO Rn. 3; *Rosenberg/Schwab/Gottwald*, ZPR, § 153 Rn. 5; *Zeiss/Schreiber*, ZPR, Rn. 565; *Grunsky*, ZZP 80 (1967), 55 (61); *Jauernig*, JZ 1955, 235.
[677] OLG München, Urt. v. 7.6.2018 – 23 U 3018/17, in: AG 2018, 758 (759); OLG Brandenburg, Urt. v. 7.7.1999, in: NJW-RR 2000, 1735 (1736); *Lüke*, ZPR I, § 28 Rn. 8; *Rosenberg/Schwab/Gottwald*, ZPR, § 153 Rn. 7.
[678] *Musielak*, in: Musielak/Voit, § 322 ZPO Rn. 44.
[679] Vgl. hierzu *Jauernig*, Zum Prüfungs- und Entscheidungsvorrang von Prozessvoraussetzungen, in: FS Schiedermair, S. 289 (293).
[680] *Brehm*, in: Stein/Jonas ZPO I, Einl. Rn. 266; siehe auch *Wieser*, ZZP 84 (1971), 304 (317).
[681] *Brehm*, in: Stein/Jonas ZPO I, Einl. Rn. 266; hierzu bereits oben Kapitel 5: § 20 B. II. 3. (S. 106 f.).
[682] *Stamm*, ZZP 132 (2019), 411 (436 m. w. N.).
[683] *Stamm*, ZZP 132 (2019), 411 (436).
[684] *Stamm*, ZZP 132 (2019), 411 (436).
[685] *Jauernig*, Zum Prüfungs- und Entscheidungsvorrang von Prozessvoraussetzungen, in: FS Schiedermair, S. 289 (306).
[686] *Jauernig*, Zum Prüfungs- und Entscheidungsvorrang von Prozessvoraussetzungen, in: FS Schiedermair, S. 289 (306).
[687] *Lüke*, ZPR I, § 13 Rn. 9.

Vorrangstellung ist die der Zulässigkeitsprüfung innewohnende Schutzfunktion.[688] Die einzelnen Sachentscheidungsvoraussetzungen konkretisierten verfassungsrechtliche Vorgaben.[689] Ein Sachurteil, das gegen eine nicht ordnungsgemäß vertretene prozessunfähige Partei ergeht, kann unter Umständen gegen das Recht auf rechtliches Gehör aus Art. 103 Abs. 1 GG verstoßen.[690] Die Entscheidung eines unzuständigen Gerichts kann einen Verstoß gegen das Recht auf den gesetzlichen Richter aus Art. 101 Abs. 1 S. 2 GG darstellen.[691] Entscheidet ein Gericht trotz potentieller Unzulässigkeit der Klage zur Sache, so würde es eine Verfassungsbeschwerde nach den Art. 93 Abs. 1 Nr. 4a, 101, 103 GG riskieren oder zumindest eine Nichtigkeits- oder Restitutionsklage provozieren.[692] Ein Verzicht auf die vorrangige Zulässigkeitsprüfung stellt zugleich einen Verzicht auf die Verfassungsrecht konkretisierende Schutzfunktion der Sachentscheidungsvoraussetzungen dar. Vor diesem Hintergrund leuchtet es ein, dass sich die radikalen Thesen *Rimmelspachers* zur Gleichrangigkeit der prozess- und materiell-rechtlichen Voraussetzungen nicht durchgesetzt haben.[693]

3. Fazit

Vor allem aufgrund seiner das Verfassungsrecht konkretisierenden Schutzfunktion stellt der Vorrang der Zulässigkeitsprüfung einen bedeutenden prozessualen Grundsatz dar. Im Hinblick auf den gesetzlichen Richter nach Art. 101 Abs. 1 S. 2 GG kommt insbesondere bei fehlender Zuständigkeit des angerufenen Gerichts keine Durchbrechung der vorrangigen Zulässigkeitsprüfung in Betracht. Ausnahmen nimmt die Rechtsprechung nur in sehr engen Grenzen bei offensichtlicher Unbegründetheit der Klage an. Für die weitere Untersuchung ist festzuhalten, dass bei der gerichtlichen Prüfung von § 87 GWB der Vorrang der Zulässigkeitsprüfung gilt.

---

[688] Ausdrücklich als solche bezeichnend *Hau*, Die Zulässigkeit der Klage, in: FS Klamaris, S. 357 (367); ebenfalls eine Schutzwirkung für die Beklagte anerkennend *Rimmelspacher*, Zur Prüfung von Amts wegen im Zivilprozess, S. 113.
[689] Kritisch hierzu *Lindacher*, ZZP 90 (1977), 131 (135 f.).
[690] *Pohlmann*, ZPR, Rn. 195; *Schilken/Brinkmann*, ZPR, § 6 Rn. 98; *Zeiss/Schreiber*, ZPR, Rn. 266; *Hau*, Die Zulässigkeit der Klage, in: FS Klamaris, S. 357 (367).
[691] *Becker-Eberhard*, in: MüKo ZPO I, Vorb. zu § 253 Rn. 3; *Brehm*, in: Stein/Jonas ZPO I, Einl. Rn. 266; *Pohlmann*, ZPR, Rn. 195; *Rosenberg/Schwab/Gottwald*, ZPR, § 39 Rn. 13; *Schilken/Brinkmann*, ZPR, § 6 Rn. 98; *Zeiss/Schreiber*, ZPR, Rn. 266; *Hau*, JZS 2008, 33 (38); *Hau*, Die Zulässigkeit der Klage, in: FS Klamaris, S. 357 (367); a. A. wohl *Schlosser*, ZPR I, Rn. 304.
[692] So überzeugend *Hau*, Die Zulässigkeit der Klage, in: FS Klamaris, S. 357 (367); *Zeiss/Schreiber*, ZPR, Rn. 266.
[693] Gegen *Rimmelspacher* unter anderem *Schilken/Brinkmann*, ZPR, § 6 Rn. 98; *Zeiss/Schreiber*, ZPR, Rn. 266; *Berg*, JuS 1969, 123 (124 ff.); *Hau*, Die Zulässigkeit der Klage, in: FS Klamaris, S. 357 (367); *Jauernig*, Zum Prüfungs- und Entscheidungsvorrang von Prozessvoraussetzungen, in: FS Schiedermair, S. 289 (311); *Wieser*, ZZP 84 (1971), 304 (318).

II. Widerspruch zwischen Entscheidungserheblichkeit und Vorrang der Zulässigkeitsprüfung

Es stellt sich die Frage, ob die Prüfung der Entscheidungserheblichkeit im Widerspruch zum Vorrang der Zulässigkeitsprüfung steht. Entscheidungserheblichkeit im Sinne des § 87 S. 2 GWB liegt nur vor, wenn ein Rechtsstreit nicht bereits losgelöst von einer kartellrechtlichen Vorfrage – im Sinne einer Klageabweisung oder eines Stattgebens – spruchreif ist.[694] Macht eine Klägerin etwa einen vertraglichen Anspruch geltend, könnte der dem Anspruch zugrunde liegende Vertrag bereits aus nicht-kartellrechtlichen Gründen – beispielsweise wegen Formunwirksamkeit[695] – nicht gegeben sein. Die Entscheidung des Rechtsstreits würde nicht mehr von der kartellrechtlichen Vorfrage abhängen. Das bedeutet, dass ein angerufenes Gericht im Rahmen der Zulässigkeitsprüfung die anderweitige Spruchreife der Klage feststellen muss.[696] Allerdings handelt es sich bei der Prüfung der anderweitigen Spruchreife um eine Frage der Klagebegründetheit. Hieraus ergibt sich folgender Widerspruch: Ein angerufenes Gericht muss bei der Prüfung der sachlichen Zuständigkeit nach § 87 S. 2 GWB – also einer Voraussetzung der Zulässigkeit – inzident die anderweitige Spruchreife der Hauptsache – also quasi die Begründetheit – prüfen.[697] Somit sind der Vorrang der Zulässigkeitsprüfung und die Entscheidungserheblichkeit nicht vereinbar.[698]

III. Auflösung des Widerspruchs durch die Lehre von den doppelrelevanten Tatsachen?

Im Folgenden untersucht die Arbeit, ob der aufgezeigte Widerspruch zwischen der Entscheidungserheblichkeit im Sinne des § 87 S. 2 GWB und dem Vorrang der Zulässigkeitsprüfung mithilfe der *Lehre von den doppelrelevanten Tatsachen* aufgelöst werden kann. Hierzu wird zunächst die genannte Lehre näher spezifiziert (1.). Anschließend analysiert die Arbeit, ob die Entscheidungserheblichkeit eine *doppelrelevante Tatsache* darstellt (2.).

---

[694] Zur Entscheidungserheblichkeit bereits oben Kapitel 5: § 19 C. IV. (S. 96 ff.).
[695] Zu weiteren Beispielen siehe oben Kapitel 5: § 19 C. IV. 2. (S. 97 ff.).
[696] *Schmidt*, in: Immenga/Mestmäcker, Wettbewerbsrecht II, § 87 GWB Rn. 30.
[697] *Pohlmann/Schäfers*, in: Fuchs/Weitbrecht, Handbuch Private Kartellrechtsdurchsetzung, § 12 Rn. 61.
[698] Siehe im Hinblick auf eine etwaige Beweisaufnahme LG Wuppertal, Beschl. v. 3.9.2020 – 11 O 59/19, juris, Rn. 16, juris; *Dicks*, in: LMRKM, § 87 GWB Rn. 19; *Ollerdißen*, in: Wiedemann, Handbuch des Kartellrechts, § 59 Rn. 37; *Heyers/Lotze*, NZKart 2018, 29 (30); a. A. wohl *Voß*, in: Busche/Röhling, Kölner Kommentar, § 87 GWB Rn. 31.

1. Lehre von den doppelrelevanten Tatsachen

Wie am Beispiel der Entscheidungserheblichkeit deutlich geworden ist, bereitet der Vorrang der Zulässigkeitsprüfung stets Schwierigkeiten, wenn eine Tatsache sowohl für die Zulässigkeit als auch für die Begründetheit bedeutsam ist (sog. *doppelrelevante Tatsache*[699]).[700] Vor diesem Hintergrund hat sich die *Lehre von den doppelrelevanten Tatsachen*[701] entwickelt, die eine Vorverlagerung der materiell-rechtlichen Prüfung in die Zulässigkeit vermeiden soll.[702] Die Lehre dient der Vereinfachung sowie der beschleunigten endgültigen Erledigung von Rechtsstreitigkeiten und somit vor allem prozessökonomischen Erwägungen.[703] In Rechtsprechung[704] und Schrifttum[705] hat sich die Lehre heute weitgehend durchgesetzt.[706] Nach allgemeiner Auffassung genügt es im Rahmen der Zulässigkeit, wenn die Klägerin *doppelrelevante Tatsachen* schlüssig

---

[699] *Roth*, in: Stein/Jonas ZPO I, § 1 ZPO Rn. 24; ausführlich zum Begriff der doppelrelevanten Tatsache *Ost*, Doppelrelevante Tatsachen im Internationalen Zivilverfahrensrecht, S. 2 ff.

[700] *Pohlmann*, ZPR, Rn. 197.

[701] Auch als *Schlüssigkeitstheorie* bezeichnet, vgl. *Gravenhorst*, Die Aufspaltung der Gerichtszuständigkeit nach Anspruchsgrundlagen, S. 48; *Ost*, Doppelrelevante Tatsachen im Internationalen Zivilverfahrensrecht, S. 21.

[702] *Pohlmann*, ZPR, Rn. 197.

[703] Vgl. statt vieler BGH, Urt. v. 25.11.1993 – IX ZR 32/93, in: BGHZ 124, 237 (241).

[704] So schon st. Rspr. des RG, vgl. RG, Urt. v. 12.12.1918 – IV 328/18, in: RGZ 95, 268 (271); RG, Urt. v. 29.11.1899 – V 242/99, in: RGZ 45, 385 (387); RG, Urt. v. 11.3.1892 – III 288/91, in: RGZ 29, 371 (372 ff.); siehe auch BGH, Urt. v. 9.7.2014 – VIII ZR 376/13, in: BGHZ 202, 39 (47); BGH, Urt. v. 29.6.2010 – VI ZR 122/09, in: NJW-RR 2010, 1554; BGH, Beschl. v. 27.10.2009 – VIII ZB 42/08, in: BGHZ 183, 49 (52 ff.); BGH, Urt. v. 6.11.2007 – VI ZR 34/07, in: NJW-RR 2008, 516 (517); BGH, Beschl. v. 11.7.1996 – V ZB 6/96, in: BGHZ 133, 240 (243); BGH, Urt. v. 28.2.1996 – XII ZR 181/93, in: BGHZ 132, 105 (110); BGH, Urt. v. 25.11.1993 – IX ZR 32/93, in: BGHZ 124, 237 (241); OLG Karlsruhe, Beschl. v. 26.8.2005 – 15 AR 33/05, juris, Rn. 6.

[705] Wohl – wenn auch ohne Bezeichnung als *doppelrelevante Tatsachen* – zuerst hierzu *Kohler*, AcP 1886, 212 (225 ff.); grundlegend *Schumann*, Internationale Zuständigkeit: Besonderheiten, Wahlfeststellung, doppelrelevante Tatsachen, in: FS Nagel, S. 402 (414 ff.); siehe aus neuerer Zeit *Anders*, in: Baumbach, et al., Vorb. § 253 ZPO Rn. 18; *Bendtsen*, in: Saenger, HK-ZPO, § 1 ZPO Rn. 6; *Heinrich*, in: Musielak/Voit, § 1 ZPO Rn. 20; *Hüßtege*, in: Thomas/Putzo, § 32 ZPO Rn. 16; *Patzina*, in: MüKo ZPO I, § 12 ZPO Rn. 56; *Roth*, in: Stein/Jonas ZPO I, § 1 ZPO Rn. 24; *Schultzky*, in: Zöller, § 1 ZPO Rn. 14; *Smid/Hartmann*, in: Wieczorek/Schütze, ZPO I, Vorb. §§ 12–37 Rn. 34 f.; *Wern*, in: Prütting/Gehrlein, § 12 ZPO Rn. 10; *Wöstmann*, in: MüKo ZPO I, § 1 ZPO Rn. 26; *Jacoby*, ZPR, Kap. 5 Rn. 5; *Pohlmann*, ZPR, Rn. 197; *Rosenberg/Schwab/Gottwald*, ZPR, § 39 Rn. 3 und 10; *Gerhardt*, ZZP 108 (1995), 546 (548); *Hager*, Die Manipulation des Rechtswegs, in: FS Kissel, S. 329 (335); *Roth*, Gespaltener Gerichtsstand, in: FS Schumann, S. 355 (366); differenzierend, aber nicht grundsätzlich ablehnend *Teixeira de Sousa*, Zulässigkeitsprüfung im Zivilprozess, S. 74 ff.; a. A. *Rimmelspacher*, Zur Prüfung von Amts wegen im Zivilprozess, S. 160 ff.; kritisch zu diesem „Kunstgriff" *Hau*, Die Zulässigkeit der Klage, in: FS Klamaris, S. 357 (369); ebenfalls kritisch *Ost*, Doppelrelevante Tatsachen im Internationalen Zivilverfahrensrecht, S. 99 f. und 144 ff.

[706] Weiterführend zur Entwicklung der Lehre in Rechtsprechung und Schrifttum *Ost*, Doppelrelevante Tatsachen im Internationalen Zivilverfahrensrecht, S. 60 f.

behauptet.[707] Das Vorliegen der Tatsachen wird dann im Rahmen der Zulässigkeitsprüfung als wahr unterstellt.[708] Somit ist eine Beweiserhebung bezüglich der schlüssig vorgetragenen *doppelrelevanten Tatsachen* nicht notwendig.[709]

Das mit der *Lehre von den doppelrelevanten Tatsachen* beabsichtigte Ergebnis lässt sich am Beispiel des besonderen Gerichtsstands der unerlaubten Handlung nach § 32 ZPO veranschaulichen:[710] A möchte B auf Schadenersatz wegen unerlaubter Handlung gemäß § 823 Abs. 1 BGB verklagen. Er ruft das Gericht in Münster an, da nach seiner Auffassung B dort die unerlaubte Handlung begangen hat und somit die Zuständigkeit nach § 32 ZPO gegeben ist. Bei konsequenter Anwendung der vorrangigen Zulässigkeitsprüfung müsste das Gericht in Münster zur Feststellung seiner Zuständigkeit nach § 32 ZPO prüfen, ob B tatsächlich in Münster eine unerlaubte Handlung begangen hat. Die Prüfung der unerlaubten Handlung ist jedoch zugleich eine Frage der Begründetheit. Um eine Vorverlagerung der Begründetheitsprüfung zu vermeiden, kann das Gericht nach der *Lehre von den doppelrelevanten Tatsachen* im Rahmen der Zulässigkeitsprüfung die unerlaubte Handlung als wahr unterstellen, wenn A hierzu schlüssig vorträgt.[711] Ob tatsächlich eine unerlaubte Handlung vorliegt, muss das Gericht erst im Rahmen der Begründetheit umfassend prüfen. Die *Lehre von den doppelrelevanten Tatsachen* befreit das Gericht nicht von der Tatsachenprüfung, sondern verschiebt diese von der Zulässigkeit in die Begründetheit.[712] Ein Überspringen der Tatsachenprüfung ist nicht zulässig. Demzufolge ist eine Tatsache nur doppelrelevant, wenn sie zwingend im Rahmen der Begründetheit überprüft werden muss.[713]

Sofern sich bei der Prüfung der Begründetheit herausstellt, dass die *doppelrelevante Tatsache* nicht gegeben ist, muss das Gericht die Klage durch Sachurteil als unbegründet abweisen.[714] Liegt die behauptete *doppelrelevante Tatsache* hingegen vor, so ergeht das Sachurteil gegen die Beklagte durch das zuständige Gericht, wenn auch die übrigen Anspruchsvoraussetzungen vorlie-

---

[707] BGH, Beschl. v. 27.10.2009 – VIII ZB 42/08, in: BGHZ 183, 49 (52); BGH, Urt. v. 25.11.1993 – IX ZR 32/93, in: BGHZ 124, 237 (240 ff.); *Bendtsen*, in: Saenger, HK-ZPO, § 1 ZPO Rn. 6; *Pohlmann*, ZPR, Rn. 197; *Roth*, in: Stein/Jonas ZPO I, § 1 ZPO Rn. 24.

[708] *Heinrich*, in: Musielak/Voit, § 1 ZPO Rn. 20; *Roth*, in: Stein/Jonas ZPO I, § 1 ZPO Rn. 24; *Roth*, Gespaltener Gerichtsstand, in: FS Schumann, S. 355 (366 ff.).

[709] *Heinrich*, in: Musielak/Voit, § 1 ZPO Rn. 20; *Roth*, in: Stein/Jonas ZPO I, § 1 ZPO Rn. 24.

[710] Zu weiteren (Abgrenzungs-) Beispielen *Roth*, in: Stein/Jonas ZPO I, § 1 ZPO Rn. 25 ff.; siehe auch *Schumann*, Internationale Zuständigkeit: Besonderheiten, Wahlfeststellung, doppelrelevante Tatsachen, in: FS Nagel, S. 402 (416 ff.).

[711] Vgl. *Heinrich*, in: Musielak/Voit, § 32 ZPO Rn. 19.

[712] So zutreffend *Schumann*, Internationale Zuständigkeit: Besonderheiten, Wahlfeststellung, doppelrelevante Tatsachen, in: FS Nagel, S. 402 (420).

[713] *Schumann*, Internationale Zuständigkeit: Besonderheiten, Wahlfeststellung, doppelrelevante Tatsachen, in: FS Nagel, S. 402 (420); siehe auch *Roth*, in: Stein/Jonas ZPO I, § 1 ZPO Rn. 24.

[714] *Pohlmann*, ZPR, Rn. 197.

gen.⁷¹⁵ Hat B etwa die unerlaubte Handlung in Münster begangen, so wird er von dem zuständigen Gericht in Münster verurteilt. In keiner Konstellation besteht die Gefahr, dass die Beklagte – im Beispiel B – durch ein unzuständiges Gericht verurteilt wird.⁷¹⁶ Die *Lehre von den doppelrelevanten Tatsachen* hat für die Parteien den Vorteil, dass sie möglichst zeitnah ein Sachurteil statt (nur) ein Prozessurteil erzielen.⁷¹⁷ Insbesondere die Beklagte wird durch die Rechtskraft des Sachurteils vor weiteren Klagen aufgrund desselben Vorfalls geschützt.⁷¹⁸ Insofern stellt die Lehre im „Dienste prozessualer Gerechtigkeit"⁷¹⁹ ein Gegengewicht zu der Gerichtswahl durch die Klägerin dar.⁷²⁰ Die *Lehre von den doppelrelevanten Tatsachen* beschreibt somit nicht bloß eine prozessrechtstechnische Besonderheit, sondern verwirklicht prozessuale Gerechtigkeit.⁷²¹

2. Entscheidungserheblichkeit als doppelrelevante Tatsache?

Fraglich ist, ob die Entscheidungserheblichkeit im Sinne des § 87 S. 2 GWB eine *doppelrelevante Tatsache* darstellt. Nur wenn dies der Fall ist, kann ihr Vorliegen – bei schlüssigem Vortrag der Klägerin – im Rahmen der Zulässigkeitsprüfung als wahr unterstellt werden. Im juristischen Sprachgebrauch stellen Tatsachen einen sinnlich wahrnehmbaren oder feststellbaren Zustand oder Vorgang dar, der einem Nachweis beziehungsweise Beweis zugänglich ist.⁷²² Hierzu zählen etwa Veränderungen an Sachen sowie menschliche Handlungen. Im Kontext von § 32 ZPO kann man sich die *doppelrelevante Tatsache* bildhaft als die unerlaubte Handlung vorstellen. Die Entscheidungserheblichkeit einer kartellrechtlichen Vorfrage – also die Prüfung der anderweitigen Spruchreife – stellt hingegen eine rechtliche Beurteilung dar, die wiederum verschiedene Tatsachenprüfungen – etwa im Hinblick auf die Formwirksamkeit des dem Anspruch zugrundeliegenden Vertrags oder einer möglichen Verjährung – voraussetzt. Insofern handelt es sich bei der Entscheidungserheblichkeit nicht um eine Tatsache im juristischen Sprachgebrauch. Im Rahmen der *Lehre von den doppelrelevanten Tatsachen* ist der Begriff der Tatsache jedoch weiter zu ver-

---

⁷¹⁵ *Roth*, in: Stein/Jonas ZPO I, § 1 ZPO Rn. 30.
⁷¹⁶ Vgl. BGH, Urt. v. 25.11.1993 – IX ZR 32/93, in: BGHZ 124, 237 (241); mit erläuterndem Beispiel *Roth*, in: Stein/Jonas ZPO I, § 1 ZPO Rn. 30.
⁷¹⁷ *Schumann*, Internationale Zuständigkeit: Besonderheiten, Wahlfeststellung, doppelrelevante Tatsachen, in: FS Nagel, S. 402 (426); siehe auch *Wöstmann*, in: MüKo ZPO I, § 1 ZPO Rn. 26.
⁷¹⁸ Ausführlich zum Argument des Beklagtenschutzes *Roth*, in: Stein/Jonas ZPO I, § 1 ZPO Rn. 30; *Schumann*, Internationale Zuständigkeit: Besonderheiten, Wahlfeststellung, doppelrelevante Tatsachen, in: FS Nagel, S. 402 (423).
⁷¹⁹ *Schumann*, Internationale Zuständigkeit: Besonderheiten, Wahlfeststellung, doppelrelevante Tatsachen, in: FS Nagel, S. 402 (421).
⁷²⁰ *Roth*, in: Stein/Jonas ZPO I, § 1 ZPO Rn. 30; *Schumann*, Internationale Zuständigkeit: Besonderheiten, Wahlfeststellung, doppelrelevante Tatsachen, in: FS Nagel, S. 402 (425).
⁷²¹ *Roth*, in: Stein/Jonas ZPO I, § 1 ZPO Rn. 30.
⁷²² *Groh/Raik*, in: Weber, Rechtswörterbuch, Tatsache.

stehen. Bei der Bezeichnung *doppelrelevante Tatsache* handelt sich weniger um eine streng zu handhabende Definition als um den Versuch der Rechtsprechung, ein rechtliches Phänomen zu umschreiben.[723]

Sofern man die Entscheidungserheblichkeit unter den Begriff der Tatsache im Rahmen der *Lehre von den doppelrelevanten Tatsachen* fasst, bleibt jedoch zu klären, ob Doppelrelevanz gegeben ist. Wie bereits erörtert,[724] liegt Doppelrelevanz nur vor, wenn das Vorliegen der jeweiligen Tatsache für die Zulässigkeit und die Begründetheit einer Klage notwendig ist. Bildlich lässt sich die Doppelrelevanz wie folgt veranschaulichen: Wenn man sich alle Klagevoraussetzungen als einzelne Pakete vorstellt, lassen sich diese in zwei Lager aufteilen, nämlich Zulässigkeit und Begründetheit. Im Falle des § 32 ZPO liegen in jedem Lager zwei identische Pakete, die die Prüfung der unerlaubten Handlung beinhalten. Nach der *Lehre der doppelrelevanten Tatsachen* kann das Paket aus der Zulässigkeit – bei schlüssiger Behauptung – in die Begründetheit verschoben werden. Da dort nun zwei identische Pakete liegen, kann eins entfallen. Überträgt man dieses Bild auf die Entscheidungserheblichkeit im Sinne des § 87 S. 2 GWB, wird deutlich, dass keine Doppelrelevanz gegeben ist. Anders als bei der unerlaubten Handlung im Sinne des § 32 ZPO liegen im Hinblick auf die Entscheidungserheblichkeit keine identischen Pakete in der Zulässigkeit und Begründetheit. Die Entscheidungserheblichkeit im Sinne des § 87 S. 2 GWB setzt die Prüfung der anderweitigen Spruchreife voraus. Die Spruchreife des Rechtsstreits wird selbstverständlich auch im Rahmen der Begründetheit geprüft. Allerdings muss das Gericht im Rahmen der Begründetheit nicht spezifisch die *anderweitige* Spruchreife prüfen. Das bedeutet, dass das Gericht die Frage nach der Entscheidungserheblichkeit inzident mitentschieden *kann*, es aber nicht *muss*. Möglicherweise stützt ein Gericht seine Entscheidung auf kartellrechtliche Erwägungen, obwohl auch nicht-kartellrechtliche Aspekte in Betracht gekommen wären. Denkbar ist auch der umgekehrte Fall: Das Gericht stützt seine Entscheidung auf nicht-kartellrechtliche Erwägungen, obwohl es auch kartellrechtliche hätte heranziehen können. Zieht man das verwendete Bild wieder heran, so liegen im Lager der Zulässigkeit und Begründetheit zwar sehr ähnliche Pakete, aber keine identischen. Würde man die Prüfung der Entscheidungserheblichkeit in die Begründetheit verschieben, käme es unter Umständen mangels Doppelrelevanz zu dem weder beabsichtigten noch zulässigen Überspringen einer Tatsachenprüfung. Mithin handelt es sich bei der Entscheidungserheblichkeit nicht um eine *doppelrelevante Tatsache*.[725]

---

[723] *Ost,* Doppelrelevante Tatsachen im Internationalen Zivilverfahrensrecht, Fn. 14 auf S. 3 mit Verweis auf BGH, Urt. v. 25.11.1993 – IX ZR 32/93, in: BGHZ 124, 237 (240).

[724] Hierzu bereits oben Kapitel 5: § 21 A. III. 1. (S. 151 ff.).

[725] A. A. *Dicks,* in: LMRKM, § 87 GWB Rn. 19; *Rombach,* in: BeckOK KartellR, § 87 GWB Rn. 33.1.

3. Zwischenfazit

Für die weitere Untersuchung ist festzuhalten, dass der Widerspruch zwischen der Prüfung der Entscheidungserheblichkeit und dem Vorrang der Zulässigkeitsprüfung nicht mithilfe der *Lehre der doppelrelevanten Tatsachen* gelöst werden kann. Mithin reicht eine schlüssige Behauptung der Entscheidungserheblichkeit nicht aus.

IV. Beweiserhebung zur Feststellung der Entscheidungserheblichkeit?

Für die gerichtliche Praxis stellt sich die konkrete Frage, ob ein angerufenes Gericht zur Prüfung der Entscheidungserheblichkeit eine Beweisaufnahme vornehmen muss. Zur Beantwortung dieser Frage bedarf es zunächst einer Auseinandersetzung mit der Filterfunktion der Entscheidungserheblichkeit (1.). Sodann folgt eine Auseinandersetzung mit dem im Schrifttum[726] befürworteten Vorschlag, einen unterschiedlichen Prüfungsmaßstab für Kartellgerichte (2.) und Nicht-Kartellgerichte (3.) zu fordern.

1. Filterfunktion der Entscheidungserheblichkeit

Wie bereits erörtert,[727] schützt die Entscheidungserheblichkeit die Kartellgerichte als *Filter auf Tatbestandsebene* vor einer Überlastung mit fachfremden Fragen. Wendet man den Vorrang der Zulässigkeitsprüfung konsequent an, so müsste ein angerufenes Kartellgericht im Hinblick auf die Entscheidungserheblichkeit auf eine Beweisaufnahme verzichten. Die Filterfunktion würde vollkommen leerlaufen. Bejaht man hingegen die umfassende Prüfung der anderweitigen Spruchreife einschließlich entsprechender Beweisaufnahme, steht dies im Widerspruch zum Art. 101 Abs. 1 S. 2 GG konkretisierenden Vorrang der Zulässigkeitsprüfung.[728] In diesem Konflikt liegt das Dilemma der Entscheidungserheblichkeit: Wollte der Gesetzgeber mit der Entscheidungserheblichkeit nach § 87 S. 2 GWB eine Durchbrechung des Vorrangs der Zulässigkeitsprüfung zugunsten der *Filterfunktion* anordnen?

Der Wortlaut des § 87 S. 2 GWB spricht für eine normierte Ausnahme von der vorrangigen Zulässigkeitsprüfung, also für eine Beweisaufnahme. Die Norm verlangt, dass die Entscheidung von der Vorfrage abhängt und nicht nur abhängen kann.[729] Ein Übergehen einzelner Tatbestandsvoraussetzungen ist ab-

---

[726] So etwa *Bornkamm/Tolkmitt*, in: Bunte, Kartellrecht I, § 87 GWB Rn. 18 f.; *Pohlmann/Schäfers*, in: Fuchs/Weitbrecht, Handbuch Private Kartellrechtsdurchsetzung, § 12 Rn. 61; *Voß*, in: Busche/Röhling, Kölner Kommentar, § 87 GWB Rn. 32; zu den unterschiedlichen Standpunkten sogleich ausführlich.
[727] Siehe oben Kapitel 5: § 19 C. IV. 2. (S. 97 ff.).
[728] Zum Vorrang der Zulässigkeitsprüfung bereits oben Kapitel 5: § 21 A. I. 1. (S. 143 ff.).
[729] Vgl. *Rombach*, in: BeckOK KartellR, § 87 GWB Rn. 33; *Voß*, in: Busche/Röhling, Kölner Kommentar, § 87 GWB Rn. 29.

seits von der *Lehre von den doppelrelevanten Tatsachen* nicht zulässig. Eine historische Betrachtung des § 87 S. 2 GWB zeigt, dass der Gesetzgeber die Entscheidungserheblichkeit von der Regelung des Aussetzungszwangs in die einer Gesamtzuständigkeit übertrug. Hierbei beabsichtigte er, dass die Kartellgerichte gemäß § 87 S. 2 GWB für die Fälle zuständig sind, für die bisher § 96 Abs. 2 GWB a. F. den Aussetzungszwang vorsah.[730] Es ist anzunehmen, dass die aufgrund der Gesamtzuständigkeit zwangsläufig erfolgende Belastung der Kartellgerichte mit fachfremden Fragen nur gerechtfertigt sein soll, wenn es im Einzelfall auf die kartellrechtliche Vorfrage ankommt. Aufgrund der weitreichenden Folgen der Gesamtzuständigkeit ist davon auszugehen, dass der Gesetzgeber bei der Übertragung der Entscheidungserheblichkeit in § 87 S. 2 GWB keine geringeren, sondern im Zweifel höhere Anforderungen an diese stellen wollte. Wie bereits erörtert,[731] knüpfen Regelungen zur Begründung einer sachlichen Zuständigkeit üblicherweise nicht an Vorfragen und infolgedessen auch nicht an deren Entscheidungserheblichkeit an. Den Widerspruch zum Vorrang der Zulässigkeitsprüfung hat er bei der Übertragung der Entscheidungserheblichkeit in eine Regelung der Gesamtzuständigkeit vermutlich nicht gesehen. Zugleich ist nicht davon auszugehen, dass auf die Prüfung der Entscheidungserheblichkeit und deren Filterfunktion verzichtet werden sollte. *De lege lata* kann aufgrund des eindeutigen Wortlauts und des gesetzgeberischen Willens nicht auf die Prüfung der Entscheidungserheblichkeit verzichtet werden, wenn es der Filterfunktion bedarf. Mithin ist *de lege lata* eine Beweisaufnahme zur Feststellung der Entscheidungserheblichkeit erforderlich, wenn die Filterfunktion dies erforderlich macht. Insofern bietet sich der bereits vom Schrifttum vorgeschlagene und im Folgenden näher zu untersuchende differenzierende Prüfungsmaßstab für Nicht-Kartellgerichte und Kartellgerichte an.

2. Prüfung der Entscheidungserheblichkeit durch Nicht-Kartellgerichte

Da sich kartellrechtliche Vorfragen in der Praxis regelmäßig erst im Laufe des Verfahrens[732] durch den Beklagtenvortrag[733] ergeben, stellt die Prüfung der Entscheidungserheblichkeit durch Nicht-Kartellgerichte den Regelfall dar. Die herrschende Meinung in Rechtsprechung und Schrifttum lehnt eine Beweisaufnahme zur Klärung der Entscheidungserheblichkeit der kartellrechtlichen Vorfrage durch Nicht-Kartellgerichte ab.[734] Hierfür stützt sich die Ansicht auf die

---
[730] BT-Drs. 13/9720, S. 68 f.
[731] Siehe oben Kapitel 3: § 12 (S. 30 ff.).
[732] Zum Grundsatz der *perpetuatio fori* unten Kapitel 5: § 21 C. II. 2. a) (S. 177 f.).
[733] Zur ausnahmsweise erfolgenden Heranziehung des Beklagtenvortrags unten Kapitel 5: § 21 C. II. 1. (S. 175 f.).
[734] LG Wuppertal, Beschl. v. 3.9.2020 – 11 O 59/19, juris, Rn. 16; *Bornkamm/Tolkmitt*, in: Bunte, Kartellrecht I, § 87 GWB Rn. 18; *Dicks*, in: LMRKM, § 87 GWB Rn. 19; *Ollerdißen*, in: Wiedemann, Handbuch des Kartellrechts, § 59 Rn. 37; *Rombach*, in: BeckOK KartellR,

konsequente Anwendung des Vorrangs der Zulässigkeitsprüfung.[735] In diesem Zusammenhang geht ein bloßes Abstellen auf den Vorrang der Zulässigkeitsprüfung jedoch fehl.[736] Die herrschende Ansicht übersieht die vom Gesetzgeber in § 87 S. 2 GWB vorgesehene Systematik. Die Zuständigkeit der Kartellgerichte entsteht erst, wenn das Nicht-Kartellgericht die Entscheidungserheblichkeit festgestellt hat. Das bedeutet, die Nicht-Kartellgerichte sind bis zur Feststellung der Entscheidungserheblichkeit nur „schwebend zuständig"[737]. Da das angerufene Nicht-Kartellgericht in der Hauptsache zuständig ist, ist es auch sachgerecht, dass es die Sach- und Rechtslage umfassend daraufhin überprüft, ob anderweitige Spruchreife besteht.[738] Darüber hinaus werfen Streitigkeiten mit Kartellrechtsberührung häufig anderweitige komplexe Rechtsfragen auf, für deren sachgerechte Beurteilung ebenfalls Spezialkenntnisse der Richterinnen erforderlich sind, etwa Fragen aus dem Patent- oder Designrecht.[739] Ein Verlust der anderweitigen Expertise kann vom Gesetzgeber nur beabsichtigt sein, sofern die kartellrechtliche Vorfrage tatsächlich entscheidungserheblich ist. Zudem erfordert die Prüfung der Entscheidungserheblichkeit kein kartellrechtliches Sonderwissen.[740] Eine Prüfung der Entscheidungserheblichkeit durch die Nicht-Kartellgerichte gefährdet die Einheitlichkeit und Qualität der Rechtsprechung in Kartellsachen nicht. Vielmehr stärkt sie den Telos des § 87 GWB: Nur wenn die Nicht-Kartellgericht umfassend – also einschließlich einer Beweisaufnahme – die Entscheidungserheblichkeit prüfen, sind die Kartellgerichte vor einer Überlastung mit fachfremden Fragen geschützt.[741] Andernfalls wären die Kartellgerichte mit fachfremden Fragen belastet und in der Entwicklung kartellrechtlicher Expertise gehemmt.[742] Bejaht ein Nicht-Kartellgericht fälsch-

---

§ 87 GWB Rn. 33.1; *Schmidt*, in: Immenga/Mestmäcker, Wettbewerbsrecht II, § 87 GWB Rn. 27; zustimmend *Heyers/Lotze*, NZKart 2018, 29 (32); im Ergebnis wohl auch *Meyer-Lindemann*, in: FK-KartellR, § 87 GWB Rn. 58; a. A. *Pohlmann/Schäfers*, in: Fuchs/Weitbrecht, Handbuch Private Kartellrechtsdurchsetzung, § 12 Rn. 63; *Voß*, in: Busche/Röhling, Kölner Kommentar, § 87 GWB Rn. 31.

[735] LG Wuppertal, Beschl. v. 3.9.2020 – 11 O 59/19, juris, Rn. 16; *Bornkamm/Tolkmitt*, in: Bunte, Kartellrecht I, § 87 GWB Rn. 18; *Dicks*, in: LMRKM, § 87 GWB Rn. 19; *Ollerdißen*, in: Wiedemann, Handbuch des Kartellrechts, § 59 Rn. 37.

[736] *Voß*, in: Busche/Röhling, Kölner Kommentar, § 87 GWB Rn. 31.

[737] *Pohlmann/Schäfers*, in: Fuchs/Weitbrecht, Handbuch Private Kartellrechtsdurchsetzung, § 12 Rn. 63.

[738] *Pohlmann/Schäfers*, in: Fuchs/Weitbrecht, Handbuch Private Kartellrechtsdurchsetzung, § 12 Rn. 63; vgl. auch OLG Düsseldorf, Beschl. v. 21.2.2018 – VI U (Kart) 20/17, in: NZKart 2018, 194 (196).

[739] OLG Düsseldorf, Beschl. v. 21.2.2018 – VI U (Kart) 20/17, in: NZKart 2018, 194 (196).

[740] Brandenburgisches OLG, Urt. v. 13.8.2019 – 6 U 102/19, in: WuW 2019, 645 (647); OLG Düsseldorf, Beschl. v. 21.2.2018 – VI U (Kart) 20/17, in: NZKart 2018, 194 (196); *Könen*, ZZP 133 (2020), 231 (253 f.).

[741] Vgl. *Ollerdißen*, in: Wiedemann, Handbuch des Kartellrechts, § 59 Rn. 41a.

[742] Brandenburgisches OLG, Urt. v. 13.8.2019 – 6 U 102/19, in: WuW 2019, 645 (647);

licherweise die Entscheidungserheblichkeit, wäre das Kartellgericht – bis auf die strenge Grenze bei objektiv willkürlichen Entscheidungen – der Verweisung „ausgeliefert".[743] Mithin kommt es in den Fällen vor den Nicht-Kartellgerichten entscheidend auf die Filterfunktion an.

De lege lata ist mit Rücksicht auf den Wortlaut und die Zuständigkeitssystematik von § 87 S. 2 GWB sowie die vom Gesetzgeber bezweckte Filterfunktion von den Nicht-Kartellgerichten eine strenge Prüfung der Entscheidungserheblichkeit zu fordern, die eine Beweisaufnahme umfasst.[744] Das angerufene Nicht-Kartellgericht muss eine über die bloß summarische Würdigung des Parteivorbringens hinausgehende, vollwertige Prüfung der Sach- und Rechtslage durchführen und auf dieser Grundlage die Beurteilung treffen, ob der Rechtsstreit ohne die Beantwortung kartellrechtlicher Vorfragen entschieden werden kann.[745] Von einer solchen Beweisausnahme sind die Tatsachen, die allein für kartellrechtliche Vorfragen von Bedeutung sind, ausgenommen.[746] Wenn bereits die Verteilung der Beweislast von der Entscheidung einer kartellrechtlichen Vorfrage abhängt, ist ausnahmsweise keine Beweisaufnahme durch die Nicht-Kartellgerichte vorzunehmen.[747]

OLG Düsseldorf, Beschl. v. 21.2.2018 – VI U (Kart) 20/17, in: NZKart 2018, 194 (196); vgl. auch OLG Düsseldorf, Beschl. v. 24.1.2018 – VI U (Kart) 10/17, in: NZKart 2018, 145 (150).

[743] Zum Maßstab der objektiven Willkür unten Kapitel 5: § 21 B. I. 2. (S. 164 ff.).

[744] OLG Düsseldorf, Urt. v. 9.5.2018 – VI U (Kart) 1/18, in: NZKart 2018, 278 (280 f.); *Ollerdißen*, in: Wiedemann, Handbuch des Kartellrechts, § 59 Rn. 41 a; *Pohlmann/Schäfers*, in: Fuchs/Weitbrecht, Handbuch Private Kartellrechtsdurchsetzung, § 12 Rn. 63; *Voß*, in: Busche/Röhling, Kölner Kommentar, § 87 GWB Rn. 29 ff.; *Könen*, ZZP 133 (2020), 231 (232); siehe auch Brandenburgisches OLG, Urt. v. 13.8.2019 – 6 U 102/19, in: WuW 2019, 645 (647): „an […] die Prüfungsintensität des Nicht-Kartellgerichts [sind] erhöhte Anforderungen zu stellen"; in diesem Sinne wohl auch OLG Düsseldorf, Beschl. v. 21.2.2018 – VI U (Kart) 20/17, in: NZKart 2018, 194 (196): „Mit Rücksicht auf die klare Fassung des § 87 S. 2 GWB kann auch eine im einzelnen Fall auf Basis einer summarischen Prüfung ermittelte ‚gewisse Wahrscheinlichkeit' dafür, dass unter Umständen eine kartellrechtliche Vorfrage zu entscheiden sein könnte, mitnichten ausreichen, um eine Zuständigkeit der Kartellgerichte für die Entscheidung des Rechtsstreits zu begründen"; wohl auch für strenge Prüfung BAG, Urt. v. 29.6.2017 – 8 AZR 189/15, in: NJW 2018, 184 (185): „Ist etwa Klageabweisung wegen einer kartellrechtlichen Vorfrage geboten, kann die Klage aber auch wegen einer für den Kläger unergiebigen Beweisaufnahme abzuweisen sein, hat das angerufene Nicht-Kartellgericht, dem die Prüfung der Entscheidungserheblichkeit der kartellrechtlichen Vorfrage obliegt, die Beweisaufnahme durchzuführen."; nicht eindeutig *Schmidt*, in: Immenga/Mestmäcker, Wettbewerbsrecht II, § 87 GWB Rn. 27.

[745] OLG Düsseldorf, Beschl. v. 21.2.2018 – VI U (Kart) 20/17, in: NZKart 2018, 194 (196).

[746] *Pohlmann/Schäfers*, in: Fuchs/Weitbrecht, Handbuch Private Kartellrechtsdurchsetzung, § 12 Rn. 63; zur (Schlüssigkeits-)Prüfung der kartellrechtlichen Vorfrage unten Kapitel 5: § 21 C. II. 3. (S. 183 ff.).

[747] LAG Düsseldorf, Beschl. v. 29.1.2018 – 14 Sa 591/17, in: WuW 2018, 332 (334 f.); *Schmidt*, in: Immenga/Mestmäcker, Wettbewerbsrecht II, § 87 GWB Rn. 27; *Könen*, ZZP 133 (2020), 231 (243).

3. Prüfung der Entscheidungserheblichkeit durch Kartellgerichte

Wird die Klage hingegen direkt bei einem Kartellgericht eingereicht, so bedarf es der Filterfunktion der Entscheidungserheblichkeit nicht. Kommt es zu dem in der Praxis eher seltenen Fall, dass die Klägerin – etwa aufgrund einer vor Klageerhebung erkennbaren *offensiven kartellrechtlichen Vorfrage*[748] – von vornherein ein Kartellgericht anruft, so ist die Wahrscheinlichkeit fehlender Entscheidungserheblichkeit eher gering. Es ist nicht anzunehmen, dass die Klägerin aus prozesstaktischen Gründen ein im Endeffekt unzuständiges Kartellgericht anruft. Zudem erscheint es ineffizient, eine umfassende Prüfung der anderweitigen Spruchreife durch die Kartellgerichte zu verlangen, aber bei fehlender Entscheidungserheblichkeit von ihnen kein entsprechendes stattgebendes oder abweisendes Urteil, sondern eine Verweisung nach § 281 Abs. 1 ZPO an die Nicht-Kartellgerichte zu fordern.[749] Ferner ist es unschädlich, wenn sich im Laufe des Prozesses herausstellt, dass der Rechtsstreit doch nicht von der kartellrechtlichen Vorfrage abhängt.[750] Der Gesetzgeber hat mit der Gesamtzuständigkeit in § 87 S. 2 GWB in Kauf genommen, dass die Kartellgerichte auch über fachfremde Fragen mitentscheiden müssen. Hingegen wollte er ausdrücklich verhindern, dass Nicht-Kartellgerichte über kartellrechtliche Fragen entscheiden.[751] Diese Gefahr bestünde jedoch bei einer fehlerhaften Verneinung der Entscheidungserheblichkeit durch ein Kartellgericht. Aufgrund der Bindungswirkung der Verweisungsbeschlüsse gemäß § 281 Abs. 2 S. 4 ZPO[752] müsste das Nicht-Kartellgericht über kartellrechtliche Fragen mitentscheiden.[753] Die Einheitlichkeit und Qualität der Rechtsprechung in Kartellsachen wäre gefährdet.[754]

Nach allgemeiner Auffassung wird von einem Kartellgericht – im Gegensatz zum Nicht-Kartellgericht[755] – zu Recht kein strenger Prüfungsmaßstab im Hinblick auf die Entscheidungserheblichkeit gefordert.[756] Ein angerufenes Kartellgericht hat keine Beweisaufnahme im Hinblick auf die Entscheidungserheb-

---

[748] Siehe oben Kapitel 5: § 19 C. III. 1. d) (S. 85 f.).
[749] *Pohlmann/Schäfers*, in: Fuchs/Weitbrecht, Handbuch Private Kartellrechtsdurchsetzung, § 12 Rn. 62.
[750] *Pohlmann/Schäfers*, in: Fuchs/Weitbrecht, Handbuch Private Kartellrechtsdurchsetzung, § 12 Rn. 62.
[751] BT-Drs. 13/9720, S. 46.
[752] Hierzu unten Kapitel 5: § 21 B. I. 1 (S. 162 ff.).
[753] *Bornkamm/Tolkmitt*, in: Bunte, Kartellrecht I, § 87 GWB Rn. 19; *Rombach*, in: Beck-OK KartellR, § 87 GWB Rn. 35.
[754] *Bornkamm/Tolkmitt*, in: Bunte, Kartellrecht I, § 87 GWB Rn. 19; *Rombach*, in: Beck-OK KartellR, § 87 GWB Rn. 35; *Voß*, in: Busche/Röhling, Kölner Kommentar, § 87 GWB Rn. 32.
[755] Hierzu oben Kapitel 5: § 21 A. IV. 2 (S. 156 ff.).
[756] LG Köln, Urt. v. 29.10.2002 – 89 O 46/02, juris, Rn. 73: „großzügiger Maßstab"; *Bornkamm/Tolkmitt*, in: Bunte, Kartellrecht I, § 87 GWB Rn. 19: „nicht derselbe strenge Maßstab [wie bei Nicht-Kartellgerichten]"; *Pohlmann/Schäfers*, in: Fuchs/Weitbrecht, Handbuch

lichkeit vorzunehmen. Zur Begründung der Zuständigkeit nach § 87 S. 2 GWB ist es ausreichend, wenn eine summarische Prüfung der Kartellgerichte ergibt, dass der Rechtsstreit von der kartellrechtlichen Vorfrage abhängt.[757] Das bedeutet, dass eine Verneinung der eigenen Zuständigkeit für die Kartellgerichte nur in Betracht kommt, wenn die Entscheidung des Rechtsstreits „unter keinem denkbaren Gesichtspunkt"[758] von der kartellrechtlichen Vorfrage abhängt.[759] Mit anderen Worten: Kartellgerichte dürfen nur unter strengen Voraussetzungen wegen fehlender Entscheidungserheblichkeit an Nicht-Kartellgerichte verweisen.[760]

4. Zwischenergebnis und Bewertung

De lege lata stellt der unterschiedliche Prüfungsmaßstab einen zweckmäßigen Ausgleich zwischen der Filterfunktion der Entscheidungserheblichkeit und dem Vorrang der Zulässigkeitsprüfung her. Von den Nicht-Kartellgerichten ist – im Gegensatz zu den Kartellgerichten – eine strenge Prüfung einschließlich einer Beweisaufnahme zu fordern. Allerdings erscheint der unterschiedliche Prüfungsrahmen je nach angerufenem Gericht künstlich. Die Differenzierung steht nicht im Einklang mit dem Wortlaut von § 87 S. 2 GWB. Ferner ändert der Prüfungsmaßstab nichts an dem Umstand, dass weiterhin ein Widerspruch zum Vorrang der Zulässigkeitsprüfung besteht. Es ergeben sich aufgrund der Entscheidungserheblichkeit Rechtsunsicherheiten, die im Hinblick auf Art. 101 Abs. 1 S. 2 GG nicht hinnehmbar sind. Nicht zuletzt ist die Sinnhaftigkeit des Vorschlags zu hinterfragen: Denn wer kontrolliert, ob die Nicht-Kartellgerichte den strengen Prüfungsmaßstab einhalten? Die sich hieraus ergebene Frage nach missbräuchlichen Verweisungen durch Nicht-Kartellgerichte wird im nächsten Abschnitt untersucht.[761] Um die bestehende Rechtsunsicherheit und den Widerspruch zum Vorrang der Zulässigkeitsprüfung aufzulösen sowie die

---

Private Kartellrechtsdurchsetzung, § 12 Rn. 62: „summarische Prüfung"; wohl auch *Dicks*, in: LMRKM, § 87 GWB Rn. 20: „ohne Rücksicht auf Schlüssigkeit des Vortrags".

[757] *Pohlmann/Schäfers*, in: Fuchs/Weitbrecht, Handbuch Private Kartellrechtsdurchsetzung, § 12 Rn. 62: „wenn eine summarische Prüfung ergibt, dass der Rechtsstreit von der kartellrechtlichen Vorfrage abhängt"; *Meyer-Lindemann*, in: FK-KartellR, § 87 GWB Rn. 58: „[wenn es] für das Kartell-LG aufgrund einer ersten summarischen Prüfung ausreichend wahrscheinlich erscheint, dass der Rechtsstreit von einer kartellrechtlichen Vorfrage i. S. d. § 87 Satz 2 abhängt"; noch weitergehend wohl *Dicks*, in: LMRKM, § 87 GWB Rn. 20, der schon keinen schlüssigen Vortrag fordert.

[758] *Bornkamm/Tolkmitt*, in: Bunte, Kartellrecht I, § 87 GWB Rn. 19.

[759] Siehe auch *Meyer-Lindemann*, in: FK-KartellR, § 87 GWB Rn. 58; *Voß*, in: Busche/Röhling, Kölner Kommentar, § 87 GWB Rn. 32.

[760] *Bornkamm/Tolkmitt*, in: Bunte, Kartellrecht I, § 87 GWB Rn. 19; *Rombach*, in: Beck-OK KartellR, § 87 GWB Rn. 35; *Voß*, in: Busche/Röhling, Kölner Kommentar, § 87 GWB Rn. 32.

[761] Siehe unten Kapitel 5: § 21 B. (S. 162 ff.).

vom Gesetzgeber bezweckte Filterfunktion zu stärken, ist eine Reform des § 87 S. 2 GWB erforderlich.

V. Vorschlag de lege ferenda

Die Untersuchung hat gezeigt, dass sich die Entscheidungserheblichkeit im Sinne des § 87 S. 2 GWB nicht in die Systematik der sachlichen Zuständigkeit einfügt. Bei dem dargestellten Lösungsansatz – also dem unterschiedlichen Prüfungsmaßstab – handelt es sich letztlich um eine (Rück-) Annäherung an die frühere Rechtslage unter Geltung des § 96 Abs. 2 GWB a. F.[762] Danach blieb ein angerufenes Nicht-Kartellgericht auch bei Vorliegen einer kartellrechtlichen Vorfrage in der Hauptsache sachlich zuständig.[763] Gemäß § 96 Abs. 2 GWB a. F. verlor ein angerufenes Nicht-Kartellgericht nur vorübergehend seine Vorfragenkompetenz, wenn es nach einer umfassenden Prüfung der Sach- und Rechtslage feststellte, dass der Rechtsstreit nicht bereits ohne Klärung der kartellrechtlichen Vorfrage spruchreif war.[764] Da bereits ein Verfahren anhängig und das in der Hauptfrage zuständige Gericht bereits vollständig in die Sachprüfung eingetreten war, konnte die Prüfung der Entscheidungserheblichkeit im Zuge dieses Verfahrens abschließend beurteilt werden.[765] Ohne einen Widerspruch zum Vorrang der Zulässigkeitsprüfung zu verursachen, konnte von dem Nicht-Kartellgericht verlangt werden, dass die Entscheidungserheblichkeit nach § 96 Abs. 2 GWB a. F. in allen Einzelheiten rechtlich feststand.[766] Anders als bei der Aussetzungsregelung des § 96 Abs. 2 GWB a. F. muss die Entscheidungserheblichkeit nach § 87 S. 2 GWB in tatsächlicher Hinsicht bereits bei Klageerhebung bestehen.[767] Bildlich gesprochen begleitet eine Aussetzungsregelung den gesamten Prozess, während die Gesamtzuständigkeit nur den Prozessbeginn in den Blick nimmt.[768] Es ist deutlich geworden, dass die Entscheidungserheblichkeit eine auf den Aussetzungszwang zugeschnittene Tatbestandsvoraussetzung darstellt.[769] Der Gesetzgeber könnte das aufgezeigte Dilemma der Entscheidungserheblichkeit lösen, indem er die Tatbestandsvoraussetzung als Spezifi-

---

[762] *Pohlmann/Schäfers*, in: Fuchs/Weitbrecht, Handbuch Private Kartellrechtsdurchsetzung, § 12 Rn. 63.
[763] Siehe ausführlich zum Aussetzungszwang in der gerichtlichen Praxis oben Kapitel 4: § 15 (S. 39 ff.).
[764] *Pohlmann/Schäfers*, in: Fuchs/Weitbrecht, Handbuch Private Kartellrechtsdurchsetzung, § 12 Rn. 61.
[765] *Meyer-Lindemann*, in: FK-KartellR, § 87 GWB Rn. 58.
[766] *Meyer-Lindemann*, in: FK-KartellR, § 87 GWB Rn. 58.
[767] KG Berlin, Urt. v. 3.7.2009 – 5 U 103/06, in: ZUM-RD 2011, 72 (73); *Meyer-Lindemann*, in: FK-KartellR, § 87 GWB Rn. 58; *Schmidt*, in: Immenga/Mestmäcker, Wettbewerbsrecht II, § 87 GWB Rn. 27.
[768] *Schmidt*, Gesellschaftsstreitigkeiten vor Kartellgerichten, in: FS Peltzer, S. 415.
[769] Ebenso ist die Entscheidungserheblichkeit als Tatbestandsvoraussetzung in anderen Aussetzungsregelungen wie etwa § 148 ZPO zu finden.

kum des Aussetzungsverfahrens wieder in ein solches integriert. Mithin ist *de lege ferenda* die Umwandlung der Gesamtzuständigkeit in einen *modifizierten* Aussetzungszwang zu fordern.[770]

B. Überprüfung von Verweisungsbeschlüssen von Nicht-Kartellgerichten aufgrund von § 87 S. 2 GWB

Im Folgenden analysiert die Arbeit, ob und in welchem Umfang aufgrund von § 87 S. 2 GWB ergangene Verweisungsbeschlüsse von Nicht-Kartellgerichten überprüft werden können. Hierzu wird zunächst allgemein die Bindungswirkung von Verweisungsbeschlüssen nach § 281 Abs. 2 S. 4 ZPO in den Blick genommen (I.). Sodann erfolgt eine Untersuchung der Verweisungspraxis zu § 87 S. 2 GWB (II.) sowie eine Beurteilung *de lege lata* (III.) Anschließend werden – aufgrund der festgestellten Schwächen – Vorschläge *de lege ferenda* entwickelt (IV.)

I. Allgemein zur Bindungswirkung von Verweisungsbeschlüssen

Die Arbeit erörtert zunächst die allgemeine Bindungswirkung von Verweisungsbeschlüssen nach § 281 Abs. 2 S. 4 ZPO (1.). Anschließend wird die Ausnahme bei objektiver Willkür in den Blick genommen (2.).

1. Grundsatz der Bindungswirkung von Verweisungsbeschlüssen nach § 281 Abs. 2 S. 4 ZPO

Auf Antrag der Klägerin muss ein angerufenes Gericht bei sachlicher Unzuständigkeit den Rechtsstreit gemäß § 281 Abs. 1 S. 1 ZPO an das zuständige Gericht verweisen. Der entsprechende Verweisungsbeschluss ist gemäß § 281 Abs. 2 S. 4 ZPO für das Gericht, an das verwiesen wird, bindend.[771] Das im Verweisungsbeschluss bezeichnete Gericht kann den Rechtsstreit also nicht an das verweisende Gericht zurückgeben, wenn es dessen Auffassung nicht teilt.[772] Die Bindungswirkung hängt nicht davon ab, ob der Verweisungsbeschluss inhaltlich richtig oder fehlerfrei ist.[773] Das bedeutet, dass auch ein sachlich zu Un-

---

[770] Zum Reformvorschlag zu § 87 S. 2 GWB unten Kapitel 6: § 24 (S. 196 ff.).
[771] Für den Rechtsweg besteht eine vergleichbare Regelung in § 17 Abs. 2 S. 3 GVG. Das bedeutet, dass sich die dargestellte Problematik auch ergibt, wenn § 87 GWB – entgegen der hier vertretenen Auffassung – als Rechtswegregelung eingeordnet wird. Siehe zu den Rechtsfolgen des § 87 GWB oben Kapitel 5: § 20 (S. 100 ff.).
[772] *Thole*, in: Stein/Jonas, ZPO IV, § 281 ZPO Rn. 43; erfolgt dennoch eine Zurückverweisung, gilt § 36 Abs. 1 Nr. 6 ZPO, hierzu sogleich Kapitel 5: § 21 B. I. 2. (S. 164 ff.).
[773] BGH, Beschl. v. 9.6.2015 – X ARZ 115/15, in: NJW-RR 2015, 1016; BGH, Beschl. v. 19.2.2013 – X ARZ 507/12, in: NJW-RR 2013, 764 (765); BGH, Beschl. v. 9.7.2002 – X ARZ 110/02, in: NJW-RR 2002, 1498.

recht erlassener Verweisungsbeschluss grundsätzlich bindend und daher der Nachprüfung entzogen ist.[774]

Die Regelung des § 281 Abs. 2 S. 4 ZPO ist „zweischneidig"[775]. Die Bindungswirkung erfüllt den auf dem Grundsatz der Prozesswirtschaftlichkeit beruhenden Zweck, langwierigen Zuständigkeitsstreitigkeiten und daraus resultierenden Verzögerungen und Verteuerungen vorzubeugen.[776] Es ist gerade der Sinn der in § 281 Abs. 2 S. 4 ZPO angeordneten Bindungswirkung, zur Vermeidung unnötiger Zuständigkeitsstreitigkeiten selbst sachlich unrichtige Verweisungsbeschlüsse zu decken.[777] Zugleich eröffnet die Vorschrift für Gerichte den Spielraum, einen Rechtsstreit zu Lasten des aufnehmenden Gerichts und unter Entziehung des gesetzlichen Richters nach Art. 101 Abs. 1 S. 2 GG für sich zu „erledigen".[778] So kritisiert etwa *Schneider* aus der richterlichen Perspektive, dass bei einigen Verweisungen der Glaube an ein Versehen schwerfällt, „wenn es sich bei den verwiesenen Sachen ausgerechnet um Rechtsstreitigkeiten handelt, die tatsächlich und rechtlich kompliziert sind und viel Arbeit mit sich bringen."[779] Ebenso beanstandet *Fischer*, dass hinter entsprechenden Verweisungsbeschlüssen „sehr häufig Arbeitsökonomie steht und nicht etwa ein Versehen oder Rechtsunkenntnis"[780]. Dennoch ist die Bindungswirkung von Verweisungsbeschlüssen ein grundlegender prozessualer Gedanke, der bereits in der Civilprozeßordnung vom 30. Januar 1877 im deutschem Zivilprozessrecht verankert war.[781] Der Gesetzgeber nimmt das Risiko missbräuchlicher Verweisun-

---

[774] Zur Ausnahme bei objektiver Willkür sogleich Kapitel 5: § 21 B. I. 2. (S. 164 ff.); st. Rspr. BGH, Beschl. v. 27.5.2008 – X ARZ 45/08, in: NJW-RR 2008, 1309; BGH, Beschl. v. 13.12.2005 – X ARZ 223/05, in: NJW 2006, 847 (848); BGH, Beschl. v. 10.9.2002 – X ARZ 217/02, in: NJW 2002, 3634 (3635); BGH, Beschl. v. 10.12.1987 – I ARZ 809/87, in: BGHZ 102, 338 (340); BGH, Urt. v. 6.6.1951 – II ZR 16/51, in: BGHZ 2, 278 (279); BGH, Beschl. v. 3.4.1951 – I ARZ 75/51, in: BGHZ 1, 341 (342).
[775] *Foerste*, in: Musielak/Voit, § 281 ZPO Rn. 14.
[776] BGH, Beschl. v. 18.2.2010 – Xa ARZ 14/10, in: NJW-RR 2010, 891 (892); BGH, Beschl. v. 10.9.2002 – X ARZ 217/02, in: NJW 2002, 3634 (3635); BGH, Beschl. v. 10.12.1987 – I ARZ 809/87, in: BGHZ 102, 338 (340); BGH, Urt. v. 6.6.1951 – II ZR 16/51, in: BGHZ 2, 278 (280); BGH, Beschl. v. 3.4.1951 – I ARZ 75/51, in: BGHZ 1, 341; siehe auch *Saenger*, in: Saenger, HK-ZPO, § 281 ZPO Rn. 1; *Tombrink*, NJW 2003, 2364 (2365 m. w. N.).
[777] BGH, Beschl. v. 8.4.1992 – XII ARZ 8/92, in: NJW-RR 1992, 902 (903).
[778] *Roth*, in: Stein/Jonas ZPO I, § 36 ZPO Rn. 36: „Nicht zu verkennen ist die bedauerliche Tendenz nicht weniger Gerichte, sich durch objektiv willkürliche Verweisungsbeschlüsse der Sachbearbeitung entziehen zu wollen."
[779] *Schneider*, DRiZ 1962, 410 (411); siehe auch *Schneider*, ZIP 1987, 1159; *Schneider*, NJW 1968, 96; vgl. auch *Zender*, NJW 1991, 2947: „Der Einfallsreichtum mancher Richter bei dem Bemühen, mittels Verweisung oder Rechtshilfeersuchen Arbeit auf kraft Gesetzes wehrlos gebundene Kollegen zu schieben, scheint […] unerschöpflich".
[780] *Fischer*, NJW 1993, 2417; kritisch auch *Endell*, DRiZ 2003, 133; *Tombrink*, NJW 2003, 2364.
[781] § 11 der Civilprozeßordnung lautete: „Ist die Unzuständigkeit eines Gerichts auf Grund der Bestimmungen über die sachliche Zuständigkeit der Gerichte rechtskräftig ausgesprochen, so ist diese Entscheidung für das Gericht bindend, bei welchem die Sache später anhängig wird", RGBl. 1877, S. 83 (84).

gen zugunsten der Prozessökonomie, der Gewährung effektiven Rechtsschutzes sowie einer schnellen Sachentscheidung in Kauf.[782] Diese Wertung lässt sich auch daraus ableiten, dass die Bindungswirkung nach allgemeiner Auffassung sogar besteht, wenn das verweisende Gericht seine eigene ausschließliche Zuständigkeit missachtet hat.[783]

2. Ausnahme bei objektiv willkürlichen Verweisungsbeschlüssen

Als Gegenpol zur grundsätzlichen Bindungswirkung enthält § 36 Abs. 1 Nr. 6 ZPO eine Regelung zum negativen Kompetenzkonflikt. Erklären sich verschiedene Gerichte, von denen eines für den Rechtsstreit zuständig ist, rechtskräftig für unzuständig, bestimmt gemäß § 36 Abs. 1 Nr. 6 ZPO das im Rechtszug höhere Gericht das zuständige Gericht. Als zuständig wird das Gericht bestimmt, an das der Rechtsstreit durch den ersten bindenden Verweisungsbeschluss gelangt ist.[784] Nach der ständigen Rechtsprechung des Bundesgerichtshof entfällt die Bindungswirkung der Verweisung nicht schon, wenn der Beschluss inhaltlich unrichtig oder sonst fehlerhaft ist.[785] So ist etwa die antragsgemäße Verweisung eines Rechtsstreits durch ein örtlich unzuständiges Amtsgericht vor Eintritt in die mündliche Verhandlung zur Hauptsache bindend, obwohl die Beklagte nicht nach § 504 ZPO belehrt wurde.[786] Der Bundesgerichtshof hält einen Verweisungsbeschluss auch für bindend, wenn er von einer „ganz überwiegenden" oder „fast einhelligen" Rechtsauffassung abweicht.[787] Einfache Rechtsfehler wie das Übersehen einer die Zuständigkeit begründenden Rechtsnorm rechtfertigen grundsätzlich kein Entfallen der Bindungswirkung.[788] Nach ständiger Rechtsprechung des Bundesverfassungsgerichts verstößt die Entscheidung eines Gerichts über seine Zuständigkeit aber gegen das Gebot des gesetzlichen Richters nach Art. 101 Abs. 1 S. 2 GG, wenn sie von willkürlichen Erwägungen bestimmt ist.[789] Aus rechtsstaatli-

---

[782] Vgl. hierzu BGH, Beschl. v. 27.5.2008 – X ARZ 45/08, in: NJW-RR 2008, 1309; BGH, Beschl. v. 10.9.2002 – X ARZ 217/02, in: NJW 2002, 3634 (3635); BGH, Beschl. v. 8.4.1992 – XII ARZ 8/92, in: NJW-RR 1992, 902; BGH, Beschl. v. 10.12.1987 – I ARZ 809/87, in: BGHZ 102, 338 (340).

[783] Vgl. jeweils m. w. N. *Thole*, in: Stein/Jonas, ZPO IV, § 281 ZPO Rn. 48; *Rosenberg/Schwab/Gottwald*, ZPR, § 39 Rn. 30.

[784] BGH, Beschl. v. 9.6.2015 – X ARZ 115/15, in: NJW-RR 2015, 1016; *Patzina*, in: MüKo ZPO I, § 36 ZPO Rn. 42 m. w. N.; *Roth*, in: Stein/Jonas ZPO I, § 36 ZPO Rn. 47 m. w. N.

[785] BGH, Beschl. v. 9.6.2015 – X ARZ 115/15, in: NJW-RR 2015, 1016; BGH, Beschl. v. 19.2.2013 – X ARZ 507/12, in: NJW-RR 2013, 764 (765); BGH, Beschl. v. 9.7.2002 – X ARZ 110/02, in: NJW-RR 2002, 1498.

[786] BGH, Beschl. v. 27.8.2013 – X ARZ 425/13, in: NJW-RR 2013, 1398 (1399).

[787] BGH, Beschl. v. 9.7.2002 – X ARZ 110/02, in: NJW-RR 2002, 1498 (1499).

[788] Brandenburgisches OLG, Beschl. v. 5.7.2011 – 1 AR 38/11, juris, Rn. 6; Brandenburgisches OLG, Beschl. v. 14.3.2011 – 1 AR 8/11, in: NJW-RR 2011, 1213 (1214).

[789] Siehe insbesondere BVerfG, Beschl. v. 30.6.1970 – 2 BvR 48/70, in: BVerfGE 29, 45 (48 f.); siehe auch BVerfG, Beschl. v. 25.10.1966 – 2 BvR 291/64, in: BVerfGE 20, 336

chen Gründen – insbesondere aufgrund von Art. 20 Abs. 3 GG sowie Art. 101 Abs. 1 S. 2 GG – kann ein Verweisungsbeschluss nach Auffassung des Bundesgerichtshofs nicht als im Rahmen des § 281 Abs. 2 S. 4 ZPO bindend angesehen werden, wenn er auf Willkür beruht.[790] Von Willkür kann indes nicht schon im Falle eines Irrtums über die Zuständigkeit gesprochen werden.[791] Willkür liegt nur vor, wenn der Verweisungsbeschluss bei verständiger Würdigung der das Grundgesetz beherrschenden Gedanken nicht mehr verständlich erscheint und offensichtlich unhaltbar ist.[792] Dies ist der Fall, wenn sich ein Gericht bei der Auslegung und Anwendung einer Zuständigkeitsnorm so weit vom Grundsatz des gesetzlichen Richters nach Art. 101 Abs. 1 S. 2 GG entfernt hat, dass die Entscheidung nicht mehr zu rechtfertigen ist.[793] Dies wird etwa bejaht, wenn schon mehrere Jahre vor dem Verweisungsbeschluss eine Gesetzesänderung erfolgt ist, die Verweisungen der in Rede stehenden Art gerade verhindern soll.[794] Ferner verneint die Rechtsprechung die Bindungswirkung, wenn der Verweisungsbeschluss unter Versagung des rechtlichen Gehörs nach Art. 103 Abs. 1 GG zustande gekommen ist.[795] Gemeint sind Fälle, in denen das Gericht den Verfahrensbeteiligten vor der Entscheidung über die Zuständigkeit keine Gelegenheit zur Stellungnahme gegeben hat.[796] Bei den Ausnahmen von

---

(346); BVerfG, Beschl. v. 3.10.1961 – 2 BvR 4/60, in: BVerfGE 13, 132 (144); BVerfG, Urt. v. 20.3.1956 – 1 BvR 479/55, in: BVerfGE 4, 412 (416 f.); BVerfG, Beschl. v. 26.2.1954 – 1 BvR 537/53, in: BVerfGE 3, 359 (364); siehe auch BGH, Beschl. v. 23.1.1996 – X ZB 3/95, in: NJW-RR 1996, 877 (878).

[790] BGH, Beschl. v. 9.6.2015 – X ARZ 115/15, in: NJW-RR 2015, 1016; BGH, Beschl. v. 17.5.2011 – X ARZ 109/11, in: NJW-RR 2011, 1364 (1365); BGH, Beschl. v. 10.9.2002 – X ARZ 217/02, in: NJW 2002, 3634 (3635); BGH, Beschl. v. 19.1.1993 – X ARZ 845/92, in: NJW 1993, 1273 (1273); vgl. auch RG, Urt. v. 10.1.1928 – III 144/27, in: RGZ 119, 379 (384); siehe ferner *Greger*, in: Zöller, § 281 ZPO Rn. 17 f.; zu Einzelfällen *Thole*, in: Stein/Jonas, ZPO IV, § 281 ZPO Rn. 51 f. sowie *Rosenberg/Schwab/Gottwald*, ZPR, § 39 Rn. 34.

[791] BGH, Beschl. v. 23.1.1996 – X ZB 3/95, in: NJW-RR 1996, 877 (878); BGH, Beschl. v. 19.1.1993 – X ARZ 845/92, in: NJW 1993, 1273.

[792] BVerfG, Beschl. v. 30.6.1970 – 2 BvR 48/70, in: BVerfGE 29, 45 (49); BGH, Beschl. v. 9.6.2015 – X ARZ 115/15, in: NJW-RR 2015, 1016; BGH, Beschl. v. 19.2.2013 – X ARZ 507/12, in: NJW-RR 2013, 764 (765); BGH, Beschl. v. 9.7.2002 – X ARZ 110/02, in: NJW-RR 2002, 1498; BGH, Beschl. v. 27.5.2008 – X ARZ 45/08, in: NJW-RR 2008, 1309; BGH, Beschl. v. 23.1.1996 – X ZB 3/95, in: NJW-RR 1996, 877 (878); siehe auch OLG Düsseldorf, Beschl. v. 21.2.2018 – VI U (Kart) 20/17, in: NZKart 2018, 194 (197 m. w. N.); *Bacher*, in: BeckOK ZPO, § 281 ZPO Rn. 32 m. w. N.; *Thole*, in: Stein/Jonas, ZPO IV, § 281 ZPO Rn. 50 m. w. N.

[793] BGH, Beschl. v. 23.1.1996 – X ZB 3/95, in: NJW-RR 1996, 877 (878).

[794] BGH, Beschl. v. 10.9.2002 – X ARZ 217/02, in: NJW 2002, 3634 (3635); im Anschluss an BGH, Beschl. v. 19.1.1993 – X ARZ 845/92, in: NJW 1993, 1273.

[795] Vgl. statt vieler BVerfG, Beschl. v. 7.7.1982 – 1 BvR 787/81, in: BVerfGE 61, 37 (42); BGH, Beschl. v. 15.3.1978 – IV ARZ 17/78, in: BGHZ 71, 69 (72); siehe auch *Greger*, in: Zöller, § 281 ZPO Rn. 17a; *Prütting*, in: MüKo ZPO I, § 281 ZPO Rn. 57; *Roth*, in: Stein/Jonas ZPO I, § 36 ZPO Rn. 48; *Saenger*, in: Saenger, HK-ZPO, § 281 ZPO Rn. 19 jeweils m. w. N.

[796] BGH, Beschl. v. 4.12.1991 – XII ARZ 33/91, in: NJW-RR 1992, 258; BGH, Beschl. v. 10.12.1987 – I ARZ 809/87, in: BGHZ 102, 338 (341); BGH, Beschl. v. 15.3.1978 – IV ARZ

der Bindungswirkung handelt es sich in der Sache um teleologische Reduktionen des § 281 Abs. 2 S. 4 ZPO.[797] Eine solche Durchbrechung lässt die Rechtsprechung wie dargestellt nur in sehr eng begrenzten Ausnahmefällen zu.[798] Die Abgrenzung zwischen Bindung und ihren Durchbrechungen gehört zu den umstrittensten Fragen des Prozessrechts.[799] Die Rechtsprechung lässt teilweise klare Konturen sowie konkrete Fallgruppen vermissen.[800] Eindeutig ist aber, dass die Willkürschwelle richtigerweise im Interesse einer baldigen Klärung der Zuständigkeit und der Vermeidung von wechselseitigen (Rück-)Verweisungen hoch anzusetzen ist.[801] Für die weitere Untersuchung ist festzuhalten, dass der beschriebene Prüfungsmaßstab auch für Verweisungsbeschlüsse nach § 87 S. 2 GWB gilt.

II. Missbräuchliche Verweisungspraxis zu § 87 S. 2 GWB: Theoretisches oder praktisches Problem?

Wie bereits erörtert,[802] entsteht aufgrund von § 281 Abs. 2 S. 4 ZPO ein gewisser Spielraum für Verweisungen. Im Fall von § 87 S. 2 GWB ist dieser allerdings besonders groß. Das hat folgenden Hintergrund: Die Klägerin möchte möglichst schnell ein Sachurteil herbeiführen. Das bedeutet, dass sie weder Interesse an einem abweisenden Prozessurteil noch an etwaigen Verweisungskosten hat. Es liegt auf der Hand, dass die Klägerin das nach ihrer Ansicht zuständige Gericht anrufen wird. Infolgedessen kommt es in der Praxis selten vor, dass die Klägerin ein offensichtlich unzuständiges Gericht anruft. Sachliche Unzuständigkeit kommt in der Praxis möglicherweise vor, weil die Klage nachträglich erweitert wird (§ 264 Nr. 2 ZPO) oder die Klägerin den Streitwert (§§ 2 ff. ZPO) anders eingeschätzt hat.[803] Im Rahmen von § 87 S. 2 GWB wird allerdings zur Zuständigkeitsbestimmung ausnahmsweise auch der Beklagten-

---

17/78, in: BGHZ 71, 69 (72); siehe auch *Greger*, in: Zöller, § 281 ZPO Rn. 17a; a. A. *Scherer*, ZZP 110 (1997), 167 (176 ff.).

[797] *Prütting*, in: MüKo ZPO I, § 281 ZPO Rn. 55.
[798] *Saenger*, in: Saenger, HK-ZPO, § 281 ZPO Rn. 19.
[799] M. w. N. zum Diskurs im Schrifttum *Prütting*, in: MüKo ZPO I, § 281 ZPO Rn. 55.
[800] So wird ein Verweisungsbeschluss als nicht mehr verständlich und offensichtlich unhaltbar beurteilt, wenn das verweisende Gericht eine seine Zuständigkeit begründende Norm nicht zur Kenntnis genommen oder sich ohne Weiteres darüber hinweggesetzt hat, BGH, Beschl. v. 17.5.2011 – X ARZ 109/11, in: NJW-RR 2011, 1364 (1365). Gleichzeitig wird angenommen, dass einfache Rechtsfehler wie das Übersehen einer die Zuständigkeit begründenden Rechtsnorm grundsätzlich kein Entfallen der Bindungswirkung rechtfertigen, siehe oben Fn. 788. Die Abgrenzung scheint je nach Einzelfall unterschiedlich auszufallen.
[801] Brandenburgisches OLG, Beschl. v. 5.7.2011 – 1 AR 38/11, juris, Rn. 6; Brandenburgisches OLG, Beschl. v. 14.3.2011 – 1 AR 8/11, in: NJW-RR 2011, 1213 (1214); siehe hierzu auch *Thole*, in: Stein/Jonas, ZPO IV, § 281 ZPO Rn. 48; *Endell*, DRiZ 2003, 133 (135); *Scherer*, ZZP 110 (1997), 167 (180), *Tumbrink*, NJW 2003, 2364 (2367); a. A. wohl *Fischer*, NJW 1993, 2417.
[802] Siehe oben Kapitel 5: § 21 B. I. 1. (S. 162 ff.).
[803] *Pohlmann*, ZPR, Rn. 233.

vortrag herangezogen.[804] Für die Klägerin ist der Beklagtenvortrag regelmäßig nicht vorhersehbar, sodass er bei der Gerichtswahl nicht berücksichtigt werden kann. Die Zuständigkeit der Kartellgerichte wird sich daher unter Umständen erst im Laufe des Verfahrens[805] aufgrund einer kartellrechtlichen Einwendung ergeben.[806] Um die Kartellgerichte vor einer Überlastung mit fachfremden Fragen zu schützen, ist von den Nicht-Kartellgerichten eine strenge Prüfung der Entscheidungserheblichkeit zu fordern.[807] Ob die Nicht-Kartellgerichte diesen strengen Maßstab einhalten, kann jedoch einzig im Rahmen eines negativen Kompetenzkonflikts nach § 36 Abs. 1 Nr. 6 ZPO überprüft werden. Dort gilt wiederum der strenge Maßstab objektiver Willkür. Hierdurch entsteht ein Vakuum, in dem Nicht-Kartellgerichte kartellrechtliche Vorfragen und deren Entscheidungserheblichkeit „mit Bindungswirkung behaupten"[808] können. Für eine etwaige – gar eine objektiv willkürliche – Fehlbeurteilung müssen die Nicht-Kartellgerichte keine nachhaltigen Sanktionen fürchten. Aus ihrer Sicht kann es allenfalls dazu kommen, dass sie den Rechtsstreit im Anschluss an einen negativen Kompetenzkonflikt doch selbst entscheiden müssen. Die Versuchung für die Nicht-Kartellgerichte, sich umfangreichen Streitigkeiten aus arbeitsökonomischen Erwägungen heraus zu entledigen, wird bei entsprechendem Beklagtenvortrag groß sein.[809]

Es lässt sich nicht empirisch ermitteln, ob Richterinnen den theoretisch bestehenden Spielraum in der Praxis aus arbeitsökonomischen Motiven heraus ausnutzen. Verweisungsbeschlüsse werden häufig nicht veröffentlicht und sind daher einer Auswertung nicht zugänglich. Selbst wenn entsprechende Verweisungsbeschlüsse vorliegen würden, ließen sie keine eindeutigen Rückschlüsse auf die jeweilige Motivation der Richterinnen zu. Allenfalls könnten oberflächliche oder kurze Begründungen der Entscheidungserheblichkeit als Indizien für arbeitsökonomische Erwägungen herangezogen werden. Wesentlich aufschlussreicher ist die Betrachtung von Entscheidungen über negative Kompetenzkonflikte, in denen Gerichte festgestellt haben, dass Nicht-Kartellgerichte aufgrund von § 87 S. 2 GWB objektiv willkürlich verwiesen haben. Tatsächlich belegen mehrere Entscheidungen aus den vergangenen Jahren, dass Nicht-Kartellgerichte aufgrund von § 87 S. 2 GWB – vermutlich unliebsame –

---

[804] Hierzu unten Kapitel 5: § 21 C. II. 1. (S. 175 f.).
[805] Zum Zusammenspiel mit dem Grundsatz der *perpetuatio fori* siehe unten Kapitel 5: § 21 C. II. 2. (S. 177 ff.).
[806] Siehe unten zur prozesstaktischen Erhebung kartellrechtlicher Einwendungen Kapitel 5: § 21 C. I. (S. 173 ff.).
[807] Siehe oben Kapitel 5: § 21 A. IV. 2. (S. 156 ff.).
[808] *Voß*, in: Busche/Röhling, Kölner Kommentar, § 87 GWB Rn. 51.
[809] So auch die Einschätzung bei *Voß*, in: Busche/Röhling, Kölner Kommentar, § 87 GWB Rn. 37 und 66; vgl. auch OLG Düsseldorf, Beschl. v. 21.2.2018 – VI U (Kart) 20/17, in: NZKart 2018, 194 (196): „naheliegende Gefahr".

Verfahren abgeschoben haben.[810] Etwa hat das Oberlandesgericht Frankfurt einen Verweisungsbeschluss des Amtsgerichts Kassel als objektiv willkürlich eingestuft, da dieses die kartellrechtliche Vorfrage aus dem den bloßen Gesetzeswortlaut wiedergebenden und daher unsubstantiierten Beklagtenvortrag abgeleitet hat.[811] Das Oberlandesgericht Celle hat mehrfach die Bindungswirkung von Verweisungsbeschlüssen wegen der Verletzung des rechtlichen Gehörs nach Art. 103 Abs. 1 GG verneint, da das verweisende Gericht jeweils keine Auseinandersetzung mit der Zuständigkeitsregelung des § 87 GWB oder entsprechender Rechtsprechung vorgenommen hat.[812] Zu denken ist ferner an die bereits eingangs angesprochene Entscheidung des Bundesarbeitsgerichts zum *Schienenkartell*.[813] Laut *Lotze/Heyers* wies das Bundesarbeitsgericht acht Tage vor der mündlichen Verhandlung und nach einer Verfahrensdauer von mehr als viereinhalb Jahren – davon bereits zwei in dritter Instanz – in einem Sechszeiler auf Bedenken im Hinblick auf die Eröffnung des Rechtswegs hin.[814] Durch diese „last minute"-Verneinung der eigenen Zuständigkeit drängt sich der Verdacht auf, dass das Gericht sich der grundlegenden Entscheidung über die Haftung für Kartellbußgelder eines ehemaligen DAX-Konzern-Managers entziehen wollte.[815]

Darüber hinaus ist zu berücksichtigen, dass sich die Regelung des § 87 GWB aufgrund der materiellen Anknüpfung in § 91 S. 2 GWB auch auf die Berufungszuständigkeit der Kartell-Oberlandesgerichte auswirkt.[816] Zwar entfalten

---

[810] Vor allem im Zusammenhang mit der gerichtlichen Billigkeitskontrolle einseitiger Energiepreisanpassungen durch Energieversorgungsunternehmen, so etwa OLG Frankfurt, Beschl. v. 21.8.2014 – 11 SV 54/14, in: RdE 2015, 146 (147); OLG Hamm, Beschl. v. 29.7.2011 – 32 SA 57/11, in: WuW 2011, 1112 (1116); OLG Celle, Beschl. v. 23.12.2010 – 13 AR 9/10 (Kart), in: ZNER 2011, 67 (68); OLG Frankfurt, Beschl. v. 16.7.2010 – 14 UH 12/10, in: ZNER 2010, 406 (407); OLG Celle, Beschl. v. 1.6.2010 – 13 AR 2/10, juris, Rn. 9 ff.; vgl. zu objektiv willkürlichen Verweisungen von Amtsgerichten an Landgerichte OLG Frankfurt, Beschl. v. 16.12.2010 – 11 AR 3/10, in: WuW 2011, 415 (417f.); OLG Celle, Beschl. v. 14.12.2010 – 13 AR 8/10 (Kart), juris, Rn. 14ff.; OLG Düsseldorf, Beschl. v. 13.12.2010 – VI W (Kart) 8/10, juris, Rn. 23; OLG Celle, Beschl. v. 1.10.2010 – 13 AR 5/10 (Kart), in: WuW 2011, 82 (85 f.); hingegen ausdrücklich keine objektiv willkürliche Verweisung feststellend OLG Celle, Beschl. v. 9.7.2014 – 4 AR 35/14, in: RdE 2014, 404; eine solche Entwicklung ebenfalls kritisierend *Dicks*, in: LMRKM, § 87 GWB Rn. 21.

[811] OLG Frankfurt, Beschl. v. 16.7.2010 – 14 UH 12/10, in: ZNER 2010, 406 (407).

[812] Siehe OLG Celle, Beschl. v. 23.12.2010 – 13 AR 9/10 (Kart), in: ZNER 2011, 67; OLG Celle, Beschl. v. 14.12.2010 – 13 AR 8/10 (Kart), juris, Rn. 15 ff.; OLG Celle, Beschl. v. 1.10.2010 – 13 AR 5/10 (Kart), in: WuW 2011, 82 (86).

[813] BAG, Urt. v. 29.6.2017 – 8 AZR 189/15, in: NJW 2018, 184.

[814] *Heyers/Lotze*, NZKart 2018, 29; das Bundesarbeitsgericht sieht – anders als die hier vertretene Ansicht – § 87 GWB als Rechtswegregelung an, siehe hierzu bereits oben Kapitel 5: § 20 B. III. (S. 108 f.).

[815] *Heyers/Lotze*, NZKart 2018, 29 (33); der Vollständigkeit halber ist anzumerken, dass die Rechtsanwälte Heyers und Lotze in dem Verfahren den Beklagten vertreten haben; wohl die Einschätzung teilend *Dicks*, in: LMRKM, § 87 GWB Rn. 21.

[816] Hierzu bereits oben Kapitel 5: § 19 A. III. (S. 57).

Verweisungsbeschlüsse von einem Rechtsmittelgericht an ein anderes grundsätzlich keine Bindungswirkung.[817] Nach allgemeiner Auffassung ergibt sich für Verweisungsbeschlüsse zwischen Nicht-Kartell-Oberlandesgerichten und Kartell-Oberlandesgerichten jedoch aus prozessökonomischen Gründen analog § 281 Abs. 2 S. 4 ZPO eine Ausnahme.[818] Die als „Rheinisches Ping Pong"[819] bezeichneten Verweisungen zwischen dem Oberlandesgericht Köln als allgemeinem Berufungsgericht und dem Kartell-Oberlandesgericht Düsseldorf sind eine weitere „Demonstration der […] zu vermeidenden negativen Kompetenzkonflikte"[820].[821] Das Oberlandesgericht Düsseldorf kritisierte insbesondere, dass das Oberlandesgericht Köln im Verweisungsbeschluss jegliche Darlegungen zur Entscheidungserheblichkeit unterlassen habe.[822] Mithin besteht das sich in der Praxis realisierende Risiko missbräuchlicher Verweisungen aufgrund von § 87 S. 2 GWB nicht nur in der ersten Instanz, sondern auch in der Berufungsinstanz.

III. Beurteilung de lege lata

Im Fall von § 87 S. 2 GWB spitzt sich das – grundsätzlich vom Gesetzgeber mit § 281 Abs. 2 S. 4 ZPO in Kauf genommene[823] – Risiko missbräuchlicher Verweisungen zu. Die von Nicht-Kartellgerichten geforderte strenge Prüfung der Entscheidungserheblichkeit kann im Rahmen eines negativen Kompetenzkonflikts nach § 36 Abs. 1 Nr. 6 ZPO nur anhand der hoch anzusetzenden Willkürschwelle[824] überprüft werden. Infolge des Zusammenwirkens von § 87 S. 2 GWB, § 36 Abs. 1 Nr. 6 ZPO und § 281 Abs. 2 S. 4 ZPO bildet die Entscheidungserheblichkeit keinen ausreichenden Schutz der Kartellgerichte vor fachfremden Fragen.[825] Teilweise wird in Schrifttum und Rechtsprechung daher zu Recht im Hinblick auf die Entscheidungserheblichkeit ein Mindestmaß an Be-

---

[817] BGH, Beschl. v. 7.3.2001 – XII ARZ 2/01, in: NJW 2001, 1499 (1500); BGH, Beschl. v. 16.5.1984 – IVb ARZ 20/84, in: NJW 1985, 2537; *Prütting*, in: MüKo ZPO I, § 281 ZPO Rn. 10.
[818] Vgl. allgemein BGH, Beschl. v. 4.10.1978 – IV ZB 84/77, in: BGHZ 72, 182 (193 f.); siehe zu §§ 87, 91 S. 2 GWB OLG Köln, Beschl. v. 18.5.2018 – 8 AR 17/18, in: WuW 2019, 274; OLG Düsseldorf, Beschl. v. 21.2.2018 – VI U (Kart) 20/17, in: NZKart 2018, 194 (197); *Meyer-Lindemann*, in: FK-KartellR, § 87 GWB Rn. 58; *Könen*, ZZP 133 (2020), 231 (256); *Kühnen*, NZKart 2020, 49 (54).
[819] Siehe Überschrift zu OLG Köln, Beschl. v. 18.5.2018 – 8 AR 17/18, in: WuW 2019, 274; siehe auch *Meyer-Lindemann*, in: FK-KartellR, § 87 GWB Rn. 58; *Schmidt*, in: Immenga/Mestmäcker, Wettbewerbsrecht II, § 91 GWB Rn. 17.
[820] *Schmidt*, in: Immenga/Mestmäcker, Wettbewerbsrecht II, § 91 GWB Rn. 17.
[821] Vgl. hierzu auch *Meyer-Lindemann*, in: FK-KartellR, § 87 GWB Rn. 58.
[822] OLG Düsseldorf, Beschl. v. 21.2.2018 – VI U (Kart) 20/17, in: NZKart 2018, 194 (197); siehe auch OLG Düsseldorf, Urt. v. 9.5.2018 – VI U (Kart) 1/18, in: NZKart 2018, 278, allerdings aufgehoben durch BGH, Urt. v. 29.10.2019 – KZR 60/18, in: NZKart 2020, 35.
[823] Hierzu oben Kapitel 5: § 21 B. I. 1. (S. 162 ff.).
[824] Hierzu oben Kapitel 5: § 21 B. I. 2. (S. 164 ff.).
[825] Zur Filterfunktion bereits oben Kapitel 5: § 21 A. IV. 1. (S. 155 f.).

gründung gefordert.[826] Es schließt sich jedoch die Rechtsunsicherheit auslösende Folgefrage an, wann ein solches Mindestmaß in Anbetracht der normierten Bindungswirkung erfüllt sein soll. So bejaht etwa *Rombach* die objektive Willkür eines Verweisungsbeschlusses nicht schon dann, wenn das Nicht-Kartellgericht jegliche nachvollziehbare Darlegung der Entscheidungserheblichkeit der kartellrechtlichen Vorfragen vermissen lässt.[827] Nach ihrer Ansicht ist vielmehr maßgeblich, ob sich aus dem Vortrag der Parteien oder dem sonstigen Akteninhalt Anhaltspunkte ergeben, die die Verweisung als vertretbar erscheinen lassen.[828] Der Sinn und Zweck des § 87 GWB erfordert zwar eine strenge Handhabe der Entscheidungserheblichkeit. Ohne ein Tätigwerden des Gesetzgebers lässt sich das in der Praxis bestehende Risiko willkürlicher Verweisungen durch Nicht-Kartellgerichte aber nicht umfassend beseitigen.

Der gesetzgeberische Handlungsbedarf erhöht sich aufgrund der in diesem Zusammenhang bestehenden Unterschiede in der Gerichtsorganisation der Bundesländer. Ein Verweisungsbeschluss mit Bindungswirkung nach § 281 Abs. 2 S. 4 ZPO kommt nur in solchen Ländern in Betracht, in denen die Landesregierung Kartell-Landgerichte beziehungsweise Kartell-Oberlandesgerichte eingerichtet hat. So entfaltet etwa in Nordrhein-Westfalen ein aufgrund von §§ 87 S. 2, 91 S. 2 GWB erfolgter Verweisungsbeschluss des Oberlandesgerichts Köln an das Kartell-Oberlandesgericht Düsseldorf Bindungswirkung. Besteht hingegen – wie etwa in Hamburg, Berlin und Bremen[829] – nur ein Landgericht beziehungsweise Oberlandesgericht, so erfolgt eine gerichtsinterne Abgabe, die keine Bindungswirkung entfaltet.[830] Zudem findet § 36 Abs. 1 Nr. 6 ZPO bei gerichtsinternen Geschäftsverteilungskonflikten jedenfalls keine unmittelbare Anwendung.[831] Zuständigkeitskonflikte zwischen verschiedenen Spruchkörpern desselben Gerichts sind grundsätzlich vom jeweiligen Gerichtspräsidium zu lösen.[832] Da es sich bei § 91 GWB um eine „gesetzliche Geschäftsverteilung"[833] handelt, wird teilweise eine analoge Anwendung des § 36 Abs. 1 Nr. 6 ZPO be-

---

[826] Siehe hierzu OLG Düsseldorf, Beschl. v. 21.2.2018 – VI U (Kart) 20/17, in: NZKart 2018, 194 (197): „eingehende und einer Prüfung auf Nachvollziehbarkeit zugängliche Ausführungen zwingend geboten"; zustimmend *Ollerdißen*, in: Wiedemann, Handbuch des Kartellrechts, § 59 Rn. 41a; so auch *Rombach*, in: BeckOK KartellR, § 87 GWB Rn. 34.

[827] Obwohl sie auch ein Mindestmaß an Begründung fordert, vgl. *Rombach*, in: BeckOK KartellR, § 87 GWB Rn. 34 und 61; a. A. OLG Düsseldorf, Beschl. v. 21.2.2018 – VI U (Kart) 20/17, in: NZKart 2018, 194 (197); *Ollerdißen*, in: Wiedemann, Handbuch des Kartellrechts, § 59 Rn. 41a.

[828] *Rombach*, in: BeckOK KartellR, § 87 GWB Rn. 61; vgl. allgemein hierzu *Bacher*, in: BeckOK ZPO, § 281 ZPO Rn. 32.1.

[829] Vgl. Übersicht 2 in der Anlage.

[830] *Bacher*, in: BeckOK ZPO, § 281 ZPO Rn. 3; *Prütting*, in: MüKo ZPO I, § 281 ZPO Rn. 9.

[831] *Toussaint*, in: BeckOK ZPO, § 36 ZPO Rn. 37.3.

[832] Vgl. § 21e GVG; *Toussaint*, in: BeckOK ZPO, § 36 ZPO Rn. 37.3.

[833] *Toussaint*, in: BeckOK ZPO, § 36 ZPO Rn. 38.2.

fürwortet.⁸³⁴ Da der Gesetzgeber die Schaffung von Kartellkammern an Kartellgerichten nicht ausdrücklich angeordnet hat, würden grundsätzlich die Gerichtspräsidien über die Auslegung von § 87 S. 2 GWB entscheiden. Nach zutreffender Auffassung sind für Zuständigkeitskonflikte zwischen Nicht-Kartellgerichten und Kartell-Landgerichten aufgrund von § 87 S. 2 GWB aber allein die Kartellsenate der Oberlandesgerichte analog §§ 87 GWB, 91 S. 2 GWB zuständig.⁸³⁵ Für die hier untersuchte Missbrauchsanfälligkeit von Verweisungsbeschlüssen durch Nicht-Kartellgerichte ist festzuhalten, dass der Handlungsbedarf für den Gesetzgeber aufgrund des mangelnden Gleichlaufs zwischen den Bundesländern groß ist. Statt zur Vermeidung missbräuchlicher Verweisungen aufgrund von § 87 S. 2 GWB die Praxis *de lege lata* an verschiedenen Stellschrauben – vor allem Kontrolldichte und Begründungspflicht der Entscheidungserheblichkeit sowie Aufweichung der Bindungswirkung von Verweisungsbeschlüssen – drehen zu lassen, sollte der Gesetzgeber in Anbetracht der erheblichen Rechtsunsicherheiten eine Reform der Vorschrift vornehmen.

IV. Verbesserungsvorschläge de lege ferenda

Im Folgenden ermittelt die Arbeit Vorschläge zur Vermeidung willkürlicher Verweisungen durch Nicht-Kartellgerichte aufgrund von § 87 S. 2 GWB *de lege ferenda*. Zunächst wird die Schaffung einer Kontrollmöglichkeit für Kartellgerichte (1.) und anschließend eine Rückkehr ins Aussetzungsverfahren (2.) diskutiert.

1. Schaffung einer Kontrollmöglichkeit für Kartellgerichte?

Auf den ersten Blick erscheint es naheliegend, den Kartellgerichten die Möglichkeit einzuräumen, Verweisungsbeschlüsse von Nicht-Kartellgerichten im

---

⁸³⁴ KG Berlin, Beschl. v. 22.12.2009 – 23 U 180/09, in: GRUR-RR 2010, 120; *Rombach*, in: BeckOK KartellR, § 91 GWB Rn. 26; zum Zuständigkeitskonflikt zwischen Kartellsenat und Zivilsenat eines Oberlandesgerichts BGH, Beschl. v. 11.3.2014 – X ARZ 664/13, in: NJW-RR 2014, 573 (574).

⁸³⁵ Umfassend hierzu *Könen*, WuW 2015, 848 (848 ff.); siehe auch OLG Celle, Beschl. v. 23.12.2010 – 13 AR 9/10 (Kart), in: ZNER 2011, 67; OLG Celle, Beschl. v. 14.12.2010 – 13 AR 8/10 (Kart), juris, Rn. 5; OLG Celle, Beschl. v. 1.10.2010 – 13 AR 5/10 (Kart), in: WuW 2011, 82 (83 f.); OLG Celle, Beschl. v. 1.6.2010 – 13 AR 2/10, juris, Rn. 5; *Dicks*, in: LMRKM, § 87 GWB Rn. 29; *Ollerdißen*, in: Wiedemann, Handbuch des Kartellrechts, § 59 Rn. 54; *Voß*, in: Busche/Röhling, Kölner Kommentar, § 87 GWB Rn. 65; *Könen*, WuW 2015, 848 (848 ff.); nach a. A. fehlt es an einer für eine Analogie erforderlichen planwidrigen Regelungslücke, OLG Düsseldorf, Beschl. v. 11.4.2016 – VI-W (Kart) 3/16, in: NZKart 2016, 230; OLG Hamm, Beschl. v. 29.7.2011 – 32 SA 57/11, in: WuW 2011, 1112 (1114); OLG Düsseldorf, Beschl. v. 1.6.2011 – W (Kart) 1/11, in: WuW 2011, 765 (765 f.); *Bacher*, in: Ahrens, Der Wettbewerbsprozess, Kap. 79 Rn. 14; *Bechtold/Bosch*, in: Bechtold/Bosch, § 87 GWB Rn. 11; *Bornkamm/Tolkmitt*, in: Bunte, Kartellrecht I, § 87 GWB Rn. 35; *Meyer-Lindemann*, in: FK-KartellR, § 87 GWB Rn. 63; *Rombach*, in: BeckOK KartellR, § 91 GWB Rn. 28 f.; OLG Hamm, Beschl. v. 1.12.2016 – I 32 SA 43/16, in: NZKart 2017, 79 (81).

Hinblick auf die Entscheidungserheblichkeit kartellrechtlicher Vorfragen zu kontrollieren. Der Gesetzgeber könnte die Regelung des § 281 Abs. 2 ZPO oder des § 87 GWB um einen entsprechenden Satz ergänzen.[836] Gegen eine solche Kontrollmöglichkeit sprechen aber Wertungswidersprüche zum System der §§ 281 Abs. 2 S. 4, 36 Abs. 1 Nr. 6 ZPO. Der Gesetzgeber möchte mit der Bindungswirkung von Verweisungsbeschlüssen Zuständigkeitsstreitigkeiten vermeiden. Die ausdrückliche Schaffung einer Kontrollmöglichkeit – abseits von § 36 Abs. 1 Nr. 6 ZPO – würde solche aber geradezu „anordnen". Insofern ist es nicht verwunderlich, dass der Gesetzgeber bisher keine Ausnahmen von der Bindungswirkung normiert hat. Ferner sieht § 36 Abs. 1 Nr. 6 ZPO vor, dass das höherrangige Gericht die Zuständigkeit bestimmt. Bei den Kartell- und Nicht-Kartellgerichten würde es sich hingegen um gleichrangige Gerichte handeln. Eine solche Sonderbehandlung der Kartellgerichte erscheint nicht angemessen. Vielmehr wäre zu erwarten, dass die Kartellgerichte – ebenso wie *de lege lata* den Nicht-Kartellgerichten unterstellt – sich umfangreichen Verfahren aus arbeitsökonomischen Erwägungen entzögen.[837] Infolgedessen wäre die Einheitlichkeit und Qualität der Kartellrechtsprechung gefährdet. Zudem würde eine solche Kontrollmöglichkeit der Kartellgerichte die Filterfunktion der Entscheidungserheblichkeit konterkarieren. Denn die Kartellgerichte wären letztlich gezwungen, die Entscheidungserheblichkeit einer kartellrechtlichen Vorfrage umfassend zu prüfen, um bei deren Verneinung das Verfahren an die Nicht-Kartellgerichte zurückzuweisen. Die Filterfunktion der Entscheidungserheblichkeit soll aber genau das Gegenteil bezwecken.[838] Nur wenn es auf die kartellrechtliche Vorfrage ankommt, sollen die Kartellgerichte über den gesamten Rechtsstreit entscheiden. Im Ergebnis ist die Schaffung einer Kontrollmöglichkeit für Kartellgerichte abzulehnen.

2. Rückkehr zum Aussetzungsverfahren?

Die konkrete Ursache für die missbräuchlichen Verweisungen aufgrund von § 87 S. 2 GWB liegt in der Gesamtzuständigkeit der Kartellgerichte. Da die Zuständigkeit der Kartellgericht an eine – sich unter Umständen aus dem Beklagtenvortrag ergebende – Vorfrage sowie deren Entscheidungserheblichkeit anknüpft, entsteht ein gewisses Kontroll-Vakuum.[839] Denn die Nicht-Kartell-

---

[836] In Betracht käme etwa folgende Formulierung „Bei einer Verweisung auf Grundlage von § 87 S. 2 GWB kann das Gericht, an das verwiesen wurde, den Rechtsstreit an das Ausgangsgericht zurückgeben, wenn die Voraussetzungen des § 87 S. 2 GWB nicht gegeben sind."

[837] Eine solche Tendenz kann in der Verneinung der eigenen Zuständigkeit nach § 87 GWB des Kartellgerichts Hannover gesehen werden, vgl. zur Entscheidung des negativen Kompetenzkonflikts OLG Celle, Beschl. v. 9.7.2014 – 4 AR 35/14, in: RdE 2014, 404 (405).

[838] Siehe zur Filterfunktion bereits oben Kapitel 5: § 21 A. IV. 1. (S. 155 f.).

[839] Siehe zur missbräuchlichen Verweisungspraxis bereits oben Kapitel 5: § 21 B. II. (S. 166 ff.).

gerichte können nicht nur eine einzelne kartellrechtliche Frage abgeben, sondern den gesamten Rechtsstreit. Eine die Filterfunktion wahrende umfassende Prüfung der Entscheidungserheblichkeit durch Nicht-Kartellgerichte ist nur in einem Aussetzungsverfahren gewährleistet. Aufgrund der mit einer Aussetzung verbundenen Verzögerungen ist ein Missbrauch der Regelung nicht zu erwarten. Es ist daher die Rückkehr zu einem Aussetzungsverfahren zu fordern. Allerdings könnte – wie bei § 96 Abs. 2 GWB a. F. geschehen[840] – dann allerdings eine Umgehung der Aussetzungsregelung durch die Nicht-Kartellgerichte drohen. Ein solches Vorgehen der Nicht-Kartellgerichte gefährdet die mit § 87 GWB bezweckte Einheitlichkeit und Qualität der Rechtsprechung. Bei der (Rück-) Umwandlung der Gesamtzuständigkeit in ein Aussetzungsverfahren sind daher entsprechende Vorkehrungen zu treffen, die eine Umgehung der Aussetzung verhindern. Im Ergebnis ist eine Rückkehr zu einem *modifizierten* Aussetzungsverfahren für kartellrechtliche Vorfragen zu fordern.[841]

V. Ergebnis

Die Untersuchung hat gezeigt, dass die von den Nicht-Kartellgerichten geforderte umfassende Prüfung der Entscheidungserheblichkeit[842] nur am strengen Maßstab objektiver Willkür gemessen werden kann. Infolgedessen besteht *de lege lata* die sich praktisch auch realisierende Gefahr missbräuchlicher Verweisungen durch Nicht-Kartellgerichte. Um dieser Entwicklung entgegenzuwirken, sollte der Gesetzgeber *de lege ferenda* für kartellrechtliche Vorfragen ein *modifiziertes* Aussetzungsverfahren einführen.

C. Kartellrechtliche Einwendungen der Beklagten

Im folgenden Abschnitt untersucht die Arbeit zunächst, ob Beklagte in der Praxis aus prozesstaktischen Gründen kartellrechtliche Einwendungen erheben (I.). Sodann werden die prozessualen Faktoren analysiert, die die Grundlage für eine solche Prozesstaktik schaffen (II.).

I. Bestandsaufnahme: Prozesstaktische Erhebung kartellrechtlicher Einwendungen?

Es ist vorstellbar, dass Beklagte kartellrechtliche Einwendungen nur erheben, um eine Verweisung an die Kartellgerichte und damit einhergehende prozesstaktische Verzögerungen herbeizuführen. Für eine empirische Auswertung der Motive der Beklagten bei der Erhebung kartellrechtlicher Einwendungen fehlt eine entsprechende Datengrundlage. Eine Befragung hätte kaum Aussicht auf

---

[840] Zu Nachteilen der Aussetzungsregelung oben Kapitel 4: § 16 (S. 43 ff.).
[841] Zu Reformvorschlag unten Kapitel 6: § 24 (S. 196 ff.).
[842] Siehe oben Kapitel 5: § 21 A. IV. 2. (S. 156 ff.).

Erfolg, da die Parteien in den seltensten Fällen ein entsprechendes taktisches Vorgehen offenlegen würden. Dennoch liegen Belege dafür vor, dass es sich nicht nur um ein theoretisches Phänomen handelt. In mehreren Entscheidungen haben Gerichte ausdrücklich festgestellt, dass Beklagte kartellrechtliche Einwendungen einzig aufgrund prozesstaktischer Erwägungen vorgetragen haben: Das Landgericht Detmold hat etwa festgestellt, dass eine Beklagte mit der Geltendmachung ihres Gegenanspruchs aus § 33 Abs. 1 GWB einzig die Verweisung an ein Kartellgericht erzwingen wollte.[843] Ein ähnlicher Fall hat sich vor dem Amtsgericht Herford ergeben.[844] Das Oberlandesgericht Celle hat ferner in zwei Entscheidungen erkannt, dass eine Beklagte mit der Darlegung kartellrechtlicher Missbrauchstatbestände einzig eine Verweisung an die Kartellkammer erzielen wollte.[845] In weiteren Entscheidungen benennen Gerichte zwar nicht ausdrücklich Prozesstaktik als solche, aber stellen auffallend oberflächlichen Beklagtenvortrag fest.[846] Gleichzeitig heben die Gerichte bei deren Vorliegen die Ernsthaftigkeit kartellrechtlicher Einwendungen durch die Beklagten besonders hervor.[847] Dies liefert im Umkehrschluss ein Indiz dafür, dass die Gerichte nicht immer von der Ernsthaftigkeit entsprechenden Beklagtenvortrags

---

[843] LG Detmold, Urt. v. 30.3.2011 – 10 S 185/10, juris, Rn. 8: „Soweit [der Beklagte] in der Klageerwiderung [...] einen etwaigen Anspruch wegen missbräuchlicher Ausnutzung einer marktbeherrschenden Stellung nach § 33 GWB erwähnt, geht es ihm ersichtlich nicht um dessen Geltendmachung, sondern um die von ihm gewünschte Verweisung an das [Kartell-] Landgericht."

[844] AG Herford, Urt. v. 18.7.2011 – 12 C 117/10, juris, Rn. 60: „Dem Beklagten geht es erkennbar nicht um die ernsthafte Geltendmachung eigener Ansprüche aus dem Kartellrecht. Sein diesbezüglicher Vortrag hat nur den Zweck, eine Verweisung an das Kartellgericht durchzusetzen. Dies folgt zur Überzeugung des Gerichts bereits daraus, dass der Beklagte angebliche Verstöße der Klägerin gegen das Kartellrecht nur in allgemeinster Form behauptet. Seine Behauptungen sind in dieser Form bereits einer rechtlichen Bewertung nicht zugänglich und erwecken den Eindruck, ins Blaue hinein aufgestellt worden zu sein."

[845] OLG Celle, Beschl. v. 23.12.2010 – 13 AR 9/10 (Kart), in: ZNER 2011, 67: „Dies ergibt sich bereits daraus, dass [die Beklagte] ihre Behauptung, die Klägerin habe ihre marktbeherrschende Stellung missbraucht, offensichtlich ins Blaue hinein und ohne jede Substanz erheb[t]."; OLG Celle, Beschl. v. 14.12.2010 – 13 AR 8/10 (Kart), juris, Rn. 7.

[846] So etwa OLG Frankfurt, Beschl. v. 16.12.2010 – 11 AR 3/10, in: WuW 2011, 415 (417): „Hier hat der Beklagte einen angeblichen Missbrauch einer marktbeherrschenden Stellung durch die Klägerin i. S. von § 19 Abs. 4 GWB lediglich lapidar behauptet. Es werden keinerlei konkrete Angaben zu den einzelnen Tatbestandsmerkmalen des § 19 Abs. 4 GWB gemacht. Erschöpfen sich die Angaben [...] letztlich in der Wiedergabe des Gesetzestexts, ist der Vortrag nicht geeignet, die Zuständigkeit der Kartellgerichte zu begründen."; siehe auch OLG Hamm, Beschl. v. 29.7.2011 – 32 SA 57/11, in: WuW 2011, 1112 (1113).

[847] LG Cottbus, Urt. v. 6.7.2018 – 3 O 283/16, juris, Rn. 19: „Die Ernsthaftigkeit der Einwendungen ergibt sich bereits daraus, dass deren Kartellrechtswidrigkeit der einzige Einwand der Beklagten gegenüber der klageweise geltend gemachten Entgeltforderung ist."; LG Braunschweig, Beschl. v. 4.3.2015 – 5 O 2077/11, juris, Rn. 36: „Es ist auch nicht anzunehmen, dass es sich [...] um bloße taktische Manöver handelt, um mit der Berufung auf kartellrechtliche Ansprüche einen Zuständigkeitsstreit vom Zaun zu brechen und das Verfahren zu verzögern."; vgl. auch AG Kassel, Urt. v. 4.7.2017 – 410 C 3394/15, in: WuW 2018, 109 (111).

ausgehen. Die Beispiele verdeutlichen, dass § 87 S. 2 GWB über prozesstaktische „Sprengkraft"[848] verfügt.[849] Für die weitere Untersuchung ist festzuhalten, dass Beklagte in der Praxis auch aus prozesstaktischen Gründen kartellrechtliche Einwendungen erheben. Entsprechendes gilt auf Klägerseite.[850]

II. Prozessuale Faktoren

Im Folgenden nimmt die Arbeit die prozessualen Faktoren in den Blick, die eine solche Prozesstaktik der Beklagten überhaupt erst ermöglichen. Zuerst wird die Heranziehung des Beklagtenvortrags im Rahmen von § 87 S. 2 GWB untersucht (1.). Sodann ermittelt die Arbeit, ob – wie vom Bundesarbeitsgericht in der Entscheidung zum *Schienenkartell* bejaht[851] – im Rahmen von § 87 S. 2 GWB eine Ausnahme vom Grundsatz der *perpetuatio fori* geboten ist (2.). Anschließend setzt sich die Arbeit mit der gerichtlichen (Schlüssigkeits-) Prüfung im Hinblick auf kartellrechtliche Vorfragen auseinander (3.).

1. Heranziehung des Beklagtenvortrags im Rahmen von § 87 S. 2 GWB

Bei der Zuständigkeitsbestimmung ist grundsätzlich allein der Vortrag der Klägerin ohne Rücksicht auf das Vorbringen der Beklagten entscheidend.[852] Es stellt daher keine prozessrechtliche Selbstverständlichkeit dar, dass nach allgemeiner Auffassung im Rahmen von § 87 S. 2 GWB auch der Beklagtenvortrag herangezogen wird.[853] Diese Ausnahme hat folgenden Hintergrund: Wie

---

[848] *Raible*, in: Kamann/Ohlhoff/Völcker, Kartellverfahren und Kartellprozess, § 30 Rn. 16.
[849] Vgl. auch *Könen*, ZZP 133 (2020), 231 (232).
[850] OLG Hamm, Urt. v. 11.10.2018 – 2 U 239/17, juris, Rn. 31; zur „Zuständigkeitsodyssee" im Gerichtsverfahren im Nachgang der gescheiterten „Übernahmeschlacht" zwischen den Autobauern Volkswagen und Porsche *Raible*, in: Kamann/Ohlhoff/Völcker, Kartellverfahren und Kartellprozess, § 30 Rn. 16 ff.; *Möllers*, NZG 2014, 361 (365).
[851] BAG, Urt. v. 29.6.2017 – 8 AZR 189/15, in: NJW 2018, 184 (185).
[852] LG Düsseldorf, Urt. v. 4.8.2011 – 4b O 54/10, juris, Rn. 32; *Feldmann*, in: BeckOK GVG, § 71 GVG Rn. 1; *Heinrich*, in: Musielak/Voit, § 1 ZPO Rn. 16; *Mayer*, in: Kissel/Mayer, § 71 GVG Rn. 8; *Roth*, in: Stein/Jonas ZPO I, § 1 ZPO Rn. 17; *Wöstmann*, in: MüKo ZPO I, § 1 ZPO Rn. 24; *Klein*, NJW 2003, 16.
[853] OLG Köln, Beschl. v. 25.9.2012 – 7 U 89/11, in: GRUR-RR 2013, 37 (38); *Bacher*, in: Ahrens, Der Wettbewerbsprozess, Kap. 79 Rn. 5; *Bornkamm/Tolkmitt*, in: Bunte, Kartellrecht I, § 87 GWB Rn. 29; *Dicks*, in: LMRKM, § 87 GWB Rn. 7; *Keßler*, in: MüKo Wettbewerbsrecht II, § 87 GWB Rn. 17; *Meyer-Lindemann*, in: FK-KartellR, § 87 GWB Rn. 57; *Rombach*, in: BeckOK KartellR, § 87 GWB Rn. 53; *Schmidt*, in: Immenga/Mestmäcker, Wettbewerbsrecht II, § 87 GWB Rn. 27; *Voß*, in: Busche/Röhling, Kölner Kommentar, § 87 GWB Rn. 29; *Zöllner*, in: Cepl/Voß, § 1 ZPO Rn. 19; *Ollerdißen*, in: Wiedemann, Handbuch des Kartellrechts, § 59 Rn. 38; *Pohlmann/Schäfers*, in: Fuchs/Weitbrecht, Handbuch Private Kartellrechtsdurchsetzung, § 12 Rn. 45; *Klein*, NJW 2003, 16; *Könen*, ZZP 133 (2020), 231 (242); wohl auch *Heinrich*, in: Musielak/Voit, § 1 ZPO Fn. 39 zu Rn. 16; *Roth*, in: Stein/Jonas ZPO I, § 1 ZPO Fn. 52 zu Rn. 17. Sofern es sich um eine negative Feststellungsklage handelt, kann sich ausnahmsweise auch im Rahmen von § 87 S. 1 GWB die kartellrechtliche Hauptfrage aus dem Beklagtenvortrag ergeben.

bereits erörtert,[854] ergeben sich die meisten kartellrechtlichen Vorfragen aus kartellrechtlichen Einwendungen der Beklagten. Hielten die Gerichte einschränkungslos an der Prüfung der Zuständigkeit auf Basis des Klägervortrags fest, müssten sie in diesem „Regelfall" die Zuständigkeit der Kartellgerichte nach § 87 S. 2 GWB verneinen.[855] Der Anwendungsbereich des § 87 S. 2 GWB liefe nahezu leer. Erfasst wären nur noch *offensive kartellrechtliche Vorfragen*.[856] Eine solche Einschränkung des Anwendungsbereichs kartellrechtlicher Vorfragen kann der Gesetzgeber bei der Abschaffung des Aussetzungszwangs nicht bezweckt haben. Vielmehr beabsichtigte der Gesetzgeber, dass § 87 S. 2 GWB alle Streitigkeiten erfasst, die zuvor § 96 Abs. 2 GWB a. F. unterfielen.[857] Im Rahmen des nach dieser Vorschrift geltenden Aussetzungszwangs zogen die Gerichte nach ständiger Rechtsprechung zur Prüfung des Aussetzungsbedürfnisses den gesamten Prozessstoff einschließlich des Beklagtenvortrags heran.[858] Da § 96 Abs. 2 GWB a. F. keine sachliche Zuständigkeit regelte, sondern ein Aussetzungsverfahren anordnete, begegnete die Heranziehung des Beklagtenvortrags keinen prozessualen Bedenken. Sowohl mit § 96 Abs. 2 GWB a. F. als auch mit § 87 S. 2 GWB strebt(e) der Gesetzgeber an, dass alle kartellrechtlichen Fragen allein von den Kartellgerichten entschieden werden.[859] Diesem gesetzgeberischen Willen können die Gerichte nur entsprechen, indem sie im Rahmen von § 87 S. 2 GWB den Beklagtenvortrag heranziehen.[860] Auch im Rahmen des rechtsähnlichen § 102 EnWG wird eine entsprechende Ausnahme befürwortet.[861] Mithin ist *de lege lata* der Beklagtenvortrag im Rahmen von § 87 S. 2 GWB ausnahmsweise zur sachlichen Zuständigkeitsprüfung heranzuziehen. Um den hieraus entstehenden Spielraum für die Erhebung prozesstaktischer Einwendungen zu vermeiden, sollte der Gesetzgeber *de lege ferenda* die Umwandlung in einen Aussetzungszwang vorsehen. Eine entsprechende Reform des § 87 S. 2 GWB hätte nicht zuletzt den Vorteil, den jetzigen – im Grunde systemwidrigen – Blick auf den Beklagtenvortrag für die Zuständigkeitsprüfung zu erübrigen. Hierdurch wäre eine frühere und rechtssichere Bestimmung der Zuständigkeit gewährleistet.

---

[854] Siehe oben Kapitel 5: § 19 C. III. 1. c) (S. 84 f.).

[855] *Klein*, NJW 2003, 16.

[856] Hierzu oben Kapitel 5: § 19 C. III. 1. d) (S. 85 f.).

[857] BT-Drs. 13/9720, S. 68 f.

[858] BGH, Urt. v. 30.5.1978 – KZR 8/76, juris, Rn. 21; BGH, Beschl. v. 4.4.1975 – KAR 1/75, in: BGHZ 64, 342 (344); OLG Hamm, Beschl. v. 12.3.1981 – 2 W 1/81, in: ZMR 1981, 315; siehe auch *Renthe*, in: Müller-Henneberg/Schwartz, Gemeinschaftskommentar[4], § 96 GWB Rn. 15.

[859] BT-Drs. 13/9720, S. 46.

[860] *Klein*, NJW 2003, 16 (17) mit unzutreffender Interpretation von *Meyer-Lindemann*, der den Beklagtenvortrag sehr wohl einbezieht, vgl. *Meyer-Lindemann*, in: FK-KartellR, § 87 GWB Rn. 57.

[861] *Stelter*, in: B/H/H, § 102 EnWG Rn. 14; *Turiaux*, in: Kment, § 102 EnWG Rn. 9; *Lange*, EWeRK 2018, 125 (129).

§ 21 Ausgewählte prozessuale Fragen 177

2. *Ausnahme vom Grundsatz der* perpetuatio fori?

Im Folgenden untersucht die Arbeit das Zusammenspiel von § 87 S. 2 GWB und dem in § 261 Abs. 3 Nr. 2 ZPO normierten Grundsatz der *perpetuatio fori*. Da die Beklagte ihre Einwendungen in der Praxis stets nach dem Eintritt der Rechtshängigkeit vorbringt, sind Friktionen zwischen § 261 Abs. 3 Nr. 2 ZPO und § 87 S. 2 GWB vorprogrammiert.[862] Die Arbeit erörtert zunächst den Hintergrund der *perpetuatio fori* (a). Sodann setzt sie sich mit den Auswirkungen des Grundsatzes auf § 87 S. 2 GWB auseinander. Hierbei ist zwischen zwei Konstellationen zu unterscheiden: den sog. anfänglichen kartellrechtlichen Vorfragen (b) und den – sozusagen „echten" – nachträglichen kartellrechtlichen Vorfragen (c).

a) Hintergrund der perpetuatio fori

Der zivilprozessrechtliche Ausspruch „einmal zuständig, immer zuständig"[863] hat seinen Ursprung im Grundsatz der *perpetuatio fori* (wörtlich „Fortdauer des Forums").[864] Normativ ist der Grundsatz in der Regelung des § 261 Abs. 3 Nr. 2 ZPO verankert.[865] Danach bleibt die Zuständigkeit eines Gerichts unberührt, wenn sich die sie begründenden Umstände nach Rechtshängigkeit verändern. Voraussetzung für die Fortdauer der Zuständigkeit ist, dass der Streitgegenstand unverändert bleibt.[866] Der Grundsatz der *perpetuatio fori* beruht in erster Linie auf prozessökonomische Erwägungen.[867] Die Fortdauer der Zuständigkeit schützt die Gerichte vor unnötiger Mehrarbeit.[868] Es wird verhindert, dass sich zwei Gerichte in den Gegenstand eines Rechtsstreits und/oder die bisherigen Prozessergebnisse einarbeiten müssen.[869] Gäbe es die Regelung des § 261 Abs. 3 Nr. 2 ZPO nicht, müsste das zunächst angerufene Gericht bei nachträglichem Wegfall der zuständigkeitsbegründenden Umstände die Klage durch Prozessurteil zurückweisen oder auf Antrag der Klägerin gemäß § 281

---

[862] *Klein*, NJW 2003, 16 (17).
[863] *Schellhammer*, Zivilprozess, Rn. 118.
[864] *Pohlmann*, ZPR, Rn. 172; ausführlich zum rechtshistorischen Ursprung der *perpetuatio fori Gampp*, Perpetuatio fori internationalis, S. 25 f.
[865] Für den Rechtsweg findet sich in § 17 Abs. 1 S. 1 GVG eine vergleichbare Regelung. Das bedeutet, dass sich ähnliche Fragen stellen, wenn § 87 GWB als Rechtswegregelung eingeordnet wird.
[866] BGH, Urt. v. 26.4.2001 – IX ZR 53/00, in: NJW 2001, 2477 (2478 m. w. N.); *Foerste*, in: Musielak/Voit, § 261 ZPO Rn. 14; *Greger*, in: Zöller, § 261 ZPO Rn. 12; *Roth*, in: Stein/Jonas, ZPO III, § 261 ZPO Rn. 43.
[867] *Musielak/Voit*, Grundkurs ZPO, Rn. 261.
[868] *Foerste*, in: Musielak/Voit, § 261 ZPO Rn. 13; *Roth*, in: Stein/Jonas, ZPO III, § 261 ZPO Rn. 35; *Lüke*, ZPR I, § 15 Rn. 3; zur Entlastung der Justiz siehe auch *Gampp*, Perpetuatio fori internationalis, S. 37.
[869] Vgl. *Musielak/Voit*, Grundkurs ZPO, Rn. 261; *Gampp*, Perpetuatio fori internationalis, S. 37.

Abs. 1 S. 1 ZPO an das nun zuständig gewordene Gericht verweisen. Hierdurch drohte den Parteien nicht nur eine Verzögerung[870], sondern auch eine Verteuerung[871] des Verfahrens.[872] Verlegt eine Beklagte etwa ihren allgemeinen Wohnsitz im Sinne der §§ 12, 13 ZPO nach Klageerhebung gemäß § 253 Abs. 1 ZPO, wirkt sich dies aufgrund von § 261 Abs. 3 Nr. 2 ZPO nicht auf die Zuständigkeit des angerufenen Gerichts aus.[873] Insbesondere die Klägerin soll davor geschützt werden, hinter der Beklagten herzulaufen.[874] Zudem soll die Klägerin die vor Rechtshängigkeit bestehenden Umstände als Grundlage der Zuständigkeitsbeurteilung nutzen können, um spätere Verweisungskosten zu vermeiden. Indem die *perpetuatio fori* einen Zuständigkeitswechsel im laufenden Prozess unterbindet, begünstigt sie darüber hinaus das Interesse der Parteien an der zügigen Erlangung eines Sachurteils.[875] Schließlich ist die *perpetuatio fori* Ausdruck der Kontinuität des zwischen den Parteien infolge der Klageerhebung begründeten Prozessrechtsverhältnisses.[876]

b) Anfängliche kartellrechtliche Vorfrage

Die Regelung des § 261 Abs. 3 Nr. 2 ZPO erfasst nur solche Umstände, die nach Rechtshängigkeit eintreten. Gemeint ist also etwa die Verlegung des Wohnsitzes im Sinne von §§ 12, 13 ZPO. Umstände, die bereits vor Eintritt der Rechtshängigkeit gegeben waren, haben hingegen ohne Weiteres Einfluss auf die Zuständigkeit des angerufenen Gerichts. Die Fortdauer der Zuständigkeit nach § 261 Abs. 3 Nr. 2 ZPO greift in diesen Fällen nicht. Das bedeutet, dass sich auch eine im Laufe des Verfahrens auftretende kartellrechtliche Vorfrage auf die gerichtliche Zuständigkeit auswirkt, wenn sie bereits vor Eintritt der Rechtshängigkeit vorlag.[877] Zu denken ist etwa an den klassischen Fall einer kartellrechtlichen Vorfrage: Trägt die Beklagte erst im Laufe des Verfahrens vor, dass der dem Anspruch zugrundeliegende Vertrag aufgrund kartellrechtlicher Vorschriften un-

---

[870] Vgl. *Gampp*, Perpetuatio fori internationalis, S. 35 ff.

[871] Ausführlich zu Anwalts- und Gerichtskosten *Gampp*, Perpetuatio fori internationalis, S. 35 ff.

[872] Siehe auch BGH, Urt. v. 26.4.2001 – IX ZR 53/00, in: NJW 2001, 2477 (2478 m. w. N.); OLG Hamm, Beschl. v. 8.6.2012 – 32 SA 38/12, in: NJW-RR 2012, 1464 (1465); *Roth*, in: Stein/Jonas, ZPO III, § 261 ZPO Rn. 35; *Foerste*, in: Musielak/Voit, § 261 ZPO Rn. 13.

[873] BGH, Beschl. v. 3.5.2006 – VIII ZB 88/05, in: NJW 2006, 2782 (2783); *Pohlmann/Schäfers*, in: Fuchs/Weitbrecht, Handbuch Private Kartellrechtsdurchsetzung, § 12 Rn. 172 ff.

[874] *Grunsky*, ZZP 91 (1978), 81 (85).

[875] BGH, Urt. v. 26.4.2001 – IX ZR 53/00, in: NJW 2001, 2477 (2478); OLG Hamm, Beschl. v. 8.6.2012 – 32 SA 38/12, in: NJW-RR 2012, 1464 (1465); *Roth*, in: Stein/Jonas, ZPO III, § 261 ZPO Rn. 35; *Gampp*, Perpetuatio fori internationalis, S. 35.

[876] *Becker-Eberhard*, in: MüKo ZPO I, § 261 ZPO Rn. 87.

[877] *Schmidt*, in: Immenga/Mestmäcker, Wettbewerbsrecht II, § 87 GWB Rn. 37; *Rombach*, in: BeckOK KartellR, § 87 GWB Rn. 54; noch weitergehend *Bornkamm/Tolkmitt*, in: Bunte, Kartellrecht I, § 87 GWB Rn. 28: „Der Grundsatz der perpetuatio fori (§ 261 Abs. 3 Nr. 2 ZPO) gilt nicht."; so wohl auch *Bechtold/Bosch*, in: Bechtold/Bosch, § 87 GWB Rn. 3.

wirksam ist, handelt es sich um einen bereits bei Rechtshängigkeit vorliegenden Umstand.[878] Ebenso kann die Beklagte einwenden, dass sie bereits vor Rechtshängigkeit mit einem kartellrechtlich begründeten Schadensersatzanspruch aufgerechnet hat.[879] In diesen Fällen tritt kein neuer Umstand hinzu, sondern ein bereits bei Eintritt der Rechtshängigkeit vorliegenden Umstand wird – regelmäßig durch die Beklagte – nachträglich aufgedeckt.[880] Diese Konstellationen können als anfängliche[881] beziehungsweise versteckte[882] kartellrechtliche Vorfragen bezeichnet werden. Die Fortdauer der Zuständigkeit nach § 261 Abs. 3 Nr. 2 ZPO kommt nicht zur Anwendung.[883] Sofern eine anfängliche kartellrechtliche Vorfrage aufgedeckt wird, muss ein Nicht-Kartellgericht entweder wegen sachlicher Unzuständigkeit ein abweisendes Prozessurteil erlassen oder bei entsprechendem Antrag der Klägerin gemäß § 281 Abs. 1 ZPO an ein Kartellgericht verweisen. Somit besteht keine Gefahr, dass Nicht-Kartellgerichte über anfängliche kartellrechtliche Vorfragen mitentscheiden. Mithin bedarf es keiner Ausnahme vom Grundsatz der *perpetuatio fori*.[884]

c) Nachträgliche kartellrechtliche Vorfrage

Hiervon abzugrenzen sind die – in der Praxis eher seltenen[885] – (echten) nachträglichen kartellrechtlichen Vorfragen, deren vollständige Tatsachengrundlage erst nach Eintritt der Rechtshängigkeit entsteht.[886] Zu denken ist etwa an die Aufrechnung mit einer kartellrechtlichen Forderung[887], die die Beklagte erst im laufenden Prozess erklärt, obwohl die Tatsachengrundlage bereits vor Rechtshängigkeit bestand.[888] Die Ausübung des Gestaltungsrechts stellt eine neue Tat-

---

[878] *Rombach*, in: BeckOK KartellR, § 87 GWB Rn. 54; *Klein*, NJW 2003, 16 (17).
[879] *Klein*, NJW 2003, 16 (17).
[880] *Klein*, NJW 2003, 16 (17); vgl. auch *Bornkamm/Tolkmitt*, in: Bunte, Kartellrecht I, § 87 GWB Rn. 29.
[881] Mit dem Begriff „anfänglich aufgeworfene[r] Vorfragen" bereits *Dicks*, in: LMRKM, § 87 GWB Rn. 19; siehe auch *Bornkamm/Tolkmitt*, in: Bunte, Kartellrecht I, § 87 GWB Rn. 28: „Einwand[], der ohnehin hätte geprüft werden können oder müssen, der also von Anfang an bestand."
[882] Vgl. Überschrift bei *Schmidt*, in: Immenga/Mestmäcker, Wettbewerbsrecht II, § 87 GWB Rn. 33.
[883] *Bornkamm/Tolkmitt*, in: Bunte, Kartellrecht I, § 87 GWB Rn. 28; *Rombach*, in: BeckOK KartellR, § 87 GWB Rn. 54; *Schmidt*, in: Immenga/Mestmäcker, Wettbewerbsrecht II, § 87 GWB Rn. 37.
[884] Vgl. *Schmidt*, in: Immenga/Mestmäcker, Wettbewerbsrecht II, § 87 GWB Rn. 37; a. A. wohl *Bornkamm/Tolkmitt*, in: Bunte, Kartellrecht I, § 87 GWB Rn. 28.
[885] Bei der klassischen kartellrechtlichen Vorfrage – Einwendung der Nichtigkeit wegen Verstoßes gegen kartellrechtliche Vorschriften – handelt es sich um eine anfängliche, siehe oben Kapitel 5: § 21 C. II. 2. b) (S. 178 f.).
[886] *Klein*, NJW 2003, 16 (17).
[887] Zur Einordung als kartellrechtliche Vorfrage oben Kapitel 5: § 19 C. III. 2. a) (S. 86 ff.).
[888] *Klein*, NJW 2003, 16 (17); siehe ausführlich zur Aufrechnung im Prozess *Pohlmann*, ZPR, Rn. 520 ff.; *Rosenberg/Schwab/Gottwald*, ZPR, § 104 Rn. 1 ff.

sache dar.[889] In Betracht können auch Widerklagen[890] sowie Klageerweiterungen kommen.[891] Sofern es zu einer Änderung des Streitgegenstands kommt, greift § 261 Abs. 3 Nr. 2 ZPO ohnehin nicht ein. Das bedeutet, dass die Zuständigkeit eines angerufenen Nicht-Kartellgerichts nicht fortdauert und eine Verweisung an das Kartellgericht gemäß § 281 Abs. 1 S. 1 ZPO bei entsprechendem Antrag erforderlich ist.

Sofern keine Änderung des Streitgegenstands gegeben ist, stellt sich die Frage, ob die Rechtsfolge von § 261 Abs. 3 Nr. 2 ZPO bei (echten) nachträglichen Vorfragen ausgelöst wird. Voraussetzung für die *Fortdauer* der Zuständigkeit ist der mögliche *Wegfall* einer einmal begründeten Zuständigkeit.[892] Im Fall des § 87 S. 2 GWB ist das Nicht-Kartellgericht allerdings bis zur Feststellung der Entscheidungserheblichkeit nur schwebend zuständig.[893] Kommt das Nicht-Kartellgericht zu dem Schluss, dass anderweitige Spruchreife gegeben ist, endet der Schwebezustand und geht in der Gesamtzuständigkeit des angerufenen Gerichts auf.[894] Stellt das Nicht-Kartellgericht hingegen Entscheidungserheblichkeit fest, löst sich die schwebende Zuständigkeit dahingehend auf, dass der Rechtsstreit an das nach § 87 S. 2 GWB gesamtzuständige Kartellgericht verwiesen werden muss.[895] Zur Aufrechterhaltung der mit dem Grundsatz der *perpetuatio fori* bezweckten Rechtssicherheit und Prozessökonomie[896] gilt die Fortdauer auch für eine zunächst nur schwebende Zuständigkeit[897] der Nicht-Kartellgerichte.[898] Das bedeutet, dass Nicht-Kartellgerichte im Falle (echter) nachträglicher kartellrechtlicher Vorfragen mangels Unzuständigkeit nicht an Kartellgerichte verweisen können. Auch eine Abweisung durch Prozessurteil kommt nicht in Betracht. Die Nicht-Kartellgerichte sind gezwungen, im Widerspruch zum Telos des § 87 GWB – Einheitlichkeit und Qualität der Rechtsprechung – über Kartellfragen mitzuentscheiden.

---

[889] *Klein*, NJW 2003, 16 (17).
[890] Siehe zu kartellrechtlichen Widerklagen *Schmidt*, in: Immenga/Mestmäcker, Wettbewerbsrecht II, § 87 GWB Rn. 51.
[891] *Pohlmann/Schäfers*, in: Fuchs/Weitbrecht, Handbuch Private Kartellrechtsdurchsetzung, § 12 Rn. 64.
[892] *Heinrich*, in: Musielak/Voit, § 1 ZPO Rn. 22; *Roth*, in: Stein/Jonas, ZPO III, § 261 ZPO Rn. 35; *Pohlmann*, ZPR, Rn. 174; *Rosenberg/Schwab/Gottwald*, ZPR, § 39 Rn. 15.
[893] *Pohlmann/Schäfers*, in: Fuchs/Weitbrecht, Handbuch Private Kartellrechtsdurchsetzung, § 12 Rn. 63; wohl auch in diese Richtung OLG Düsseldorf, Beschl. v. 21.2.2018 – VI U (Kart) 20/17, in: NZKart 2018, 194 (196).
[894] *Pohlmann/Schäfers*, in: Fuchs/Weitbrecht, Handbuch Private Kartellrechtsdurchsetzung, § 12 Rn. 63.
[895] *Pohlmann/Schäfers*, in: Fuchs/Weitbrecht, Handbuch Private Kartellrechtsdurchsetzung, § 12 Rn. 63.
[896] Zum Hintergrund der *perpetuatio fori* oben Kapitel 5: § 21 C. II. 2. a) (S. 177 f.).
[897] *Pohlmann/Schäfers*, in: Fuchs/Weitbrecht, Handbuch Private Kartellrechtsdurchsetzung, § 12 Rn. 64; hierzu bereits oben Kapitel 5: § 21 A. IV. 2. (S. 156 ff.).
[898] *Rombach*, in: BeckOK KartellR, § 87 GWB Rn. 54; *Klein*, NJW 2003, 16 (17).

Aus diesem Grund befürwortet die herrschende Meinung in Rechtsprechung und Schrifttum bei nachträglichen kartellrechtlichen Vorfragen eine Ausnahme vom Grundsatz der *perpetuatio fori* nach § 261 Abs. 3 Nr. 2 ZPO.[899] Der Gesetzgeber wollte mit der Schaffung des § 87 S. 2 GWB erreichen, „dass die Kartellgerichte auch für Vorfragen, für die § 96 Abs. 2 GWB a. F. bisher eine Aussetzungspflicht vorsah, ausschließlich zuständig sind"[900]. Der Aussetzungszwang galt unabhängig davon, ob die kartellrechtliche Vorfrage sich aus nach Rechtshängigkeit geänderten tatsächlichen Verhältnissen ergab.[901] Zur Prüfung des Aussetzungsbedürfnisses konnte das Gericht den gesamten Prozessstoff einschließlich des Beklagtenvorbringens heranziehen.[902] Das Ziel einer einheitlichen Rechtsprechung durch sachkundige Gerichte auf dem Gebiet des Kartellrechts wird nur vollständig erreicht, wenn bei der Bestimmung der Zuständigkeit auch nach Eintritt der Rechtshängigkeit auftretende kartellrechtliche Vorfragen berücksichtigt werden.[903]

Gegen eine Durchbrechung der *perpetuatio fori* spricht allerdings der Wortlaut von § 261 Abs. 3 Nr. 2 ZPO, der keinen Spielraum für Ausnahmen zulässt. Zudem ist aufgrund von § 506 ZPO – bei entsprechendem Vortrag einer Partei – gewährleistet, dass die Amtsgerichte nicht über kartellrechtliche Vorfragen entscheiden.[904] Ferner ist im Fall kartellrechtlich auftretender Hauptfragen im Sinne des § 87 S. 1 GWB nicht von einer Durchbrechung des § 261 Abs. 3 Nr. 2 ZPO die Rede.[905] Hätte der Gesetzgeber eine Ausnahme angestrebt, so hätte er eine solche – wie etwa in § 506 ZPO – ausdrücklich normiert. Dieser Rückschluss wird dadurch bekräftigt, dass der Gesetzgeber bei der Schaffung des § 87 S. 2 GWB Kenntnis davon hatte, dass kartellrechtliche Vor-

---

[899] BAG, Urt. v. 29.6.2017 – 8 AZR 189/15, in: NJW 2018, 184 (186) in Bezug auf § 17 Abs. 1 S. 1 GVG, da dort § 87 S. 2 GWB als Rechtswegregelung angesehen wird; siehe auch Brandenburgisches OLG, Urt. v. 13.8.2019 – 6 U 102/19, in: WuW 2019, 645 (650); *Becker-Eberhard*, in: MüKo ZPO I, § 261 ZPO Rn. 93; *Bornkamm/Tolkmitt*, in: Bunte, Kartellrecht I, § 87 GWB Rn. 28; *Keßler*, in: MüKo Wettbewerbsrecht II, § 87 GWB Rn. 17; *Meyer-Lindemann*, in: FK-KartellR, § 87 GWB Rn. 57; *Ollerdißen*, in: Wiedemann, Handbuch des Kartellrechts, § 59 Rn. 42; *Rombach*, in: BeckOK KartellR, § 87 GWB Rn. 54; *Zöllner*, in: Cepl/Voß, § 1 ZPO Rn. 114; *Klein*, NJW 2003, 16 (17); wohl auch, wenngleich ohne ausdrückliche Nennung des § 261 Abs. 3 Nr. 2 ZPO, *Bechtold/Bosch*, in: Bechtold/Bosch, § 87 GWB Rn. 3; *Dicks*, in: LMRKM, § 87 GWB Rn. 19; a. A. *Pohlmann/Schäfers*, in: Fuchs/Weitbrecht, Handbuch Private Kartellrechtsdurchsetzung, § 12 Rn. 13 f.
[900] BT-Drs. 13/9720, S. 68.
[901] *Rombach*, in: BeckOK KartellR, § 87 GWB Rn. 54.
[902] Zur Aussetzung in der gerichtlichen Praxis Kapitel 4: § 15 (S. 39 ff.).
[903] Vgl. *Rombach*, in: BeckOK KartellR, § 87 GWB Rn. 54.
[904] *Bornkamm/Tolkmitt*, in: Bunte, Kartellrecht I, § 87 GWB Rn. 28; *Ollerdißen*, in: Wiedemann, Handbuch des Kartellrechts, § 59 Rn. 42; *Pohlmann/Schäfers*, in: Fuchs/Weitbrecht, Handbuch Private Kartellrechtsdurchsetzung, § 12 Rn. 64.
[905] *Pohlmann/Schäfers*, in: Fuchs/Weitbrecht, Handbuch Private Kartellrechtsdurchsetzung, § 12 Rn. 64.

fragen häufig erst in der Berufungsinstanz auftreten.[906] Er hat offenbar dem Telos der *perpetuatio fori* – Prozessökonomie und Schutz der Parteien vor Verzögerungen[907] – Vorrang eingeräumt.[908] Dies gilt umso mehr, als § 261 Abs. 3 Nr. 2 ZPO sogar bei später eintretender, abweichender ausschließlicher Zuständigkeit gilt.[909] Die Zuständigkeit bleibt nicht nur bei Änderung der für die Zuständigkeit relevanten tatsächlichen Umstände erhalten, sondern – vorbehaltlich einer abweichenden Regelung in dem ändernden Gesetz – auch bei einer Gesetzesänderung[910] sowie bei einer Änderung der Rechtsprechung.[911] Eine Durchbrechung der prägenden Grundsätze des Prozessrechts kann bis zu einer klarstellenden Entscheidung des Gesetzgebers nicht befürwortet werden.[912] Mithin gilt die Fortdauer der Zuständigkeit nach § 261 Abs. 3 Nr. 2 ZPO bei (echten) nachträglich auftretenden kartellrechtlichen Vorfragen.[913] Eine Ausnahme vom Grundsatz der *perpetuatio fori* ist abzulehnen. Das bedeutet, dass in diesen Fällen die Nicht-Kartellgerichte über kartellrechtliche Vorfragen mitentscheiden müssen.

d) Zwischenergebnis

Im Ergebnis ist festzuhalten, dass § 261 Abs. 3 Nr. 1 ZPO im Fall anfänglicher kartellrechtlicher Vorfragen keine Anwendung findet. Infolgedessen kann insbesondere die Beklagte durch die Erhebung kartellrechtlicher Einwendungen auch nach Eintritt der Rechtshängigkeit aus prozesstaktischen Gründen eine Verweisung an die Kartellgerichte herbeiführen. Bei (echten) nachträglichen Vorfragen entsteht hingegen eine Lücke in der Zuständigkeitskonzentration. Da eine Ausnahme von § 261 Abs. 3 Nr. 1 ZPO abzulehnen ist, gilt die einmal begründete Zuständigkeit eines Nicht-Kartellgerichts nach dem Grundsatz der *perpetuatio fori* fort. Trotz hoher Praxisrelevanz und Kenntnis des Auftretens

---

[906] BT-Drs. 13/9720, S. 46; siehe auch *Pohlmann/Schäfers*, in: Fuchs/Weitbrecht, Handbuch Private Kartellrechtsdurchsetzung, § 12 Rn. 64.
[907] Zum Hintergrund der *perpetuatio fori* oben Kapitel 5: § 21 C. II. 2. a) (S. 177 f.).
[908] So auch *Pohlmann/Schäfers*, in: Fuchs/Weitbrecht, Handbuch Private Kartellrechtsdurchsetzung, § 12 Rn. 64: „Die Väter des GWB haben ausweislich der Materialien Zuständigkeiten bündeln, nicht aber die mit der perpetuatio fori bezweckte Prozessökonomie in Frage stellen wollen."
[909] BGH, Urt. v. 26.4.2001 – IX ZR 53/00, in: NJW 2001, 2477 (2478); *Bacher*, in: BeckOK ZPO, § 261 ZPO Rn. 19; *Roth*, in: Stein/Jonas, ZPO III, § 261 ZPO Rn. 36.
[910] Vgl. BGH, Beschl. v. 11.12.2001 – KZB 12/01, in: NJW 2002, 1351.
[911] BGH, Urt. v. 1.2.1978 – IV ZR 142/77, in: BGHZ 70, 295; siehe auch *Bacher*, in: BeckOK ZPO, § 261 ZPO Rn. 20.
[912] *Pohlmann/Schäfers*, in: Fuchs/Weitbrecht, Handbuch Private Kartellrechtsdurchsetzung, § 12 Rn. 19.
[913] So auch *Pohlmann/Schäfers*, in: Fuchs/Weitbrecht, Handbuch Private Kartellrechtsdurchsetzung, § 12 Rn. 64; wohl auch, allerdings nicht eindeutig, *Schmidt*, in: Immenga/Mestmäcker, Wettbewerbsrecht II, § 87 GWB Rn. 37; vgl. auch *Schmidt*, Gesellschaftsstreitigkeiten vor Kartellgerichten, in: FS Peltzer, S. 414.

kartellrechtlicher Vorfragen im Prozessverlauf hat der Gesetzgeber das Zusammenspiel von § 87 S. 2 GWB und § 261 Abs. 3 Nr. 1 ZPO bisher nicht konsistent geregelt. Es besteht somit Handlungsbedarf. Der Gesetzgeber könnte eine ausdrückliche Ausnahme vom Grundsatz der *perpetuatio fori* normieren.[914] Hierdurch wäre zwar sichergestellt, dass die Nicht-Kartellgerichte nicht über (echte) nachträglich auftretende kartellrechtliche Vorfragen mitentscheiden. Allerdings würde eine solche Ausnahme von § 261 Abs. 3 Nr. 1 ZPO die prozesstaktische Erhebung kartellrechtlicher Einwendungen durch Beklagte nicht unterbinden. In der Praxis kann sich die Unzuständigkeit der Nicht-Kartellgerichte weiterhin „unverhofft"[915] aus einer anfänglichen kartellrechtlichen Vorfrage ergeben. So umständlich und zeitintensiv das Verfahren nach § 96 Abs. 2 GWB a. F. war, hatte es doch den entscheidenden Vorteil, dass in jedem Stadium des Prozesses über eine Aussetzung nachgedacht und entschieden werden konnte.[916] Die gegenwärtige Gesamtzuständigkeit nach § 87 S. 2 GWB macht hingegen ein abweisendes Prozessurteil oder – bei entsprechendem Antrag – eine Verweisung nach § 281 Abs. 1 S. 1 ZPO an die Kartellgerichte erforderlich. *De lege ferenda* ist die Rückkehr zum flexibleren[917] Aussetzungsverfahren zu fordern. Darüber hinaus hätte ein Aussetzungsverfahren den Vorteil, dass eine ungerechte Verteilung der Verweisungskosten vermieden wird.[918]

3. Schlüssigkeitsprüfung kartellrechtlicher Vorfragen durch ein Nicht-Kartellgericht?

Bei einer kartellrechtlichen Vorfrage im Sinne des § 87 S. 2 GWB handelt es sich – anders als bei der Entscheidungserheblichkeit[919] – um eine *doppelrelevante Tatsache*.[920] So ist etwa ein Verstoß gegen kartellrechtliche Vorschriften im Rahmen des § 87 S. 2 GWB – also in der Zulässigkeit – und in der Begründetheit zu prüfen. Nach der bereits erörterten[921] *Lehre von den doppelrelevanten Tatsachen* reicht zur Begründung der Zuständigkeit nach § 87 S. 2 GWB grundsätzlich eine schlüssige Behauptung der kartellrechtlichen Vorfrage aus.[922]

---

[914] In Betracht käme folgende Ergänzung des § 87 GWB: „Die Fortdauer der Zuständigkeit nach § 261 Abs. 3 Nr. 1 ZPO gilt nicht, wenn sich die Voraussetzungen des § 87 S. 2 GWB erst nach Eintritt der Rechtshängigkeit ergeben."
[915] *Schmidt*, in: Immenga/Mestmäcker, Wettbewerbsrecht, § 87 GWB Rn. 32; siehe auch *Schmidt*, Gesellschaftsstreitigkeiten vor Kartellgerichten, in: FS Peltzer, S. 422.
[916] *Schmidt*, in: Immenga/Mestmäcker, Wettbewerbsrecht, § 87 GWB Rn. 32.
[917] *Pohlmann/Schäfers*, in: Fuchs/Weitbrecht, Handbuch Private Kartellrechtsdurchsetzung, § 12 Rn. 53.
[918] Hierzu unten ausführlich Kapitel 5: § 21 D. (S. 186 ff.).
[919] Hierzu oben Kapitel 5: § 21 A. III. 2. (S. 153 f.).
[920] *Klein*, NJW 2003, 16 (17); ebenso stellt die kartellrechtliche Hauptfrage eine doppelrelevante Tatsache dar, vgl. *Dicks*, in: LMRKM, § 87 GWB Rn. 7.
[921] Siehe oben Kapitel 5: § 21 A. III. 1. (S. 151 ff.).
[922] *Klein*, NJW 2003, 16 (17).

Das bedeutet, dass ein angerufenes Gericht im Hinblick auf die kartellrechtliche Vorfrage keine Beweisaufnahme vornehmen muss.[923] Insbesondere die Nicht-Kartellgerichte müssen zur Beurteilung der Kartellrelevanz – im Gegensatz zur Feststellung der Entscheidungserheblichkeit[924] – keine Beweisaufnahme durchführen.[925] Die Schwelle für das Vorliegen einer kartellrechtlichen Vorfrage ist niedrig, sodass sich der Anreiz für Beklagte erhöht, aus prozesstaktischen Gründen kartellrechtliche Einwendungen zu erheben.

Es stellt sich jedoch die Frage, inwieweit ein Nicht-Kartellgericht eine Schlüssigkeitsprüfung der kartellrechtlichen Vorfrage vornehmen muss. Eine solche Prüfung kartellrechtlicher Fragen durch die Nicht-Kartellgerichte gefährdet die vom Gesetzgeber mit § 87 GWB bezweckte Einheitlichkeit und Qualität der Rechtsprechung.[926] Vor diesem Hintergrund ist eine umfassende Schlüssigkeitsprüfung der Nicht-Kartellgerichte im Hinblick auf das Vorliegen einer kartellrechtlichen Vorfrage abzulehnen.[927] Eine vollständige Schlüssigkeitsprüfung durch die Nicht-Kartellgerichte, die die Auslegung und Subsumtion kartellrechtlicher Normen verlangt, findet nicht statt. Das bedeutet, dass die Partei, die sich auf die Zuständigkeit nach § 87 S. 2 GWB beruft, aufgrund ihres Tatsachenvortrags eine kartellrechtliche Vorfrage lediglich ernsthaft geltend machen muss.[928] Erforderlich ist der Vortrag eines Lebenssachverhaltes, der nach einer ersten summarischen Würdigung nicht ohne Berücksichtigung kartellrechtlicher Normen und Grundsätze zu beurteilen und zu lösen ist.[929] Maßgeblich ist, ob unter Zugrundelegung des – als zutreffend zu unterstellenden – Tatsachenvortrags die angeführten kartellrechtlichen Normen ernsthaft daraufhin zu prüfen sind, ob das Vorliegen einer kartellrechtlichen Vorfrage hin-

---

[923] Vgl. allgemein hierzu bereits oben Kapitel 5: § 21 A. III. 1. (S. 151 ff.).
[924] Hierzu oben Kapitel 5: § 21 A. IV. 2. (S. 156 ff.).
[925] LAG Düsseldorf, Beschl. v. 29.1.2018 – 14 Sa 591/17, in: WuW 2018, 332 (334); *Bornkamm/Tolkmitt*, in: Bunte, Kartellrecht I, § 87 GWB Rn. 18; *Meyer-Lindemann*, in: FK-KartellR, § 87 GWB Rn. 58; *Pohlmann/Schäfers*, in: Fuchs/Weitbrecht, Handbuch Private Kartellrechtsdurchsetzung, § 12 Rn. 63; wohl auch *Schmidt*, in: Immenga/Mestmäcker, Wettbewerbsrecht II, § 87 GWB Rn. 30.
[926] Vgl. KG Berlin, Beschl. v. 22.12.2009 – 23 U 180/09, in: GRUR-RR 2010, 120; *Dicks*, in: LMRKM, § 87 GWB Rn. 19; *Meyer-Lindemann*, in: FK-KartellR, § 87 GWB Rn. 56; im Hinblick auf § 87 S. 1 GWB LG Braunschweig, Beschl. v. 19.6.2013 – 5 O 552/12, in: NZKart 2013, 380 (381).
[927] Vgl. *Meyer-Lindemann*, in: FK-KartellR, § 87 GWB Rn. 56, der eine „summarische Wahrscheinlichkeitsprüfung" fordert; in Bezug auf § 87 S. 1 GWB OLG Düsseldorf, Beschl. v. 24.1.2018 – VI U (Kart) 10/17, in: NZKart 2018, 145 (148); LG Braunschweig, Beschl. v. 19.6.2013 – 5 O 552/12, in: NZKart 2013, 380 (381).
[928] Brandenburgisches OLG, Urt. v. 13.8.2019 – 6 U 102/19, in: WuW 2019, 645 (647); LG Cottbus, Urt. v. 6.7.2018 – 3 O 283/16, juris, Rn. 18; zu § 87 S. 1 GWB LG Braunschweig, Beschl. v. 19.6.2013 – 5 O 552/12, in: NZKart 2013, 380 (381); vgl. auch BGH, Urt. v. 29.10.2019 – KZR 60/18, in: NZKart 2020, 35 (36): „keine ernsthaften Zweifel".
[929] Brandenburgisches OLG, Urt. v. 13.8.2019 – 6 U 102/19, in: WuW 2019, 645 (647); *Meyer-Lindemann*, in: FK-KartellR, § 87 GWB Rn. 56; im Hinblick auf § 87 S. 1 GWB OLG Düsseldorf, Beschl. v. 24.1.2018 – VI U (Kart) 10/17, in: NZKart 2018, 145 (148).

reichend wahrscheinlich ist.⁹³⁰ Auf Schlüssigkeit und hinreichende Substantiierung des Vortrags kommt es hingegen nicht an.⁹³¹ Bloße Rechtsausführungen über die angebliche Einschlägigkeit von Vorschriften des GWB genügen allerdings nicht, um die Zuständigkeit nach § 87 S. 2 GWB zu begründen.⁹³² Hierbei handelt es sich in Anbetracht von Art. 101 Abs. 1 GG jedoch um eine prozessrechtliche Selbstverständlichkeit, da keine Prozesspartei durch haltloses Vorbringen die Bestimmungen über den gesetzlichen Richter umgehen kann.⁹³³ Für die weitere Untersuchung ist festzuhalten, dass die geringen Anforderungen an die Prüfung des Vorliegens kartellrechtlicher Vorfragen die Versuchung für Beklagte steigern, ihren Vortrag aus prozesstaktischen Gründen um kartellrechtliche Einwendungen anzureichern.

III. Ergebnis

Im Ergebnis verursachen mehrere prozessuale Faktoren die Missbrauchsanfälligkeit des § 87 S. 2 GWB aufgrund der prozesstaktischen Erhebung kartellrechtlicher Einwendungen durch die Beklagte. Hierzu zählen die Heranziehung des Beklagtenvortrags,⁹³⁴ der Grundsatz der *perpetuatio fori*⁹³⁵ sowie die nur summarische Prüfung des Vorliegens kartellrechtlicher Vorfragen⁹³⁶. Wie ebenfalls erörtert,⁹³⁷ hat sich die Missbrauchsgefahr in der Realität auch bereits ver-

---

⁹³⁰ Brandenburgisches OLG, Urt. v. 13.8.2019 – 6 U 102/19, in: WuW 2019, 645 (647); LAG Düsseldorf, Beschl. v. 29.1.2018 – 14 Sa 591/17, in: WuW 2018, 332 (334); vgl. auch *Voß*, in: Busche/Röhling, Kölner Kommentar, § 87 GWB Rn. 22; *Könen*, ZZP 133 (2020), 231 (241 f.); zu § 87 S. 1 GWB *Keßler*, in: MüKo Wettbewerbsrecht II, § 87 GWB Rn. 16; *Pohlmann/Schäfers*, in: Fuchs/Weitbrecht, Handbuch Private Kartellrechtsdurchsetzung, § 12 Rn. 46; *Schmidt*, in: Immenga/Mestmäcker, Wettbewerbsrecht II, § 87 GWB Rn. 12.
⁹³¹ Brandenburgisches OLG, Urt. v. 13.8.2019 – 6 U 102/19, in: WuW 2019, 645 (647); KG Berlin, Urt. v. 13.3.2018 – 5 U 59/17, in: NJOZ 2019, 33 (34); LG Wuppertal, Beschl. v. 3.9.2020 – 11 O 59/19, juris, Rn. 16; *Dicks*, in: LMRKM, § 87 GWB Rn. 19; *Ollerdißen*, in: Wiedemann, Handbuch des Kartellrechts, § 59 Rn. 38; *Pohlmann/Schäfers*, in: Fuchs/Weitbrecht, Handbuch Private Kartellrechtsdurchsetzung, § 12 Rn. 63; vgl. auch *Voß*, in: Busche/Röhling, Kölner Kommentar, § 87 GWB Rn. 22; a. A. *Klein*, NJW 2003, 16 (17), der „schlüssige[n] Vortrag kartellrechtlicher Einwände" fordert.
⁹³² BAG, Urt. v. 29.6.2017 – 8 AZR 189/15, in: NJW 2018, 184 (185); OLG Düsseldorf, Beschl. v. 13.12.2010 – VI W (Kart) 8/10, juris, Rn. 16; OLG Celle, Beschl. v. 1.10.2010 – 13 AR 5/10 (Kart), in: WuW 2011, 82 (85); *Meyer-Lindemann*, in: FK-KartellR, § 87 GWB Rn. 33; *Schmidt*, in: Immenga/Mestmäcker, Wettbewerbsrecht II, § 87 GWB Rn. 27; *Voß*, in: Busche/Röhling, Kölner Kommentar, § 87 GWB Rn. 22; zu § 87 S. 1 GWB LG Münster, Urt. v. 16.4.2015 – 11 O 276/13, in: WuW/E DE-R, 4755 (4760).
⁹³³ So zutreffend *Kühnen*, NZKart 2020, 49 (50); vgl. auch *Bornkamm/Tolkmitt*, in: Bunte, Kartellrecht I, § 87 GWB Rn. 21: „Es darf nicht allein in der Hand einer Partei liegen, durch einen von vornherein als unbegründet erkennbaren Einwand eine Verweisung an das Kartellgericht zu erzwingen."
⁹³⁴ Siehe oben Kapitel 5: § 21 C. II. 1. (S. 175 f.).
⁹³⁵ Siehe oben Kapitel 5: § 21 C. II. 2. (S. 177 f.).
⁹³⁶ Siehe oben Kapitel 5: § 21 C. II. 3. (S. 183 ff.).
⁹³⁷ Siehe hierzu bereits oben Kapitel 5: § 21 B. II. (S. 166 ff.) sowie Kapitel 5: § 21 C. I. (S. 173 ff.).

wirklicht. Aufgrund der hieraus resultierenden Rechtsunsicherheiten besteht Handlungsbedarf für den Gesetzgeber. Die Untersuchung hat gezeigt, dass die ermittelten prozessualen Schwierigkeiten alle auf die Umwandlung des Aussetzungsverfahrens in eine Regelung der Gesamtzuständigkeit zurückzuführen sind. Zur Vermeidung der dadurch entstandenen prozessualen Defizite ist die (Rück-) Umwandlung in einen *modifizierten* Aussetzungszwang zu fordern.[938]

D. Folgeproblem: Verteilung der Verweisungskosten

Wie bereits erörtert,[939] können sich *de lege lata* kartellrechtliche Vorfragen, die eine Verweisung nach sich ziehen, erst nach Eintritt der Rechtshängigkeit aus dem Beklagtenvortrag ergeben. Hieraus resultiert im Hinblick auf die Verteilung der Verweisungskosten ein Folgeproblem. Tritt im laufenden Verfahren vor einem Nicht-Kartellgericht eine kartellrechtliche Vorfrage auf, wird die Klägerin regelmäßig einen Antrag auf Verweisung an das zuständige Kartellgericht gemäß § 281 Abs. 1 S. 1 GWB stellen.[940] Die Mehrkosten[941] einer solchen Verweisung muss die Klägerin gemäß § 281 Abs. 3 S. 2 ZPO tragen, auch wenn sie in der Hauptsache obsiegt. Die Kostenverteilung beruht auf der gesetzgeberischen Wertung, dass die Klägerin durch sorgfältige Gerichtswahl eine Verweisung vermeiden kann.[942] Ist ihr dies gelungen, sollen nachträglich eintretende Umstände die Zuständigkeit des zutreffend gewählten Gerichts gemäß § 261

---

[938] Zum Reformvorschlag zu § 87 S. 2 GWB siehe unten Kapitel 6: § 24 (S. 196 ff.).

[939] Siehe oben Kapitel 5: § 21 C. II. 2. d) (S. 182 f.).

[940] An einem abweisenden Prozessurteil und der Erhebung einer neuen Klage vor dem Kartellgericht wird die Klägerin in den seltensten Fällen Interesse haben. Eine bis zum Beginn der mündlichen Verhandlung mögliche Klagerücknahme nach § 269 Abs. 1 ZPO würde die Klägerin gemäß § 269 Abs. 3 S. 2 ZPO ebenfalls mit Kosten belasten. Sofern die Klägerin – was eher fernliegend ist – infolge der kartellrechtlichen Einwendung nicht an der Durchsetzung des geltend gemachten Anspruchs festhalten will, könnte sich eine Erledigungserklärung anbieten. In diesem Fall müsste die Klägerin ebenfalls im Zweifel die Kosten tragen. Nach herrschender Auffassung wandelt sich im Fall der einseitigen Erledigungserklärung die Klage in eine Feststellungsklage um, in deren Rahmen Zulässigkeit und Begründetheit der ursprünglichen Klage und deren Erledigung geprüft werden, vgl. statt vieler *Pohlmann,* ZPR, Rn. 478. Die Kosten würden sich je nach Ausgang der Feststellungsklage zwischen den Parteien verteilen. Das bedeutet, dass die Klägerin die Kosten trägt, wenn ihr Anspruch aufgrund der kartellrechtlichen Einwendung nicht besteht. Im Fall einer – eher unwahrscheinlichen – übereinstimmenden Erledigungserklärung entscheidet das Gericht gemäß § 91 a ZPO unter Berücksichtigung des bisherigen Sach- und Streitstandes und nach billigem Ermessen durch Beschluss über die Kosten des Rechtsstreits, vgl. hierzu *Pohlmann,* ZPR, Rn. 558 ff.; vgl. zu den Reaktionsmöglichkeiten der Klägerin auf nachträgliche Unzuständigkeit des Nicht-Kartellgerichts auch *Klein,* NJW 2003, 16 (18).

[941] Gemeint ist der Unterschied zwischen den Gesamtkosten vor beiden Gerichten und denjenigen Kosten, die dem Beklagten bei sofortiger Anrufung des zuständigen Gerichts entstanden wären, siehe *Thole,* in: Stein/Jonas, ZPO IV, § 281 ZPO Rn. 71 m. w. N.

[942] *Klein,* NJW 2003, 16.

Abs. 3 Nr. 2 ZPO nicht mehr beseitigen.[943] Im Rahmen von § 87 S. 2 GWB verfängt diese Überlegung jedoch – wie oben gezeigt[944] – nicht, wenn sich die kartellrechtliche Vorfrage aus dem Beklagtenvortrag ergibt.[945] Die Erhebung kartellrechtlicher Einwendungen ist für die Klägerin in den seltensten Fällen vorhersehbar.[946] Es ist davon auszugehen, dass eine Klägerin, die davon ausgeht, dass ihr Anspruch aufgrund kartellrechtlicher Vorschriften nicht besteht, aufgrund fehlender Erfolgsaussichten gar keine Klage erheben würde.[947] Sofern die Klägerin der Überzeugung ist, dass kein Verstoß gegen kartellrechtliche Vorschriften besteht, aber dennoch ein entsprechender Beklagtenvortrag zu erwarten ist, befindet sie sich in einer „Zwickmühle". Wenn sie auf Verdacht hin unmittelbar Klage vor einem Kartellgericht erhebt, geht sie das Risiko ein, dass die Beklagte doch keine kartellrechtlichen Einwendungen erhebt. Zudem besteht die Möglichkeit, dass die Beklagte erst infolge der Anrufung eines Kartellgerichts eine kartellrechtliche Verteidigungsstrategie in Erwägung zieht. Wendet sich die Klägerin dagegen an ein Nicht-Kartellgericht, muss sie unter Umständen die Verweisungskosten tragen. Das bestehende Dilemma vergleicht *Klein* mit der Konstellation einer Widerklage und schlägt die analoge Anwendung des § 506 ZPO vor.[948] Die Regelung des § 506 Abs. 2 ZPO verweist nicht auf § 281 Abs. 3 S. 2 ZPO. Das bedeutet, dass die verweisungsbedingten Mehrkosten von den Parteien entsprechend dem Umfang ihres Unterliegens zu tragen sind (§§ 91, 92 ZPO).[949] Eine analoge Anwendung des § 506 ZPO setzt eine planwidrige Regelungslücke und eine vergleichbare Interessenlage voraus. Beides liegt hier vor. Es ist nicht davon auszugehen, dass der Gesetzgeber bei der Umwandlung der Aussetzungsregelung in eine Gesamtzuständigkeit die Verteilung der Verweisungskosten bedacht hat. Auch die Interessenlage ist vergleichbar.[950] Selbst bei sorgfältiger Gerichtsauswahl kann die Klägerin eine Unzuständigkeit des zunächst angerufenen Nicht-Kartellgerichts aufgrund von § 87 S. 2 GWB nicht verhindern. Aufgrund der beschriebenen „Zwickmühle"

---

[943] Zum Zusammenspiel mit der *perpetuatio fori* oben Kapitel 5: § 21 C. II. 2. (S. 177 ff.).
[944] Siehe oben Kapitel 5: § 21 C. II. 2. d) (S. 182 f.).
[945] *Klein*, NJW 2003, 16.
[946] So bereits zu früheren Rechtslage *Völp*, WuW 1959, 397 (403).
[947] Siehe zur kartellrechtlichen Wirksamkeit als negative Voraussetzung bereits oben Kapitel 5: § 19 B. II. 2. a) bb) (3) (S. 71 ff.).
[948] *Klein*, NJW 2003, 16 (18); „allenfalls" für die Fälle von Aufrechnungen mit kartellrechtlichen Forderungen sowie kartellrechtlichen Widerklagen zustimmend *Bornkamm/Tolkmitt*, in: Bunte, Kartellrecht I, § 87 GWB Rn. 29; a. A. *Voß*, in: Busche/Röhling, Kölner Kommentar, § 87 GWB Rn. 67.
[949] *Klein*, NJW 2003, 16.
[950] A. A. *Voß*, in: Busche/Röhling, Kölner Kommentar, § 87 GWB Rn. 67: „Gegen die[ ] Analogie [des § 506 ZPO] bestehen aber durchgreifende Bedenken, weil eine [der] Widerklage [ ] vergleichbare Interessenlage nicht ohne Weiteres zu erkennen ist und allein die Übereinstimmung in der (gewünschten) Rechtsfolge die entsprechende Gesetzesanwendung nicht rechtfertigen kann."

hat die Klägerin nicht die Möglichkeit, unmittelbar ein Kartellgericht anzurufen.[951] Auch wenn die Klägerin mit einem kartellrechtlichen Beklagtenvortrag rechnet und dennoch kein Kartellgericht anruft, kann ihr kein pauschaler Verstoß gegen die Pflicht zur prozessualen Wahrheit unterstellt werden.[952] Sie kann schlichtweg nicht vorhersehen, ob die Beklagte den kartellrechtlichen Sachverhalt zum Prozessstoff macht. Im Kontext der prozessualen Wahrheit ist ferner zu berücksichtigen, dass die Beklagte ihrerseits eine Verweisung möglicherweise einzig aus prozesstaktischen Gründen herbeiführen möchte.[953] Wie im Fall der Widerklage kann die Klägerin zwar eventuell mit einer die Zuständigkeit beeinflussenden Reaktion der Beklagten rechnen. Nach der gesetzgeberischen Wertung des § 506 Abs. 2 ZPO soll sie aber nicht die Kosten für eine etwaige Verweisung tragen. *Bornkamm/Tolkmitt* lehnen eine analoge Anwendung des § 506 ZPO ab, da in der Regel keine zusätzlichen gerichtlichen Kosten anfielen und die Parteien die Anwältinnen nicht zwangsläufig wechseln müssten.[954] Dieses Argument überzeugt nicht.[955] Die Höhe der Verweisungskosten darf bei der Frage nach der grundsätzlichen Verteilung keine Rolle spielen. Ferner kann etwa die Zahlung einer Gebühr erforderlich sein, wenn bereits ein Termin stattgefunden hat. Mithin ist *de lege lata* eine analoge Anwendung des § 506 ZPO im Hinblick auf die Verteilung der Verweisungskosten zu bejahen. *De lege ferenda* sollte der Gesetzgeber die verbleibende Rechtsunsicherheit vermeiden, indem er eine (Rück-) Umwandlung in einen *modifizierten* Aussetzungszwang vornimmt.

E. Bewertung der prozessualen Aspekte

Die Untersuchung hat gezeigt, dass die Umwandlung des früheren Aussetzungszwangs nach § 96 Abs. 2 GWB a. F. in eine Regelung der ausschließlichen Gesamtzuständigkeit nach § 87 S. 2 GWB zahlreiche neue prozessuale Schwierigkeiten mit sich gebracht hat. Die Anknüpfung an eine kartellrechtliche Vorfrage und die damit einhergehende Prüfung der Entscheidungserheblichkeit fügen

---

[951] So auch *Voß*, in: Busche/Röhling, Kölner Kommentar, § 87 GWB Rn. 67.
[952] So aber *Bornkamm/Tolkmitt*, in: Bunte, Kartellrecht I, § 87 GWB Rn. 29; zustimmend *Voß*, in: Busche/Röhling, Kölner Kommentar, § 87 GWB Rn. 67.
[953] Zur prozesstaktischen Erhebung kartellrechtlicher Einwendungen oben Kapitel 5: § 21 C. I. (S. 173 ff.).
[954] *Bornkamm/Tolkmitt*, in: Bunte, Kartellrecht I, § 87 GWB Rn. 29: „[D]urch die Verweisung an das Kartellgericht entstehen im Allg. keine zusätzlichen Kosten, weil zusätzliche Gerichtskosten nicht anfallen und die Parteien sich vor dem Kartellgericht von denselben Prozessbevollmächtigten vertreten lassen können."
[955] Kritisch zu dem Argument von *Bornkamm/Tolkmitt* auch *Voß*, in: Busche/Röhling, Kölner Kommentar, § 87 GWB Fn. 126 zu Rn. 67: „[Die] Erwägung, im Regelfall würden wegen der Vertretung durch dieselben Anwälte keine besonderen Kosten entstehen, [erscheint] nur von untergeordneter Bedeutung, zumal Reisekosten von Parteien und Anwälten nicht unbeträchtlich sein können."

sich nicht in das System der sachlichen Zuständigkeit ein. Als wesentliche prozessuale Schwachstellen sind die folgenden Punkte hervorzuheben: Widerspruch zwischen Entscheidungserheblichkeit und dem Vorrang der Zulässigkeitsprüfung,[956] Missbrauchsanfälligkeit auf Seiten der Nicht-Kartellgerichte[957] und der Beklagten[958] sowie unsachgemäße Verteilung der Verweisungskosten.[959] Aufgrund der in Rechtsprechung und Schrifttum erwogenen, systemfremden Ausnahmen – etwa Heranziehung des Beklagtenvortrags sowie die hier abgelehnte Durchbrechung der *perpetuatio fori* – besteht *de lege lata* eine bedenkliche Rechtsunsicherheit. In Anbetracht der materiellen Anknüpfung an § 87 GWB für die Berufungszuständigkeit haben die ermittelten prozessualen Defizite noch weiterreichende Konsequenzen. Zur Stärkung der Einheitlichkeit und Qualität der Rechtsprechung in Kartellsachen bedarf es daher im Hinblick auf § 87 S. 2 GWB eines Tätigwerdens des Gesetzgebers. Im Hinblick auf § 87 S. 1 GWB besteht hingegen aus prozessualer Sicht kein Handlungsbedarf. Die Untersuchung hat offenbart, dass sämtliche genannten prozessualen Schwachstellen des § 87 S. 2 GWB auf die Umwandlung des Aussetzungsverfahrens in eine Gesamtzuständigkeit zurückzuführen sind. *De lege ferenda* ist somit – wie bereits im Hinblick auf die Rechtsfolgen des § 87 S. 2 GWB festgestellt[960] – die Umwandlung in ein *modifiziertes* Aussetzungsverfahren zu fordern.[961]

§ 22 Gesamtbewertung der gegenwärtigen Regelung

Die Untersuchung von Tatbestand, Rechtsfolgen und prozessualen Fragen hat bereits die Reformbedürftigkeit des § 87 GWB erkennen lassen. Auf Grundlage der gewonnenen Erkenntnisse werden im Folgenden die Aspekte der Regelung des § 87 GWB identifiziert, die ein gesetzgeberisches Handeln erfordern. Hierzu zählen redaktionelle Anpassungen der Tatbestandsvoraussetzungen (A.), die klarstellende Anordnung sachlicher Zuständigkeit in § 87 S. 1 GWB (B.) sowie eine grundlegende Umgestaltung der Rechtsfolgen des § 87 S. 2 GWB (C.).

A. Redaktionelle Anpassungen der Tatbestandsvoraussetzungen

Die Untersuchung hat im Hinblick auf die Tatbestandsvoraussetzungen des § 87 GWB keinen umfassenden Reformbedarf aufgedeckt. Vielmehr hat die

---
[956] Siehe oben Kapitel 5: § 21 A. II. (S. 150).
[957] Zu missbräuchlichen Verweisungen durch Nicht-Kartellgerichte oben Kapitel 5: § 21 B. II. (S. 166 ff.).
[958] Zur prozesstaktischen Erhebung kartellrechtlicher Einwendungen oben Kapitel 5: § 21 C. I. (S. 173 ff.).
[959] Siehe oben Kapitel 5: § 21 D. (S. 186 ff.).
[960] Siehe oben Kapitel 5: § 20 G. (S. 141 f.).
[961] Zum Reformvorschlag zu § 87 S. 2 GWB unten Kapitel 6: § 24 (S. 196 ff.).

Analyse des Tatbestands gezeigt, dass durch ein stringentes Abstellen auf das Klagebegehren und die Heranziehung der erörterten Kriterien *de lege lata* eine trennscharfe Abgrenzung zwischen kartellrechtlichen Haupt- und Vorfragen möglich ist.[962] Zur Vermeidung von Rechtsunsicherheit sollte der Gesetzgeber dennoch an mehreren Stellen redaktionelle Anpassungen vornehmen. Sowohl § 87 S. 1 GWB als auch § 87 S. 2 GWB erfassen nur Zivilsachen im Sinne des § 13 GVG.[963] Die Begriffe „bürgerlicher Rechtsstreit" beziehungsweise „Rechtsstreit" sollten daher jeweils an den Wortlaut des § 13 GVG angeglichen und durch die Bezeichnung „Zivilsache" ersetzt werden. Anders als einige Vorschriften zu sachlichen Sonderzuständigkeiten, etwa § 143 PatG („Patentstreitsachen"), enthält § 87 GWB keine Legaldefinition. Es bietet sich an, die in Rechtsprechung und Schrifttum gängigen Bezeichnungen „kartellrechtliche Haupt- und Vorfrage" zur Klarstellung als Legaldefinitionen in den Wortlaut des § 87 GWB aufzunehmen.[964]

Der Vergleich mit anderen Sonderzuständigkeiten hat eine weitere Auffälligkeit offenbart: Die Formulierung „Anwendung betreffen" in § 87 S. 1 GWB weicht von dem Muster der Vorschriften zur sachlichen Sonderzuständigkeit ab.[965] So verwenden etwa § 143 Abs. 1 PatG, § 52 Abs. 1 Designgesetz, § 140 Abs. 1 Markengesetz sowie § 38 Abs. 1 Sortenschutzgesetz die weitaus üblichere Formulierung: „Für alle Klagen, durch die ein Anspruch aus einem der in diesem Gesetz geregelten Rechtsverhältnisse geltend gemacht wird." Die Abweichung in § 87 S. 1 GWB verwundert, da § 51 Abs. 2 PatG a. F. (heute § 143 Abs. 1 PatG) bei der Schaffung des § 87 GWB ausdrücklich als Vorbild diente.[966] Es hätte also nahegelegen, § 87 Abs. 1 S. 1 GWB a. F. wie folgt zu formulieren: „Für alle Klagen, durch die ein Anspruch aus einem der in diesem Gesetz geregelten Rechtsverhältnisse geltend gemacht wird (Kartellstreitsachen), sind die Landgerichte ohne Rücksicht auf den Streitwert ausschließlich zuständig." Aus heutiger Sicht ist eine Angleichung an den Wortlaut des § 143 PatG nicht wünschenswert. Eine Bezugnahme auf den „Anspruch aus dem GWB" wäre insofern zu eng, als die Verbotsnormen des GWB nicht nur unmittelbar im Rahmen der Anspruchsgrundlagen in §§ 33–34a GWB, sondern auch mittelbar aufgrund ihrer Nichtigkeitsfolgen Anwendung finden.[967] Ferner erfasst § 87 S. 1 GWB auch Streitigkeiten, die auf nicht-kartellrechtlichen Anspruchsgrundlagen beruhen.[968] Eine Angleichung an § 143 PatG könnte zudem

---

[962] Siehe oben Kapitel 5: § 19 D. (S. 99 f.).
[963] Siehe oben Kapitel 5: § 19 B. I. (S. 58 ff.) und Kapitel 5: § 19 C. I. (S. 80 f.).
[964] Zu den Begriffen der kartellrechtlichen Haupt- und Vorfrage oben Kapitel 5: § 19 A. I. (S. 53 ff.).
[965] Siehe hierzu bereits oben Kapitel 5: § 19 B. II. 2. a) aa) (1) (S. 64 f.).
[966] BT-Drs. 2/1158, S. 29 und 53; siehe auch *Renthe*, in: Müller-Henneberg/Schwartz, Gemeinschaftskommentar³, § 87 GWB Rn. 4.
[967] Siehe hierzu bereits oben Kapitel 5: § 19 B. II. 1. a) (S. 61 ff.).
[968] Siehe oben Kapitel 5: § 19 B. II. 2. a) bb) (S. 69 ff.).

§ 22 Gesamtbewertung der gegenwärtigen Regelung 191

die Vorrangstellung des § 87 GWB im Verhältnis zu anderweitigen sachlichen Sonderzuständigkeiten[969] infrage stellen. Die Verwendung der Formulierung „Anwendung betreffen" ist daher beizubehalten.[970] Angemessen erscheint jedoch eine Annhäherung, indem § 87 S. 1 GWB eine Legaldefinition (kartellrechtliche Hauptfrage) hinzugefügt wird.

Im Hinblick auf § 87 S. 2 GWB ist hinzuzufügen, dass der Gesetzgeber eine – auf die nahezu wortlautgleiche Übertragung von § 96 Abs. 2 GWB a. F. zurückzuführende – umständliche und teils missglückte Formulierung gewählt hat. So enthält § 87 S. 2 GWB etwa die zweifache Verwendung des Wortes „Entscheidung".[971] Bei einer Reform des § 87 S. 2 GWB wäre eine Vereinfachung beziehungsweise Präzisierung des Wortlauts wünschenswert. Ferner könnte der Gesetzgeber den Begriff „Anwendbarkeit" um „Auslegung" ergänzen, um hervorzuheben, dass sich kartellrechtliche Vorfragen auch aus Wertungen ergeben können.[972]

B. Klarstellende Anordung der sachlichen Zuständigkeit in § 87 S. 1 GWB

Bei der Untersuchung der Rechtsfolgen sowie prozessualen Aspekte ist für § 87 S. 1 GWB – im Gegensatz zu § 87 S. 2 GWB – ein weitaus geringerer Reformbedarf festgestellt worden. Insbesondere weist § 87 S. 1 GWB in prozessualer Hinsicht keine Schwierigkeiten auf. Allerdings hat die Analyse der Rechtsfolgen ergeben, dass sowohl § 87 S. 1 GWB als auch § 87 S. 2 GWB allein die sachliche Zuständigkeit innerhalb des ordentlichen Rechtswegs regeln.[973] Der Gesetzgeber sollte klarstellen, dass § 87 S. 1 GWB – anders als überwiegend in Rechtsprechung und Schrifttum angenommen[974] – keine Rechtswegregelung enthält. Insofern bietet sich die bereits angesprochene Annäherung[975] an den Wortlaut anderweitiger Sonderzuständigkeiten wie etwa § 143 PatG durch die Aufnahme einer Legaldefinition an. Allerdings enthält etwa die Rechtswegrege-

---

[969] Zum Vorrang der Kartellgerichte oben Kapitel 5: § 20 D. I. (S. 121 ff.).
[970] Im Rahmen der 7. GWB-Novelle (2005) hat der Gesetzgeber die zuvor verwendete Formulierung „Rechtsstreitigkeiten, die sich aus diesem Gesetz oder aus Kartellvereinbarungen und aus Kartellbeschlüssen ergeben" durch „Rechtsstreitigkeiten, die die Anwendung von Vorschriften des Teils 1, [...] betreffen" ersetzt. Der Gesetzgeber betonte, dass die redaktionelle Vereinfachung der Vorschrift keine sachliche Änderung zur Folge habe, BT-Drs. 15/3640, S. 68; so auch LG Mainz, Beschl. v. 22.1.2021 – 9 O 183/20, juris, Rn. 4; *Rombach*, in: Beck-OK KartellR, § 87 GWB Rn. 16.1. Insofern ist verwunderlich, dass der Gesetzgeber bei der Schaffung des § 102 EnWG als Nachbildung des § 87 GWB im selben Jahr das Verb „ergeben" verwendete, BT-Drs. 15/3917, S. 75.
[971] Siehe oben Kapitel 5: § 19 C. II. (S. 81 f.).
[972] Siehe hierzu oben Kapitel 5: § 19 C. III. 2. c) (S. 89 f.).
[973] Siehe oben Kapitel 5: § 20 B. V. (S. 116).
[974] Siehe zum Meinungsstand oben Kapitel 5: § 20 B. III. (S. 108 f.).
[975] Siehe hierzu bereits oben Kapitel 5: § 22 A. (S. 189 ff.).

lung des § 13 GVG auch eine Legaldefiniton. Eine solche Ergänzung reicht zur Klarstellung nicht aus. Der Gesetzgeber sollte darüber hinaus das Wort „sachlich" sowie die Formulierung „innerhalb der ordentlichen Gerichtsbarkeit" ergänzen.[976]

C. Umgestaltung der Rechtsfolgen des § 87 S. 2 GWB: Gesamtzuständigkeit oder Aussetzungsverfahren?

Die Regelung des § 87 S. 2 GWB weist im Hinblick auf die Rechtsfolgen sowie prozessualen Aspekte hohen Reformbedarf auf. Die hieraus resultierende Frage lautet nicht, *ob* der Gesetzgeber eine Zuständigkeit der Kartellgerichte für kartellrechtliche Vorfragen beibehalten sollte, sondern vielmehr, *wie* er eine solche effektiver ausgestalten könnte. Die Vorschrift des § 87 S. 2 GWB knüpft zur Begründung der sachlichen Zuständigkeit atypisch an eine Vorfrage an.[977] Die Prüfung des Vorliegens einer kartellrechtlichen Vorfrage und der damit verbundenen Entscheidungserheblickeit erzeugt in prozessualer Hinsicht enorme Schwierigkeiten.[978] Als systemwidrige Regelung der sachlichen Zuständigkeit weist § 87 S. 2 GWB ein Missbrauchspotential auf, das sich bereits in der Praxis realisiert hat. Nicht-Kartellgerichte nutzen die Regelung des § 87 S. 2 GWB, um unliebsame Verfahren an Kartellgerichte zu verweisen.[979] Beklagte bezwecken mit der prozesstaktischen Erhebung kartellrechtlicher Einwendungen die Verzögerung durch Verweisung an die Kartellgerichte.[980] Die Untersuchung hat gezeigt, dass sämtliche prozessualen Schwachstellen des § 87 S. 2 GWB auf der Umwandlung des Aussetzungsverfahrens in eine Regelung der Gesamtzuständigkeit beruhen.[981] Die Angleichung der Rechtsfolgen für kartellrechtliche Haupt- und Vorfragen mag zwar die prozessökonomisch begrüßenswerte Prozessverdopplung abgeschafft haben. Insofern ist nachvollziehbar, dass sich der Gesetzgeber rechtspolitisch im Rahmen der 6. GWB-Novelle (1998) für eine grundlegende Umgestaltung der Zuständigkeitsregelung anstelle einer Verbesserung des Aussetzungsverfahrens entschieden hat. Die Abschaffung des Aussetzungsverfahrens hat aber zugleich neue prozessrechtliche Probleme

---

[976] Zum konkreten Reformvorschlag zu § 87 S. 1 GWB unten Kapitel 6: § 23 (S. 195 f.).
[977] Siehe oben Kapitel 3: § 12 (S. 30 ff.).
[978] Zur Übertragung der Entscheidungserheblichkeit von § 96 Abs. 2 GWB a. F. in § 87 S. 2 GWB Kapitel 5: § 21 A. (S. 143 ff.), zur Überprüfung von Verweisungsbeschlüssen mit Nicht-Kartellgerichten aufgrund von § 87 S. 2 GWB Kapitel 5: § 21 B. (S. 162 ff.) sowie zur Erhebung kartellrechtlicher Einwendungen durch Beklagte Kapitel 5: § 21 C. (S. 173 ff.). Siehe zur abschließenden Bewertung der prozessualen Aspekte Kapitel 5: § 21 E. (S. 188 f.).
[979] Siehe zur Verweisungspraxis der Nicht-Kartellgerichte oben Kapitel 5: § 21 B. II. (S. 166 ff.).
[980] Zur prozesstaktischen Erhebung kartellrechtlicher Einwendungen oben Kapitel 5: § 21 C. I. (S. 173 ff.).
[981] Siehe oben Kapitel 5: § 21 E. (S. 188 f.).

nach sich gezogen, die der Gesetzgeber weder vorhergesehen noch beabsichtigt haben dürfte. Zudem lässt die Entscheidung des Bundesarbeitsgerichts zum *Schienenkartell*[982] Zweifel daran aufkommen, ob die Gesamtzuständigkeit tatsächlich stets eine beschleunigte Klärung der materiell-rechtlichen Frage ermöglicht.[983] Die in § 87 S. 2 GWB angeordnete Regelung zur Zuständigkeit bei kartellrechtlichen Vorfragen stellt somit keine Ideallösung dar. Wie bereits erörtert,[984] handelt es sich bei der schlichten Rückkehr zum Aussetzungszwang nach § 96 Abs. 2 GWB a. F. allerdings um keinen Ausweg.

Ein Vergleich der bisher vom Gesetzgeber gewählten Zuständigkeitskonzeptionen zeigt, dass er zwischen zwei Extremfällen gewählt hat: Während die Kartellgerichte im Aussetzungsverfahren nur über einen begrenzten – nämlich nur den kartellrechtlichen – Teil einer Streitigkeit entscheiden mussten, gilt aufgrund der Gesamtzuständigkeit der Kartellgerichte das „Alles oder nichts"-Prinzip. Gemeint ist, dass die Kartellgerichte entweder über den gesamten Rechtsstreit einschließlich der kartellrechtlichen Vorfrage entscheiden oder gar nicht. Es erscheint sinnvoll, das Potential zur Verbesserung der Zuständigkeitsausgestaltung im Rahmen jenes Konzepts zu suchen, das für die Anknüpfung an Vorfragen sachgemäßer erscheint. Die Untersuchung hat gezeigt, dass dies das Aussetzungsverfahren ist.[985] Das primäre Ziel des Gesetzgebers ist seit Schaffung des GWB die Einheitlichkeit und Qualität der Rechtsprechung in Kartellsachen. Der Aussetzungszwang erscheint als das einzige Mittel, mit dem eine einheitliche Rechtsprechung zum GWB gewährleistet werden kann, ohne zugleich eine Befassung – im schlimmsten Fall sogar eine Überlastung – der Kartellgerichte mit fachfremden Fragen, die oft selbst eine richterliche Spezialisierung voraussetzen, herbeizuführen.[986] Das Aussetzungsverfahren führt im Gegensatz zur Gesamtzuständigkeit auch nicht zum Verlust anderweitiger gerichtlicher Expertise.[987] Dies wiegt umso schwerer, als der Vorrang der Kartellgerichte auch im Fall von § 87 S. 2 GWB gilt.[988] Zudem kann das Aussetzungsverfahren rechtswegübergreifende Anwendung finden, sodass etwa auch kartellrechtliche Vorfragen in arbeitsrechtlichen Verfahren erfasst sind.[989] Darüber hinaus löst die Umwandlung in ein Aussetzungsverfahren Zuständigkeitsstreitigkeiten in der Berufungsinstanz, die sich aufgrund der materiellen An-

---

[982] BAG, Urt. v. 29.6.2017 – 8 AZR 189/15, in: NJW 2018, 184.
[983] Zur missbräuchlichen Verweisungspraxis von Nicht-Kartellgerichten oben Kapitel 5: § 21 B. II. (S. 166 ff.).
[984] Siehe oben Kapitel 4: § 18 (S. 50 f.).
[985] Vgl. zu Rechtsfolgen Kapitel 5: § 20 G. (S. 141 f.) und prozessualen Aspekten Kapitel 5: § 21 E. (S. 188 f.).
[986] Vgl. *Claßen*, Ausschließliche Zuständigkeit der Kartellgerichte, S. 3.
[987] Siehe zu Vorteilen des Aussetzungsverfahrens oben Kapitel 4: § 17 (S. 48 ff.).
[988] Zum Vorrang der Kartellgerichte oben Kapitel 5: § 20 D. I. (S. 121 ff.).
[989] Zur *de lege lata* bestehenden Lücke in der Zuständigkeitskonzentration Kapitel 5: § 20 B. V. (S. 116).

knüpfung an § 87 S. 2 GWB ergeben.[990] Insbesondere die umstrittene Frage nach der fristwahrenden Berufungseinlegung bei einem unzuständigen Kartellgericht erübrigt sich.[991] Schließlich ist das Aussetzungsverfahren insofern flexibler, als die Kartellgerichte unabhängig davon, wann und durch wessen Vortrag sich eine kartellrechtliche Vorfrage stellt, über diese entscheiden können. *De lege lata* wendet die Rechtsprechung zur Herbeiführung sachgemäßer Ergebnisse teils systemwidrige Ausnahmen an, die Rechtsunsicherheit verursachen. Die meisten Ausnahmen stellen zudem bereits eine (Rück-) Annäherung an die frühere Rechtlage dar.[992] Im Ergebnis ist die Abschaffung der Gesamtzuständigkeit der Kartellgerichte aufgrund kartellrechtlicher Vorfragen im Sinne des § 87 S. 2 GWB zu befürworten. *De lege ferenda* ist die (Rück-) Umwandlung in ein *modifiziertes* Aussetzungsverfahren zu fordern.[993]

D. Fazit

Der zu Beginn der Untersuchung als Hypothese aufgestellte Reformbedarf des § 87 S. 1 GWB wie auch – in wesentlich größerem Umfang – des § 87 S. 2 GWB wurde nachgewiesen. Zur Stärkung des *private enforcement* ist ein Tätigwerden des Gesetzgebers erforderlich. Eine effektive Durchsetzung kartellrechtlicher Verbote durch Private ist nur möglich, wenn der Zivilprozess den hierzu erforderlichen Rahmen bereithält.[994] Hierzu zählt insbesondere die Einheitlichkeit und Qualität der Rechtsprechung in Kartellsachen.

---

[990] Bis zur 6. GWB-Novelle (1998) erfolgte eine formelle Anknüpfung an § 87 GWB, hierzu bereits oben Kapitel 5: § 19 A. III. (S. 57).

[991] Gegen eine fristwahrende Berufungseinlegung beim unzuständigen Kartell-Oberlandesgericht OLG Düsseldorf, Urt. v. 9.5.2018 – VI U (Kart) 1/18, in: NZKart 2018, 278 (281 f.); *Kühnen*, NZKart 2020, 49 (51 f.); wohl auch *Könen*, ZZP 133 (2020), 231 (248 ff.); a. A. BGH, Urt. v. 29.10.2019 – KZR 60/18, in: NZKart 2020, 35 (36).

[992] Etwa Forderung einer strengen Prüfung der Entscheidungserheblichkeit durch die Kartellgerichte, siehe oben Kapitel 5: § 21 A. IV. 3. (S. 159 ff.).

[993] Zum konkreten Reformvorschlag zu § 87 S. 2 GWB sogleich Kapitel 6: § 24 (S. 196 ff.).

[994] Zum rechtspolitischen Hintergrund des § 87 GWB oben Kapitel 2: § 6 (S. 14 ff.).

Kapitel 6

Vorschläge zur Verbesserung der Zuständigkeitskonzentration bei bürgerlich-rechtlichen Kartellstreitigkeiten

Der festgestellte Reformbedarf veranlasst zur Untersuchung möglicher Reformvorschläge zur Verbesserung der gegenwärtigen Rechtslage. Auf Grundlage der vorgenommenen Gesamtbewertung stellt die Arbeit im Folgenden eigene Reformvorschläge zu § 87 S. 1 GWB (§ 23) und § 87 S. 2 GWB (§ 24) vor. Anschließend wird untersucht, inwiefern zur weiteren Zuständigkeitskonzentration eine Reduzierung der Anzahl von Kartellgerichten in Betracht kommt (§ 25).

§ 23 Reformvorschlag zu § 87 S. 1 GWB

Die gegenwärtige Regelung des § 87 S. 1 GWB lautet:

„Für bürgerliche Rechtsstreitigkeiten, die die Anwendung von Vorschriften des Teils 1, des Artikels 101 oder 102 des Vertrages über die Arbeitsweise der Europäischen Union oder des Artikels 53 oder 54 des Abkommens über den Europäischen Wirtschaftsraum betreffen, sind ohne Rücksicht auf den Wert des Streitgegenstands die Landgerichte ausschließlich zuständig."[1]

Bei der Reform des § 87 S. 1 GWB sind die bereits erörterten redaktionellen Anpassungen im Hinblick auf die Tatbestandsvoraussetzungen vorzunehmen.[2] Ferner sollte der Gesetzgeber klarstellen, dass es sich nicht um eine Rechtswegregelung handelt.[3] Eine entsprechende Vorschrift könnte lauten:

„Für Zivilsachen, die die Anwendung von Vorschriften des Teils 1, des Artikels 101 oder 102 des Vertrages über die Arbeitsweise der Europäischen Union oder des Artikels 53 oder 54 des Abkommens über den Europäischen Wirtschaftsraum[4] betreffen (kartell-

---

[1] Ab 7.11.2023 bezieht sich § 87 S. 1 GWB ferner auf die Art. 5, 6 und 7 der Verordnung (EU) 2022/1925 des Europäischen Parlaments und des Rates v. 14.9.2022 über bestreitbare und faire Märkte im digitalen Sektor und zur Änderung der Richtlinien (EU) 2019/1937 und (EU) 2020/1828 (Gesetz über digitale Märkte), Gesetz zur Änderung des Gesetzes gegen Wettbewerbsbeschränkungen und anderer Gesetze v. 25.10.2023 (BGBl. I Nr. 294, S. 5).
[2] Siehe oben Kapitel 5: § 22 A. (S. 189 ff.).
[3] Siehe oben Kapitel 5: § 22 B. (S. 191 f.).
[4] Entsprechend der Ergänzung des § 87 S. 1 GWB ab dem 7.11.2023 (siehe Fn. 1) sind an dieser Stelle die Art. 5, 6 und 7 der Verordnung (EU) 2022/1925 hinzuzufügen.

rechtliche Hauptfragen), sind innerhalb des ordentlichen Rechtswegs ohne Rücksicht auf den Wert des Streitgegenstands die Zivilkammern der Landgerichte ausschließlich sachlich zuständig."

§ 24 Reformvorschlag zu § 87 S. 2 GWB

Im Folgenden untersucht die Arbeit, wie der Gesetzgeber ein *modifiziertes* Aussetzungsverfahren für kartellrechtliche Vorfragen ausgestalten sollte. Hierzu stellt die Arbeit zunächst allgemeine Vorüberlegungen an (A.). Anschließend setzt sie sich mit verschiedenen Optionen auseinander: einem partiellen Aussetzungsverfahren (B.), einem komprimierten Aussetzungsverfahren (C.) sowie einem Vorlageverfahren (D.). Anschließend werden die Ergebnisse in einem eigenen Reformvorschlag zusammengefasst (E.)

A. Allgemeine Vorüberlegungen zum modifizierten Aussetzungsverfahren

Zunächst ist zu klären, welche Schwachstellen des ursprünglichen Aussetzunsgverfahrens nach § 96 Abs. 2 GWB a. F. im Rahmen eines *modifizierten* Aussetzungsverfahrens vermieden werden sollten. Diese Frage stellt sich losgelöst von der Wahl eines partiellen beziehungsweise komprimierten Aussetzungs- oder eines Vorlageverfahrens.[5]

I. Aufnahme der acte-clair-Doktrin

Ein Grund für die Abschaffung des § 96 Abs. 2 GWB a. F. war die Tendenz der Nicht-Kartellgerichte, den Aussetzungszwang zu umgehen und selbst über kartellrechtliche Vorfragen zu entscheiden.[6] Infolgedessen war die mit § 87 GWB bezweckte Einheitlichkeit und Qualität der Rechtsprechung nicht sichergestellt. Zur Vorbeugung einer erneuten Umgehungssituation sowie zur Vermeidung von Rechtsunsicherheit sollte der Gesetzgeber den *acte-clair*-Gedanken ausdrücklich in die Neuregelung aufnehmen.[7] Die Integration einer pauschalen Ausnahme bei einfachen beziehungsweise zweifelsfreien Fragen ist aus Gründen der Rechtssicherheit abzulehnen. Für höchstrichterlich geklärte Vorfragen erscheint eine Ausnahme vom Aussetzungsverfahren auch im Hinblick auf den gesetzlichen Richter gemäß Art. 101 Abs. 1 S. 2 GG hingegen sachgemäß. Allerdings könnte eine solche ausdrückliche Ausnahme von den Nicht-Kartellgerichten ausufernd angewendet werden, um Aussetzungen und damit verbundene Verzögerungen zu vermeiden. Um dieser – nicht grundsätzlich auszuschließen-

---

[5] Zu den verschiedenen Optionen sogleich Kapitel 6: § 24 B. (S. 198 ff.).
[6] BT-Drs. 13/9720, S. 46.
[7] Siehe hierzu bereits oben Kapitel 5: § 19 C. III. 3. b) (S. 92 ff.).

den – Gefahr entgegenzuwirken, sollte den Parteien die Möglichkeit gewährt werden, bei Einigkeit über die kartellrechtliche Relevanz des Rechtsstreits einen gemeinsamen Antrag auf Aussetzung zu stellen. Ein einseitiges Antragsrecht ist nicht zu befürworten, da es – wie *de lege lata* kartellrechtliche Einwendungen[8] – prozesstaktisch ausgenutzt werden könnte.

II. Ausnahme für einstweiligen Rechtsschutz?

Wesentlicher Nachteil des Aussetzungsverfahrens gegenüber der Gesamtzuständigkeit ist die Geltung im einstweiligen Rechtsschutz.[9] Zur Vermeidung von Verzögerungen könnte der Gesetzgeber anordnen, dass das *modifizierte* Aussetzungsverfahren im Rahmen des einstweiligen Rechtsschutzes keine Anwendung findet. Eine solche generelle Ausnahme ist jedoch in Anbetracht des mit § 87 GWB verfolgten Zwecks abzulehnen. Sofern anhand der im folgenden untersuchten Optionen eine Verkürzung des Aussetzungsverfahren herbeigeführt werden kann, sollte ein solches auch im einstweiligen Rechtsschutz Anwendung finden.[10] Dies gilt umso mehr in Kombination mit der Aufnahme einer Ausnahme für höchstrichterlich geklärte Fälle.[11] Es ist von einer zügigeren und qualitativ hochwertigeren Entscheidung auszugehen, wenn besonders qualifizierte Kartellgerichte entscheiden. Dies liegt wiederum im Interesse der Parteien.

III. Möglichkeit der unmittelbaren Anrufung des Kartellgerichts

Die Rückkehr zu einem – wenngleich *modifizierten* – Aussetzungsverfahren verursacht dennoch stets eine gewisse Verfahrensverlängerung. Sofern bereits bei Klageerhebung für die Klägerin eine kartellrechtliche Vorfrage ersichtlich ist, erscheint der Umweg über ein Aussetzungsverfahren nicht sachgemäß. Die prozessualen Argumente für den Aussetzungszwang greifen etwa in Fällen *offensiver kartellrechtlicher Vorfragen*[12] nicht. Die Klägerin hat kein Interesse an der Anrufung eines unzuständigen Kartellgerichts, sodass von dem Vorliegen der Entscheidungserheblichkeit auszugehen ist. Ferner ergibt sich die kartellrechtliche Vorfrage nicht erst im Laufe des Verfahrens aus dem Beklagtenvortrag. Die Abschaffung der Gesamtzuständigkeit im Sinne des § 87 S. 2 GWB hätte jedoch zur Folge, dass die Klägerin in diesen Fällen nur im Wege einer Klageverbindung nach § 88 GWB unmittelbar die Kartellgerichte anrufen kann.

---

[8] Siehe oben Kapitel 5: § 21 C. I. (S. 173 ff.).
[9] Siehe oben Kapitel 4: § 16 (S. 43 ff.).
[10] A. A. *Schmidt*, NJW 1977, 10 (17), der bei der Umwandlung in ein Vorlageverfahren vor den Kartellsenat des Bundesgerichtshofs eine Ausnahme für Verfahren nach §§ 916 ff. ZPO befürwortet.
[11] Siehe oben Kapitel 6: § 24 A. I. (S. 196 f.).
[12] Zu offensiven kartellrechtlichen Vorfragen oben Kapitel 5: § 19 C. III. 1. d) (S. 85 f.), zu Beispielen Kapitel 5: § 19 C. III. 2. b) (S. 89).

198 Kapitel 6: Vorschläge zur Verbesserung der Zuständigkeitskonzentration

Der Reformvorschlag zu einem *modifizierten* Aussetzungsverfahren sollte daher die Möglichkeit enthalten, dass eine Klägerin unmittelbar ein Kartellgericht anrufen kann, um einer späteren Aussetzung vorzubeugen. Für diese Konstellationen ist die Gesamtzuständigkeit der Kartellgerichte aufrechtzuerhalten. Eine solche Möglichkeit steht im Einklang mit der gesetzgeberischen Wertung zur Klageverbindung in § 88 GWB.

IV. Zwischenergebnis

Für die weitere Entwicklung eines *modifizierten* Aussetzungsverfahrens sind folgende Punkte festzuhalten: Erstens ist eine Ausnahme für höchstrichterlich geklärte Fragen aufzunehmen. Zweitens ist für bei Klageerhebung bereits erkennbare kartellrechtliche Vorfragen die Gesamtzuständigkeit der Kartellgerichte aufrechtzuerhalten.

B. Partieller Aussetzungszwang: Gemischte Anwendung von Aussetzungszwang und Gesamtzuständigkeit

Zur Vermeidung von Verzögerungen könnte der Gesetzgeber ein partielles Aussetzungsverfahren einführen. Gemeint ist eine gemischte Anwendung des Aussetzungsverfahrens und der Gesamtzuständigkeit. Es würde wie folgt differenziert werden: Sofern eine Zivilsache im Sinne des § 13 GVG vorliegt, würde grundsätzlich die Gesamtzuständigkeit der Kartellgerichte gemäß § 87 S. 2 GWB fortbestehen. Sofern sich allerdings eine kartellrechtliche Vorfrage in einem rechtswegfremden Verfahren stellt, müssten die Gerichte des anderen Rechtswegs ihr Verfahren aussetzen. Anschließend würden die Kartellgerichte in einem zweiten Verfahren wie unter § 96 Abs. 2 GWB a. F. über die kartellrechtliche Vorfrage entscheiden. Da insbesondere die Gerichte des anderen Rechtswegs in der Hauptsache originär zuständig blieben, käme es nicht zu einem Verlust der anderweitigen Expertise und die einschlägige Verfahrensordnung für den Hauptprozess bliebe erhalten. Zugleich wäre die Lücke der Zuständigkeitskonzentration bei kartellrechtlichen Vorfragen in arbeitsrechtlichen Verfahren geschlossen.[13] Allerdings würden die prozessualen Schwachstellen der Gesamtzuständigkeit sowie die Missbrauchsanfälligkeit des § 87 S. 2 GWB für den in der Praxis weitaus häufigeren Fall der Zivilsache fortbestehen. Die gemischte Anwendung zweier Zuständigkeitskonzepte würde die Rechtslage nur zusätzlich verkomplizieren. Der Gesetzgeber sollte wie bisher eine einheitliche Regelung für sämtliche kartellrechtlichen Vorfragen anstreben. Im Ergebnis ist die Anwendung eines partiellen Aussetzungsverfahrens abzulehnen.

---

[13] Siehe hierzu oben Kapitel 5: § 20 B. V. (S. 116).

C. Komprimierter Aussetzungszwang: Oberlandesgericht als Eingangsinstanz

Als weitere Option käme ein komprimiertes Aussetzungsverfahren in Betracht. Wesentlicher Kritikpunkt am Aussetzungszwang nach § 96 Abs. 2 GWB a. F. war der erhöhte Zeit- und Kostenaufwand. Das Verfahren war besonders umständlich, da selbst wenn ein Rechtsstreit erst in der Berufungsinstanz auszusetzen war, die Parteien den Instanzenweg hinsichtlich der kartellrechtlichen Vorfrage erneut beim Landgericht beginnen mussten.[14] Es könnte sich daher anbieten, die Feststellungsklage zur Klärung der kartellrechtlichen Vorfrage nicht beim Landgericht, sondern beim Oberlandesgericht zu erheben.[15] Durch eine solche Verkürzung des Instanzenzugs wäre der Extremfall von zweimal drei Instanzen ausgeschlossen. Es kämen maximal fünf Instanzen (drei im Hauptverfahren und zwei im Aussetzungsverfahren) in Betracht. Ein komprimierter Aussetzungszwang begegnet keinen verfassungsrechtlichen Bedenken.[16] Der Instanzenzug ist nicht verfassungsrechtlich gewährleistet,[17] sodass der Gesetzgeber für bestimmte gerichtliche Entscheidungen keine Rechtsmittel vorsehen kann.[18] Ein Blick in andere Gerichtszweige zeigt, dass ein verkürzter Instanzenzug nicht ungewöhnlich ist. Gemäß §§ 47, 48 VwGO sind etwa die Oberverwaltungsgerichte für einige Verfahren erstinstanzlich zuständig.[19] Zu denken ist ferner an die erstinstanzliche Zuständigkeit der Oberlandesgerichte bei Verbandsklagen sowie der Aufhebung und Vollstreckbarerklärung von Schiedssprüchen.[20]

Bei der Schaffung des GWB hat sich der Gesetzgeber jedoch für bürgerlich-rechtliche Streitigkeiten – im Gegensatz zu Verwaltungs- und Bußgeldverfahren[21] – bewusst gegen die erstinstanzliche Zuständigkeit der Oberlandesgerichte entschieden.[22] Nach Ansicht des Gesetzgebers sind insbesondere Kartellschadenersatzansprüche mit erheblichen Schwierigkeiten bei der Tatsachenermittlung verbunden.[23] Der Gesetzgeber wollte die Oberlandesgerichte nicht zusätzlich mit bürgerlich-rechtlichen Kartellstreitigkeiten belasten.[24] Dieser Überlegung ist im Hinblick auf kartellrechtliche Hauptfragen im Sinne

---
[14] BT-Drs. 13/9720, S. 46.
[15] Zu einer etwaigen Mehrbelastung der Oberlandesgerichte sogleich.
[16] Siehe auch *Rapp*, GVRZ 2020, 2.
[17] Ein Instanzenzug wird weder von Art. 19 Abs. 4 GG noch durch das Rechtsstaatsprinzip garantiert, vgl. *Schmidt-Aßmann*, in: Dürig/Herzog/Scholz, Art. 19 GG Rn. 179 m. w. N.
[18] Etwa im Vollstreckungsverfahren nach § 707 Abs. 2 S. 2 ZPO, *Pohlmann*, ZPR, Rn. 32.
[19] *Rapp*, GVRZ 2020, 2.
[20] Siehe oben Kapitel 5: § 20 D. III. (S. 126 ff.).
[21] Die Kartell-Oberlandesgerichte sind erstinstanzlich für Kartellverwaltungs- und Kartellbußgeldsachen zuständig, siehe hierzu bereits oben Kapitel 2: § 5 B. (S. 9 ff.).
[22] BT-Drs. 2/1158, S. 29.
[23] BT-Drs. 2/1158, S. 29.
[24] BT-Drs. 2/1158, S. 29.

des § 87 S. 1 GWB zuzustimmen. Insofern ist zu begrüßen, dass der Gesetzgeber für Fälle des § 87 S. 1 GWB nicht die erstinstanzliche Zuständigkeit der Oberlandesgerichte eingeführt hat.[25] Für ein Aussetzungsverfahren bei kartellrechtlichen Vorfragen ergibt sich hingegen eine andere Beurteilung. Zunächst in anzuweifeln, ob die Oberlandesgerichte mit der Tatsachenermittlung überfordert wären.[26] Hinzu kommt, dass die komplexen Fragen des Kartellschadenersatzes in den seltensten Fällen im Rahmen einer kartellrechtlichen Vorfrage, sondern vielmehr als Hauptfrage auftreten. Denkbar ist aber die Aufrechnung der Beklagten mit einer kartellrechtlichen Schadenersatzforderung. Allerdings wäre im Rahmen eines komprimierten Aussetzungsverfahrens eine umfassende vorhergehende Prüfung der Entscheidungserheblichkeit durch die Nicht-Kartellgerichte und somit die Wahrung der Filterfunktion gewährleistet. Durch die Aufnahme der *acte-clair*-Dokrin wären zudem höchstrichterlich geklärte Fragen ausgenommen.[27] Vor diesem Hintergrund wäre eine Mehrbelastung der Kartell-Oberlandesgerichte zugunsten der Einheitlichkeit und Qualität der Rechtsprechung in Kartellsachen in Kauf zu nehmen. Allerdings führt der dargestellte komprimierte Aussetzungszwang weiterhin nicht zu einer Vermeidung der Verfahrensverdopplung. Im Ergebnis stellt er daher keine umfassende Optimierung gegenüber dem Aussetzungsverfahren nach § 96 Abs. 2 GWB a. F. dar.

D. Umwandlung in ein Vorlageverfahren

Zur Vermeidung einer Verfahrensverdopplung kommt ein Vorlageverfahren in Anlehnung an Art. 267 AEUV in Betracht.[28] Die Schwerfälligkeit des Aussetzungsverfahrens nach § 96 Abs. 2 GWB a. F. ergab sich vor allem daraus, dass die Parteien zwei separate Gerichtsverfahren führen mussten. Neben dem Verfahren in der Hauptsache war ein Feststellungsverfahren in Bezug auf die kartellrechtliche Vorfrage erforderlich.[29] Das zweite Verfahren zur Klärung

---

[25] Entsprechende Überlegungen hatte es im Rahmen der 76. Konferenz der Justizministerinnen und Justizminister im Jahr 2005 gegeben, vgl. Punkt 3.3 (Erstinstanzliche Zuständigkeit des Oberlandesgerichts in besonderen Zivilrechtsstreitigkeiten) des Beschlusses, online abrufbar unter https://rsw.beck.de/docs/librariesprovider5/rsw-dokumente/76_Konf_Justizmin, zuletzt geprüft am: 31.10.2023; siehe hierzu auch *Lübbig/Le Bell*, WRP 2006, 1209; eine Eingangsinstanz der Oberlandesgerichte befürwortend *Weitbrecht*, WuW 2015, 959 (971); vgl. zur Forderung der Einführung von Senaten für Handelssachen auf Ebene der Oberlandesgerichte *Rapp*, GVRZ 2020, 2.
[26] Vgl. *Weinland*, Die neue Musterfeststellungsklage, S. 62: „Es gibt keinen Erfahrungssatz, dass ein Zivilsenat des Oberlandesgerichts eine umfangreiche Beweisaufnahme weniger effizient oder weniger sorgfältig durchführen könnte als eine Zivilkammer des Landgerichts."; siehe auch *Schäfers*, ZZP 132 (2019), 231 (256).
[27] Hierzu bereits oben Kapitel 6: § 24 A. I. (S. 196 f.).
[28] Vgl. bereits den Vorschlag eines Vorlageverfahrens zum Kartellsenat bei *Schmidt*, NJW 1977, 10 (16 f.); ablehnend hierzu *Keilholz*, NJW 1977, 1330 (1331).
[29] Zum Aussetzungsverfahren in der gerichtlichen Praxis oben Kapitel 4: § 15 (S. 39 ff.), zu den Nachteilen des Aussetzungsverfahrens Kapitel 4: § 16 (S. 43 ff.).

der Vorfrage vor den Kartellgerichten würde sich erübrigen, da das Vorlageverfahren eine quasi justizinterne Lösung bieten würde. Hierdurch würden das Zeit- und Kostenrisiko für die Parteien reduziert. Zugleich könnte die Expertise anderweitiger Sondergerichte wie etwa der Patentstreitgerichte genutzt werden. Ein Vorlageverfahren könnte insbesondere rechtswegübergreifend Anwendung finden, sodass auch die Expertise der Arbeitsgerichte bei Streitigkeiten mit kartellrechtlicher Vorfrage erhalten bliebe. In Anbetracht der vielfältigen Fallgestaltungen, in denen sich kartellrechtliche Vorfragen ergeben können, erscheint ein Vorlageverfahren zweckmäßig.

Es stellt sich jedoch die Frage, ob die Vorlage zum Kartellsenat des Bundesgerichtshofs[30] oder zu den Kartell-Oberlandesgerichten[31] erfolgen sollte. Denkbar wäre auch, eine Vorlage bei dem Gericht der Instanz anzustrengen, das der Instanz des vorlegenden Gerichts entspricht.[32] Eine solche Differenzierung nach der jeweiligen Instanz würde das Vorlageverfahren jedoch unzweckmäßig verkomplizieren. Zudem würde sich bei einer Vorlage zu den Kartell-Oberlandesgerichten die Frage anschließen, ob innerhalb des Vorlageverfahrens ein Rechtsmittel zum Kartellsenat des Bundesgerichtshofs zulässig ist. Ein solcher Instanzzug im Rahmen des Vorlageverfahrens erscheint ineffizient. In Anbetracht der Vielzahl von Kartell-Oberlandesgerichten könnten sich ferner widersprüchliche Entscheidungen ergeben. Im Hinblick auf die mit § 87 GWB bezweckte Einheitlichkeit und Qualität der Rechtsprechung ist eine Vorlage an den Kartellsenat des Bundesgerichtshofs vorzugswürdig.[33]

Hiergegen bringt *Keilholz* vor, dass der Kartellsenat des Bundesgerichtshofs unter Umständen eine Tatsachenerhebung vornehmen müsste.[34] Häufig ist es unvermeidbar, dass zur Entscheidung über kartellrechtliche Vorfragen Feststellungen tatsächlicher Art, insbesondere eine Beweisaufnahme, erforderlich sind.[35] Anders als *Schmidt*[36] annimmt, ist im Rahmen eines Vorlageverfahrens bei kartellrechtlichen Vorfragen nicht sichergestellt, dass es sich ausschließlich um „Rechtsfragen" handelt. Bereits die Tatsachenermittlung im Rahmen von Kartellstreitigkeiten kann die Expertise kartellrechtlich spezialisierter Richterinnen erfordern. Allerdings ergeben sich – wie bereits erörtert[37] – insbesondere die anspruchsvollen Kartellschadenersatzverfahren sehr selten im Rahmen kartellrechtlicher Vorfragen. Zudem ist dem GWB die Heranziehung des Kartellsenats am Bundesgerichtshof als Tatsacheninstanz nicht fremd. Im Rah-

---
[30] So auch *Schmidt*, in: Immenga/Mestmäcker¹, § 96 GWB Rn. 5.
[31] In diese Richtung *Keilholz*, NJW 1977, 1330 (1331).
[32] Letztlich verworfene Überlegungen in diese Richtung bei BGH, Beschl. v. 9.7.1958 – KAR 1/58, in: GRUR 1958, 617 (620); siehe hierzu bereits oben Kapitel 4: § 16 (S. 43 ff.).
[33] So auch *Schmidt*, in: Immenga/Mestmäcker¹, § 96 GWB Rn. 5.
[34] *Keilholz*, NJW 1977, 1330 (1331).
[35] *Keilholz*, NJW 1977, 1330 (1331).
[36] *Schmidt*, in: Immenga/Mestmäcker¹, § 96 GWB Rn. 5.
[37] Siehe oben Kapitel 6: § 24 C. (S. 199 f.).

men der 10. GWB-Novelle (2021) hat der Gesetzgeber die Regelung des § 73 Abs. 5 GWB eingeführt. Danach entscheidet der Bundesgerichtshof als Beschwerdegericht im ersten und letzten Rechtszug über bestimmte Streitigkeiten gegen Verfügungen des Bundeskartellamts. Hierzu zählen gemäß § 73 Abs. 5 Nr. 1 GWB etwa Verfügungen wegen missbräuchlichen Verhaltens von Unternehmen mit überragender marktübergreifender Bedeutung nach § 19a GWB[38]. Die Mehrbelastung des Kartellsenats durch Vorlagen kartellrechtlicher Vorfragen kann einerseits durch die Ausnahme bei höchstrichterlich geklärten Fällen beschränkt werden. Zudem ist im Rahmen eines Vorlageverfahrens die Prüfung der Entscheidungserheblichkeit durch die Nicht-Kartellgerichte gewährleistet. Darüber hinaus ist in Anbetracht der Verzögerungen nicht anzunehmen, dass Nicht-Kartellgerichte ein Interesse daran haben, unrechtmäßig dem Kartellsenat des Bundesgerichtshofs eine kartellrechtliche Vorlage zur Entscheidung vorzulegen. Die Wahrscheinlichkeit einer unberechtigten Mehrbelastung des Kartellsenats ist daher als gering einzuschätzen. Insgesamt erscheint die einmalige (Mehr-) Belastung des Kartellsenats pro Vorlageverfahren verhältnismäßiger als die *de lege lata* unter Umständen über drei Instanzen erfolgende Belastung der Kartellgerichte mit fachfremden Fragen. Zweckmäßiger als die Doppelbelastung der Parteien und Gerichte im Aussetzungsverfahren nach § 96 Abs. 2 GWB a. F. ist das Vorlageverfahren in jedem Fall. Nach hier vertretener Auffassung bietet das Vorlageverfahren den angemessenen Ausgleich zwischen Qualität und Einheitlichkeit der Rechtsprechung in Kartellsachen einer- sowie schneller Entscheidung im Rahmen des prozessualen Systems der sachlichen Zuständigkeit andererseits. *De lege ferenda* gebührt dem Vorlageverfahren gegenüber einem partiellen sowie einem komprimierten Aussetzungsverfahren der Vorzug.

E. Ergebnis

Die gegenwärtige Regelung des § 87 S. 2 GWB lautet:

„Satz 1 gilt auch, wenn die Entscheidung eines Rechtsstreits ganz oder teilweise von einer Entscheidung, die nach diesem Gesetz zu treffen ist, oder von der Anwendbarkeit des Artikels 101 oder 102 des Vertrages über die Arbeitsweise der Europäischen Union oder des Artikels 53 oder 54 des Abkommens über den Europäischen Wirtschaftsraum abhängt."[39]

---

[38] Die Regelung des § 19a GWB wurde ebenfalls im Rahmen der 10. GWB-Novelle (2021) neu eingeführt, BGBl. I, S. 2. Gemäß § 19a Abs. 1 S. 2 Nr. 4 GWB ist bei der Feststellung der überragenden marktübergreifenden Bedeutung eines Unternehmens unter anderem der Zugang zu wettbewerbsrelevanten Daten zu berücksichtigen.

[39] Ab 7.11.2023 bezieht sich § 87 S. 2 GWB ferner auf die Art. 5, 6 und 7 der Verordnung (EU) 2022/1925 des Europäischen Parlaments und des Rates v. 14.9.2022 über bestreitbare und faire Märkte im digitalen Sektor und zur Änderung der Richtlinien (EU) 2019/1937 und

§ 24 Reformvorschlag zu § 87 S. 2 GWB

De lege ferenda sollte die Regelung der Gesamtzuständigkeit durch ein Vorlageverfahren an den Kartellsenat des Bundesgerichtshofs ersetzt werden. Hierbei ist eine Ausnahme für höchsrichterlich geklärte Vorfragen aufzunehmen.[40] Sofern ein Nicht-Kartellgericht trotz bereits vorliegender kartellrechtlicher Rechtsprechung besondere Schwierigkeiten in tatsächlicher oder rechtlicher Hinsicht bei der Entscheidung der kartellrechtlichen Vorfrage hat, soll dennoch eine Vorlage an den Kartellsenat möglich sein. Dasselbe gilt, wenn die kartellrechtliche Vorfrage nach Einschätzung des Nicht-Kartellgerichts von grundsätzlicher Bedeutung – etwa für die Auslegung des GWB – ist. Von einer missbräuchlichen Anwendung des Vorlageverfahrens durch die Nicht-Kartellgerichte ist in Anbetracht der drohenden Verzögerungen nicht auszugehen. Vielmehr soll ein Antragsrecht der Parteien verhindern, dass die Nicht-Kartellgerichte das Vorlageverfahren umgehen.[41] Zum Schutz des Kartellsenats sollte dennoch – ähnlich § 80 Abs. 2 S. 1 BVerfGG – ein dritter Satz ergänzt werden, der die hinreichende Begründung der Vorlage durch das Nicht-Kartellgericht fordert. Hinzu kommen redaktionelle Anpassungen der Regelung. Im Gleichlauf mit dem Vorschlag zu § 87 S. 1 GWB sollte die Bezeichnung „kartellrechtliche Vorfrage" als Legaldefinition aufgenommen werden.[42] Ferner sollte der Begriff „Rechtsstreit" durch „Zivilsache" ersetzt werden.[43] Dem Begriff „Anwendbarkeit" sollte die Ergänzung „Auslegung" hinzugefügt werden.[44] Eine entsprechend novellierte Fassung könnte – aufbauend auf dem von *Schmidt*[45] formulierten Vorschlag – wie folgt lauten:

„Hängt eine Zivilsache ganz oder teilweise von der Auslegung oder Anwendung der Vorschriften dieses Gesetzes, den Artikeln 101 oder 102 des Vertrages über die Arbeitsweise der Europäischen Union oder den Artikeln 53 oder 54 des Abkommens über den Europäischen Wirtschaftsraum[46] ab (kartellrechtliche Vorfrage), so legt das Gericht, sofern es nicht bereits nach Satz 1 zuständig ist, die Frage dem Kartellsenat des Bundesgerichtshofs zur Entscheidung vor, wenn
(1) es von einer Entscheidung des Kartellsenats des Bundesgerichtshofs abweichen will,
(2) es, sofern keine Entscheidung des Kartellsenats des Bundesgerichtshofs vorliegt, von einer Entscheidung des Kartellsenats eines Oberlandesgerichts abweichen will,
(3) es, sofern Entscheidungen der Kartellsenate nicht vorliegen, von der Entscheidung eines anderen nach dies

---

(EU) 2020/1828 (Gesetz über digitale Märkte), Gesetz zur Änderung des Gesetzes gegen Wettbewerbsbeschränkungen und anderer Gesetze v. 25.10.2023 (BGBl. I Nr. 294, S. 5).

[40] Siehe bereits oben Kapitel 6: § 24 A. I. (S. 196 f.).
[41] Hierzu bereits oben Kapitel 5: § 22 C. (S. 192 ff.).
[42] Siehe oben Kapitel 5: § 22 A. (S. 189 ff.).
[43] Siehe oben Kapitel 5: § 22 A. (S. 189 ff.).
[44] Siehe oben Kapitel 5: § 22 A. (S. 189 ff.).
[45] Die Punkte von (1)–(4) des Vorschlags beruhen auf der Formulierung von *Schmidt*, NJW 1977, 10 (16 f.).
[46] Entsprechend der Ergänzung des § 87 S. 2 GWB ab dem 7.11.2023 (siehe Fn. 39) sind an dieser Stelle die Art. 5, 6 und 7 der Verordnung (EU) 2022/1925 hinzuzufügen.

204 *Kapitel 6: Vorschläge zur Verbesserung der Zuständigkeitskonzentration*

em Gesetz zur Entscheidung berufenen Gerichts abweichen will,
(4) Entscheidungen der nach diesem Gesetz zur Entscheidung berufenen Gerichte nicht vorliegen,
(5) die kartellrechtliche Vorfrage besondere Schwierigkeiten tatsächlicher oder rechtlicher Art aufweist,
(6) die kartellrechtliche Vorfrage grundsätzliche Bedeutung hat oder
(7) die Parteien einen übereinstimmenden Antrag auf Vorlage stellen.
Das vorlegende Gericht muss die Vorlage hinreichend begründen."

Die Regelung des § 87 GWB sollte *de lege ferenda* um folgenden vierten Satz ergänzt werden, da das Vorlageverfahren rechtswegübergreifend Anwendung finden soll[47]:

„Satz 2 und 3 finden auch Anwendung, wenn sich die kartellrechtliche Vorfrage in einem Verfahren vor den Verwaltungs-, Finanz-, Arbeits- oder Sozialgerichten stellt."

Daneben wird folgender fünfter Satz für die Neufassung des § 87 GWB vorgeschlagen, um insbesondere bei *offensiven kartellrechtlichen Vorfragen* die unmittelbare Anrufung der Kartellgerichte sicherzustellen[48]:

„Sofern die Voraussetzungen des Satz 2 bereits bei Klageerhebung vorliegen, kann die Klage unmittelbar bei dem Landgericht erhoben werden, das nach Satz 1 zuständig wäre, wenn es sich bei der kartellrechtlichen Vorfrage um eine Hauptfrage handeln würde."

§ 25 Reduzierung der Anzahl von Kartellgerichten

Im Folgenden untersucht die Arbeit, inwiefern zur weiteren Zuständigkeitskonzentration eine Reduzierung der Anzahl von Kartellgerichten in Betracht kommt. Eine solche Reduzierung würde sich *de lege ferenda* nach hier vertretener Ansicht grundsätzlich nicht auf Streitigkeiten mit kartellrechtlicher Vorfrage auswirken, da für diese ein Vorlageverfahren zum Kartellsenat des Bundesgerichtshofs gefordert wird. Die Arbeit setzt sich zunächst mit einer Reduzierung der Kartell-Landgerichte (A.) und anschließend mit einer solchen der Kartell-Oberlandesgerichte (B.) auseinander. Sodann widmet sich die Arbeit der Frage, ob ein Bundeskartellgericht errichtet werden sollte (C.).

A. Reduzierung der Anzahl von Kartell-Landgerichten

Wie bereits erörtert,[49] stellen Kartellzivilverfahren in der gerichtlichen Praxis nur einen Bruchteil der Zivilprozesssachen dar. Im Jahr 2021 waren nur 775 Verfahren – also rund 0,2 Prozent aller in erster Instanz vor den Landgerichten

---

[47] Siehe hierzu oben Kapitel 5: § 22 C. (S. 192 ff.).
[48] Siehe hierzu oben Kapitel 6: § 24 A. III. (S. 197 f.).
[49] Zum Sinn und Zweck des § 87 GWB oben Kapitel 2: § 7 (S. 19 ff.).

entschiedenen Zivilprozesssachen – Kartellsachen.[50] Aktuell entscheiden von den insgesamt 115 in Deutschland bestehenden Landgerichten 24 als Kartell-Landgerichte in erster Instanz über kartellrechtliche Zivilsachen.[51] Es befassen sich also rund 21 % aller deutschen Landgerichte mit Kartellsachen. Auf den ersten Blick stellt diese Verteilung – insbesondere im Vergleich zur Berufungsinstanz[52] – eine hohe Konzentration dar. Dort entscheiden rund 79 % der bestehenden Oberlandesgerichte (19 von insgesamt 24 Oberlandesgerichten) über Kartellzivilsachen.[53] Eine Betrachtung der konkreten Verfahrenszahlen vor den einzelnen Kartell-Landgerichten offenbart jedoch eine deutliche Ungleichverteilung. In Mecklenburg-Vorpommern ergab sich etwa im gesamten Jahr 2021 nur eine Kartellsache am Kartell-Landgericht Rostock.[54] Im Saarland waren es drei Kartellsachen, die sich am Landgericht Saarbrücken wiederum auf die Zivilkammer (2) und die Kammer für Handelsachen (1) aufteilten.[55] Es ist davon auszugehen, dass sich in Anbetracht solch geringer Verfahrenszahlen kaum die mit § 87 GWB angestrebte kartellrechtliche Expertise entwickeln kann. Die vom Gesetzgeber bezweckte Einheitlichkeit und Qualität der Rechtsprechung in Kartellsachen ist hierdurch beeinträchtigt. Auch in Brandenburg (2), Bremen (2), Rheinland-Pfalz (12), Sachsen-Anhalt (2), Schleswig-Holstein (10) und Thüringen (1) sind die Zahlen sehr gering.[56] In Niedersachsen ergaben sich hingegen im selben Zeitraum vor dem Kartellgericht Hannover 293 Verfahren.[57] In Nordrhein-Westfalen waren es verteilt auf drei Landgerichte insgesamt 150 Kartellsachen.[58] Mithin besteht ein im Hinblick auf die angestrebte Zuständigkeitskonzentration nicht hinnehmbares Ungleichgewicht.

Schon bei der Schaffung des GWB betonte der Gesetzgeber, dass er zur Herbeiführung der Zuständigkeitskonzentration auf „die Mitarbeit und das Verständnis der Länder"[59] angewiesen sei. Der Gesetzgeber hat die Landes-

---

[50] Die Zahl setzt sich zusammen aus 345 Kartellsachen vor den Zivilkammern und 430 vor den Kammern für Handelsachen, *Statistisches Bundesamt*, Fachserie 10, Reihe 2.1, 2021, S. 48; zu den Zahlen der Vorjahre siehe bereits oben Fn. 129 in Kapitel 2.
[51] Siehe Übersicht 5 in der Anlage.
[52] Hierzu sogleich Kapitel 6: § 25 B. (S. 207 ff.).
[53] Siehe ergänzend Übersicht 5 in der Anlage.
[54] *Statistisches Bundesamt*, Fachserie 10, Reihe 2.1, 2021, S. 49. Es sei erneut darauf hingewiesen, dass im Rahmen der Fachserie unter dem Begriff „Kartellsachen" auch Streitigkeiten nach § 102 EnWG erfasst werden. Es kann daher nicht ausgeschlossen werden, dass es sich um eine Streitigkeit nach § 102 EnWG gehandelt hat.
[55] *Statistisches Bundesamt*, Fachserie 10, Reihe 2.1, 2021, S. 51.
[56] *Statistisches Bundesamt*, Fachserie 10, Reihe 2.1, 2021, S. 49 ff.
[57] *Statistisches Bundesamt*, Fachserie 10, Reihe 2.1, 2021, S. 50.
[58] *Statistisches Bundesamt*, Fachserie 10, Reihe 2.1, 2021, S. 50.
[59] BT-Drs. 2/1158, S. 29.

regierungen entsprechend mit § 89 Abs. 1 S. 1 GWB ermächtigt, durch Verordnungen die Zuständigkeiten innerhalb des jeweiligen Bundeslandes auf bestimmte Landgerichte zu konzentrieren. Hiervon haben bisher elf Bundesländer Gebrauch gemacht.[60] Daneben hat der Gesetzgeber in § 89 Abs. 2 GWB die Möglichkeit geschaffen, dass Landesregierungen durch Staatsverträge länderübergreifende Kartellgerichte bestimmen. Auch 60 Jahre nach Inkrafttreten des GWB ist dies bisher nicht geschehen. Dies verwundert insbesondere vor dem Hintergrund, dass die Landesregierungen in Patentstreitsachen bereits Staatsverträge[61] abgeschlossen haben.[62] Zur Erhöhung der Zuständigkeitskonzentration auf Landgerichtebene ist daher kein Tätigwerden des Bundesgesetzgebers, sondern der einzelnen Bundesländer zu fordern.

Hierzu ist folgendes Vorgehen vorzuschlagen: In einem ersten Schritt sollte in allen Bundesländern nur noch ein Landgericht über Streitigkeiten im Sinne des § 87 GWB entscheiden. Hierdurch würde die Anzahl der Kartell-Landgerichte bereits von 24 auf 16 reduziert. Besonderer Handlungsbedarf besteht insofern in Thüringen, da die dortige Landesregierung bisher keine Konzentrationsverordnung im Sinne des § 89 Abs. 1 GWB erlassen hat. Die Zuständigkeit verteilt sich weiterhin auf die vier in Thüringen bestehenden Landgerichte.[63] Daneben müssten Baden-Württemberg, Bayern, Hessen und Nordrhein-Westfalen ihre bereits vorhandenen Verordnungen entsprechend anpassen.[64] Sofern man die Höhe der Verfahrenszahlen als Indikator für eine besondere kartellrechtliche Expertise heranzieht, sollte die Landesregierung in Nordrhein-Westfalen etwa statt der Landgerichte in Düsseldorf, Dortmund und Köln nur das Landgericht Düsseldorf auswählen.[65] In einem zweiten – wenngleich politisch sehr voraussetzungsvollen – Schritt sollten die Bundesländer auf Grundlage des § 89 Abs. 2 GWB Staatsverträge schließen. In Anbetracht der geringen Verfahrenszahlen erscheint eine Reduzierung auf insgesamt drei Landgerichte angemessen. Wählt man wiederum die Höhe der Verfahrenszahlen als Anknüpfungspunkt, kämen neben dem Landgericht Düsseldorf das Landgericht Hannover[66]

---

[60] Siehe Übersicht 1 in der Anlage.
[61] Abkommen über die Zuständigkeit des Landgerichts Hamburg für Rechtsstreitigkeiten über technische Schutzrechte v. 17.10.1992, Brem. GBl. 1993, S. 154, HmbGVBl., S. 33, GVOBl. M-V, S. 919, GVOBl. Schl.-H., S. 497.
[62] So auch *Lübbig/Le Bell*, WRP 2006, 1209 (1211).
[63] Alle weiteren Bundesländer ohne entsprechende Verordnung verfügen nur über ein Landgericht, vgl. Übersicht 2 in der Anlage.
[64] Vgl. Übersicht 1 in der Anlage.
[65] Im Jahr 2021 ergaben sich im Oberlandesgerichtsbezirk Düsseldorf 86 Kartellsachen, im Oberlandesgerichtsbezirk Hamm 46, im Oberlandesgerichtsbezirk Köln 18, *Statistisches Bundesamt*, Fachserie 10, Reihe 2.1, 2021, S. 50 f.
[66] Das Landgericht Hannover liegt im Oberlandesgerichtsbezirk Celle, in dem im Jahr 2021 insgesamt 293 Kartellsachen anfielen, *Statistisches Bundesamt*, Fachserie 10, Reihe 2.1, 2021, S. 50.

sowie das Landgericht Stuttgart in Betracht.[67] In Anbetracht der praxisrelevanten Überschneidungen mit patentrechtlichen Fragen sollten die Landesregierungen auf die Schaffung entsprechender „Doppelzuständigkeiten" achten.[68] Durch den Abschluss von Staatsverträgen würden die Länder nicht nur einen Beitrag zur Einheitlichkeit und Qualität der Rechtsprechung in Kartellsachen leisten, sondern auch die „Nicht-Mehr"-Kartellgerichte von umfangreichen und komplexen Verfahren entlasten.

B. Reduzierung der Anzahl von Kartell-Oberlandesgerichten

Auch im Hinblick auf die Zuständigkeitskonzentration vor den Kartell-Oberlandesgerichten besteht Handlungsbedarf für die Landesregierungen. Aktuell entscheiden rund 79 % der bestehenden Oberlandesgerichte (19 von insgesamt 24 Oberlandesgerichten) über Kartellzivilsachen.[69] Von einem Konzentrationseffekt kann daher kaum die Rede sein. Dieser Verdacht erhärtet sich bei Betrachtung der konkreten Verfahrenszahlen. Im Jahr 2021 waren nur 139 der insgesamt 62.914 vor den Oberlandesgerichten erledigten Berufungssachen Kartellsachen.[70] In Anbetracht dieser geringen Zahl verwundert es kaum, dass sich im Jahr 2021 in den Ländern Bremen, Saarland und Sachsen-Anhalt gar keine Kartellsachen in der Berufungsinstanz ergeben haben.[71] In Brandenburg (2), Mecklenburg-Vorpommern (1), Rheinland-Pfalz (2) und Thüringen (1) fielen immerhin jeweils ein bis zwei Kartellsachen an.[72] In Bayern entfielen auf das Oberlandesgericht Nürnberg sieben Verfahren, während vor dem Oberlandesgericht München 18 zu zählen waren.[73]

Bisher haben nur die Bundesländer Bayern, Niedersachsen und Nordrhein-Westfalen, die ohnehin über je drei Oberlandesgerichte verfügen, Konzentrationsverordnungen nach §§ 92 Abs. 1 S. 1, 93 GWB erlassen.[74] In Baden-Württemberg und Rheinland-Pfalz bestehen jeweils zwei Oberlandesgerichte, die Länder haben bisher keine Konzentration vorgenommen.[75] Dies führt insbesondere in Rheinland-Pfalz zu einem misslichen Ergebnis. Aktuell besteht

---

[67] Im Jahr 2021 ergaben sich im Oberlandesgerichtsbezirk Stuttgart 87 Kartellsachen, *Statistisches Bundesamt,* Fachserie 10, Reihe 2.1, 2021, S. 48.
[68] Siehe hierzu bereits oben Kapitel 5: § 20 D. II. (S. 123 ff.).
[69] Vgl. Übersichten 3 und 4 in der Anlage.
[70] Also nur rund 0,2 Prozent, *Statistisches Bundesamt,* Fachserie 10, Reihe 2.1, 2021, S. 94; unter dem Begriff „Kartellsachen" werden auch Verfahren nach § 102 EnWG erfasst, sodass die tatsächliche Verfahrenszahl vermutlich noch geringer ausfällt, vgl. *Statistisches Bundesamt,* Fachserie 10, Reihe 2.1, 2021, S. 116.
[71] *Statistisches Bundesamt,* Fachserie 10, Reihe 2.1, 2021, S. 95 ff.
[72] *Statistisches Bundesamt,* Fachserie 10, Reihe 2.1, 2021, S. 95 ff.
[73] *Statistisches Bundesamt,* Fachserie 10, Reihe 2.1, 2021, S. 95.
[74] Siehe Übersicht 3 in der Anlage.
[75] In allen weiteren Bundesländern besteht nur ein Oberlandesgericht, vgl. Übersicht 4 in der Anlage.

in Rheinland-Pfalz nur für die erstinstanzliche Zuständigkeit nach § 87 GWB eine Zuweisung zum Landgericht Mainz, das im Oberlandesgerichtsbezirk Koblenz liegt.[76] Rechtsmittel gegen Entscheidungen des Kartell-Landgerichts Mainz können nur beim Oberlandesgericht Koblenz eingelegt werden. Sofern allerdings ein Landgericht im Oberlandesgerichtsbezirk Zweibrücken seine auf § 87 GWB beruhende Unzuständigkeit übersieht und selbst entscheidet, ist die anschließende Berufung nur vor dem Oberlandesgericht Zweibrücken möglich.[77] Mangels Rechtsgrundlage in einer Konzentrationsverordnung kann das Oberlandesgericht Zweibrücken den Rechtsstreit nicht an das Oberlandesgericht Koblenz verweisen.[78] Um dieses Szenario zu vermeiden, ist der Landesregierung Rheinland-Pfalz zu empfehlen, gemäß §§ 92 S. 1, 93 GWB die Zuständigkeit für Kartellberufungssachen beim Oberlandesgericht Koblenz zu konzentrieren.[79] In Baden-Württemberg ergibt sich diese Konstellation nicht, da die Landesregierung das Landgericht Mannheim im Oberlandesgerichtsbezirk Karlsruhe und das Landgericht Stuttgart im Oberlandesgerichtsbezirk Stuttgart als Kartell-Landgerichte bestimmt hat.[80] Die Oberlandesgerichte Karlsruhe und Stuttgart sind wiederum beide Kartell-Oberlandesgerichte.[81]

Wesentlich zweckmäßiger als die Konzentration auf ein Oberlandesgericht pro Bundesland wäre der Abschluss von Staatsverträgen zwischen den Ländern gemäß §§ 92 Abs. 2, 93 GWB. Wie bereits erörtert,[82] fließen bei den Kartell-Oberlandesgerichten alle Zuständigkeiten aus Kartellverwaltungs-, -bußgeld und -zivilsachen zusammen. Das Kartell-Oberlandesgericht Düsseldorf nimmt daher eine besondere Stellung innerhalb der deutschen Kartelljustiz ein. Als einziges Kartell-Oberlandesgericht ist es für alle Verfahren gegen das Bundeskartellamt mit Sitz in Bonn zuständig.[83] Es ist davon auszugehen, dass sich beim Oberlandesgericht Düsseldorf im Vergleich zu Kartell-Oberlandesgerichten mit geringeren Verfahrenszahlen eine besonders umfangreiche Expertise in Kartellsachen entwickelt hat. Vor diesem Hintergrund bietet sich eine Zuständigkeitsübertragung für alle Kartellberufungssachen auf das Oberlandesgericht Düsseldorf an. Die Mehrbelastung des Gerichts ist im Hinblick auf die mit § 87 GWB angestrebte Einheitlichkeit und Qualität der Rechtsprechung in Kartellsachen sowie die vergleichsweise geringen Verfahrenszahlen in Kauf zu

---

[76] § 9 Landesverordnung über die gerichtliche Zuständigkeit in Zivilsachen und Angelegenheiten der freiwilligen Gerichtsbarkeit (ZivilZustV RP) v. 22.11.1985 (GVBl., S. 267); zuletzt geändert durch Verordnung v. 4.7.2022 (GVBl., S. 256).
[77] *Jaeger*, in: FK-KartellR, § 93 GWB Rn. 4.
[78] *Jaeger*, in: FK-KartellR, § 93 GWB Rn. 4.
[79] *Bornkamm/Tolkmitt*, in: Bunte, Kartellrecht I, § 93 GWB Rn. 3; *Jaeger*, in: FK-KartellR, § 93 GWB Rn. 4.
[80] Siehe Übersicht 1 in der Anlage.
[81] Siehe Übersicht 4 in der Anlage.
[82] Siehe oben Kapitel 2: § 5 B. (S. 9 ff.).
[83] Hierzu bereits oben Kapitel 2: § 5 B. (S. 9 ff.).

nehmen.[84] In Anbetracht der bisher anscheinend nicht bestehenden Bereitschaft zum Abschluss von Staatsverträgen erscheint die Konzentration auf das Oberlandesgericht Düsseldorf in der Praxis allerdings nicht kurzfristig umsetzbar. Als Zwischenschritt könnte zunächst eine Reduktion von 19 auf 3 Kartell-Oberlandesgerichte angestrebt werden. In Betracht kämen neben dem Oberlandesgericht Düsseldorf etwa das Oberlandesgericht Dresden und das Oberlandesgericht München, welche im Hinblick auf Kartellberufungssachen ähnlich hohe Verfahrenszahlen aufweisen.[85]

C. Errichtung eines Bundeskartellgerichts?

Die größtmögliche Zuständigkeitskonzentration würde der Gesetzgeber erzielen, wenn er ein Bundeskartellgericht errichtete, das deutschlandweit für alle Kartellsachen zuständig wäre.[86] Bereits bei Schaffung des GWB hatte der Gesetzgeber die Errichtung eines erstinstanzlichen bundesrechtlichen Sondergerichts in Erwägung gezogen.[87] Die Überlegung rekurrierte auf das frühere Kartellgericht, das nach §§ 11 f. der Kartellverordnung von 1923[88] als einziges Gericht über alle Kartellrechtssachen entschied. Heute könnten auf nationaler Ebene das Bundespatentgericht sowie auf internationaler Ebene das *Competition Appeal Tribunal* in Großbritannien als Vorbild dienen.

Bekanntermaßen entschied sich der historische Gesetzgeber gegen die Errichtung eines Bundeskartellgerichts, wofür vor allem verfassungsrechtliche Bedenken ausschlaggebend waren.[89] Auch heute stehen der Errichtung eines Bundeskartellgerichts Vorgaben des Grundgesetzes entgegen. Gemäß Art. 30, 70 GG ist die Ausübung staatlicher Befugnisse sowie die Erfüllung staatlicher Aufgaben Sache der Länder, soweit das Grundgesetz keine andere Regelung trifft oder zulässt. Gemäß Art. 95 Abs. 1 GG errichtet der Bund für die Gebiete der ordentlichen, der Verwaltungs-, der Finanz-, der Arbeits- und der Sozialgerichtsbarkeit als oberste Gerichtshöfe den Bundesgerichtshof, das Bundesverwaltungsgericht, den Bundesfinanzhof, das Bundesarbeitsgericht und das

---

[84] Vgl. ähnliche Erwägungen im Hinblick auf die Mehrbelastung des Kartellsenats am Bundesgerichtshofs durch Vorlageverfahren bei kartellrechtlichen Vorfragen oben Kapitel 6: § 24 D. (S. 200 ff.).
[85] Im Jahr 2021 ergaben sich vor dem Oberlandesgericht Dresden 32 Kartellsachen, vor dem Oberlandesgericht München 18. Obwohl in Baden-Württemberg und Niedersachsen die Anzahl erstinstanzlicher Kartellsachen hoch ausfiel, spiegelte sich dies im Jahr 2021 in der Berufungsinstanz nicht wider, *Statistisches Bundesamt*, Fachserie 10, Reihe 2.1, 2021, S. 48 f. und 94 f.
[86] Siehe zu ähnlichen Überlegungen für die Schweiz *Heinemann*, Die privatrechtliche Durchsetzung des Kartellrechts, S. 97.
[87] BT-Drs. 2/1158, S. 29.
[88] Vgl. auch *Goldbaum*, Kartellrecht und Kartellgericht, S. 176 f.; *Isay*, Kartellverordnung, S. 364 ff.
[89] BT-Drs. 2/1158, S. 29.

Bundessozialgericht. Daneben *kann* der Bund gemäß Art. 96 Abs. 1 GG für Angelegenheiten des gewerblichen Rechtsschutzes ein Bundesgericht errichten. Von dieser Ermächtigung hat der Bund mit Wirkung zum 1.7.1961 Gebrauch gemacht und das Bundespatentgericht (§§ 65 ff. PatG) errichtet.[90] Für die Errichtung eines Bundeskartellgerichts fehlt es jedoch an einer entsprechenden Ermächtigungsgrundlage.

Neben verfassungsrechtlichen Bedenken stützte der historische Gesetzgeber seine Entscheidung auch auf praktische Erwägungen. Insbesondere bei Sachen geringerer Bedeutung sollte der Parteienverkehr nicht erschwert werden.[91] Aus der Gesetzesbegründung geht nicht hervor, welche konkreten Nachteile der Gesetzgeber für die Parteien annahm. Zu denken wäre etwa an die unter Umständen bestehende räumliche Distanz zwischen dem Standort eines Bundeskartellgerichts und dem Wohnort beziehungsweise Sitz der Parteien. Daneben wäre etwa der besondere Anwaltszwang vor Bundesgerichten als Grund vorstellbar. Im Hinblick auf die angestrebte Einheitlichkeit und Qualität der Rechtsprechung wären solche praktischen Nachteile jedoch in Kauf zu nehmen gewesen. Gegen die Errichtung eines Bundeskartellgerichts spricht aber, dass dieses in erster und letzter Instanz entscheiden müsste.[92] Wie bereits erörtert,[93] ist insbesondere bei Kartellschadenersatzstreitigkeiten – etwa im Hinblick auf die Schadensfeststellung – ein besonderer Aufwand für die Gerichte anzunehmen. Es erscheint nicht zweckmäßig, bei hochkomplexen und umfangreichen Kartellstreitigkeiten auf zwei Instanzen zu verzichten, während ansonsten in der ordentlichen Gerichtsbarkeit grundsätzlich drei Instanzen vorgesehen sind.[94] Bei einem Vorlageverfahren zum Kartellsenat des Bundesgerichtshofs, das sich auf die Entscheidung einer kartellrechtlichen Vorfrage beschränkt und somit nur selten Kartellschadenersatzfragen erfasst, ist der Verzicht auf den Instanzenzug hingegen in Kauf zu nehmen.[95] Dies gilt insbesondere, da im nicht-kartellrechtlichen Hauptverfahren weiterhin drei Instanzen durchlaufen werden. Für Fälle kartellrechtlicher Hauptfragen im Sinne des § 87 S. 1 GWB sollte aber generell an drei Instanzen festgehalten werden.[96]

Vor diesem Hintergrund ist die vom Gesetzgeber getroffene Entscheidung, alle Kartellsachen dem ordentlichen Rechtsweg zuzuweisen, als sachgerecht zu

---

[90] Vgl. zur Geschichte des Bundespatentgerichts unter https://www.bundespatentgericht. de/DE/dasGericht/Geschichte/geschichte_node.html, zuletzt geprüft am: 31.10.2023.
[91] BT-Drs. 2/1158, S. 29.
[92] *Blomeyer*, MDR 1953, 129 (130).
[93] Vgl. zur Ausnahme für Kartellschadenersatzansprüche im Rahmen der Zuständigkeitsverteilung zwischen Zivilkammern und Kammern für Handelssachen oben Kapitel 5: § 20 E. II. (S. 133 ff.).
[94] *Blomeyer*, MDR 1953, 129 (130).
[95] Siehe oben Kapitel 5: § 22 C. (S. 192 ff.).
[96] Siehe hierzu bereits oben Kapitel 6: § 24 C. (S. 199 f.).

begrüßen.[97] Der gesetzgeberischen Auffassung, dass auf diese Weise sachlich das gleiche Ergebnis wie bei der Bildung eines Sondergerichts erreicht wird,[98] ist zuzustimmen. Der Bundesgesetzgeber hat mit der Schaffung der Konzentrationsermächtigungen seine Möglichkeiten ausgeschöpft. Die Errichtung eines Bundeskartellgerichts scheidet aus.

D. Ergebnis

In Anbetracht der geringen Verfahrenszahlen in Kartellzivilsachen sowie der aufgezeigten Ungleichverteilung zwischen den einzelnen Gerichten und Bundesländern ist eine Reduzierung der Anzahl von Kartellgerichten anzustreben. Zur Steigerung der Zuständigkeitskonzentration ist ein Appell an die Länder zum Abschluss von Staatsverträgen nach § 89 Abs. 2 GWB beziehungsweise § 92 Abs. 2 GWB auszusprechen. Ein Tätigwerden des Bundesgesetzgebers ist insofern weder zu fordern noch möglich.

---

[97] So auch *Bornkamm/Tolkmitt*, in: Bunte, Kartellrecht I, Vorb. zu §§ 87 ff. Rn. 3.
[98] BT-Drs. 2/1158, S. 29.

Kapitel 7

Wesentliche Ergebnisse der Untersuchung in Thesen

Die wesentlichen Ergebnisse der Untersuchung lassen sich in folgende Thesen fassen:

1. Im System der sachlichen Zuständigkeiten ist die Regelung des § 87 S. 2 GWB als atypisch einzustufen, da sie nicht an eine Hauptfrage, sondern an eine Vorfrage anknüpft. [Kapitel 3: § 12, S. 30 ff.]

2. Kartellrechtliche Hauptfragen im Sinne des § 87 S. 1 GWB sind stets Fälle *offensiver privater Kartellrechtsdurchsetzung*. Entscheidend ist, dass kartellrechtliche Vorschriften einen integralen Bestandteil des Klagebegehrens bilden. [Kapitel 5: § 19 B. II. 2., S. 64 ff.]

3. Kartellrechtliche Vorfragen im Sinne des § 87 S. 2 GWB sind solche kartellrechtlichen Fragen, die sich nicht aus dem Klagebegehren ergeben und inzident zur Beantwortung einer nicht-kartellrechtlichen Hauptfrage geprüft werden müssen. Der Anwendungsbereich von § 87 S. 2 GWB erfasst Fälle *defensiver privater Kartellrechtsdurchsetzung*, also kartellrechtliche Einwendungen der Beklagten, sowie *offensive kartellrechtliche Vorfragen*. Hierzu zählt beispielsweise ein Anspruch auf Amtshaftung nach § 839 BGB i. V. m. Art. 34 GG, den die Klägerin wegen einer rechtswidrigen Verfügung gegen eine Kartellbehörde geltend macht. [Kapitel 5: § 19 C. III., S. 82 ff.]

4. Die Anwendung einer *acte-clair*-Doktrin zur Beschränkung des § 87 S. 2 GWB ist *de lege lata* abzulehnen. [Kapitel 5: § 19 C. III. 3., S. 90 ff.]

5. Sowohl § 87 S. 1 GWB als auch § 87 S. 2 GWB beziehen sich nur auf Zivilsachen im Sinne des § 13 GVG. *De lege ferenda* sollten die Begriffe „bürgerlicher Rechtsstreit" und „Rechtsstreit" entsprechend redaktionell angepasst werden. [Kapitel 5: § 19 B. I., S. 58 ff.; Kapitel 5: § 19 C. I., S. 80 f.]

6. Sowohl § 87 S. 1 GWB als auch § 87 S. 2 GWB regeln nur die sachliche Zuständigkeit im Rahmen der ordentlichen Gerichtsbarkeit nach § 13 GVG. Die Norm beinhaltet keine darüber hinausgehende Rechtswegregelung als *lex specialis* zu § 13 GVG. [Kapitel 5: § 20 A., S. 100 ff.]

7. Auf die Verbindung mit rechtswegfremden Klagen findet § 88 GWB keine Anwendung. [Kapitel 5: § 20 C. II., S. 119 f.]

8. Die Zuständigkeit der Kartellgerichte gemäß § 87 GWB hat grundsätzlich gegenüber anderweitigen Sonderzuständigkeiten Vorrang. Eine Ausnahme bilden erstinstanzliche Sonderzuständigkeiten der Oberlandesgerichte. In diesen Fällen sind die Kartellsenate der Oberlandesgerichte (analog) §§ 91 S. 2,

95 GWB zuständig. Zur Vermeidung von Rechtsunsicherheiten ist *de lege ferenda* die entsprechende Anpassung von § 91 S. 2 GWB zu fordern. [Kapitel 5: § 20 D., S. 120 ff.]

9. *De lege lata* gilt die Zuständigkeit der Kartellgerichte gemäß § 87 S. 2 GWB auch im einstweiligen Rechtsschutz. [Kapitel 5: § 20 F., S. 139 ff.]

10. *De lege ferenda* sollten Streitigkeiten im Sinne von § 87 GWB nur von den allgemeinen Zivilkammern der Landgerichte entschieden werden. Die Einordnung der Streitigkeiten als Handelssachen ist abzuschaffen. Die entsprechende Formulierung in § 95 Abs. 2 Nr. 1 GVG sollte gestrichen werden. [Kapitel 5: § 20 E., S. 131 ff.]

11. *De lege lata* besteht ein Widerspruch zwischen der Prüfung der Entscheidungserheblichkeit als Tatbestandsvoraussetzung des § 87 GWB und dem prozessualen Grundsatz vom Vorrang der Zulässigkeitsprüfung. Die Unvereinbarkeit kann nicht anhand der *Lehre von den doppelrelevanten Tatsachen* aufgelöst werden, da die Entscheidungserheblichkeit keine Doppelrelevanz aufweist. [Kapitel 5: § 21 A. II., S. 150 ff.]

12. *De lege lata* bietet § 87 S. 2 GWB in Kombination mit der grundsätzlichen Bindungswirkung von Verweisungsbeschlüssen nach § 281 Abs. 2 S. 4 ZPO für Nicht-Kartellgerichte die Möglichkeit, unliebsame Verfahren wegen vermeintlich entscheidungserheblicher kartellrechtlicher Vorfragen an Kartellgerichte zu verweisen. [Kapitel 5: § 21 B. II., S. 166 ff.]

13. *De lege lata* können Beklagte aufgrund von § 87 S. 2 GWB kartellrechtliche Einwendungen erheben, um aus prozesstaktischen Gründen eine Verweisung an die Kartellgerichte zu erzielen. [Kapitel 5: § 21 C. I., S. 173 ff.]

14. *De lege lata* ist eine Ausnahme vom in § 261 Abs. 3 Nr. 2 ZPO normierten Grundsatz der *perpetuatio fori* für nachträglich auftretende kartellrechtliche Vorfragen im Sinne des § 87 S. 2 GWB abzulehnen. [Kapitel 5: § 21 C. II. 2., S. 177 ff.]

15. *De lege ferenda* ist für § 87 S. 1 GWB eine klarstellende Anordnung (nur) der sachlichen Zuständigkeit zu fordern. [Kapitel 5: § 22 B., S. 191 f.]

16. Die in § 87 S. 2 GWB angeordnete Gesamtzuständigkeit der Kartellgerichte bei kartellrechtlichen Vorfragen ist reformbedürftig. Eine Rückkehr zum abgeschafften Aussetzungszwang nach § 96 Abs. 2 GWB a. F. ist nicht wünschenswert. *De lege ferenda* ist die Umwandlung in ein rechtswegübergreifendes Vorlageverfahren zu fordern, das im Sinne einer *acte-clair*-Doktrin eine Ausnahme für höchstrichterlich geklärte Fragen vorsieht. [Kapitel 6: § 24 D, S. 200 ff.]

17. Zur Steigerung der Zuständigkeitskonzentration in Kartellstreitigkeiten ist die Reduzierung der Anzahl von Kartell-Landgerichten sowie Kartell-Oberlandesgerichten zu fordern. Es ist ein entsprechender Appell an die Landesregierungen auszusprechen, Staatsverträge gemäß § 89 Abs. 2 GWB beziehungsweise § 92 Abs. 2 GWB abzuschließen. [Kapitel 6: § 25, S. 204 ff.]

Anhang

Übersicht 1: Kartell-Landgerichte (Bundesländer mit Verordnungen)

Bundesland	Anzahl LG	davon Kartellgerichte aufgrund von Verordnung i. S. d. § 89 Abs. 1 S. 1 GWB	Erläuterungen
Baden-Württemberg[1]	17	2	LG Mannheim (OLG-Bezirk Karlsruhe), LG Stuttgart (OLG-Bezirk Stuttgart)
Bayern[2]	22	2	LG München I (OLG-Bezirk München), LG Nürnberg-Fürth (OLG-Bezirke Bamberg und Nürnberg)
Brandenburg[3]	4	1	LG Potsdam
Hessen[4]	9	2	LG Frankfurt a. M. (OLG-Bezirke Darmstadt, Frankfurt, Gießen, Hanau, Limburg an der Lahn und Wiesbaden), LG Kassel (OLG-Bezirke Fulda, Kassel und Marburg)
Mecklenburg-Vorpommern[5]	4	1	LG Rostock
Niedersachsen[6]	11	1	LG Hannover

---

[1] § 13 Abs. 1 Verordnung des Justizministeriums über Zuständigkeiten in der Justiz (Zuständigkeitsverordnung Justiz – ZuVOJu) v. 20.11.1998 (GBl., S. 680); zuletzt geändert durch Verordnung v. 29.11.2022 (GBl., S. 645).

[2] § 33 Abs. 1 Verordnung über gerichtliche Zuständigkeiten im Bereich des Staatsministeriums der Justiz (Gerichtliche Zuständigkeitsverordnung Justiz – GZVJu) v. 11.6.2012 (GVBl., S. 295, BayRS 300-3-1-J); zuletzt geändert durch Verordnung 13.12.2022 (GVBl., S. 727).

[3] § 2 Abs. 1 Nr. 1 Verordnung über gerichtliche Zuständigkeiten und Zuständigkeitskonzentrationen (Gerichtszuständigkeitsverordnung – GerZV) v. 2.9.2014 (GVBl. II/14, Nr. 62); zuletzt geändert durch Verordnung v. 30.5.2023 (GVBl. II/23, Nr. 36).

[4] § 42 Justizzuständigkeitsverordnung (JuZuV) v. 3.6.2013 (GVBl., S. 386); zuletzt geändert durch Art. 4 Gesetz zur Regelung der kommunalen Versorgungskassen in Hessen und zur Änderung anderer Rechtsvorschriften vom 16.2.2023 (GVBl., S. 83).

[5] § 4 Abs. 1 Nr. 1 Verordnung über die Konzentration von Zuständigkeiten der Gerichte (KonzVO M-V) v. 28.3.1994 (GVOBl. M-V, S. 514); zuletzt geändert durch Verordnung v. 22.2.2018 (GVOBl. M-V, S. 59).

[6] § 8 Abs. 1 Verordnung zur Regelung von Zuständigkeiten in der Gerichtsbarkeit und der Justizverwaltung (ZustVO-Justiz) v. 8.6.2023 (Nds. GVBl., S. 94).

Bundesland	Anzahl LG	davon Kartellgerichte aufgrund von Verordnung i. S. d. § 89 Abs. 1 S. 1 GWB	Erläuterungen
Nordrhein-Westfalen[7]	19	3	LG Düsseldorf (OLG-Bezirk Düsseldorf), LG Dortmund (OLG-Bezirk Hamm), LG Köln (OLG-Bezirk Köln)
Rheinland-Pfalz[8]	8	1	LG Mainz
Sachsen[9]	5	1	LG Leipzig
Sachsen-Anhalt[10]	4	1	LG Magdeburg
Schleswig-Holstein[11]	4	1	LG Kiel
11	107	16	

Übersicht 2: Kartell-Landgerichte (Bundesländer ohne Verordnungen)

Bundesland	Anzahl LG	Erläuterungen
Berlin	1	LG Berlin
Bremen	1	LG Bremen
Hamburg	1	LG Hamburg
Saarland	1	LG Saarbrücken
Thüringen	4	Zuständigkeit verteilt sich nach allgemeinen Vorschriften zwischen LG Erfurt, LG Gera, LG Meiningen, LG Mühlhausen (Zuweisung nach § 89 Abs. 1 GWB bisher nicht vorgenommen.)
5	8	

---

[7] § 1 Verordnung über die Bildung gemeinsamer Kartellgerichte und über die gerichtliche Zuständigkeit in bürgerlichen Rechtsstreitigkeiten nach dem Energiewirtschaftsgesetz v. 30.8.2011 (GV. NRW, S. 469); zuletzt geändert durch Verordnung v. 24.8.2023 (GV. NRW, S. 1113).

[8] § 9 Landesverordnung über die gerichtliche Zuständigkeit in Zivilsachen und Angelegenheiten der freiwilligen Gerichtsbarkeit (ZivilZustV RP) v. 22.11.1985 (GVBl., S. 267); zuletzt geändert durch Verordnung v. 4.7.2022 (GVBl., S. 256).

[9] § 12 Sächsische Justizorganisationsverordnung (SächsJOrgVO) v. 7.3.2016 (SächsGVBl., S. 103); zuletzt geändert durch Verordnung v. 12.12.2022 (SächsGVBl., S. 769).

[10] § 6 Nr. 1 lit. a Verordnung über Zuständigkeiten der Amtsgerichte und Landgerichte in Zivilsachen (ZivilAGZustV ST) v. 1.9.1992 (GVBl. LSA, S. 664); zuletzt geändert durch Verordnung v. 13.3.2023 (GVBl. LSA, S. 66).

[11] § 18 Landesverordnung zur Bereinigung und Zusammenfassung von Zuständigkeitsbestimmungen für die Justiz v. 15.11.2019 (GVOBl. Schl.-H., S. 546); zuletzt geändert durch LVO v. 4.5.2023 (GVOBl., S. 242).

Übersicht 3: Kartell-Oberlandesgerichte (Bundesländer mit Verordnungen)

Bundesland	Anzahl OLG	davon Kartell-Oberlandesgerichte i. S. d. §§ 92 Abs. 1 S. 1, 93 GWB	Erläuterungen
Bayern[12]	3	2	OLG München (OLG-Bezirk München), OLG Nürnberg (OLG-Bezirke Nürnberg und Bamberg)
Niedersachsen[13]	3	1	OLG Celle
Nordrhein-Westfalen[14]	3	1	OLG Düsseldorf
3	9	4	

Übersicht 4: Kartell-Oberlandesgerichte (Bundesländer ohne Verordnungen)

Bundesland	Anzahl OLG	Oberlandesgerichte mit Kartellsenat i. S. d. § 91 S. 1 GWB
Baden-Württemberg	2	OLG Karlsruhe, OLG Stuttgart (Zuweisung nach §§ 92 Abs. 1 S. 1, 93 GWB bisher nicht vorgenommen.)
Berlin	1	Kammergericht Berlin
Brandenburg	1	Brandenburgisches OLG
Bremen	1	Hanseatisches OLG Bremen
Hamburg	1	Hanseatisches OLG
Hessen	1	OLG Frankfurt a. M.
Mecklenburg-Vorpommern	1	OLG Rostock
Rheinland-Pfalz	2	OLG Koblenz, OLG Zweibrücken (Zuweisung nach §§ 92 Abs. 1 S. 1, 93 GWB bisher nicht vorgenommen.)
Saarland	1	OLG Saarbrücken
Sachsen	1	OLG Dresden
Sachsen-Anhalt	1	OLG Naumburg

---

[12] § 33 Abs. 2 Verordnung über gerichtliche Zuständigkeiten im Bereich des Staatsministeriums der Justiz (Gerichtliche Zuständigkeitsverordnung Justiz – GZVJu) v. 11.6.2012 (GVBl., S. 295, BayRS 300-3-1-J); zuletzt geändert durch Verordnung 13.12.2022 (GVBl., S. 727).

[13] § 8 Abs. 2 Verordnung zur Regelung von Zuständigkeiten in der Gerichtsbarkeit und der Justizverwaltung (ZustVO-Justiz) v. 8.6.2023 (Nds. GVBl., S. 94).

[14] § 2 Verordnung über die Bildung gemeinsamer Kartellgerichte und über die gerichtliche Zuständigkeit in bürgerlichen Rechtsstreitigkeiten nach dem Energiewirtschaftsgesetz v. 30.8.2011 (GV. NRW, S. 469); zuletzt geändert durch Verordnung v. 24.8.2023 (GV. NRW, S. 1113).

Bundesland	Anzahl OLG	Oberlandesgerichte mit Kartellsenat i. S. d. § 91 S. 1 GWB
Schleswig-Holstein	1	Schleswig-Holsteinisches OLG
Thüringen	1	Thüringer OLG
13	15	

Übersicht 5: Zusammenfassung

Landgerichte (gesamt)	davon Kartellgerichte i. S. d. § 87 GWB	davon Kartellgerichte aufgrund von Verordnung i. S. d. § 89 Abs. 1 S. 1 GWB
115	24 (entspricht circa 21 % aller Landgerichte)	16 (in 11 Bundesländern)

Oberlandesgerichte (gesamt)	davon Oberlandesgerichte mit Kartellsenat i. S. d. § 91 GWB	davon Kartell-Oberlandesgerichte i. S. d. §§ 92 Abs. 1 S. 1, 93 GWB
24	19 (entspricht circa 79 % aller Oberlandesgerichte)	4 (in 3 Bundesländern)

Literaturverzeichnis

Ackermann, Thomas, Organhaftung für Kartellgeldbußen: Gedanken zum Zeitvertreib, NZKart 2018, S. 1–3.

Ahrens, Jürgen (Hrsg.), Der Wettbewerbsprozess, Ein Praxishandbuch, 9. Aufl., Köln 2021 [zitiert als: *Bearbeiter*, in: Ahrens, Der Wettbewerbsprozess].

Ashurst-Studie (durchgeführt von: Waelbroeck, Denis; Slater, Donald; Even-Shoshan, Gil), Study on the conditions of claims for damages in case of infringement of EC competition rules, Comparative Report 2004, abrufbar unter: https://competition-policy.ec.europa.eu/system/files/2021-04/damages_actions_claims_for_damages_infringements_study_comparative_report.pdf, zuletzt geprüft am: 31.10.2023.

Bach, Albrecht/Wolf, Christoph, Neue Instrumente im Kartellschadensersatzrecht – Zu den Regeln über Offenlegung, Verjährung und Bindungswirkung, NZKart 2017, S. 285–294.

Bacher, Klaus/Hempel, Rolf/Wagner-von Papp, Florian (Hrsg.), Beck'scher Online-Kommentar Kartellrecht, 9. Edition, Stand: 1.7.2023 [zitiert als: *Bearbeiter*, in: BeckOK KartellR].

Bärmann, Johannes, Freiwillige Gerichtsbarkeit und Notarrecht, Berlin 1968.

Basedow, Jürgen, Das Kartelldeliktsrecht und der „More Economic Approach", EuZW 2006, S. 97.

Baumbach, Adolf/Lauterbach, Wolfgang/Anders, Monika/Gehle, Burkhard (Hrsg.), Zivilprozessordnung mit GVG und anderen Nebengesetzen, 81. Aufl., München 2023 [zitiert als: *Bearbeiter*, in: Baumbach, et al.].

Baur, Alexander/Holle, Philipp Maximilian, Bußgeldregress im Kapitalgesellschaftsrecht nach der (Nicht-)Entscheidung des BAG, ZIP 2018, S. 459–467.

Baur, Fritz, Kartellrechtliche Klagegründe im Verfahren vor den Zivilgerichten, ZZP 72 (1959), S. 3–31.

Bechtold, Rainer (Hrsg.), Kartellgesetz, Gesetz gegen Wettbewerbsbeschränkungen, Kommentar, 1. Aufl., München 1993 [zitiert als: *Bearbeiter*, in: Bechtold[1]].

Bechtold, Rainer/Bosch, Wolfgang (Hrsg.), Gesetz gegen Wettbewerbsbeschränkungen, §§ 1–96, 185, 186, Kommentar, 10. Aufl., München 2021 [zitiert als: *Bearbeiter*, in: Bechtold/Bosch].

Bechtold, Rainer/Bosch, Wolfgang/Brinker, Ingo (Hrsg.), EU-Kartellrecht, Art. 101–106 AEUV, Kartellverfahrens-VO (1/2003), DMA – Digital Markets Act, FKVO – EU-FusionskontrollVO (139/2004), Gruppenfreistellungsverordnungen, Vertikalvereinbarungen (2022/720), Kraftfahrzeugsektor (461/2010), Technologietransfer (316/2014), FuE (1217/2010), Spezialisierung (1218/2010), Versicherungen (267/2010), 4. Aufl., München 2023 [zitiert als: *Bearbeiter*, in: Bechtold/Bosch/Brinker, EU-Kartellrecht].

Behrens, Peter, Theoretische und praktische Probleme einer Ökonomisierung der Kartellrechtsanwendung, in: Eger, Thomas/Bigus, Jochen/Ott, Claus/Wangenheim, Georg von (Hrsg.), Internationalisierung des Rechts und seine ökonomische Analyse, Festschrift für Hans-Bernd Schäfer zum 65. Geburtstag, Wiesbaden 2008.

Berg, Hans, Die Vorrangigkeit der Zulässigkeit und Begründetheit, JR 1968, S. 257–259.

ders., Zulässigkeitsvoraussetzungen im Zivilprozeß, JuS 1969, S. 123–129.

Berg, Werner/Mäsch, Gerald (Hrsg.), Deutsches und Europäisches Kartellrecht, Kommentar, 4. Aufl., Köln 2022 [zitiert als: *Bearbeiter*, in: Berg/Mäsch, KartellR].

Bernhard, Jochen, Sittenwidrigkeit der Abtretung kartellrechtlicher Schadensersatzforderungen (hier: gegen „Zementkartell") bei fehlendem Kapital des Zessionars für Prozesskosten im Unterliegensfall, EWiR 2014, S. 263–264.

Blomeyer, Jürgen, Die Unterscheidung von Zulässigkeit und Begründetheit bei der Klage und beim Antrag auf Anordnung eines Arrestes oder einer einstweiligen Verfügung, ZZP 81 (1968), S. 20–45.

Blomeyer, Karl, Gerichtsverfassung und Verfahren in Kartellstreitsachen, Bemerkungen zu dem Entwurf eines Gesetzes gegen Wettbewerbsbeschränkungen, MDR 1953, S. 129–131.

Bork, Reinhard/Roth, Herbert (Hrsg.), Stein/Jonas – Kommentar zur Zivilprozessordnung, Band 1: Einleitung, §§ 1–77, 23. Aufl., Tübingen 2014 [zitiert als: *Bearbeiter*, in: Stein/Jonas ZPO I].

dies., Stein/Jonas – Kommentar zur Zivilprozessordnung, Band 10: §§ 1025–1066, 23. Aufl., Tübingen 2014 [zitiert als: *Bearbeiter*, in: Stein/Jonas, ZPO X].

dies., Stein/Jonas – Kommentar zur Zivilprozessordnung, Band 3: §§ 148–270, 23. Aufl., Tübingen 2016 [zitiert als: *Bearbeiter*, in: Stein/Jonas, ZPO III].

dies., Stein/Jonas – Kommentar zur Zivilprozessordnung, Band 4: §§ 271–327, 23. Aufl., Tübingen 2018 [zitiert als: *Bearbeiter*, in: Stein/Jonas, ZPO IV].

dies., Stein/Jonas – Kommentar zur Zivilprozessordnung, Band 9: §§ 916–945b, §§ 960–1024, EGZPO, GVG, 23. Aufl., Tübingen 2020 [zitiert als: *Bearbeiter*, in: Stein/Jonas, ZPO IX].

Bourwieg, Karsten/Hellermann, Johannes/Hermes, Georg (Hrsg.), Energiewirtschaftsgesetz, Kommentar, 4. Aufl., München 2023 [zitiert als: *Bearbeiter*, in: B/H/H].

Brandi-Dohrn, Matthias, Die Zuständigkeit der Kammer für Handelssachen bei mehrfacher Klagebegründung, NJW 1981, S. 2453–2454.

Braun, Axel, Zuständigkeit der Arbeitsgerichte bei Streit um Haftung für Kartellbuße, ArbRB 2019, S. 271–272.

Bundeskartellamt, Diskussionspapier, Private Kartellrechtsdurchsetzung Stand, Probleme, Perspektiven 2005, abrufbar unter: https://www.bundeskartellamt.de/SharedDocs/Publikation/DE/Diskussions_Hintergrundpapier/Bundeskartellamt%20-%20Private%20Kartellrechtsdurchsetzung.html, zuletzt geprüft am: 31.10.2023.

Bunte, Hermann-Josef, Anmerkung zum Urteil des BAG vom 29.6.2017, EWiR 2017, S. 735–736.

ders., Regress gegen Mitarbeiter bei kartellrechtlichen Unternehmensgeldbußen, NJW 2018, S. 123–126.

ders. (Hrsg.), Kartellrecht Kommentar, Band 1: Deutsches Kartellrecht, 14. Aufl., Köln 2022 [zitiert als: *Bearbeiter*, in: Bunte, Kartellrecht I].

Busche, Jan/Röhling, Andreas (Hrsg.), Kölner Kommentar zum Kartellrecht, Band 2: Deutsches Kartellrecht, §§ 35–131 GWB, Köln 2014 [zitiert als: *Bearbeiter*, in: Busche/Röhling, Kölner Kommentar].

Cepl, Philipp/Voß, Ulrike (Hrsg.), Prozesskommentar zum Gewerblichen Rechtsschutz und Urheberrecht, ZPO unter spezieller Berücksichtigung des Patent-, Gebrauchsmuster-, Marken-, Design-, Geschäftsgeheimnisschutz-, Lauterkeits- und Urheberrechts sowie des UKlaG, 3. Aufl., München 2022 [zitiert als: *Bearbeiter*, in: Cepl/Voß].

Claßen, Bernulf, Die ausschließliche Zuständigkeit der Kartellgerichte in bürgerlichen Rechtsstreitigkeiten gemäß § 87 GWB und der Aussetzungszwang nach § 96 Abs. 2 GWB, Münster 1965.

ders., Der Begriff der bürgerlichen Rechtsstreitigkeit, die sich aus dem GWB ergibt, WuW 1966, S. 586–600.

Cuypers, Manfred, Das zuständige Gericht in Zivilsachen – Teil 16: Urheberrecht und gewerblicher Rechtsschutz, ZAP 2015, S. 1139–1152.

Deckers, Stefan, Verfahrensgestaltung im Fall kumulativer Rechtswegzuständigkeit, ZZP 110 (1997), S. 341–351.

Dörndorfer, Josef/Wendtland, Holger/Gerlach, Karl-Heinz/Diehn, Thomas (Hrsg.), Beck'scher Online-Kommentar Kostenrecht, 42. Edition, Stand: 1.7.2023 [zitiert als: *Bearbeiter*, in: BeckOK KostenR].

Dreier, Horst (Hrsg.), Grundgesetz, Kommentar, Band III, Artikel 83–146, 3. Aufl., Tübingen 2018 [zitiert als: *Bearbeiter*, in: Dreier].

Dück, Hermann/Schultes, Marion, Kartellbedingte Arglistanfechtung und c.i.c.-Haftung – Mögliche Alternativen zum kartellrechtlichen Schadensersatzanspruch aus § 33 GWB?, NZKart 2013, S. 228–233.

Dürig, Günter/Herzog, Roman/Scholz, Rupert (Hrsg.), Grundgesetz, Kommentar, 101. Aufl., München 2023 [zitiert als: *Bearbeiter*, in: Dürig/Herzog/Scholz].

Eden, Eike, Persönliche Schadensersatzhaftung von Managern gegenüber Kartellgeschädigten, Baden-Baden 2013.

ders., Haften Geschäftsführer persönlich gegenüber Kartellgeschädigten auf Schadensersatz?, WuW 2014, S. 792–802.

Ehlers, Dirk/Stadermann, David, Amtshaftung im Bereich der Fusionskontrolle, Anmerkungen zu LG Köln, Urt. v. 26.2.2013, Az. 5 O 86/12, WuW 2013, S. 495–500.

Emmerich, Volker/Lange, Knut Werner, Kartellrecht, Ein Studienbuch, 15. Aufl., München 2021.

Endell, Reinhard, Die Bindungswirkung von Verweisungsbeschlüssen und der Begriff der „objektiven Willkür", DRiZ 2003, S. 133–135.

Fischer, Frank, Zur Bindungswirkung rechtswidriger Verweisungsbeschlüsse im Zivilprozeß gemäß § 281 II 5 ZPO, NJW 1993, S. 2417–2421.

Fitzner, Uwe/Kubis, Sebastian/Bodewig, Theo (Hrsg.), Beck'scher Online-Kommentar Patentrecht, 29. Edition, Stand: 15.7.2023 [zitiert als: *Bearbeiter*, in: BeckOK PatR].

Friehe, Heinz-Josef, Streitigkeiten aus Kartellvertrag (§ 87 Abs. 1 GWB), WRP 1984, S. 592–593.

Fritz, Hans-Joachim, Kartellschadensregress gegen Manager – Außer Spesen nichts gewesen, BB Die erste Seite 2018, Nr. 4.

Fuchs, Andreas/Weitbrecht, Andreas (Hrsg.), Handbuch Private Kartellrechtsdurchsetzung, München 2019 [zitiert als: *Bearbeiter*, in: Fuchs/Weitbrecht, Handbuch Private Kartellrechtsdurchsetzung].

Gampp, Edda, Perpetuatio fori internationalis im Zivilprozeß und im Verfahren der freiwilligen Gerichtsbarkeit, Frankfurt am Main u. a. 2010.

Gaul, Hans Friedrich, Das Zuständigkeitsverhältnis der Zivilkammer zur Kammer für Handelssachen bei gemischter Klagenhäufung und (handelsrechtlicher) Widerklage, JZ 1984, S. 57–65.

Gerhardt, Walter, Rezension, Stein/Jonas: Kommentar zur Zivilprozeßordnung, 21. Auflage, ZZP 108 (1995), S. 546–559.

Germelmann, Claas-Hinrich/Matthes, Hans-Christoph/Prütting, Hanns (Hrsg.), Arbeitsgerichtsgesetz, Kommentar, 10. Aufl., München 2022 [zitiert als: *Bearbeiter*, in: GMP].

Goldbaum, Wenzel, Kartellrecht und Kartellgericht, Verordnung gegen Mißbrauch wirtschaftlicher Machtstellungen vom 2. November 1923 (RGBl. I S. 1067) nebst Verordnung über das Verfahren vor dem Kartellgericht auf Grund der Verordnung gegen den Mißbrauch wirtschaftlicher Machtstellungen vom 2. November 1923 (RGBl. I S. 1071) sowie Verordnung über das Reichswirtschaftsgericht vom 21. Mai 1920 (RGBl. S. 1167)/30. Juli 1921 (RGBl. S. 1046) mit Anmerkungen und Sachregister, 2. Aufl., Berlin 1926.

Graf, Jürgen (Hrsg.), Beck'scher Online-Kommentar GVG, 20. Edition, Stand: 15.8.2023 [zitiert als: *Bearbeiter*, in: BeckOK GVG].

Gravenhorst, Wulf, Die Aufspaltung der Gerichtszuständigkeit nach Anspruchsgrundlagen, Berlin 1972.

Grunsky, Wolfgang, Prozeß- und Sachurteil, ZZP 80 (1967), S. 55–78.

ders., Buchbesprechung, Die Reihenfolge der Prüfung von Zulässigkeit und Begründetheit einer Klage im Zivilprozeß von Hans-Joachim Sauer, NJW 1975, S. 1402–1403.

ders., Buchbesprechung, Festschrift für Friedrich Wilhelm Bosch zum 65. Geburtstag, herausgegeben von Walther J. Habscheid, Hans Friedhelm Gaul und Paul Mikat, ZZP 91 (1978), S. 81–86.

Habscheid, Walther J., Der Streitgegenstand im Zivilprozeß und im Streitverfahren der freiwilligen Gerichtsbarkeit, Bielefeld 1956.

Hager, Johannes, Die Manipulation des Rechtswegs, Bemerkungen zur Reform der §§ 17 ff. GVG, in: Heinze, Meinhard/Söllner, Alfred (Hrsg.), Arbeitsrecht in der Bewährung, Festschrift für Otto Kissel zum 65. Geburtstag, München 1994.

Hahn, Karl, Die gesammten Materialien zu dem Gerichtsverfassungsgesetz und dem Einführungsgesetz zu demselben vom 27. Januar 1877, Erster Abtheilung, Berlin 1879.

Hau, Wolfgang, Was sie schon immer über … Zivilprozessrecht wissen wollten: Was versteht man unter Zulässigkeit und Begründetheit, und wie verhält sich das eine zum anderen?, ZJS 2008, S. 33–40.

ders., Die Zulässigkeit der Klage – eine Vergewisserung zu einem Grundbegriff des deutschen Verfahrensrechts, in: Nationale und Kapodistria Universität Athen, Juristische Fakultät (Hrsg.), Festschrift für Professor Nikolaos K. Klamaris, Athen 2016.

Hausmann, Rainer/Odersky, Felix (Hrsg.), Internationales Privatrecht in der Notar- und Gestaltungspraxis, 4. Aufl., München 2021 [zitiert als: *Bearbeiter*, in: Hausmann/Odersky].

Heinemann, Andreas, Die privatrechtliche Durchsetzung des Kartellrechts, Empfehlungen für das Schweizer Recht auf rechtsvergleichender Grundlage, Strukturberichterstattung Nr. 44/4, Studie im Auftrag des Staatssekretariats für Wirtschaft, Bern 2009.

Hempel, Rolf, Privater Rechtsschutz im Kartellrecht, Eine rechtsvergleichende Analyse, Baden-Baden 2002.

ders., Kollektiver Rechtsschutz im Kartellrecht, in: Möschel, Wernhard/Bien, Florian (Hrsg.), Kartellrechtsdurchsetzung durch private Schadenersatzklagen?, Baden-Baden 2010, S. 71–98.

Heyers, Johannes/Lotze, Andreas, Der Bußgeld-Innenregress als kartellrechtliche Vorfrage?, NZKart 2018, S. 29–33.

Hoffmann, Jochen/Horn, Simon, Kartellzivilrechtliche Musterfeststellungsklagen, ZWeR 2019, S. 454–481.

Hummel, Karin, Amtshaftung im Kartellrecht, Zum Verschulden bei Fehlentscheidungen des Bundeskartellamts, Wiesbaden 2016.

Hyckel, Jonas, Abweisung einer unzulässigen Klage durch Sachurteil?, NJ 2019, S. 474–477.

Immenga, Ulrich, Ökonomie und Recht in der europäischen Wettbewerbspolitik, ZWeR 2006, S. 346–365.

Immenga, Ulrich/Mestmäcker, Ernst-Joachim (Hrsg.), Gesetz gegen Wettbewerbsbeschränkungen, Kommentar zum Kartellgesetz, 1. Aufl., München 1981 [zitiert als: *Bearbeiter*, in: Immenga/Mestmäcker[1]].

dies., Gesetz gegen Wettbewerbsbeschränkungen, Kommentar, 2. Aufl., München 1992 [zitiert als: *Bearbeiter*, in: Immenga/Mestmäcker[2]].

dies., Gesetz gegen Wettbewerbsbeschränkungen, Kommentar, 3. Aufl., München 2001 [zitiert als: *Bearbeiter*, in: Immenga/Mestmäcker[3]].

dies., Wettbewerbsrecht, Band 2, GWB, Kommentar zum Deutschen Kartellrecht, 5. Aufl., München 2014 [zitiert als: *Bearbeiter*, in: Immenga/Mestmäcker[5], Wettbewerbsrecht II].

dies., Wettbewerbsrecht, Band 1, EU, Kommentar zum Europäischen Kartellrecht, 6. Aufl., München 2019 [zitiert als: *Bearbeiter*, in: Immenga/Mestmäcker, Wettbewerbsrecht I].

dies., Wettbewerbsrecht, Band 2, GWB, Kommentar zum Deutschen Kartellrecht, 6. Aufl., München 2020 [zitiert als: *Bearbeiter*, in: Immenga/Mestmäcker, Wettbewerbsrecht II].

Inderst, Roman/Thomas, Stefan, Schadensersatz bei Kartellverstößen, Juristische und ökonomische Grundlagen und Methoden, 2. Aufl., Düsseldorf 2018.

Ingerl, Reinhard/Rohnke, Christian/Nordemann, Axel (Hrsg.), Markengesetz, Gesetz über den Schutz von Marken und sonstigen Kennzeichen, 4. Aufl., München 2023 [zitiert als: *Bearbeiter*, in: Ingerl/Rohnke/Nordemann].

Isay, Rudolf, Kartellverordnung, Verordnung gegen Mißbrauch wirtschaftlicher Machtstellungen, 2. Aufl., Mannheim u. a. 1930.
Jacoby, Florian, Zivilprozessrecht, 18. Aufl., München 2022.
Jaeger, Wolfgang/Kokott, Juliane/Pohlmann, Petra/Schroeder, Dirk (Hrsg.), Frankfurter Kommentar zum Kartellrecht, 105. Aufl., Köln 2023 [zitiert als: *Bearbeiter*, in: FK-KartellR].
Jauernig, Othmar, Warum keine Verbindung von Prozeß- und Sachabweisung?, JZ 1955, S. 235–237.
ders., Zum Prüfungs- und Entscheidungsvorrang von Prozessvoraussetzungen, in: Lüke, Gerhard/Jauernig, Othmar (Hrsg.), Festschrift für Gerhard Schiedermair zum 70. Geburtstag, München 1976.
Jones, Clifford A., Private enforcement of antitrust law in the EU, UK, and USA, Oxford 1999.
Jungbluth, Werner, Kartellrechtliche Klagegründe im Verfahren vor den Zivilgerichten, DRiZ 1960, S. 139–144.
Jüntgen, David Alexander, Die prozessuale Durchsetzung privater Ansprüche im Kartellrecht, Köln u. a. 2007.
Kamann, Hans-Georg/Ohlhoff, Stefan/Völcker, Sven (Hrsg.), Kartellverfahren und Kartellprozess, München 2017 [zitiert als: *Bearbeiter*, in: Kamann/Ohlhoff/Völcker, Kartellverfahren und Kartellprozess].
Kasolowsky, Boris/Steup, Magdalene, Révision au fond – Einheitliche europäische Maßstäbe bei der Überprüfung von Schiedssprüchen auf kartellrechtliche ordre public-Verstöße?, SchiedsVZ 2008, S. 72–76.
Keilholz, Kurt, Nochmals – Aussetzungszwang nach § 96 GWB, NJW 1977, S. 1330–1331.
Kellermann, Alfred, Die Aussetzung eines Rechtsstreits wegen präjudizieller Fragen des Kartellrechts, WuW 1958, S. 516–527.
ders., Der Einfluß des Gesetzes gegen Wettbewerbsbeschränkungen auf die Verwertung von gewerblichen Schutzrechten, GRUR 1959, S. 569–578.
Kersting, Christian/Podszun, Rupprecht, Die 9. GWB-Novelle, Kartellschadensersatz, Digitale Ökonomie, Fusionskontrolle, Bußgeldrecht, Verbraucherschutz, München 2017.
Keßler, Jürgen, Private Enforcement – Zur deliktsrechtlichen Aktualisierung des deutschen und europäischen Kartellrechts im Lichte des Verbraucherschutzes, WRP 2006, S. 1061–1070.
ders., Was lange währt, wird endlich gut? – Annotationen zur 8. GWB-Novelle, WRP 2013, S. 1116–1122.
Kissel, Otto Rudolf, Neues zur Gerichtsverfassung, NJW 1991, S. 945–952.
Kissel, Otto Rudolf/Mayer, Herbert (Hrsg.), Gerichtsverfassungsgesetz, Kommentar, 10. Aufl., München 2021 [zitiert als: *Bearbeiter*, in: Kissel/Mayer].
Klein, Andreas, Der Einfluss kartellrechtlich begründeter Einwendungen im Prozess auf die Zuständigkeit des Gerichts, NJW 2003, S. 16–18.
Kment, Martin (Hrsg.), Energiewirtschaftsgesetz, 2. Aufl., Baden-Baden 2019 [zitiert als: *Bearbeiter*, in: Kment].
Koch, Hartmut, Neues im arbeitsgerichtlichen Verfahren, NJW 1991, S. 1856–1859.
Kohler, Josef, Klagebehauptung, Competenz, Forum contractus, AcP 1886, S. 212–248.
Köhler, Helmut, Zur Konkurrenz lauterkeitsrechtlicher und kartellrechtlicher Normen, WRP 2005, S. 645–654.
Könen, Daniel, Die Zuständigkeit der OLG-Kartellsenate bei negativen Kompetenzkonflikten, WuW 2015, S. 848–862.
ders., Die Berufungszuständigkeit als eine kartellrechtsspezifische Frage der Entscheidungserheblichkeit, ZZP 133 (2020), S. 231–260.
Krüger, Wolfgang/Rauscher, Thomas (Hrsg.), Münchener Kommentar zur Zivilprozessordnung, Band 1: §§ 1–354, 6. Aufl., München 2020 [zitiert als: *Bearbeiter*, in: MüKo ZPO I].
dies., Münchener Kommentar zur Zivilprozessordnung, Band 3: §§ 946–1117, EGZPO, GVG, EGGVG, UKlaG, Internationales und Europäisches Zivilprozessrecht, 6. Aufl., München 2022 [zitiert als: *Bearbeiter*, in: MüKo ZPO III].

Kühnen, Jürgen, Die Zuständigkeit des Kartell-Oberlandesgerichts im Zivilprozess, NZKart 2020, S. 49–54.

Kühnen, Thomas, Handbuch der Patentverletzung, 15. Aufl., Köln 2023.

Kur, Annette/Bomhard, Verena von/Albrecht, Friedrich (Hrsg.), Beck'scher Online-Kommentar Markenrecht, 34. Edition, Stand: 1.7.2023 [zitiert als: *Bearbeiter*, in: BeckOK Markenrecht].

Lahme, Rüdiger, Die Eignung des Zivilverfahrens zur Durchsetzung des Kartellrechts, Eine Untersuchung unter besonderer Berücksichtigung des zivilprozessualen Beweisrechts, Baden-Baden 2010.

Lange, Knut Werner, Rechtswegprobleme bei Streitigkeiten aus Energielieferung, EWeRK 2018, S. 125–131.

Leo, Hans-Christoph, Reformgedanken zur Aussetzungsvorschrift des § 96 Abs. 2 GWB, GRUR 1959, S. 463–468.

Lettl, Tobias, Kartellrecht, 5. Aufl., München 2021.

Lindacher, Walter, Nachprüfung fehlerhafter Urteile von Amts wegen, Anmerkung zu BAG, Urteil vom 28.11.1966 – 5 AZR 190/66, NJW 1967, S. 1389.

ders., Die Reihenfolge der Prüfung von Zulässigkeit und Begründetheit einer Klage im Zivilprozeß, ZZP 90 (1977), S. 131–145.

Loewenheim, Ulrich/Meessen, Karl Matthias/Riesenkampff, Alexander/Kersting, Christian/ Meyer-Lindemann, Hans Jürgen (Hrsg.), Kartellrecht, Kommentar, 3. Aufl., München 2016 [zitiert als: *Bearbeiter*, in: LMRKM³].

dies., Kartellrecht, Kommentar zum Deutschen und Europäischen Recht, 4. Aufl., München 2020 [zitiert als: *Bearbeiter*, in: LMRKM].

Lübbig, Thomas/Le Bell, Miriam, Die Reform des Zivilprozesses in Kartellsachen, WRP 2006, S. 1209–1216.

Lüke, Wolfgang, Zivilprozessrecht I, Zivilprozessrecht, Erkenntnisverfahren, Europäisches Zivilverfahrensrecht, 11. Aufl., München 2020.

Makatsch, Tilman/Bäuerle, Robert, Private vs. Public Enforcement 4.0, WuW 2016, S. 341–346.

Mangoldt, Hermann von/Klein, Friedrich/Starck, Christian (Hrsg.), Grundgesetz, Band 3: Artikel 83–146, 7. Aufl., München 2018 [zitiert als: *Bearbeiter*, in: vM/K/S].

Mäsch, Gerald, Private Ansprüche bei Verstößen gegen das europäische Kartellverbot – „Courage" und die Folgen, EuR 2003, S. 825–846.

Mayer, Christian, Vertragsanfechtung durch Kartellgeschädigte, WuW 2010, S. 29–38.

Mayerhofer, Horst, Rechtsweg oder sachliche Zuständigkeit? Das Verhältnis der ordentlichen Gerichte zu den Gerichten für Arbeitssachen nach dem Inkrafttreten des 4. VwGOÄndG, NJW 1992, S. 1602–1605.

Mengden, Martin, David gegen Goliath im Kartellschadensersatzrecht – Lassen sich Musterfeststellungsklage bzw. EU-Verbandsklage als kollektive Folgeklage einsetzen?, NZKart 2018, S. 398–405.

Mittenzwei, Ingo, Die Aussetzung des Prozesses zur Klärung von Vorfragen, Eine Untersuchung der Funktion von Aussetzung, Rechtshängigkeit und Rechtskraft bei Verfahrenskonkurrenzen, Berlin 1971.

Möllers, Thomas, Die juristische Aufarbeitung der Übernahmeschlacht VW-Porsche – ein Überblick, NZG 2014, S. 361–368.

Möschel, Wernhard, Behördliche oder privatrechtliche Durchsetzung des Kartellrechts?, WuW 2007, S. 483–492.

Müller, Heinz/Gries, Gerhard (Hrsg.), Kommentar zum Gesetz gegen Wettbewerbsbeschränkungen (Kartellgesetz), Frankfurt am Main 1958 [zitiert als: *Bearbeiter*, in: Müller/Gries].

Müller-Henneberg, Hans/Schwartz, Gustav (Hrsg.), Gesetz gegen Wettbewerbsbeschränkungen, Kommentar, 1. Aufl., Köln u. a. 1958 [zitiert als: *Bearbeiter*, in: Müller-Henneberg/ Schwartz¹].

dies., Gesetz gegen Wettbewerbsbeschränkungen und europäisches Kartellrecht, Gemeinschaftskommentar, 2. Aufl., Köln u. a. 1963 [zitiert als: *Bearbeiter*, in: Müller-Henneberg/Schwartz[2], Gemeinschaftskommentar].
dies., Gesetz gegen Wettbewerbsbeschränkungen und europäisches Kartellrecht, Gemeinschaftskommentar, 3. Aufl., Köln u. a. 1974 [zitiert als: *Bearbeiter*, in: Müller-Henneberg/Schwartz[3], Gemeinschaftskommentar].
dies., Gesetz gegen Wettbewerbsbeschränkungen und Europäisches Kartellrecht, Gemeinschaftskommentar, 4. Aufl., Köln u. a. 1984 [zitiert als: *Bearbeiter*, in: Müller-Henneberg/Schwartz[4], Gemeinschaftskommentar].
Mundt, Andreas/Meeßen, Gero, Private Kartellrechtsdurchsetzung – Deutsche und Europäische Initiativen aus Sicht des Bundeskartellamts, in: Oberender, Peter (Hrsg.), Private und öffentliche Kartellrechtsdurchsetzung, Berlin 2012.
Musielak, Hans-Joachim/Voit, Wolfgang, Grundkurs ZPO, Erkenntnisverfahren und Zwangsvollstreckung, 16. Aufl., München 2022.
dies., Zivilprozessordnung, mit Gerichtsverfassungsgesetz, 20. Aufl., München 2023 [zitiert als: *Bearbeiter*, in: Musielak/Voit].
Ost, Konrad, Doppelrelevante Tatsachen im Internationalen Zivilverfahrensrecht, Zur Prüfung der internationalen Zuständigkeit bei den Gerichtsständen des Erfüllungsortes und der unerlaubten Handlung, Frankfurt am Main 2002.
Palzer, Christoph/Preisendanz, David, Frischer Wind in der privaten Durchsetzung des Kartellrechts?, EWS 2010, S. 215–222.
Pechstein, Matthias/Nowak, Carsten/Häde, Ulrich (Hrsg.), Frankfurter Kommentar zu EUV, GRC und AEUV, Band 3: AEUV: Artikel 101–215, Tübingen 2017 [zitiert als: *Bearbeiter*, in: FK-AEUV III].
dies., Frankfurter Kommentar zu EUV, GRC und AEUV, Band 4: AEUV, Artikel 216–358, Tübingen 2017 [zitiert als: *Bearbeiter*, in: FK-AEUV IV].
Podszun, Rupprecht/Pohlmann, Petra, Der neue Kartellsenat des Bundesgerichtshofs im WuW-Gespräch, WuW 2020, S. 174–177.
Pohlmann, Petra, Kartellschadensersatz – Bestimmung des Streitgegenstands bei der Feststellungsklage, NZKart 2020, S. 55–61.
dies., Zivilprozessrecht, 5. Aufl., München 2022.
Prütting, Hanns/Gehrlein, Markus (Hrsg.), Zivilprozessordnung, Kommentar, 15. Aufl., Köln 2023 [zitiert als: *Bearbeiter*, in: Prütting/Gehrlein].
Putzo, Hans/Thomas, Heinz (Hrsg.), Zivilprozessordnung, FamFG Verfahren in Familiensachen, EGZPO, GVG, EGGVG, EU-Zivilverfahrensrecht, Kommentar, 44. Aufl., München 2023 [zitiert als: *Bearbeiter*, in: Thomas/Putzo].
Ramm, Joachim, Der Fall Sehlbach und die Folgen, GWR 2018, S. 64–65.
Rapp, Julian, Die Einführung von Senaten für Handelssachen am Oberlandesgericht, Ein Beitrag zur Stärkung des Justizstandorts Deutschland, GVRZ 2020, S. 2.
Rimmelspacher, Bruno, Zur Prüfung von Amts wegen im Zivilprozess, Göttingen 1966.
ders., Prozeßvoraussetzungen in der Revisionsinstanz, Eine Rezensionsabhandlung, ZZP 88 (1975), S. 245–263.
Rolfs, Christian/Giesen, Richard/Meßling, Miriam/Udsching, Peter (Hrsg.), Beck'scher Online-Kommentar Arbeitsrecht, 68. Edition, Stand: 1.3.2022 [zitiert als: *Bearbeiter*, in: BeckOK ArbeitsR].
Röller, Lars-Hendrik, Der ökonomische Ansatz in der europäischen Wettbewerbspolitik, in: Monopolkommission (Hrsg.), Zukunftsperspektiven der Wettbewerbspolitik, Colloquium anlässlich des 30-jährigen Bestehens der Monopolkommission am 5. November 2004 in der Humboldt-Universität zu Berlin, Baden-Baden 2005, S. 37–46.
Rombach, Patricia, Patricia Rombach über Gärungsgetränke: Universalzuständigkeit der Kartellgerichte, WuW 2021, S. 438–439.
Rosenberg, Leo/Schwab, Karl Heinz/Gottwald, Peter (Hrsg.), Zivilprozessrecht, 18. Aufl., München 2018 [zitiert als: *Bearbeiter*, in: Rosenberg/Schwab/Gottwald, ZPR].

Roth, Herbert, Gespaltener Gerichtsstand, in: Gottwald, Peter/Roth, Herbert (Hrsg.), Festschrift für Ekkehard Schumann zum 70. Geburtstag, Tübingen 2001.
Röthemeyer, Peter, Musterfeststellungsklage, Spezialkommentar zum 6. Buch ZPO, 2. Aufl., Baden-Baden 2020.
Säcker, Franz Jürgen/Appel, Markus (Hrsg.), Berliner Kommentar zum Energierecht, Band 1, Halbband 2, Energiewirtschaftsrecht – Energieplanungsrecht – Energiesicherungsgesetz, 4. Aufl., Frankfurt am Main 2019 [zitiert als: *Bearbeiter*, in: Säcker/Appel, Berliner Kommentar zum Energierecht].
Säcker, Franz Jürgen/Meier-Beck, Peter (Hrsg.), Münchener Kommentar zum Wettbewerbsrecht, Band 1: Europäisches Wettbewerbsrecht, 3. Aufl., München 2020 [zitiert als: *Bearbeiter*, in: MüKo Wettbewerbsrecht I].
dies., Münchener Kommentar zum Wettbewerbsrecht, Band 2: Gesetz gegen Wettbewerbsbeschränkungen (GWB), §§ 1–96, 185, 186, 4. Aufl., München 2022 [zitiert als: *Bearbeiter*, in: MüKo Wettbewerbsrecht II].
Säcker, Franz Jürgen/Rixecker, Roland/Oetker, Hartmut/Limperg, Bettina (Hrsg.), Münchener Kommentar zum Bürgerlichen Gesetzbuch, Band 7: Schuldrecht – Besonderer Teil IV, §§ 705–853, Partnerschaftsgesellschaftsgesetz, Produkthaftungsgesetz, 8. Aufl., München 2020 [zitiert als: *Bearbeiter*, in: MüKo BGB].
dies., Münchener Kommentar zum Bürgerlichen Gesetzbuch, Band 12: Internationales Privatrecht I, Europäisches Kollisionsrecht, Einführungsgesetz zum Bürgerlichen Gesetzbuche (Art. 1–26), 8. Aufl., München 2020 [zitiert als: *Bearbeiter*, in: MüKo BGB XII].
Saenger, Ingo (Hrsg.), Zivilprozessordnung, Familienverfahren, Gerichtsverfassung, Europäisches Verfahrensrecht, 10. Aufl., Baden-Baden 2023 [zitiert als: *Bearbeiter*, in: Saenger, HK-ZPO].
Salje, Peter (Hrsg.), Energiewirtschaftsgesetz, Gesetz über die Elektrizitäts- und Gasversorgung vom 7. Juli 2005 (BGBl. I S. 1970), Kommentar, Köln u. a. 2006 [zitiert als: *Bearbeiter*, in: Salje].
Sauer, Hans-Joachim, Die Reihenfolge der Prüfung von Zulässigkeit und Begründetheit einer Klage im Zivilprozeß, Köln u. a. 1974.
Sauer, Wilhelm, Allgemeine Prozessrechtslehre, zugleich eine systematische Schulung der zivilistischen und der kriminalistischen Praxis, Berlin u. a. 1951.
Schäfers, Dominik, Zur Zuständigkeit der Gerichte in kartellrechtlichen Musterfeststellungsverfahren nach den §§ 606 ff. ZPO, ZZP 132 (2019), S. 231–260.
Schellhammer, Kurt, Zivilprozess, Gesetz – Praxis – Fälle, 16. Aufl., Heidelberg 2020.
Scherer, Inge, Anfechtbarkeit und Bindungswirkung von Verweisungsbeschlüssen nach § 281 ZPO, ZZP 110 (1997), S. 167–180.
Schilken, Eberhard/Brinkmann, Moritz, Zivilprozessrecht, 8. Aufl., München 2022.
Schlosser, Peter, Zivilprozeßrecht I, Erkenntnisverfahren, 2. Aufl., München 1991.
Schmidt, Karsten, Zivilprozessuale „Kartellrechtssachen", Versuch einer Einordnung des § 87 I GWB in das „Recht gegen Wettbewerbsbeschränkungen", JZ 1976, S. 304–309.
ders., Aussetzungszwang gemäß § 96 II GWB, NJW 1977, S. 10–17.
ders., Der Zivilrichter als „Schöpfer" und „Vollstrecker" wirtschaftlicher Normen, DRiZ 1977, S. 97–102.
ders., Kartellverfahrensrecht, Kartellverwaltungsrecht, Bürgerliches Recht, Kartellrechtspflege nach deutschem Recht gegen Wettbewerbsbeschränkungen, Köln u. a. 1977.
ders., Macht das Kartellverbot Gemeinschaftsunternehmen für Zivilprozesse inexistent?, Bemerkungen zur Aussetzungspraxis des OLG Hamm, WuW 1988, S. 5–10.
ders., Gesellschaftsstreitigkeiten vor Kartellgerichten, Betrachtungen zum neuen § 87 Abs. 1 Satz 2 GWB, in: Lutter, Marcus/Scholz, Manfred/Sigle, Walter (Hrsg.), Festschrift für Martin Peltzer zum 70. Geburtstag, Köln 2001.
ders., Gesetzliches Kartell-Zivilprozessrecht, Der mühsame Weg der §§ 87 ff. GWB aus einem Kartell-Prozessrecht von Gestern zum „Private Enforcement" für Heute und Morgen, ZWeR 2007, S. 394–418.

Schmidtchen, Dieter, Der „more economic approach" in der Wettbewerbspolitik, WuW 2006, S. 6–17.
ders., Fehlurteile über den „more economic approach" in der Wettbewerbspolitik, WuW 2006, S. 707.
ders., Der „more economic approach" in der europäischen Wettbewerbspolitik – ein Konzept mit Zukunft, in: Eger, Thomas/Bigus, Jochen/Ott, Claus/Wangenheim, Georg von (Hrsg.), Internationalisierung des Rechts und seine ökonomische Analyse, Festschrift für Hans-Bernd Schäfer zum 65. Geburtstag, Wiesbaden 2008.
Schneider, Egon, Die Rückverweisung im Zivilprozeß, DRiZ 1962, S. 410–411.
ders., Willkürliche Verweisungen und gesetzlicher Richter, NJW 1968, S. 96–97.
ders., ... eia weia weg! (ZIP-Kolumne), ZIP 1987, S. 1159.
Schoch, Friedrich/Schneider, Jens-Peter (Hrsg.), Verwaltungsrecht, VwGO, Band I, Kommentar, München 44. Ergänzungslieferung, Stand: März 2023 [zitiert als: *Bearbeiter*, in: Schoch/Schneider, VwGO].
Scholz, Rupert, Wirtschaftsaufsicht und subjektiver Konkurrentenschutz, insbesondere dargestellt am Beispiel der Kartellaufsicht, Berlin 1971.
Schreiber, Markus, Die Zuständigkeit in energierechtlichen Verfahren mit Kartellrechtsbezug, Eine Untersuchung zum Verhältnis der §§ 87, 89 GWB und 102, 103 EnWG, RdE 2015, S. 236–241.
Schulte, Josef/Just, Christoph (Hrsg.), Kartellrecht, GWB, Kartellvergaberecht, EU-Kartellrecht, 2. Aufl., Köln 2016 [zitiert als: *Bearbeiter*, in: Schulte/Just].
Schumann, Ekkehard, Internationale Zuständigkeit: Besonderheiten, Wahlfeststellung, doppelrelevante Tatsachen, in: Habscheid, Walther J./Schwab, Karl Heinz (Hrsg.), Beiträge zum internationalen Verfahrensrecht und zur Schiedsgerichtsbarkeit, Festschrift für Heinrich Nagel zum 75. Geburtstag, Münster 1987.
Schwab, Karl Heinz, Gegenwartsprobleme der deutschen Zivilprozeßrechtswissenschaft, JuS 1976, S. 67–74.
Sieg, Oliver/Koch, Philipp, Financial lines, LG Wuppertal: zu kartellrechtlichen Vorfragen im Organhaftungsrecht, Phi 2020, S. 189–190.
Soell, Hermann, Beiladung und Konkurrentenschutz im Verwaltungsverfahren des Kartellgesetzes, in: Müller, Klaus/Soell, Hermann (Hrsg.), Rechtswissenschaft und Gesetzgebung, Festschrift für Eduard Wahl zum siebzigsten Geburtstag am 29. März 1973, Heidelberg 1973.
Stamm, Jürgen, Zur Frage der Existenzberechtigung der Prozessführungsbefugnis, ZZP 132 (2019), S. 411–461.
Stancke, Fabian/Weidenbach, Georg/Lahme, Rüdiger (Hrsg.), Kartellrechtliche Schadensersatzklagen, 2. Aufl., Frankfurt am Main 2021.
Statistisches Bundesamt, Fachserie 10, Reihe 2.1 2010, abrufbar unter: https://www.statistischebibliothek.de/mir/servlets/MCRFileNodeServlet/DEHeft_derivate_00010099/2100210107004.pdf;jsessionid=1A72806B91768643DE2CA689484E485C, zuletzt geprüft am: 31.10.2023.
dass., Fachserie 10, Reihe 2.1 2021, abrufbar unter: https://www.destatis.de/DE/Themen/Staat/Justiz-Rechtspflege/Publikationen/Downloads-Gerichte/zivilgerichte-2100210217004.pdf?__blob=publicationFile, zuletzt geprüft am: 31.10.2023.
Stein, Friedrich/Juncker, Josef, Grundriß des Zivilprozeßrechts und des Konkursrechts, 3. Aufl., Tübingen 1928.
Teixeira de Sousa, Miguel, Die Zulässigkeitsprüfung im Zivilprozess, Frankfurt am Main 2010.
Theobald, Christian/Kühling, Jürgen (Hrsg.), Energierecht, Energiewirtschaftsgesetz mit Verordnungen, EU-Richtlinien, Gesetzesmaterialien, Gesetze und Verordnungen zu Energieeinsparung und Umweltschutz sowie andere energiewirtschaftlich relevante Rechtsregelungen, München 120. Ergänzungslieferung, Stand: März 2023 [zitiert als: *Bearbeiter*, in: Theobald/Kühling, Energierecht].

Tiedemann, Jens, Haftung für Kartellbußen – Rechtsweg bei kartellrechtlicher Vorfrage („Schienenkartell"), jurisPR-Compl 1/2018, Anm. 1.

Tombrink, Christian, Was ist „Willkür"? – Die „willkürliche" Verweisung des Rechtsstreits an ein anderes Gericht, NJW 2003, S. 2364–2367.

Völp, Fromut, Verfahrensrechtliche Schwierigkeiten beim Preisschutz von Markenwaren, WuW 1959, S. 397–409.

Vorwerk, Volkert/Wolf, Christian (Hrsg.), Beck'scher Online-Kommentar ZPO, 49. Edition, Stand: 1.7.2023 [zitiert als: *Bearbeiter*, in: BeckOK ZPO].

Wagner-von Papp, Florian, Privatrechtliche oder strafrechtliche Durchsetzung des Kartellrechts?, in: Möschel, Wernhard/Bien, Florian (Hrsg.), Kartellrechtsdurchsetzung durch private Schadensersatzklagen?, Baden-Baden 2010.

Weber, Klaus (Hrsg.), Rechtswörterbuch, 30. Aufl., München 2023 [zitiert als: *Bearbeiter*, in: Weber, Rechtswörterbuch].

Weinland, Alexander, Die neue Musterfeststellungsklage, München 2019.

Weitbrecht, Andreas, Die Umsetzung der EU-Schadensersatzrichtlinie, Eine Chance für den Rechtsstandort Deutschland, WuW 2015, S. 959–972.

Westrick, Klaus/Franke, Wilhelm, Aussetzung wegen kartellrechtlicher Vorfragen, BB 1970, S. 1078–1081.

Wieczorek, Bernhard/Schütze, Rolf A. (Hrsg.), Zivilprozessordnung und Nebengesetze – Großkommentar, 1. Band, Einleitung; §§ 1–49 ZPO, 5. Aufl., Berlin 2020 [zitiert als: *Bearbeiter*, in: Wieczorek/Schütze, ZPO I].

Wiedemann, Gerhard (Hrsg.), Handbuch des Kartellrechts, 4. Aufl., München 2020 [zitiert als: *Bearbeiter*, in: Wiedemann, Handbuch des Kartellrechts].

Wiegandt, Dirk, Bindungswirkung kartellbehördlicher Entscheidungen im Zivilprozess, Zur Verzahnung von Kartellverwaltungs- und Kartellprivatrecht, Tübingen 2018.

Wieser, Eberhard, Zulässigkeit und Begründetheit der Klage, ZZP 84 (1971), S. 304–318.

Wildanger, Günther, Aussetzung gemäß § 96 Abs. 2 GWB im einstweiligen Verfügungsverfahren?, WuW 1960, S. 685–691.

Windeln, Norbert, Haftung des Geschäftsführers für Unternehmenskartellbußen – Rechtsweg bei kartellrechtlicher Vorfrage, ArbRB 2018, S. 5–6.

Winterfeld, Achim von, Zur Zuständigkeitsverteilung zwischen allgemeinen Zivilgerichten und Kartellgerichten, NJW 1985, S. 1816–1820.

Witthuhn, Wilfried, Die Ausgestaltung der privaten Klage im Wirtschaftsrecht, Hamburg 1976.

Wolf, Alexander, Die Zuständigkeit deutscher Gerichte beim Kartellinnenregress, IPRax 2018, S. 475–480.

Wurmnest, Wolfgang, A New Era for Private Antitrust Litigation in Germany? A Critical Appraisal of the Modernized Law against Restraints of Competition, German Law Journal 2005, S. 1173–1189.

Zalewska-Głogowska, Marta, The more economic approach under Article 102 TFEU, a legal analysis and comparison with US antitrust law, Baden-Baden 2017.

Zeiss, Walter/Schreiber, Klaus, Zivilprozessrecht, 12. Aufl., Tübingen 2014.

Zender, Albert, Rechtshilfe bei Zwangsmaßnahmen zur Blutentnahme?, NJW 1991, S. 2947–2948.

Zöller, Richard (Hrsg.), Zivilprozeßordnung, mit Gerichtsverfassungsgesetz und den Einführungsgesetzen, mit internationalem Zivilprozeßrecht, Kostenanmerkungen, 16. Aufl., Köln 1990 [zitiert als: *Bearbeiter*, in: Zöller, ZPO[16]].

ders., Zivilprozessordnung, mit FamFG (§§ 1–185, 200–270) und Gerichtsverfassungsgesetz, den Einführungsgesetzen, mit Internationalem Zivilprozessrecht, EuGVVO und weiteren EU-Verordnungen, Kostenanmerkungen, Kommentar, 34. Aufl., Köln 2022 [zitiert als: *Bearbeiter*, in: Zöller].

Sachregister

AEUV 63, 115
Ansprüche
- Belieferungs~ 68
- Beseitigungs~ 68
- Schadenersatz~ 67
- Unterlassens~ 67
Arbeitsgerichtsbarkeit 107
Ashurst-Studie 13
Ausführungsverträge 71
Ausschließliche Zuständigkeit 29
Aussetzungszwang 37

Beklagtenvortrag 175
Bundespatentgericht 19, 209

Competition Appeal Tribunal 12

Doppelrelevante Tatsachen 151

Eingangszuständigkeit
- Allgemeine 27
- Spezielle 28
Einstweiliger Rechtsschutz 139, 197
Entscheidungserheblichkeit 96, 150

Fakultative Zuständigkeit 50, 91, 93
Folgeverträge 76
Freistellung 71

Gesamtzuständigkeit 31
Geschäftsverteilung 9, 94, 170
Gewerblicher Rechtsschutz 29

Kammer für Handelssachen 131
Kartellrechtliche Einwendungen 86, 173
Kartellrechtsdurchsetzung
- Defensive 66
- Offensive 66
- Private 14, 66
Klage
- Feststellungs~ 77

- Follow-on~ 66
- Gestaltungs~ 79
- Leistungs~ 64
- Musterfeststellungs~ 126
- Stand-alone~ 66
- ~verbindung 117
Klägervortrag 175
Kontrahierungszwang 78

More economic approach 21

Negativer Kompetenzkonflikt 164

Perpetuatio fori 177
Private Enforcement, *siehe* Kartellrechtsdurchsetzung

Rechtskraft 42, 147
Rechtsweg 102, 106

Sachliche Zuständigkeit 25, 100, 106
Schiedsgericht 127
Sonderzuständigkeit
- Designgesetz 65, 190
- EnWG 29, 35
- Markengesetz 65, 190
- PatG 29, 53, 65, 113, 121, 190
- Sortenschutzgesetz 65, 190
- WpÜG 35

USA 13

Verweisungskosten 186
Vorfragenkompetenz 31
Vorlageverfahren 95, 115, 200
Vorrang
- der Zulässigkeit 143
- der Zuständigkeit 120

Zulässigkeitsprüfung 143
Zwangslizenzeinwand 88

Beiträge zum Kartellrecht

herausgegeben von
Michael Kling und Stefan Thomas

Mit der Schriftenreihe *Beiträge zum Kartellrecht* (BtrKR) führt der Verlag seine Tradition, Werke mit hohem wissenschaftlichem Anspruch zu veröffentlichen, für das Kartellrecht fort. Er bietet damit ein Forum für Monographien, Habilitationsschriften, herausragende Dissertationen und thematisch geschlossene Sammelbände zu zentralen und grundlegenden Fragen des Kartellrechts einschließlich seiner europarechtlichen, internationalen und rechtsvergleichenden Bezüge.

ISSN: 2626-773X
Zitiervorschlag: BtrKR

Alle lieferbaren Bände finden Sie unter *www.mohrsiebeck.com/btrkr*

Mohr Siebeck
www.mohrsiebeck.com